国家社会科学基金重大项目

非洲阿拉伯国家通史

王铁铮 主编

毛里塔尼亚史

赵广成 闫伟 杨洁 著

商务印书馆
创于1897 The Commercial Press

国家社科基金重大项目
西北大学“双一流”建设项目资助

献礼西北大学建校120周年

《非洲阿拉伯国家通史》总序

王铁铮

当今的阿拉伯世界由22个阿拉伯国家所构成，其中12个国家[1]分布在亚洲西部和西南部，10个国家分布在非洲北部和东北部，即阿尔及利亚、利比亚、突尼斯、摩洛哥、毛里塔尼亚、埃及、苏丹、吉布提、索马里和科摩罗。这些国家均以伊斯兰教为国教，国民的绝大多数是信奉伊斯兰教的穆斯林。由于种种局限，国内世界史学界对阿拉伯国家的研究，通常主要聚焦于西亚和西南亚诸国，以及北非的埃及；从事非洲研究的学者，其侧重点则是撒哈拉以南非洲国家。这种状况导致国内学界对非洲阿拉伯国家历史的研究长期处于边缘化地位，以至于国内至今尚无一部全面反映非洲阿拉伯国家的综合性通史著作，同时也缺乏比较系统的非洲阿拉伯国家国别史研究的专著。

2010年底，以北非突尼斯的“布瓦吉吉事件”为导火线及以埃及“一·二五”革命为发端，西亚北非地区引发的政治剧变迅速在阿拉伯国家蔓延，最终导致突尼斯、埃及、利比亚和也门四个阿拉伯共和制政权的垮台和更迭，而叙利亚则处于旷日持久的血腥内战

① 这12个阿拉伯国家为伊拉克、叙利亚、约旦、黎巴嫩、沙特阿拉伯、巴林、卡塔尔、科威特、阿拉伯联合酋长国、阿曼、也门和巴勒斯坦。

中。此次阿拉伯变局折射出的内生性、突发性、连锁性和颠覆性这四大特点出人意料。但可以肯定的是，它是由阿拉伯国家多年来累积的各种内外矛盾所酿成。人们需要从历史的维度对其进行多层面、多视角的解读和反思，从而凸显了非洲阿拉伯国家通史研究的必要性和迫切性。

几乎在阿拉伯变局爆发的同时，即2010年12月下旬，我作为首席专家申报的国家社科基金重大项目“非洲阿拉伯国家通史研究”，在北京京西宾馆顺利通过答辩，获准立项。真是恰逢其时！2011年3月，项目组正式启动研究工作。历经八年磨砺，终于完成项目设定的目标：推出总篇幅近300万字的八卷本《非洲阿拉伯国家通史》这一最终研究成果。该成果包括：

《埃及史》

《阿尔及利亚史》

《利比亚史》

《摩洛哥史》

《突尼斯史》

《苏丹史》

《毛里塔尼亚史》

《索马里、吉布提和科摩罗史》

《非洲阿拉伯国家通史》是我国学者撰写的第一部比较全面反映非洲阿拉伯国家自古迄今的通史著作，各卷作者努力追求“通古今之变”，并以打造“信史”和“良史”为目标。首席专家负责全书的规划和统编，并对各卷初稿进行审阅和提出修改建议。后经作者反复打磨而成书。我们真诚希望这部八卷本的著作能够填补我国学界在非洲阿拉伯国家通史研究上的空白，从而丰富我国的世界史研究。

马克思主义认为，历史学是一切学科的基础。通史研究则被喻为历史学学科建设的龙头。通史研究不仅是衡量学科发展的一个重要标志，而且也在不同侧面代表一个国家史学研究的综合学术水平。[①]通史研究的特殊功能决定了其撰著的难度，而就非洲阿拉伯国家通史来说尤为如此。究其原因：一是国内学界对非洲阿拉伯国家历史研究的积淀极为有限，尚未形成一种可供借鉴的比较成熟的理论和研究体系；二是非洲阿拉伯国家历史研究的资源，特别是有关非洲阿拉伯国家古代史研究的文献史料十分匮乏。出现这种状况的一个重要因素是，阿拉伯人大都不太重视伊斯兰教诞生前的阿拉伯历史研究，称之为“贾希利亚”[②]，即蒙昧时期。这便造成阿拉伯人有关伊斯兰教诞生前阿拉伯历史论著的稀缺。而非洲阿拉伯国家中的一些小国，诸如吉布提和科摩罗等国，更是被国内学界喻为学术“盲区”，关注者和探究者亦属凤毛麟角。这就进一步加大了非洲阿拉伯国家通史研究的局限。

非洲阿拉伯国家通史的整体和系统研究涉及诸多问题，一部能够比较客观地把握和勾勒非洲阿拉伯国家历史演进脉络的撰著，需要对其中的一些重大问题进行审慎的梳理和辨析。这些问题主要可归纳为以下几方面：

一、非洲阿拉伯国家通史研究的理论指导。史学研究离不开理论指导，理论指导也是强化历史学科学性的前提。非洲阿拉伯国家通史属于综合性研究，涉及面宽广，包括历史、政治、经济、社会、外交、军事、民族、宗教、文化教育、妇女问题和生活习俗等诸领域。用理论来指导研究的重要性不言而喻。对于非洲阿拉伯国家通史研究来说，它首先面临的是选择或依据何种理论来带动历史研究。1978年之前，中国的世界史研究先后受“西方中心论”和“五种经济形态说”的影响和制约，特别是“五种经济形态说”作为苏联史学的主要模式而被中国的世界史研究所效仿。“苏联史学研究模式是一个完整的体系，虽然学术性很强，但缺点也很明显，即过分简单化，把一部丰富多彩的人类历史过程压缩成僵硬的发展模式，这就

① 彭树智主编：《阿拉伯国家史》，高等教育出版社2002年版，第3页。

② “贾希利亚”为阿拉伯语的音译，阿拉伯人将伊斯兰教诞生前的时期泛称为蒙昧时期。

否定了历史发展的多样性。”[①]故此，这一时期问世的中国世界史研究成果不可避免地带有类似的缺憾。

1978年后，伴随改革开放，中国的世界史学者开始围绕史学理论和方法论不断进行开拓性的探索，努力构建世界史研究的新体系。20世纪90年代以来，中国世界史学者通过深刻反思，并在吸纳西方新史学流派和“全球历史观”[②]有益养分的同时，着力于马克思主义唯物史观基础上的理论创新，先后提出了三种新史观，即吴于廑先生提出的“世界史纵横发展整体史观”、罗荣渠和钱乘旦教授提出的“现代化史观”、彭树智和马克垚先生提出的“文明史观”。“三大世界史观的提出是中国世界史学界20多年来的进步和成熟的标志，体现了中国世界史学界与世界史学的交流和融会，以及史学理论和方法应有的丰富性和多样性。”[③]

三大新史观的建构在理论上对非洲阿拉伯国家通史研究的路径和方向具有指导意义。非洲阿拉伯国家多达10个，这些国家的国情独特而复杂，呈现多元的色彩：一是非洲阿拉伯国家中既有历史悠久的文明古国和大国，也有历史短暂的蕞尔小国；二是各国普遍带有自身浓重的家族、部落、宗教习俗和族群文化的烙印，彼此在社会基础、经济禀赋、文化传统和价值取向等方面存在明显差异；三是多数非洲阿拉伯国家自古以来在不同历史阶段都曾长期经受轮番而至的异族王朝或帝国，以及列强的统治和奴役，强权和殖民枷锁对这些国家造成的严重创伤和后遗症，致使各国的历史进程迥然不同。三大新史观对世界史研究的新认知和新构架，不仅拓宽了世界史的研究范围和研究思路，而且开创性地对世界史的概念进行了再

---

① 钱乘旦：《中国的英国史研究》，《历史研究》1997年第5期。

② “全球历史观”兴起于20世纪50年代，代表人物是英国历史学家杰弗里·巴勒克拉夫、美国历史学家L.S.斯塔夫里阿诺斯和威廉·麦克尼尔等。该派为适应全球一体化发展所带来的新的时代特征，突破西方学术界根深蒂固的“欧洲中心论”，主张建立一种“将视线投射到所有的地区和时代”，“超越民族和地区的界限”，并从宏观的、联系的角度考察和分析人类社会历史演变走向的方法、观念和理论体系。

③ 李学勤、王斯德主编：《中国高校哲学社会科学发展报告1978—2008：历史学》，广西师范大学出版社2008年版，第273页。

界定，从而为我国的世界史研究注入新的活力。因此，三大新史观的创新理论亦可对非洲阿拉伯国家通史的研究提供理论上的借鉴和指导，并以此为杠杆，从不同层面和维度来探讨非洲阿拉伯国家不同时期历史演进的基本规律和主要特点，以及非洲阿拉伯国家通过何种途径，怎样由相互闭塞逐步走向开放，由彼此分散逐步走向联系密切，最终发展成为整体世界历史的一个有机组成部分。

二、多元文明的流变与古代北非历史。古代北非的历史实际上就是非洲阿拉伯诸国历史的源头。北非曾是多种古文明汇聚、碰撞与融合之地，不同文明在互相杂糅和兼容并蓄过程中所凝聚的强大能量，不仅推动着北非的历史演进，并使其成为人类社会生活最早实践的地区之一。古代北非的多种文明大致经历了三个发展阶段，每一个阶段都彰显出各自文明在古代北非历史上留下的极其深刻的烙印。

首先是古埃及和古波斯文明对古代北非历史的影响。埃及地处北非的十字路口，它把非洲和亚洲连接起来。埃及文明的历史发展具有“沉淀性”的特点，埃及也是多种文明层层累加而成的国家。[①]埃及古文明形成于公元前4000年左右，古埃及人借助母权制、传统宗教制度和“神授王权”的意识形态，先后经历了早王朝、古王国、中王国、新王国和后埃及等多个发展时期，建立了31个王朝，延续时间长达3000年之久。在漫长的历史进程中，古埃及人以其卓越的智慧创造了绚丽多彩的独特的传统文化：象形文字、金字塔和狮身人面像、卡纳克神庙、帝王谷、孟农巨像等遗存，以及发达的数学、建筑学、天文星象学和医学等，无不浓缩着古埃及人为人类文明做出的伟大贡献。因此，一些学者称埃及是非洲历史的真正精华。[②]古埃及文明构成了古代北非历史演进的一条鲜明的主线。

---

① 〔美〕菲利普·C.内勒：《北非史》，韩志斌等译，中国大百科全书出版社2013年版，第3页。

② 〔美〕埃里克·吉尔伯特、乔纳森·T.雷诺兹：《非洲史》，黄磷译，海南出版社、三环出版社2007年版，第42页。

古波斯人是雅利安人的后裔，大约在公元前2000年前期进入伊朗。[①]公元前550年左右，阿契美尼德人在伊朗高原崛起，建立了当时版图最大，也是世界上第一个地跨亚欧非三大洲的古波斯帝国，从而奠定了古波斯文明的根基。古波斯文明的辉煌，表现为宏伟华丽的新都——波斯波利斯、精美的浮雕和岩雕、连接帝国各地的被称为“御道”的交通网络，以及沟通尼罗河和红海的运河等基础设施。同时，它还集中体现在政治、经济、军事、法律和文化等典章制度建设上，尤其是波斯帝国的政治制度和法律体系成为后来中东地区出现的各个帝国和王朝纷纷效仿的样本。由于波斯帝国长期以琐罗亚斯德教为国教，古波斯文明又彰显出鲜明的宗教特征。如同古埃及一样，其对君权神授和正统观点的强调，深刻影响了波斯的发展。波斯曾一度是几乎囊括整个古代近东文明地区的奴隶制大帝国，它吸收了多种文明的先进性，表现出古波斯文化的多样性和一定的包容性特征，而且它超越了原有的文明中心，即两河流域和古埃及文明，成为主导文明。所谓“波斯帝国的文明秩序”，就是以生产力大发展所提供的强大经济、政治和军事力量为后盾，并通过更大规模的对外交往建立起来的。古波斯文明的重要价值还在于，在波斯帝国统治埃及大约130多年的时间里[②]，它完全打破了地域性单一文明交往的局限，实现了亚非两大古文明的互动性交往，推动了古代北非历史空前的跨越式演进。

古代北非文明的第二个发展阶段是古希腊、迦太基和古罗马文明对北非历史的再塑造。从公元前334年亚历山大东征，到公元前30年罗马消灭托勒密王朝，在300余年的时间里，北非进入“希腊化时代”。希腊人创造的文明是一种综合了古代东西方文明诸多因素而发展起来的独特的、新型的阶段性文明。它使古代北非原有文明区域的语言、文字、风俗、政治制度等都受到了希腊文明的洗礼。

---

① 〔美〕埃尔顿·丹尼尔：《伊朗史》，李铁匠译，东方出版中心2010年版，第3、27页。

② 自冈比西斯二世起，波斯人先后在古埃及建立了两个王朝，即第27王朝（前525—前404年）和第31王朝（前343—前332年），两个王朝在埃及的统治共计长达130余年。

希腊化时期的埃及经历了辉煌和繁荣，亚历山大城不仅是各种商业活动的中心，而且引领西方文明，兴起了第一次“科学革命”。[①]关于太阳系的理论、解剖学的诞生，以及物理学和地理学方面的诸多新成就，如阿基米德定律的创立、圆周率的划分、运用经线和纬线计算出的地球周长的近似值等，都陆续出现于亚历山大城。同时，这个时期的埃及也成为北非历史上跨文化主义的典型案例，马其顿人的宗教信仰与埃及的宗教信仰交融在一起。[②]但从根本上说，东方文明仍是希腊化文明的根基，正如美国著名科学史家乔治·萨顿所说：“希腊科学的基础完全是东方的，不论希腊的天才多么深刻，没有这些基础，它并不一定能够创立任何可与其实际成就相比的东西。”[③]

迦太基是作为马格里布地区第一个文明单元出现在古代北非舞台的又一个重要国家，大致位于今天的突尼斯。它是由来自地中海东南沿岸黎凡特地区[④]的腓尼基人在公元前1000年左右建立的殖民地。后来，历经几个世纪的发展演变，它成为一个独立的城市国家，并控制着从利比亚的的黎波里塔尼亚到伊比利亚的地中海沿海和大西洋海岸线的广大地区。腓尼基人通过不断与操柏柏尔语的当地居民的交往和通婚，创造了一种叫作“布匿”[⑤]的混合语言文化。腓尼基移民建立的迦太基城展示了古代人强大的适应性，而创建一个混合了腓尼基和非洲柏柏尔人要素的“布匿”社会，又说明了民族文化具有变通性。迦太基人主要从事海上贸易以及跨越撒哈拉大沙漠的黄金和象牙交易。及至公元前1000年的后半期，迦太基成为覆盖西地中海大部分地区的强大贸易帝国，是当时的政治和农业中心之

---

① 〔美〕菲利普·C.内勒：《北非史》，韩志斌等译，第22页。

② 同上书，第24页。

③ 〔美〕乔治·萨顿：《科学史和新人文主义》，陈恒六等译，华夏出版社1989年版，第64页。

④ 黎凡特是指现今的黎巴嫩、叙利亚、巴勒斯坦和约旦等地，另有“肥沃新月带”之称。

⑤ 布匿（Punic），即“古迦太基的”，是迦太基的腓尼基人和北非人混居而形成的文化和语言的称谓。

一。有研究者评论："作为城市国家的迦太基试图像一个帝国那样进行统治，并能够维持几个世纪之久，在世界历史上还是第一次。"[①]亚里士多德赞扬迦太基的"政体"，实际上是一个贵族寡头制政体。雇佣兵由柏柏尔人和伊比利亚的辅助兵补充，构成了贵族政府的武装力量。[②]

但是，随着迦太基人在与罗马人争夺地中海西部霸权的三次布匿战争[③]中的败北，迦太基古城终被罗马人夷为平地。罗马势力迅速向北非拓展，陆续征服希腊化时代的埃及和柏柏尔部落，统一了北非，先后设阿非利加（即突尼斯）和埃及两个行省，北非的沿海地区与内陆在不同程度上又实现了所谓的"罗马化"。罗马人对北非的统治长达近6个世纪（公元前146—公元439年），在罗马人的治下，罗马文明继承了希腊文明、迦太基文明、腓尼基文明、日耳曼文明和埃及文明的精华，更具多样性特征。北非的农业和商业得到迅猛发展，发达的农业不断为罗马提供大量给养，成为帝国的粮仓。同时，罗马人还在北非修建了上百座城市，这些城市大都以罗马的商业区、竞技场、运动场和浴室等为建筑风格。故此，北非的罗马遗迹也是世界上现存最闻名的历史古迹。[④]

古代北非文明的第三个发展阶段是早期基督教在北非的扩张和影响。基督教是继犹太教之后在公元1世纪发源于巴勒斯坦的第二个一神教，具有跨文化的突出特点，它反映了希伯来人的一神论、古埃及宗教死而复生的永恒观念和希腊人的哲学思想。同时，基督教的普世主义和平等主义教义深深吸引着追随者。北非、尼罗河流域和非洲之角等地区的各民族是世界上最早的基督教信仰者群体之

---

① B. H. Warmington, *The North African Provinces from Diocletian to the Vandal Conquest*, Cambridge: Cambridge University Press, 1969, pp.47–48.

② Stephane Gsell, *Histoire Ancienne de l'Afrique du Nord*, 8 Vols, 4th ed., Paris: Librairie Hachette, 1920—1928, p.389.

③ 布匿战争指古罗马和迦太基两个奴隶制国家之间为争夺地中海西部统治权而进行的著名战争，前后共三次：第一次于前264—前241年，第二次于前218—前201年，第三次于前149—前146年。布匿战争的结果是迦太基被灭，古罗马争得地中海西部的霸权。

④ 〔美〕菲利普·C. 内勒：《北非史》，韩志斌等译，第9页。

一。公元2世纪，埃及和北非其他地区的一些城市中已出现众多基督教团体，而且基督教在穷人和政治上受压迫的人中间传播得最快。2世纪末，非洲基督教徒在亚历山大创办的教理学校——迪达斯卡利亚，成为早期的基督教学术中心，并培养了一大批对基督教早期发展起决定性作用的神学家和理论家。

早期基督教的不同教派围绕耶稣在多大程度上是神或人这个本质问题曾展开激烈争论，参与争论的两个重要派别，即阿里乌主义派和基督一性论派[①]，都以埃及为据点。由于这两个派别的教义同基督教主张的圣父、圣子、圣灵三位一体的正统教义相左，先后被罗马教会和帝国宣布为“异端”和“异教徒”。基督一性论派在公元451年的卡尔西顿会议被宣布为异教徒后，经受住了罗马教会和帝国权力旨在取缔和摧毁其信仰所发动的进攻，形成了埃及新的基督一性论的科普特教派。较之其他地区，科普特教派改变了北非和尼罗河流域的基督教发展轨迹，其内部产生了一种有别于罗马天主教教会或东正教教派所辖领地的宗教形式。[②]

公元7世纪上半叶，另一新的一神教——伊斯兰教在阿拉伯半岛诞生，并迅速向北非扩张，最终确立其主流宗教的地位。伊斯兰教并非简单地取代北非的地方宗教和基督教，而是逐步与这些宗教体系彼此混合，也就是经历了一个体系适应另一个体系，从而创造一种新的独特的宗教思想意识的所谓“调和”过程。[③]作为征服者，初创时期的伊斯兰教“顺应现世”，大量基督徒纷纷改宗。同时，阿拉伯帝国实行伊斯兰教的低税制，与拜占庭对北非属地的强制高税形成明显反差，扩大了伊斯兰教的吸引力。与此相反，基督教却因

① 阿里乌主义派（Arianism）亦称阿里乌斯派，是以生活在公元3世纪后期的亚历山大基督教司铎阿里乌命名的基督教派别。阿里乌坚持基督在各方面都与天父的本体和特性不同，基督也与人不同，基督没有人的灵魂，耶稣次于天父，是受造物，圣灵更次于圣子，并反对教会占有大量财产。该派在公元325年的尼西亚会议上被确定为“异端”后逐步向罗马以北地区扩张。基督一性论派（Monophysite）认为耶稣的神性超过人性，耶稣并非兼有全神和全人的本性，而是完完全全的神，故而只有一个本性。

② 〔美〕埃里克·吉尔伯特、乔纳森·T.雷诺兹：《非洲史》，黄磷译，第91页。

③ 同上书，第109页。

不同教派之间的长期内斗和分裂不断削弱着自身力量，特别是其教义始终未能真正融入北非大多数本地人的社会生活和意识形态中，无法应对伊斯兰教强劲的拓展之势，基督教因而经历了由盛转衰的变化。唯有科普特教派在埃及扎下根，时至今日，科普特教派仍是代表埃及、埃塞俄比亚基督教团体和信仰的教派。

多种文明的汇聚、碰撞、融合和更替，构成了古代北非历史流变波澜壮阔的画卷，并为北非古代史的探究提供了不可或缺的源泉和重要线索。它们不仅能够弥补阿拉伯人因忽略伊斯兰教诞生前古代北非史研究所造成的文献史料方面的缺憾，而且启迪人们从文明交往的视阈来进一步认识和领悟不同文明间交往的内涵、类型、因素、属性、规律和本质等，以及文明交往作为人类社会发展的动力，又是如何在具体的社会生产实践中，使不同文明的交往由低级向高级演进，由野蛮状态向文明化升华，尤其是如何从物质、精神、制度和生态等层面来实现文明交往自身的价值，推动社会历史的进步。简言之，文明交往论也是研究和解读古代北非历史的一把钥匙。

三、非洲阿拉伯民族国家构建中的氏族（家族）、部落、部族与民族国家认同问题。这是非洲阿拉伯国家历史研究中一个不可回避的重要课题。氏族、部落和部族通常被视为民族共同体发展中的一种历史类型，属于不同历史时期的社会政治形态。氏族和部落均以血缘关系为纽带来维系其存续，氏族是组成部落的基本单位，在氏族内部又可分为血缘家庭。氏族和部落观念根深蒂固，其成员对所属氏族和部落的忠贞是无止境、无条件的。[①]而部族已不再以血缘为纽带，它主要以地域为联系，建立在私有制的基础上，并有一套适合本部族的社会和政治制度。美国著名人类学家摩尔根将部落定义为“一种组织完备的社会”，其功能和属性是：具有一块领土和一个名称，具有独用的方言，对氏族选出来的首领和酋帅有授职和罢免之权，具有一种宗教信仰和崇拜祭礼，有一个由酋长会议组成的

① 〔美〕希提：《阿拉伯通史》，马坚译，商务印书馆1979年版，第29页。

最高政府，在某种情况下有一个部落大首领。[①]另一位人类学家约翰·霍尼格曼认为部落是“具有共同的领土,共同世系的传统,共同的语言,共同的文化,以及共同的族称,所有这一切就构成了连接诸如村落、群居、区域或世系等较小集团的基础”。[②]

北非的部落组织主要包括两大类：一类是由土著的柏柏尔人或是已被阿拉伯同化的柏柏尔人组成的部落；另一类是伴随伊斯兰教的兴起及对外扩张，大规模进入和分散到北非各地区的阿拉伯部落。阿拉伯著名学者伊本·赫勒敦认为，部落中的每一个小区域、每一个小部分，都属于同一个大的部落，它们又可分为许多小的族群和小的家族，比大的宗谱血统团结得更紧密、更牢固。部落的领导权就属于它们中间的核心族群，掌握领导权的族群必须具备优势和控制能力。[③]由于历史和社会发展的局限，非洲的多数阿拉伯国家都是由不同的部落或部族发展而来，这些部落或部族历史悠久，血缘谱系关系密切，部落社会基础牢固，内部结构庞杂，社会政治影响极大。在非洲各阿拉伯民族国家构建过程中，家族和部落因素始终是困扰其实现民族和国家认同、确立公民意识的难以消除的障碍。在一些国家，家族和部落甚至扮演着决定国家稳定、左右国家发展方向的关键角色。

以利比亚为例，利比亚国内有140多个部落，其中影响较大者有30多个。但在国家社会、政治和经济生活中真正发挥主导作用的则属于三大部落联盟，即东部地区的萨阿迪部落联盟、中部地区的阿瓦拉德-苏莱曼部落联盟[④]、西部和西南部地区的巴哈尔部落联盟。历史上，利比亚的各家族、部落和部落联盟之间积怨很深，矛盾重重，难以形成所谓国家层面的公共权力。因此，以血缘关系和共同

---

① 〔美〕路易斯·亨利·摩尔根：《古代社会》上册，杨东莼等译，商务印书馆1977年版，第109页。

② 转引自〔法〕莫·戈德利埃：《部落的概念》，沈静芳译，《民族译丛》1984年第4期。

③ 〔突尼斯〕伊本·赫勒敦：《历史绪论》，李振中译，宁夏人民出版社2015年版，第163—164页。

④ 卡扎菲家族所属的卡扎法部落和利比亚最大的部落瓦拉法部落都属于该部落联盟。

祖先凝聚而成的家族和部落以及伊斯兰传统，始终是处理政治和社会问题的主要方式和依据，致使利比亚在历史上有部落无国家，呈现出“碎片化”的政治地理特征。[①] 1969年卡扎菲发动军事政变夺取政权后，采取一系列措施和“革命手段”，试图对利比亚的部落社会进行自上而下的彻底改造，以便打破部落藩篱，并以国家认同取代部落意识，强化国家的内聚力，但收效甚微。根据民调，及至20世纪90年代末，利比亚民众对部落的认同仍高达96%，城市人群对部落的认同也有90%。[②]正是由于利比亚强大的部落势力，迫使卡扎菲在其统治利比亚近30年后不得不改弦易辙，转而重新回归传统，更加仰赖利比亚的三大部落势力来维系其统治，直到2011年垮台。时至今日，政权更迭近10年后的利比亚，依然处于互不统属、一盘散沙式的部落割据态势，由此折射出部落因素对利比亚政局的根本性影响。

再以苏丹为例，根据考古学和人类学的研究成果，苏丹可能是世界上最早的人类诞生之地。早期的人类在苏丹经历了从氏族到部落再到部族的发展过程。在漫长的历史演进中，苏丹古老的部落体制经久不衰，并呈现多样化的特征，亦即以氏族部落构成的原始公社形态，或是以主体部落与不同血缘部落组成的酋邦，乃至大、小王国交替出现。因此，氏族部落自古以来始终是苏丹社会的基本单元和细胞。现今的苏丹大约仍有将近600个部落，使用2000多种语言。[③]苏丹的部落有南北之分，北方主要为阿拉伯部落和非阿拉伯部落。两者的区别有二：一是苏丹阿拉伯人必须以阿拉伯语为母语；二是其祖先必须来自阿拉伯半岛，或是具有阿拉伯的谱系关系，或是其部落已完全阿拉伯化。然而，所谓苏丹纯正的阿拉伯部落之说很可能只是一个历史虚构，它实际上反映了苏丹阿拉伯人对阿拉伯

---

① 闫伟、韩志斌：《部落政治与利比亚民族国家重构》，《西亚非洲》2013年第2期。

② Amal Obeidi, *Political Culture in Libya*, London: Routledge, 2001, p.121.

③ Mawut Achiecque Mach Guarak, *Integration and Fragmentation of the Sudan: An African Renaissance*, Bloomington: Authorhouse, 2011, p.12.

半岛谱系关联的强烈认同。这与出生于黎巴嫩的美籍历史学家希提的看法如出一辙：血缘关系，不管是虚构的，还是真实的，总是维系部族组织的重要因素。[①]苏丹北方规模最大、分布最广的阿拉伯部落是贾阿林部落，此外还有丹拿格拉和朱海纳部落。苏丹南方的部落主要为黑人部落，丁卡人构成了原苏丹的第二大部落，占原苏丹全部人口的10%，[②]约310万。[③]苏丹南北双方庞杂的部落结构，使它在独立后构建民族国家进程中屡遭挫折，内战绵延不绝，以至于在2011年苏丹南北双方分裂，南苏丹宣告独立。显然，苏丹的南北分裂同种族或部落冲突相关，但这只是一种表象，透过表象可以发现其中更深层的原因：一是南北双方明显存在伊斯兰教宗教文化和基督教宗教文化的差异，特别是当彼此的穆斯林和基督徒身份在强制性的伊斯兰化过程中被不断放大时，必然会导致矛盾的激化；二是苏丹土地贫瘠，自然条件恶劣，经济资源分配的不均衡致使不同部落和部族之间经常为争夺牧场、水源和其他生活物资而兵戎相见；三是苏丹南北双方政治权利方面的不平等。苏丹长期存在阿拉伯人和非阿拉伯人、白人和黑人之间的种族不平等，阿拉伯文明被人为地凌驾于黑人文明之上，北方隶属贾阿林部落的阿拉伯河岸部落[④]始终主导和控制着苏丹的政治和经济政策，并通过强制推行阿拉伯化和伊斯兰化把持国家大权，致使其他部落处于边缘化状态。家族和部落因素在苏丹民族国家构建中表现出了另一种特点。简言之，苏丹的家族和部落不过是民族国家构建过程中凸显各种矛盾冲突的一个载体。

---

① 〔美〕希提：《阿拉伯通史》，马坚译，第28页。

② John Obert Voll and Sarah Potts Voll, *The Sudan: Unity and Diversity in a Multicultural State*, Boulder, Colo.: Westview Press, 1985, p.13.

③ Mawut Achiecque Mach Guarak, *Integration and Fragmentation of the Sudan: An African Renaissance*, p.635.

④ 阿拉伯河岸部落是指那些生活在尼罗河河谷和青白尼罗河之间热带草原东、西部的部落，他们几乎都说阿拉伯语，均为穆斯林，并尽可能将自身谱系与阿拉伯半岛先知时代的圣裔家族联系在一起。参见R. S. O'Fahey, "Islam and Ethnicity in the Sudan", *Journal of Religion in Africa*, Vol.26, No.3,1996, p.259。

摩洛哥的部落社会，较之其他阿拉伯国家则有所不同。摩洛哥的部落社会主要由土著柏柏尔人构成，其人口约占摩洛哥全国总人口的40%，主要生活在摩洛哥南部的苏斯地区、中部的阿特拉斯山区和北部的里夫地区。尽管摩洛哥柏柏尔人人口众多，但摩洛哥柏柏尔部落社会与摩洛哥中央政府的关系却相对平稳，彼此之间总体上维持较好的融合度，代表了非洲阿拉伯国家部落与政府关系的另一类型。事实上，摩洛哥于1956年独立后，在民族国家的构建过程中同样经历了柏柏尔部落社会与中央政府长期的紧张对抗时期，双方为此都付出了沉重代价。直到20世纪80年代后，摩洛哥政府和柏柏尔部落在认真的反思中，渐次向理性回归，相互不断调整策略，管控矛盾和冲突，努力实现和解。促成这种变化的根本原因在于：摩洛哥作为一个“平民化”的君主制政体（摩洛哥阿拉维王朝国王的妻子、母亲、祖母和外祖母通常均来自平民，故而有平民化君主制之称），王权对柏柏尔部落的治理表现出适度的变通性和宽容性。例如，摩洛哥君主在政治上与柏柏尔部落上层和精英建立恩庇关系；在经济上实施安抚政策，承认柏柏尔部落土地的集体所有权；在文化上倡导将共同的宗教信仰，而不是单一的阿拉伯族群认同，作为摩洛哥的国家认同。而柏柏尔人的基本诉求也以温和的文化运动为主要内容，谋求柏柏尔语言文化应赋予的权利等，并不追求摆脱中央政府的自治、分立或独立。2011年，摩洛哥宪法修订案规定柏柏尔语和阿拉伯语享有同等的语言地位，从而为摩洛哥中央政府与柏柏尔部落关系的进一步发展创造了条件。然而，从长远看，如何解决柏柏尔部落社会内部不断扩大的贫富差距，以及柏柏尔偏远山区与摩洛哥城镇之间在社会经济发展方面存在的明显断层，依然是考验摩洛哥中央政府与柏柏尔部落关系深度融合的关键。

家族和部落因素在非洲阿拉伯民族国家构建中的影响无疑是多元而复杂的。其他国家诸如毛里塔尼亚、索马里和吉布提等国的家族和部落组织也都有自身发展演变的路径和规律，它们对各自民族国家构建的影响自然也是不同的。探究非洲阿拉伯国家的家族和部落问题必须把握两个维度：一是应该厘清非洲阿拉伯诸国主要家族和部落的基本情况，包括家族和部落的区域分布、成员的构成、生态环境和经济生产方式、组织结构和运作机制、内生矛盾冲突的调解、对外交往原则、文化传统和习俗的维护，等等；二是在全面认识非洲阿拉伯各国的家族和部落基本情况的基础上，需要运用经济基础决定上层建筑的唯物史观来阐释和解读非洲阿拉伯各国的家族和部落长期存续的原因。总体来说，非洲阿拉伯国家在获得独立和建立民族国家后，大都经历了不同程度的现代化发展，并对部落社会进行了相应改造，各国的部落呈现一定的萎缩之势。但家族和部落依然在国家的政治、经济和社会生活等领域发挥着重要影响，甚至是决定国家稳定的关键因素。而关于部落意识向国家认同的转化，也是一个双向度的问题。非洲阿拉伯国家滞后的社会发展和固有的传统文化，决定了各国根深蒂固的部落意识的转换将是一个缓慢的渐进过程。部落意识的弱化有赖于部落民众能够充分感受到他们在没有或失去部落庇护的情况下，同样能够享有更多的权益和更好的生活。这是一个不可替代的前提条件。而要实现这样的目标，不仅仰仗各国社会和经济发展所能提供的雄厚财力和物质基础，同时还依靠各国政府能够有效实施各种有利于协调部落与国家关系，促使部落民众生成国家认同的一系列相关手段和政策。因此，对上述问题的考量和辨析是探究非洲阿拉伯国家家族和部落问题的一种新的尝试。

四、列强对非洲阿拉伯国家的殖民统治及其影响。在近现代历史上，非洲阿拉伯国家不论大小，几乎都曾长期饱尝西方列强残酷的殖民掠夺和统治。法国率先在北非的马格里布地区建立了以阿尔及利亚为中心的殖民统治圈。1830年，阿尔及利亚沦为法国的殖民地；1881年，突尼斯成为法国的“保护国”；1888年，法国占领吉布提全境，并于1896年，在吉布提建立“法属索马里”殖民政权；[1]1912年，摩洛哥沦为法国的“保护国”，同年科摩罗四岛也成为法国的殖民地；1920年，毛里塔尼亚成为“法属西非洲”管辖的领地。英国紧步法国的后尘，它在奥拉比领导的埃及反英起义失败后，于1882年占领埃及，并将其变为“保护国”；1899年，在英国操纵下，苏丹成为英国和埃及的共管国；1887年，英国将索马里北部地区作为它的“保护地”，并于1941年控制整个索马里。1912年，意大利在意土战争后将利比亚变为它的殖民地；1925年，在索马里南部建立“意属索马里”。1943年，英国取代意大利，占领利比亚南、北两地区。西班牙在列强瓜分北非殖民地的浪潮中也分一杯羹。1912年，摩洛哥沦为法国的“保护国”后，西班牙旋即与法国签订《马德里条约》，摩洛哥北部地带和南部伊夫尼等地划归为西班牙的“保护地”。至此，非洲阿拉伯诸国陆续被西方列强纳入各自的殖民体系中。

马克思在《不列颠在印度统治的未来结果》一文中评价英国在印度的殖民统治时指出：“英国在印度要完成双重的使命：一个是破坏性的使命，即消灭旧的亚洲式的社会；另一个是建设性的使命，即在亚洲为西方式的社会奠定物质基础。”[2]但是，以法国为首的西方列强对非洲阿拉伯国家的长期统治只是完成了其破坏性的使命，即各国原有的传统社会经济结构在西方势力的冲击下遭到了毁灭性的破坏；而殖民者要完成的建设性使命则成了一个虚幻之梦。

以阿尔及利亚为例，马克思在马·柯瓦列夫斯基所著《公社土地占有制》一书摘要中揭露，自1830年法国入侵阿尔及利亚后，法国的殖民统治“手段有时改变，目的始终是一个：消灭土著的集体财产，并将其变成自由买卖的对象，从而使这种财产易于最终转到

---

① 在历史上，吉布提和索马里同属一个文化圈。法国于1850年前后入侵吉布提，1885年法国同吉布提地区的酋长们签订条约，确认法国在吉布提的统治地位。1888年，法国又同英国达成协定，两国以吉布提和泽拉之间的中线划分势力范围，吉布提一侧为“法属索马里”，泽拉一侧为“英属索马里”。1896年，法国在吉布提正式建立“法属索马里”殖民政府。

② 中共中央马克思、恩格斯、列宁、斯大林著作编译局编：《马克思恩格斯选集》第2卷，人民出版社1972年版，第70页。

法国殖民者手中”[①]。恩格斯撰写的《阿尔及利亚》一文，也对法国在阿尔及利亚的殖民统治进行了针针见血的深刻描述：“从法国人最初占领阿尔及利亚的时候起到现在，这个不幸的国家一直是不断屠杀、掠夺和使用暴力的场所。征服每一座大城市或小城市，每一寸土地都要付出巨大的牺牲。把独立视为珍宝、把对外族统治的仇恨置于生命之上的阿拉伯和卡拜尔部落，在残暴的袭击下被镇压，他们的住宅和财产被焚毁和破坏，他们的庄稼被践踏，而幸存的受难的人不是遭到屠杀，就是遭到各种奸淫和暴行的惨祸。”[②]

利比亚被形象地喻为第二次世界大战后由联合国“制造”出来的一个国家。实际上，这也是域外大国之间相互博弈、各自谋求在利比亚权益的一种妥协的产物。美国驻利比亚首任大使亨利·赛拉诺·维拉德（Henry Serrano Villard）曾指出，利比亚的历史基本上是征服与占领交替更迭的历史。[③] 据统计，1912年利比亚被征服后，在意大利殖民统治的30年间，大约有11万利比亚人被关押在集中营，4万人死于疾病、虐待或者饥馑。最新的利比亚解密档案显示，意大利殖民者处死的囚禁者多达7万人。[④]而本土人口则从1907年的140万降至1933年的82.5万人。[⑤]

西方列强长期的殖民统治，造成非洲阿拉伯国家的贫穷和落后，社会发展异常缓慢。同时，被置于殖民体系中的非洲阿拉伯国家不得不在屈从或服务于各宗主国殖民权益的前提下，实施自身的政治、经济、外交和文化政策等，致使这些政策普遍带有明显的殖民依附色彩。例如，科摩罗的许多现代政治和法律制度就源于殖民时代，一位科摩罗律师比喻：“科摩罗国家是从法国复制而来的，它是复印

---

① 《马克思恩格斯全集》第45卷，人民出版社1985年版，第316页。

② 《马克思恩格斯全集》第14卷，人民出版社1964年版，第104页。

③ Henry Serrano Villard, *Libya: The New Arab Kingdom of North Africa*, New York: Cornell University Press, 1956, p.11.

④ Ronald Bruce St. John, *Libya: From Colony to Independence*, Oxford: Oneworld, 2008, pp.73–74.

⑤ Ibid., p.81.

件。”又如，吉布提独立后，法国在此长期驻扎4000人的军队，并宣称为吉布提提供所谓的“安全保障”。

此外，西方列强对非洲阿拉伯国家实施的殖民手段和方式，也因对象国不同而有所区别：对于那些战略和经济利益重要的国家，通常采取直接统治的方式；对于那些小国或经济权益有限的国家，它们往往通过挑选代理人，诸如当地的封建主和有名望的部落酋长、首领等实行间接统治。非洲阿拉伯国家对于西方列强的殖民统治一直进行着顽强抗争，但各国谋求独立和解放的途径，则因国情和殖民者统治方式的不同而呈现反差。一般来说，在那些殖民统治最残酷的国家，民众浴血反抗的斗争就更加激烈。阿尔及利亚是一个最典型的案例。阿尔及利亚人自1954年在奥雷斯山区打响武装斗争的第一枪后，经过七年艰苦卓绝的反法解放战争，最终粉碎了法国强加于阿尔及利亚人长达132年之久的殖民枷锁，于1962年赢得独立。科摩罗、吉布提和毛里塔尼亚这些小国基于自身的局限，以及它们同前宗主国法国的无法割断的各种联系，因而选择了非暴力的和平方式走向独立。利比亚历来是大国逐鹿争雄之地，它的建国彰显了大国在联合国舞台上折冲樽俎、不甘舍弃已有权益的博弈。故此，西方列强在非洲阿拉伯国家的殖民史是非洲阿拉伯国家近现代史的重要研究内容。殖民统治对各国历史进程所衍生的各种关键问题及影响，都需要依据可靠的史料做出尽可能符合客观事实的更深层次的再分析和全新的解读。

五、现代化运动与阿拉伯社会主义的治国实践。现代化源于西欧，是伴随近代工业革命所聚集的强大内动力而兴起的。“二战”结束后，作为新生的现代民族独立国家，非洲阿拉伯国家在战后世界现代化浪潮的冲击和驱动下，陆续走上现代化发展道路。外源性和后发性是非洲阿拉伯国家推进现代化的基本特点。非洲阿拉伯国家启动现代化的原动力、经济结构、资源禀赋、社会基础和价值取向等完全不同于西方，由此决定了它们不可能照搬西方模式。

现代化是人类文明发展和演进的最复杂的过程。世界各国的现代化实践，按经济形态来区分，大致可归纳为三大类，即资本主义类型、社会主义类型、混合类型，而每一种类型都有多种发展模式。[①]但任何一种发展模式都要适应一定的生产力发展水平，符合本国的具体国情。非洲阿拉伯国家的现代化总体上都属于混合类型，是一种尚未定型的现代化选择。它兼采资本主义现代化和社会主义现代化两种模型的不同特色，是将两大对立模型合成而产生的一种中间发展形式；在本质上是一种边缘资本主义的发展模式。[②]

阿拉伯社会主义的发展道路堪称战后多数非洲阿拉伯国家推进现代化的一种主流。这一现象的出现同战后西亚北非地区盛行的阿拉伯社会主义思潮密切相关。阿拉伯社会主义主要由阿拉伯民族主义、伊斯兰传统和科学社会主义的个别原理所构成，是一种带有浓厚阿拉伯－伊斯兰特色的社会思潮。非洲阿拉伯国家的所谓社会主义主张，名目繁多，形式不一。其中包括埃及的纳赛尔主义、阿尔及利亚的自管社会主义、突尼斯的宪政社会主义、利比亚的伊斯兰社会主义，以及索马里西亚德总统自封的“科学社会主义”[③]等。阿拉伯社会主义有几个共同点：一是把社会主义等同于伊斯兰教的教义精神，认为伊斯兰教是社会主义原则的渊源；二是把社会主义作为一种发展经济和振兴民族，进而实现国家现代化的纲领和手段；三是拒绝科学社会主义，明确反对无神论，强调以伊斯兰教信仰为基础，尊重民族和宗教文化传统，主张阶级合作和私有制的永恒性。[④]纳赛尔就曾表示，他的阿拉伯社会主义与马克思主义存在根本

---

① 罗荣渠：《现代化新论——世界与中国的现代化进程》，北京大学出版社1993年版，第150页。

② 〔埃及〕萨米尔·阿明：《不平等的发展》，高铦译，商务印书馆1990年版，第169页。

③ 索马里总统西亚德·巴雷自称奉行“科学社会主义”，但从不提以马克思主义为指导思想。他宣称其“科学社会主义”是与伊斯兰教“和谐一致”的，“伊斯兰教义中有社会主义的基础”。参见唐大盾等：《非洲社会主义：历史·理论·实践》，世界知识出版社1988年版，第37页。

④ 黄心川主编：《世界十大宗教》，社会科学文献出版社2007年版，第310—311页。

性差异，并且具体表现在五个方面。[①]这便昭示了阿拉伯社会主义的特殊属性。

阿拉伯社会主义之所以能够成为多数非洲阿拉伯国家选择的现代化发展模式，一方面是由于非洲阿拉伯国家长期深受殖民主义之害，导致其本能地排斥西方发展模式。亦如研究者所言，当资本主义与殖民国家和剥削特权联系在一起后，社会主义作为一种相反的意识形态，在非洲无疑成为普遍的诉求。[②]自20世纪50年代中期到70年代中期，阿拉伯社会主义在多数非洲阿拉伯国家的实践，确实取得了一些不容否认的成效。一些数据也可说明这一点。例如，埃及的工业总产值从1952年的3.14亿埃镑增加到1979年的61.6亿埃镑，增长了近19倍。同一时期，农业总产值由3.87亿埃镑提高到36.6亿埃镑，增长了8.46倍。[③] 阿尔及利亚在1967—1978年国民经济保持年均7.2%的增长率，十多年间人均国民收入从375美元增至830美元。[④]突尼斯经过十年的建设，基本形成自身的民族工业体系，国有企业从1960年的不足25家发展到1970年的185家，国有经济在国民收入中的比例从1.8%上升到33.7%。[⑤]

然而，由于内外和主客观多种因素的局限，非洲阿拉伯国家在现代化进程中遭遇的挫折与失败远大于成功，是一种不成功的现代化尝试。它们面临一系列难题，诸如政治发展明显滞后于经济发展，经济发展对外的严重依赖性，生产结构的单一性与脆弱性，社会经济的二元性与对立性，工业分布的条块性与不均衡性，过度城市化和人口增长失控，生态环境不断恶化，等等。这些问题使非洲阿拉

① 1962年5月30日纳赛尔在全国人民力量代表大会上的发言，《金字塔报》，1962年5月31日。转引自唐大盾等主编：《非洲社会主义新论》，教育科学出版社1994年版，第96页。

② E. A. Alport, "Socialism in Three Countries: The Record in the Maghrib", *International Affairs*, Vol.43, No.4, Oct. 1967, p.692.

③ 唐大盾等：《非洲社会主义：历史·理论·实践》，第116页。

④ Massoud Karshenas, Valentine M. Moghadam, ed., *Social Policy in the Middle East: Economic, Political and Gender Dynamics*, New York: Palgrave Macmilian, 2006, p.42.

⑤ I. William Zartman, ed., *Tunisia: The Political Economy of Reform*, Boulder: Lynne Rienner Publishers, 1991, p.111.

伯国家在全球化时代难以摆脱被边缘化的命运。20世纪70年代中期以后，以阿拉伯社会主义为主导的非洲阿拉伯国家的现代化实践，无不经历了趋于衰势的变化。80年代末期，伴随东欧剧变和苏联解体，有关阿拉伯社会主义的议题在多数非洲阿拉伯国家逐渐成为一种历史记忆。从反思的角度看，理性处理宗教与现代化的关系问题，仍是非洲阿拉伯国家在现代化实践中不能回避的课题。宗教地域特征和传统文化使非洲阿拉伯国家的现代化之路充满了“悖论”。由于近代以来伊斯兰世界尚未真正出现比较彻底的宗教改革运动，未能在人的解放和价值取向等问题上实现跨越性的突破，伊斯兰世界在近代的各种社会改革基本上都没有超出改良范畴，其主轴大都以捍卫伊斯兰教传统价值观和巩固当权者的统治为目标。其所触及的仅仅是应对外来挑战的表象问题，而回避对其政治和思想体系的批判性内省与更新，从而制约着各国的文明演进和现代化进程。

阿拉伯社会主义作为一种民族主义思潮在战后的非洲阿拉伯国家盛行20年之久，它是独立后的非洲阿拉伯各国选择的一种现代化模式和社会制度。因此，其核心仍是国家定位和发展道路的问题，也是一个具有重大现实意义和理论价值的问题。对这些问题的深入研究和探索，将有助于充实和丰富马克思主义关于经济落后国家发展道路选择的相关理论。

六、早期的伊斯兰教和当代非洲阿拉伯国家的伊斯兰潮。恩格斯在《论早期基督教的历史》一文中指出：“伊斯兰这种宗教是适合于东方人的，特别是适合于阿拉伯人的。”[①]早期伊斯兰教在非洲的传播肇始于第二任哈里发时期穆斯林军队于公元639—642年对埃及的征服。非洲本土人最早的伊斯兰教皈依者大多为社会的上层，其中又以统治者和成功的商人最愿意改信伊斯兰教，穷人和乡村居民的改宗要晚得多。故此，早期的伊斯兰教在非洲被称为“宫廷和商业宗教”[②]，这一宗教首先在政界及商界权势人物中传播开来。后来埃

① 《马克思恩格斯全集》，第22卷，人民出版社1965年版，第526页。

② 〔美〕埃里克·吉尔伯特、乔纳森·T.雷诺兹：《非洲史》，黄磷译，第109页。

及人纷纷皈依伊斯兰教，这在很大程度上是因为当时的拜占庭统治者强加于埃及人的各种赋税过重，而新的伊斯兰政府所征税率很低。同时它对宗教自由的态度也比拜占庭要更宽容。科普特基督教徒直到11世纪依然占埃及人口的大多数，便是一个颇具说服力的佐证。

在伊斯兰教创立的初期，北非实际上也是那些发现自己与中央伊斯兰国家日益强大的逊尼派正统观念不合的穆斯林的庇护所。[①]伊斯兰教初期的两个重要少数派教派——什叶派和哈瓦利吉派[②]都在北非找到了避难地。哈瓦利吉派落脚于北撒哈拉沙漠中的小绿洲，以及卡比利亚和阿特拉斯山脉中的丘陵地带，他们同土著柏柏尔人建立了比较亲密的关系。什叶派在北非的势力和影响更大。什叶派首先在阿尔及利亚东南部站稳脚跟，并不断向外拓展。10世纪初，他们先后推翻了阿巴斯王朝在突尼斯的统治和打败柏柏尔-哈瓦利吉派。公元909年，什叶派首领奥贝德拉在突尼斯以先知穆罕默德之女法蒂玛的苗裔自居，被拥戴为哈里发，建立法蒂玛王朝，这是伊斯兰教什叶派的第一个王朝。国都为马赫迪亚。[③]随后，法蒂玛王朝征服摩洛哥，进而占领整个马格里布地区。969年攻占阿拉伯帝国统治下的埃及，973年迁都开罗，并在埃及实施了长达200余年的统治，直到1171年被推翻。基督教和伊斯兰教的初期，在北非的一个共同现象是：无论是基督教的少数派阿里乌斯派和一性论派，还是伊斯兰教的少数派什叶派和哈瓦利吉派，都把北非或是作为大本营，或是作为庇护地，这一现象的历史蕴含令人深思。或许正因为如此，近代以来北非阿拉伯诸国出现的各种伊斯兰复兴思潮或运动，都按

---

① 〔美〕埃里克·吉尔伯特、乔纳森·T.雷诺兹：《非洲史》，黄磷译，第95—96页。

② 哈瓦利吉派（Khawāridj），伊斯兰教早期派别之一。哈瓦利吉意为“出走者”。657年隋芬之战期间，穆阿维叶在面临失败时提出“以《古兰经》裁判”的停战要求。当时阿里营垒内分为主战和主和两派，阿里倾向和解，遂接受穆阿维叶的要求，引起主战派的极端不满，约有12 000人离开阿里的队伍出走，组成哈瓦利吉派。此外，该派认为哈里发应由穆斯林公选，当选者不应只限于古莱什人；同时主张在所有穆斯林中共同分配土地和战利品，故又称军事民主派。

③ 法蒂玛王朝初建都拉卡达，即今突尼斯的凯鲁万，后于920年迁都马赫迪亚，位于凯鲁万东南海岸。

照其自身的逻辑发展。就地缘政治来说，它不像西亚阿拉伯国家那样，处于中东各种矛盾的旋涡中，因而受外部影响相对较少。就对外交往来看，北非诸国毗邻欧洲，在历史上多为法、英等国的殖民地，与西方有密切的联系，故此对东西方文化和价值观差异的体验也比西亚阿拉伯国家更深刻。这些因素凝聚了北非伊斯兰复兴运动的多元化色彩。

20世纪80年代以来的北非伊斯兰复兴运动主要在埃及、苏丹和阿尔及利亚等国形成几个中心。一般来说，北非阿拉伯国家伊斯兰复兴运动的主调趋于温和与理性。这里并不否认在某些特定时空下出现的极端倾向。以埃及为例，由哈桑·班纳于1928年组建的穆斯林兄弟会（以下简称为“穆兄会”）是埃及最大的民间伊斯兰组织。20世纪70年代，虽然穆兄会分裂出一些激进组织，包括“赎罪与迁徙组织”和“圣战组织”等，但总体上看，埃及历届政府基本能够掌控来自宗教势力的挑战。纳赛尔时期，埃及政府与穆兄会的关系在合作、利用和打压中轮换。萨达特和穆巴拉克时期，穆兄会基本放弃暴力手段，转而采取和平、合法和半合法的斗争策略。穆兄会中占主导的温和派强调，以和平和渐进的方式实现伊斯兰化，以理性和现代的角度看待伊斯兰法和伊斯兰政府的功能。[①]由此，政府与穆兄会之间形成了容忍、妥协、限制和反限制关系的动态性变化，从而维持埃及社会的稳定。

哈桑·图拉比是20世纪90年代苏丹最有影响力的宗教政治思想家，有“非洲霍梅尼”之称。图拉比同1989年发动军事政变掌权的巴希尔合作，在苏丹建立了伊斯兰政权。图拉比主张实行政教合一，全面实现社会生活的伊斯兰化，并于20世纪90年代在苏丹实施所谓的“伊斯兰试验”。图拉比认为，他的伊斯兰试验是“建立在人民价值观基础之上，由知识分子引导，动用宗教资源促进不发达国家发

① R. H. Dekmejian, *Islam in Revolution: Fundamentalism in the Arab World*, New York: Syracuse University Press, 1985, p.181.

展的新尝试"[①]。他还认为，伊斯兰复兴最理想的情况是在没有内部压制和外部干涉的形势下通过和平、渐进的方式发展。[②]因而，一方面，他反对暴力，强调伊斯兰教的温和与宽容，认同与时俱进的宗教改革，倡导妇女解放和提高妇女地位等。这些都体现了图拉比伊斯兰试验的温和性。另一方面，图拉比的伊斯兰试验始终被限定在其合作者世俗的苏丹总统巴希尔设定的轨道内，巴希尔决不允许图拉比的宗教权势凌驾于其权力之上。事实上，代表国家政权的巴希尔与代表伊斯兰势力的图拉比的政教结合，从一开始就是一种权力借重和彼此利用的关系。在苏丹这种多部落多宗教的复杂的政治环境下，教权显然无法与世俗政权相抗衡。

阿尔及利亚是北非伊斯兰复兴运动的另一个类型，体现了阿尔及利亚宗教政治化和政治暴力化的双重特点。1989年诞生的阿尔及利亚"伊斯兰拯救阵线"（以下简称"伊阵"）是阿尔及利亚国内最大和最具影响力的伊斯兰复兴组织，其主要领导人阿巴斯·迈达尼是一个拥有英国教育学博士学位的大学教授，另一个是清真寺的伊玛目阿里·贝尔哈吉。实际上，他们分别代表阿尔及利亚伊斯兰复兴运动中的温和派与激进派两大势力。尽管存在思想意识上的分歧，但这并未成为双方合作的障碍，有研究者将他们对外发出的不同声音形象地喻为"双头性领导"下的"多声部合唱"[③]。两人迥然不同的风格，相得益彰，吸引了大批不满的阿尔及利亚人。[④]伊阵主张维护穆斯林共同体的统一，捍卫伊斯兰历史和文化遗产。[⑤]其最高目标是通过和平斗争的策略，实现阿尔及利亚的伊斯兰化。但是，军队作

---

① Hassan Al-Turabi, "U.S. House Foreign Affairs Africa Subcommittee Hearing on the Implications for U.S. Policy of Islamic Fundamentalism in Africa", www. Islamonline.net/iol-english/qadaya/qpolitic-14/ qpolitic1.asp.

② 王铁铮主编：《全球化与当代中东社会思潮》，人民出版社2013年版，第269页。

③ 蔡佳禾：《当代伊斯兰原教旨主义运动》，宁夏人民出版社2003年版，第132页。

④ Robert Motimer, "Islam and Multiparty Politics in Algeria", *Middle East Journal*, Autumn 1991.

⑤ John Ruedy, *Modern Algeria: The Origins and Development of a Nation*, Second Edition, Bloomington: Indiana University Press, 2005, p.252.

为阿尔及利亚独立战争胜利者的象征，不允许伊斯兰势力改变国家的世俗发展方向。当伊阵通过市政和议会选举即将掌控国家政权时，军队毫不犹豫地予以干涉，终止了其迈向权力舞台的步伐。而伊阵内部和政府内部对事态的不同认知，最终酿成了一个分裂的政府与一个分裂的伊斯兰反对派之间对抗的危机。[①]据统计，在随后四年多的时间里，暴力冲突和相互残杀此消彼长，约有6万平民和军人死亡。[②] 阿尔及利亚被打上了暴力政治的特有符号。这种状况一直持续到1995年11月泽鲁阿勒赢得阿尔及利亚历史上首次自由选举的胜利，由此证明了阿尔及利亚人最终抛弃了困扰国家政治的宗教和世俗极端主义。[③]

从北非三国的伊斯兰复兴运动来看，尽管其目标和行动手段有相似之处，但三国互不统属，几乎不存在彼此的协调和支持。这种状态表明北非伊斯兰复兴运动的分散性和多样性，因而外溢影响有限。同时，它也揭示了北非伊斯兰复兴运动所聚集的能量和张力，无论是在同世俗政权合作还是在抗衡方面，都不足以占上风的总趋势，更无法改变世俗政权主导国家政治秩序和发展方向这一历史事实。

七、政治剧变和北非阿拉伯国家的未来走向。北非是2010年底2011年初阿拉伯政治剧变的发源地，诱发了整个阿拉伯世界的震荡。从本质上看，此次阿拉伯剧变的根源在于，阿拉伯威权主义政权在政治上的极度僵化和现代化发展的“错位”，以致无法满足阿拉伯民众对民生、民主、民权的期盼。换言之，阿拉伯变局实际上也是阿拉伯民众谋求重新选择现代化发展道路的一种抗争。

然而，旧政权的垮台并不意味着新制度的建立。早在政治剧变之初，巴林思想家贾比尔·安莎里在一篇文章中就写道：“一层厚厚的浪漫主义之膜，正裹绕阿拉伯国家当前的变革要求。这种情形，

---

① William B. Quandt, *Between Ballots and Bullets: Algeria's Transition from Authoritarianism*, Washington, D. C.: Brookings Institution Press, 1998, p.58.

② 蔡佳禾：《当代伊斯兰原教旨主义运动》，第135页。

③ Martin Stone, *The Agony of Algeria*, London: Hurst & Company, 1997, p.120.

我们这一代人也曾经历过，我们曾经梦想过统一、自由和社会主义，但我们等来的却是专制，它带给我们的只有挫败和失望。”①另一位阿拉伯政治家指出，变革不应止于改变统治者，而应致力于改变社会，即改变社会的经济、文化基础。问题是：如何让变革从表面及于纵深，从形式过渡到实质？②这些担忧和发问似乎已预感到阿拉伯变局前景的迷惘。而后来阿拉伯变局的走向也印证了这一点：埃及经历了翻烧饼式的政权“轮回”，从穆巴拉克的垮台，到穆兄会的穆尔西在权力之巅的昙花一现，再到穆尔西被军人政权所取代，民主政治似乎离埃及依然遥远；卡扎菲之后的利比亚陷入四分五裂的武装割据状态，各派系之间的混战绵延不绝，新的政治秩序的重建渺无音讯；唯有突尼斯的局势让人看到了一缕“阿拉伯世界微弱的曙光”。2014年12月，突尼斯诞生首位民选总统，国内局势趋于相对稳定。但突尼斯的腐败之风并未得到有效遏制，根据国际组织提供的数据，2010年突尼斯在“透明国际”清廉指数中位列178个国家的第59位，2016年则在176个国家中名列第75位。③因此，突尼斯的社会改造和政治变革任重道远。

与此同时，阿拉伯国家的政治生态因政治剧变而发生明显变化，一些地区和国家出现权力“真空”。为抢占地盘和扩张势力，不同派系之间的恶斗持续升温。北非马格里布地区和非洲之角的索马里成为两个恐怖主义的渊薮。利比亚境内的恐怖活动日甚一日，它们所释放的破坏力对近邻突尼斯的稳定构成威胁；索马里青年党作为东非臭名昭著的恐怖主义组织，在阿拉伯政治剧变后进一步扩大活动领域，频繁制造一系列暗杀和暴恐事件，破坏索马里和平进程与民

---

① 〔巴林〕贾比尔·安莎里：《只有革命浪漫主义还不够》（阿拉伯文），《生活报》，2011年4月25日。转引自马晓霖主编：《阿拉伯剧变：西亚、北非大动荡深层观察》，新华出版社2012年版，第437页。

② 〔叙利亚〕阿多尼斯：《布阿齐齐的骨灰》（阿拉伯文），《生活报》，2011年4月28日。转引自马晓霖主编：《阿拉伯剧变：西亚、北非大动荡深层观察》，第438页。

③ Sarah Yerkes, Marwan Muasher, “Tunisia’s Corruption Contagion: A Transition at Risk”, https://carnegieendowment. org/2017/10/25/tunisia-s-corruption-contagion-transition-at-risk-pub-73522.

权社会。同时，索马里猖獗的海盗劫持活动[①]，也在严重干扰着国际水道的航行安全和各国间的经贸交往。

阿拉伯政治剧变距今已有十余年，反观非洲阿拉伯诸国的社会、政治、经济和意识形态的现状，多数国家仍然在过去的老路上徘徊不前，尚未在探寻新的发展道路中取得突破性进展，也没有找到能够理性化解长期困扰国家的社会、经济和族群割裂问题的有效策略。非洲阿拉伯国家的发展和创新之路如此之艰难，可从两个层面来解析：一是缘于自身的局限。多数非洲阿拉伯国家实际上都没有经受过现代大工业血与火的洗礼，迄今还不能形成一个真正能够体现或代表先进生产力，领导民众并得到民众广泛支持的社会阶层。这表明非洲阿拉伯国家仍处于由传统农业社会向现代工业社会转型的过程中。二是基于非洲阿拉伯国家固有的宗教地域特点。宗教被人为地承载了过多的非宗教因素，因而需要不断理顺信仰与理性、宗教与世俗、传统文明与现代文明等方面的关系，并且必须防止伊斯兰教义被随意曲解和“工具化”，从而挑起宗教狂潮，使国家的正常发展迷失方向。“伊斯兰社会民主演进的障碍不仅是政治层面的，而且在根本上还与价值观念有关。因此，要建立相对性、多元化的民主理性，就必须撼动神学与教法的基本结构。”[②]由此可见，实现与时俱进的宗教变革和激活人的创造力，将是非洲阿拉伯国家长期和不可懈怠的使命。

八、关于国外文献史料的使用。任何一项研究都离不开相关资源的支持，丰富可靠的史料是完成非洲阿拉伯国家通史研究最重要的前提条件。因此，这一研究必然要借助国外的各种文本资源。从语种来说，以英语为主，并且尽可能地吸纳阿拉伯语、法语、俄语等，以及中译本的文献史料；从文本来说，包括有关非洲阿拉伯10国各个时期

---

① 据国际海事署报告，在索马里海域发生的海盗袭击次数为：2006年18起，2007年48起，2008年111起，2009年215起，2010年219起，2011年236起。参见Elwaleed Ahmed Talha, *Political and Economic Impact of Somalia Piracy during the Period (1991–2012)*, The University of Tokyo, 2013, p.14 (http://www.pp.u-tokyo.ac.jp/courses/2013/documents/5140143_9a., 2014-10-2)。

② 〔突尼斯〕本·阿舒尔：《民主派和神学派的政治活动》，阿拉伯联合酋长国《联合报》，2011年3月14日。转引自马晓霖主编：《阿拉伯剧变：西亚、北非大动荡深层观察》，第438页。

的历史著作，重要人物的传记和回忆录，对重要政策和重大事件的专题研究，相关国家陆续解密的档案资料，新媒体和网站的各种述评，以及国内外学者发表的一系列相关学术论文等。项目组在研究和写作过程中，对于这些庞杂的文献史料，都须经过审慎筛选、相互比对和甄别，以便使所用史料客观、可靠和可信。项目组遵循的原则是，注重对文献史料的合理吸纳和消化，确保研究成果的质量和应有水准。

如前所述，非洲阿拉伯国家作为一个国家群，各国国情独特而复杂，呈现纷繁和多元的色彩。但非洲阿拉伯国家同样存在共性，在历史演进中面临的许多问题也是相同的。按照传统观点，对于国别通史的研究，通常的聚焦点大多是诸如政治制度、经济模式、社会结构等这些显性要素在历史发展进程中的演化。毋庸置疑，这些要素是通史研究不可或缺的核心内容。但本项目的作者并不仅仅拘泥于这些显性要素，而是审慎地选择更贴近客观社会现实，且能折射事物本质的一些问题来解析非洲阿拉伯国家的历史发展。这实际上是力图从一个不同的新视角，来探讨非洲阿拉伯国家综合性通史的一种尝试。而这种尝试完全取决于非洲阿拉伯国家的固有的独特国情，也是非洲阿拉伯国家历史进程中必须直面的重大议题。它有利于突破惯性思维的窠臼或定式，从更深层次认知非洲阿拉伯国家的变迁。更重要的是，这些问题能够从根本上深刻反映不同时期非洲阿拉伯各国社会、政治、经济和宗教文化等领域的独特样貌及嬗变，凸显非洲阿拉伯国家历史演进的脉络和轨迹。从一定程度上讲，它们构建了非洲阿拉伯国家通史研究的一个总体框架，也提供了一种宏观的视野和路径，以便在纵横维度的比较研究中揭示非洲阿拉伯国家历史发展的基本规律和主要特点。我们企盼八卷本《非洲阿拉伯国家通史》的问世能够为读者和研究者深度了解非洲阿拉伯国家的历史提供借鉴，并发挥其应有的社会效应。同时，对于书中的不足之处，恳请行家不吝指正和赐教。

2022年3月于西北大学中东研究所

目　录

Contents

绪论　毛里塔尼亚概况

今天的毛里塔尼亚位于非洲西北部，撒哈拉沙漠西南部，国土面积 103.07 万平方公里，在世界各国中排第 29 位，在非洲各国中排第 11 位。截至 2020 年 10 月，毛里塔尼亚全国人口为 424 万人，[①] 在世界各国中排第 128 位，在非洲各国中排第 40 位。2020 年，毛里塔尼亚国内生产总值为 74.28 亿美元，在世界各国中排第 151 位，负增长 3.229%；人均国内生产总值为 1790.95 美元，在世界各国中排第 155 位；经常项目盈余 -11.39 亿美元。[②] 毛里塔尼亚是世界上最不发达的国家之一，人类发展指数在全球居第 157 位，全国贫困人口高达 50.6%，[③] 约有 20% 的人每天消费在 1.25 美元以下。[④]

毛里塔尼亚在世界舞台处于边缘地位。首先，从国内情况看，毛里塔尼亚自独立以来，国内局势相对平稳。虽然发生过几次军事政变和政权更迭，但都没有造成严重的流血冲突和经久不息的政治斗争，也没有酿成过任何人道主义灾难，并未引起国际社会和国际媒体的广泛关注。其次，从对外关系看，毛里塔尼亚地广人稀，大部分国土位于沙漠中，而且没有特别丰富的战略资源，更不处于兵

① 参见国际货币基金组织官方网站“国别数据”，https://www.imf.org/en/Countries/MRT#countrydata，引用时间：2021 年 2 月 17 日。

② World Economic Outlook Data (October 2020 Edition), https://www.imf.org/en/Publications/WEO/weo-database/2020/October，引用时间：2021 年 2 月 17 日。

③ 《2020 年人类发展报告》，http://hdr.undp.org/sites/default/files/hdr_2020_overview_chinese.pdf，引用时间：2021 年 2 月 17 日。

④ “UNDP: Human development indices-Table 3: Human and income poverty [Population living below national poverty line (2000–2007)]” (PDF)，引用时间：2010 年 7 月 4 日。

家必争的战略要地，一般不会招致外敌的入侵和大国的争夺。自20世纪70年代末西撒哈拉战争结束后，毛里塔尼亚虽然与摩洛哥和塞内加尔时有龃龉，但矛盾和冲突局限于双边和次地区范围内。所以，毛里塔尼亚号称“非洲最不为人知的国家之一”①。

然而，毛里塔尼亚是当今世界上一个值得关注的国家。首先，在第三世界和贫穷落后的国家，稳定经常是稀缺和难以实现的。在非洲地区，旷日持久的暴力冲突更是家常便饭，而且往往引发国家间甚至地区冲突。与此形成鲜明对照的是，虽然毛里塔尼亚自实现独立以来经济发展缓慢，但国家相对稳定。其次，毛里塔尼亚位于北非与撒哈拉以南非洲的交界处，在地理、气候、民族、文化和宗教信仰等方面具有明显的二元属性。放眼世界各地，特别是广大的第三世界，二元和多元结构经常导致绵延不绝的冲突和纷争，毛里塔尼亚社会却始终保持着大体上的和谐和稳定。②第三，毛里塔尼亚并非没有在其他国家引发动荡的冲突诱因，如形势非常严峻的贫困问题、世界上最严重的奴隶制问题、多次发生的军事政变问题。但是，这些问题都没有持久存在并蔓延开来。第四，冷战结束时，毛里塔尼亚实行了多党民主选举，但没有像其他国家那样引发局势动荡。

因此，毛里塔尼亚作为一个拥有辽阔版图的小国，有许多规律值得研究和总结。探究这些规律，不仅需要放眼毛里塔尼亚的现实，更需要追溯这个国家古往今来的历史。但遗憾的是，毛里塔尼亚因为小、贫穷和默默无闻，不仅长期得不到国际社会的关注，学术界对它的研究也非常薄弱。国外对毛里塔尼亚为数不多的研究，基本上都是由前殖民者法国人进行的，并且是以法语形式存在。在英语世界，有关毛里塔尼亚的史料文献少之又少。无论在英语世界还是中国，迄今尚无关于毛里塔尼亚的史学专著问世。

---

① Anthony G. Pazzanita, *Historical Dictionary of Mauritania*, Third Edition, Lanham, Maryland · Toronto · Plymouth: The Scarecrow Press, Inc., 2008, p. 1.

② 在地缘、族群或文化等方面，如果一个社会的典型特征不止一个，那么本书称之为在相应方面存在二元或多元结构。具体而言，毛里塔尼亚因为位于西北非与撒哈拉以南非洲之间，在地理、气候、民族、文化和宗教信仰等方面都兼具南北两个区域的特征。

一、“毛里塔尼亚”词源的流变

古代北非的毛里塔尼亚

“毛里塔尼亚”这个名称并不是凭空造出来的，而是源于北非地区的一个古地名“Mauretania”（毛里塔尼亚）。北非地区的毛里塔尼亚原是柏柏尔人的一个独立国家，即建于公元前3世纪的“毛里塔尼亚王国”（Kingdom of Maurẹtania），其位置在今摩洛哥北部地中海沿岸地区，包括阿尔及利亚西部的一部分以及西班牙的休达（Ceuta）和梅利利亚（Melilla）两个自由市，与现今的毛里塔尼亚共和国存在时空错位。公元前33年，毛里塔尼亚王国被罗马人征服，成为罗马共和国的附庸国。公元40年，末代国王“毛里塔尼亚的托勒密”（Ptolemy of Mauretania）被罗马皇帝卡利古拉处死，毛里塔尼亚成为罗马帝国的一个行省。后来，毛里塔尼亚先后处于汪达尔人、东罗马帝国和倭马亚王朝的统治下。公元743年，柏柏尔人发动起义，在这里建立了许多柏柏尔人穆斯林王国。公元789年，伊德里斯王朝统一了毛里塔尼亚地区，而伊德里斯王朝被看作现代摩洛哥的前身。①

现代西非的毛里塔尼亚

毛里塔尼亚（Mauritania）简称“毛塔”，正式国名是“毛里塔尼亚伊斯兰共和国”（Islamic Republic of Mauritania）。毛里塔尼亚意为“摩尔人（Moures, Moors）的家园”，其柏柏尔语名称是“Muritanya”或“Agawej”，阿拉伯语名称是“موريتانيا”（音：Mūrītānyā），法语名称是“Mauritanie”。它位于非洲西北部，

① Centre de Recherches et d'Études Sur les Sociétés méditeranéennes, Centre d'Études d'Afrique Noire, *Introduction à la Mauritanie*, Paris: Editions du Centre National de la Recherche Scientifique, 1979，p.67.

撒哈拉沙漠西南角，东北部与阿尔及利亚为邻，北部隔西撒哈拉和阿尔及利亚三十多公里的边界线与摩洛哥相望。但是，在20世纪60年代以前并不存在独立的毛里塔尼亚国家。与西非和西北非其他地区一样，在法国殖民者到来的时候，今毛里塔尼亚境内只是一些部落、部落联盟和酋长国，与今天的各邻国之间并没有明确的边界线。

毛里塔尼亚的国名源于法国殖民者，这里此前也不叫“毛里塔尼亚”。在19世纪的多数时间里，法国在西非扩张的重点是塞内加尔，致力于从树胶和奴隶贸易中牟取暴利，对荒凉的毛里塔尼亚并没有太多的兴趣。直到19世纪末，法国政府才决定“平定”（pacify）这块名义上的殖民地。1899年12月27日，法国政府根据在法属苏丹（今马里）工作的殖民官员泽维尔·科波拉尼（Xavier Coppolani）的提议，将塞内加尔河北岸与卡伊和通布图边界直到朱比（Juby）角西部的地区（即摩洛哥边境，北至阿尔及利亚南部）统一划分为“西毛里塔尼亚”（Ouest Mauritanie）。[①]“毛里塔尼亚”由此得名。

故此，今天毛里塔尼亚的国名始于19世纪末期，是法国殖民者借用的古摩洛哥北部一个古地名。由于古代的毛里塔尼亚王国在东（北），今“毛里塔尼亚伊斯兰共和国”在西（南），因而后者也被称作“西毛里塔尼亚”。鉴于古代的毛里塔尼亚已经成为历史，这里后来就被称作“毛里塔尼亚”。曾有人将前者译为“摩尔塔尼亚”，以与今天的“毛里塔尼亚”有所区分。[②]虽然这种区分是必要的，但未能区分在应当区分之处，因为二者在可译为“摩尔”的地方是共同的。如果要刻意强调“摩尔人”这一族源，后者也可以而且应当

① 需要指出的是，科波拉尼之所以提议把这里命名为“毛里塔尼亚”，与他本人的经历密切相关。他是出生于科西嘉岛的法国人，但在北非的阿尔及利亚长大，精通阿拉伯语和伊斯兰教知识，自然对古代的毛里塔尼亚王国了如指掌。

② 〔法〕夏尔－安德烈·朱利安：《北非史·突尼斯、阿尔及利亚、摩洛哥　第一卷　从上古时代至阿拉伯人征服（公元647年）》，上海新闻出版系统“五·七”干校翻译组译，上海人民出版社1973年版，第170页。

译为“摩尔塔尼亚”。

需要指出的是，虽然中文译名都是“毛里塔尼亚”，但二者的名称原本有所区别。古代北非的毛里塔尼亚，英语是“Maurẹtania”，法语是“Maurẹ́tanie”，阿拉伯语原名是“موريطنية”；而今天西北非的毛里塔尼亚，英语是“Mauriṭania”，法语是“Mauriṭanie”，阿拉伯语原名是“موريتانيا”。二者的英语、法语、阿拉伯语名称都不完全一样。确切地说，北非的古地名可以译为“毛列塔尼亚”，以与今天的“毛里塔尼亚”共和国相区别。但是，本书沿袭通行的译法，将二者都称为“毛里塔尼亚”。

二、地理特征与人文状况

地理位置

毛里塔尼亚在地理、社会和文化上都是西北非和撒哈拉以南非洲的结合部，被形象地称为“阿拉伯－非洲之桥”[①]。它的北部和中部地区属于撒哈拉大沙漠的西南缘，全国四分之三的面积为沙漠，使其素有“沙漠共和国”之称。广大沙漠地区土壤干燥、多沙石，植被稀少；中南部的萨赫勒[②]地区生长着小灌木和野草；南部的塞内加尔河流域土壤肥沃，适合多种农作物的生长，是全国主要的粮食产区；西部的大西洋沿岸是世界上渔业资源最丰富的地区之一。

毛里塔尼亚大部分地区在北纬14°—26°和西经5°—17°之间，仅有小部分在西经5°以东和17°以西。其经度位置与英国大体相当，同属中时区，比北京时间晚8个小时。毛里塔尼亚的地理位置比较

---

① 李广一编：《毛里塔尼亚　西撒哈拉》，社会科学文献出版社2008年版，第3页。

② “萨赫勒”（Sahel）是阿拉伯语“ساحل”一词的音译，在阿拉伯语中的意思是“岸”。它是非洲生态气候和生物地理领域里的一个专有名词，指的是西苏丹北部地带，即撒哈拉沙漠和西苏丹稀树大草原之间的过渡地带。

优越，地处北非和撒哈拉以南非洲之间，是欧洲、中东、西非和美洲在大西洋海路上的十字路口。辽阔的撒哈拉沙漠横亘在北非的大部分地区，毛里塔尼亚则位于撒哈拉沙漠西南角，扼守从北非通向撒哈拉以南非洲的交通要道之一，自古以来素有“阿拉伯－柏柏尔北非与撒哈拉以南非洲之间的一座桥梁”的美誉①。在地理大发现和随后的欧洲扩张时代，当欧洲人沿着非洲西海岸向南探索时，毛里塔尼亚是他们的必经之地，也是他们首当其冲的殖民对象。然而，直到 1912 年法国才彻底征服毛里塔尼亚，显然还有地理位置之外的其他原因在发挥作用。这正是本书所要揭示的问题之一。

毛里塔尼亚边界线长达 5012 公里，周边共有 4 个邻国。它西濒大西洋，西北与西撒哈拉为邻，东北方向与阿尔及利亚毗连，东部和南部与马里接壤，西南部隔塞内加尔河与塞内加尔相望。除了 667 公里的大西洋海岸线之外，唯一的天然边界存在于它与西南邻国塞内加尔之间。这条边界线始于塞内加尔圣路易（Saint-Louis）以北几英里处的巴尔巴里半岛（Langue de Barbarie），由此向内陆到塞内加尔河并沿河北岸延伸 505 英里，到达毛里塔尼亚与塞内加尔和马里三国交界处。毛里塔尼亚与其他三国的边界均未遵循任何自然特征，纯粹由法国殖民当局任意划定。毛里塔尼亚与西撒哈拉的边界把莱夫里埃半岛（Lévrier peninsula）平分为两部分，毛里塔尼亚与塞内加尔的界河虽然是自然界线，但是，定居的农业人口长期以来沿河而居，形成了一条在两岸各宽达 10—20 英里的共同经济、文化和历史带，把塞内加尔河作为两国的边界，人为地割裂了两岸居民这种世代相传的共同纽带。②

地貌与生态

毛里塔尼亚全国地势整体上比较平坦，近 40 万平方英里的

---

① Brian Dean Curran and Joann L. Schrock, *Area Handbook for Mauritania*, Washingtan D. C.: U. S. Goverment Printing Office, 1972, p. 8.

② Ibid., pp. 8–9.

荒凉平原一望无际，只是偶尔被山峦和悬崖状的基岩阻断。中部地区是高原和山丘，最高处是高500米的阿德拉尔高原（Adrar Plateau）。高原中间有一些面向西南的悬崖峭壁，悬崖脚下分布着一些泉水灌溉的绿洲。中部高原将广阔的平原一分为二，极大地阻碍了东西方之间的交通和运输。高原向东逐渐变低，最后消失于广阔而荒芜的朱夫沙漠（El Djouf）中；高原以西直到沿海地区，黏土平原（regs）和沙丘（ergs）交替出现，而有些沙丘还是移动的。①

毛里塔尼亚全国只有一条河流，那就是与塞内加尔的界河塞内加尔河。塞内加尔河发源于几内亚的佛塔扎隆高原，向北流经马里，然后折向西北，成为塞内加尔与毛里塔尼亚的界河，最后从塞内加尔的圣路易流入大西洋。因此，塞内加尔河流域的西非国家共有四个，分别是几内亚、马里、毛里塔尼亚和塞内加尔。20世纪60年代，毛里塔尼亚倡议成立治理塞内加尔河委员会。1968年3月，四国在几内亚的拉贝成立了塞内加尔河流域组织。

毛里塔尼亚气候的典型特征是温度极端和干旱少雨。虽然全年平均气温波动不大，但昼夜温差非常悬殊。内地气温在17℃—50℃，沿海地区在14℃—40℃。除了受海洋信风影响的狭窄沿海地带之外，全国大部分地区长年盛行来自撒哈拉沙漠的干热风“哈麦丹”（harmattan）。在全国干旱少雨的基础上，降雨量在区域和季节性的分布严重不均。南方年平均降雨量为609.6毫米，而占全国面积三分之二的北方只有0—101.6毫米。而且，这些为数不多的降雨又大多发生在6—9月的短暂雨季里。自然植被带根据降雨量的不同，大体呈现从东向西变化的趋势，从塞内加尔河沿岸的零星热带森林和东南部的灌木丛草原，到中部和北部的戈壁和沙漠。②

毛里塔尼亚气候多变。北部和中部是撒哈拉气候区，属热带沙漠性气候。这里高温少雨，年平均气温30℃—35℃，年降雨量100毫米以下，多“哈麦丹”风和龙卷风。南部和东南部的塞内加尔河

① Brian Dean Curran and Joann L. Schrock, *Area Handbook for Mauritania*, p.7.

② Ibid.

流域是萨赫勒气候区，为热带草原气候。这里5—10月为雨季，11月至次年4月为旱季，年平均气温30℃，年降雨量250—650毫米。首都努瓦克肖特位于大西洋岸边，9月为最热月，气温约24℃—34℃，12月为最冷月，气温约13℃—28℃，9—12月多风沙天气，盐蚀比较厉害。

摩尔人传统上把全国分为四个区域：（1）萨赫勒区，也就是占国土面积三分之一的西部地区，包括西部沿海；（2）“岩石之乡”特鲁卜哈杰拉（Trub el Hajra）区，包括阿德拉尔高原和塔甘特高原（Tagant Plateau）；（3）朱夫沙漠区，摩尔人称之为“谢尔杰”（Cherg）；（4）朱埃卜拉（Guebla）区，也就是南方。另一种比较流行的区域划分方法是：撒哈拉地区（Saharan Zone）、萨赫勒地区（Sahelian Zone）、塞内加尔河谷地区（Senegal River Valley Zone）和沿海地区（Coastal Zone）。地理学家们虽然看法各异，但都根据降水量、植被带和温度变化，把毛里塔尼亚全国划分为几个区域。虽然不同的区域有着明显差别，但区域之间并没有截然分开的自然界线。①

人口和民族

一个地方的人口分布、文化习俗与其气候和植被带密切相关。毛里塔尼亚人大都集中在南部，因为那里的地势稍微高一点。特别是首都努瓦克肖特位于大西洋岸边，是毛里塔尼亚最大的城市，聚集了全国大约三分之一的人口。毛里塔尼亚虽然是世界上人口密度较低的国家之一，但在可资利用的土地上承受着巨大的人口压力。

与相对广阔的国土面积相比，毛里塔尼亚是一个地广人稀的国家。1950年，毛里塔尼亚人口为65.7万人；1960年独立时，人口增长到85.4万人。随后，由1970年的113.4万人、1990年的199.6万人，增长到2000年的264.3万人和2010年的346万人

① Brian Dean Curran and Joann L. Schrock, *Area Handbook for Mauritania*, p.15.

（见表 0-1）。根据 2013 年的人口普查结果，毛里塔尼亚全国总人口为 3,537,368 人。其中男性 1,743,074 人，女性 1,794,294 人，女性比男性多 51,220 人。① 据国际货币基金组织统计，2016 年毛里塔尼亚人口增长到 3,666,000 人。② 人口密度为 3.4 人 / 平方公里。从 1950 年到 2016 年，毛里塔尼亚的人口增加了 3,009,000 人，增长了 457.99%，年均增长率为 6.94%。但是，从 2013 年 3 月 24 日的人口普查情况来看，20—59 岁的劳动力人口占总人口的 39.95%，20 岁以下人口占总人数的 54.44%，60 岁以上人口占总人口的 5.62%（见表 0-2）。人口的年龄结构是该国经济发展水平的一种反映，表明其国家人民生活水平非常低，人口的平均寿命也不长。人类发展指数（HDI）是 0.546，在世界各国中排第 157 位。③

表 0-1 1950—2010 年毛里塔尼亚人口变化情况

年份	总人口（单位：万人）	0—14 岁（%）	15—64 岁（%）	65 岁以上（%）
1950	65.7	43.8	54.8	1.4
1955	74.4	43.6	54.7	1.6
1960	85.4	44.3	53.8	1.8
1965	98.4	45.2	52.8	2.0
1970	113.4	45.8	52.1	2.2
1975	131.2	45.8	51.9	2.3
1980	151.8	45.6	51.9	2.4
1985	174.8	45.3	52.2	2.5

① “1: Répartition spatiale de la population” (PDF). Recensement Général de la Population et de l’Habitat (RGPH) 2013 (Report) (in French). National Statistical Office of Mauritania. July 2015. p. v.，引用时间：2015 年 12 月。

② 参见国际货币基金组织官方网站：http://www.imf.org/external/pubs/ft/weo/2011/01/weodata/weorept.aspx?sy=2013&ey=2016&scsm=1&ssd=1&sort=country&ds=.&br=1&pr1.x=56&pr1.y=8&c=682&s=NGDP_RPCH%2CNGDPD%2CNGDPDPC%2CLP%2CBCA&grp=0&a=，引用时间：2016 年 6 月 20 日。

③ UNDP: “Human Development Report 2020”，http://hdr.undp.org/sites/default/files/hdr2020.pdf.，引用时间：2020 年 5 月 31 日。

续表

年份	总人口（单位：万人）	0—14岁（%）	15—64岁（%）	65岁以上（%）
1990	199.6	44.9	52.5	2.6
1995	229.2	44.0	53.4	2.7
2000	264.3	42.7	54.6	2.7
2005	304.7	41.2	56.1	2.7
2010	346.0	39.9	57.4	2.7

资料来源：https://worldpopulationreview.com/countries/mauritania-population#:~:text=Mauritania%20Demographics%20In%202011%2C%20it%20estimated%20that,Soninke%2C%20Serer%2C%20and%20Haratin%20people%20and%2040%25%20mixed，引用时间：2021年5月31日。

表0-2　毛里塔尼亚的人口性别和年龄结构

年龄段	男性（人）	女性（人）	总数（人）	在总人口中的比例（%）
总人口	1,743,074	1,794,294	3,537,368	100
0—4	316,217	298,475	614,692	17.38
5—9	263,263	256,839	520,102	14.70
10—14	212,838	216,667	429,505	12.14
15—19	176,116	185,288	361,404	10.22
20—24	144,478	157,962	302,440	8.55
25—29	121,586	135,767	257,353	7.28
30—34	99,834	113,691	213,525	6.04
35—39	83,578	95,379	178,957	5.06
40—44	72,108	79,228	151,336	4.28
45—49	60,297	64,516	124,813	3.53
50—54	50,739	51,751	102,490	2.90
55—59	41,075	40,645	81,720	2.31
60—64	31,660	30,459	62,119	1.76
65—69	24,120	23,055	47,175	1.33
70—74	18,167	17,129	35,296	1.00
75—79	12,670	12,231	24,901	0.70

续表

年龄段	男性（人）	女性（人）	总数（人）	在总人口中的比例（%）
80—84	8,080	8,584	16,664	0.47
85+	6,248	6,628	12,876	0.36

资料来源：https://worldpopulationreview.com/countries/mauritania-population#:~:text=Mauritania%20Demographics%20In%202011%2C%20it%20estimated%20that,Soninke%2C%20Serer%2C%20and%20Haratin%20people%20and%2040%25%20mixed，引用时间：2021 年 5 月 30 日。

毛里塔尼亚是一个多民族国家，大体上可以分为摩尔人和非洲黑人两大类。摩尔人占全国人口的 70%，非洲黑人占 30%。摩尔人包括两部分，阿拉伯 - 柏柏尔血统的白摩尔人占 30%，具有阿拉伯文化传统的黑摩尔人，即哈拉廷人（Haratine），占 40%。[①] 非洲黑人主要有图库洛尔人（Toucouleur）、富尔贝人（Fulbe）、索宁克人（Soninke）、沃洛夫人（Wolof）、班巴拉人（Bambara）、富拉人（Fula）、颇耳人（Peul）和谢列尔人（Serer）。毛里塔尼亚包括摩尔人在内的所有民族，大都是由各种族和民族混血而成的。其境内的黑人与邻国黑人比他们与摩尔人的亲缘关系更加密切。黑人主要居住在南方，特别是沿塞内加尔的狭长地带。在民族起源、语言、政治观点、经济才能和生活方式等因素的综合作用下，毛里塔尼亚形成了两个界限分明但又彼此冲突的亚文化群：摩尔人和黑人。[②]

宗教和文化

毛里塔尼亚是一个多民族、多语言的国家。在现实生活中，常用的语言有哈桑语（Hassanya）、布拉尔语（Pulaar or Poular）、索宁克语（Soninke）、伊姆拉冈语（Imraguen）、沃洛夫语（Wolof）、谢列尔语（Serer）和法语。但是，由于摩尔人在国家政治生活中居于优势，以及法国的长期殖民统治，阿拉伯语和法语享有高于其他

① “CIA-The World Factbook-Mauritania”，引用时间：2010 年 11 月 7 日。

② Brian Dean Curran and Joann L. Schrock, *Area Handbook for Mauritania*, pp. 2, 47.

语言的地位。1968 年 3 月 4 日，毛里塔尼亚政府规定，阿拉伯语和法语同为官方语言。1991 年宪法规定，阿拉伯语为官方语言，法语为通用语言。2012 年，毛里塔尼亚对《宪法》进行修订，其中第 6 条规定“国语是阿拉伯语、布拉尔语、索宁克语和沃洛夫语，官方语言是阿拉伯语。”法语虽然被从宪法中删除，不再是官方语言或通用语言，但仍然在毛里塔尼亚有着巨大的影响力，在媒体、知识分子和学术研究中被广泛使用。

毛里塔尼亚对宗教和信仰自由有着严格的限制。伊斯兰教是毛里塔尼亚的国教，所有国民都信仰伊斯兰教逊尼派，伊斯兰教法沙里亚（Sharia）是司法判决基础。与北非地区的许多国家一样，他们都遵循马立克教法学派。两个最大的苏菲教派是“提加尼教团”（Tijaniyah）和“卡迪尔教派”（Qadiriyya）。特别是提加尼教团，不仅在毛里塔尼亚，而且在塞内加尔和摩洛哥都有着巨大的影响力。不过，虽然伊斯兰教是最主要的宗教，但信徒们的虔诚程度并不一致，其中既有温和穆斯林，也有瓦哈比信徒和杰哈德圣战分子。毛里塔尼亚全国有 4500 名天主教徒，基本上都是在毛里塔尼亚的外国人，建于 1965 年的罗马天主教努瓦克肖特教区专门为他们服务。此外，也有少量犹太教徒在毛里塔尼亚工作。

区划和城市

毛里塔尼亚以法国殖民时代的体制为基础，原下辖 12 个省（Wilaya），1 个首都特区（Régions）；省和特区下辖 53 个县（Moughataa），县下设区（Arrondissement）；全国共有 216 个市镇（Commune）。省级行政区划的名称及其位置如表 0-3 所示。

首都努瓦克肖特是最大的城市，首都特区下辖 9 个县，聚集了全国约三分之一的人口。2014 年 11 月 25 日首都特区被一分为三，成为三个省级行政单位，分别是北努瓦克肖特、西努瓦克肖特和南努瓦克肖特。北努瓦克肖特下辖西北部 3 个县，分别是达尔 - 纳伊姆（Dar-Naim）、提亚里特（Teyarett）和图儒尼纳（Toujouonine）；

首府是达尔－纳伊姆，努瓦克肖特国际机场位于该区内。西努瓦克肖特下辖东北部 3 个县，分别是克萨尔（Ksar）、塞布哈（Sebkha）和提韦拉格－泽纳（Tevragh-Zeina）；首府是提韦拉格－泽纳，总统府位于该区内。南努瓦克肖特下辖南部 3 个县，分别是阿拉法特（Arafat）、埃尔－米纳（El Mina）和利亚德（Riyad）；首府是阿拉法特，努瓦克肖特深水港位于该区。因此，毛里塔尼亚目前有 12 个省和 3 个区，共 15 个省级行政单位（见表 0-3）。

表 0-3 毛里塔尼亚省级行政区划一览表

省 / 区名称	阿拉伯语原名	首府	面积（平方公里）	人口（2013 年，单位：人）
阿德拉尔（Adrar）	أدرار	阿塔尔（Atar）	235,000	62,658
阿萨巴（Assaba）	لعصابة	基法（Kiffa）	36,600	325,897
布拉克纳（Brakna）	لبراكنة	阿莱格（Aleg）	33,000	312,277
努瓦迪布湾（Dakhlet Nouadhibou）	نواذيبو داخلة	努瓦迪布（Nouadhibou）	23,090	123,779
戈尔戈勒（Gorgol）	كوركول	卡埃迪（Kaedi）	13,600	335,917
吉迪马卡（Guidimaka）	غيديماغا	塞利巴比（Sélibaby）	10,300	267,029
东霍德（Hodh Ech Chargui）	الحوض الشرقي	内马（Nema）	182,700	430,668
西霍德（Hodh El Gharbi）	الغربي الحوض	阿尤恩·埃尔·阿特鲁斯（Ayoun el Atrous）	53,400	294,109
因希里（Inchiri）	إينشيري	阿克茹特（Akjoujt）	46,800	19,639
北努瓦克肖特（Nouakchott-Nord）	الشمالية نواكشوط	达尔－纳伊姆	306	366,912

续表

省 / 区名称	阿拉伯语原名	首府	面积（平方公里）	人口（2013 年，单位：人）
西努瓦克肖特（Nouakchott-Ouest）	الغربية نواكشوط	提韦拉格－泽纳	146	165,814
南努瓦克肖特（Nouakchott-Sud）	الجنوبية نواكشوط	阿拉法特	252	425,673
塔甘特（Tagant）	تكانت	提吉克贾（Tidjikja）	98,340	80,962
提里斯－宰穆尔（Tiris Zemmour）	تيرس زمور	祖埃拉特（Zouérat）	252,900	53,261
特拉扎（Trarza）	الترارزه	罗索（Rosso）	67,800	272,773

全国各省 / 区共下辖 53 个县。其中，阿德拉尔省 4 个县，阿萨巴省 5 个县，布拉克纳省 5 个县，努瓦迪布湾省 1 个县，戈尔戈勒省 4 个县，吉迪马卡省 2 个县，东霍德省 6 个县，西霍德省 4 个县，因希里省 1 个县，北努瓦克肖特区、西努瓦克肖特区和南努瓦克肖特区各 3 个县，塔甘特省 3 个县，提里斯－宰穆尔省 3 个县，特拉扎省 6 个县。各省 / 区具体下辖县如表 0–4 所示。

表 0–4　毛里塔尼亚各省 / 区下辖县一览表

省 / 区名称	下辖各县名称
阿德拉尔	阿塔尔、欣盖提（Chinguetti）、乌杰夫特（Oujeft）、瓦丹（Ouadane）
阿萨巴	阿夫图特（Aftout）、布姆代德（Boumdeid）、格鲁（Guerou）、康科萨（Kankossa）、基法
布拉克纳	阿莱格、巴巴贝（Bababe）、博盖（Bogué）、姆巴涅（M’Bagne）、马格塔拉赫贾尔（Magtar Lahjar）
努瓦迪布湾	努瓦迪布
戈尔戈勒	卡埃迪、姆布特（M’Bout）、马加马（Maghama）、蒙盖勒（Monguel）

续表

省 / 区名称	下辖各县名称
吉迪马卡	乌尔德英吉（Ould Yenge）、塞利巴比
东霍德	阿穆日（Amourj）、巴西库努（Bassikounou）、吉盖尼（Djigueni）、内马、瓦拉塔（Oualata）、廷贝德拉（Timbedra）
西霍德	阿尤恩·埃尔·阿特鲁斯、科本尼（Kobenni）、塔姆舍盖特（Tamchekket）、廷坦（Tintane）
因希里	阿克茹特
北努瓦克肖特	达尔－纳伊姆、提亚里特、图儒尼纳
西努瓦克肖特	克萨尔、塞布哈、提韦拉格－泽纳
南努瓦克肖特	阿拉法特、埃尔－米纳、利亚德
塔甘特	穆杰利亚（Moudjeria）、提希特（Tichit）、提吉克贾
提里斯－宰穆尔	比尔莫格兰（Bir Moghrein）、弗德里克（Fdéric）、祖埃拉特
特拉扎	布提里米特（Boutilimit）、科尔马塞（Keur Massene）、梅德尔德拉（Mederdra）、瓦德纳卡（Ouad Naga）、瑞克兹（Rkiz）、罗索

国旗

毛里塔尼亚兼具热带与沙漠、阿拉伯与撒哈拉以南非洲的特征，但历史文化传统把它塑造成了一个阿拉伯－伊斯兰国家，其国旗、国徽和国歌都鲜明地体现了这一特征。

毛里塔尼亚国旗长宽比例为 3∶2。国旗呈绿色，中间是金色的新月抱星图案，为伊斯兰教的象征。其中金色的图案代表了撒哈拉沙漠，而绿色和金色是泛非颜色（见图 0–1）。

图 0-1　毛里塔尼亚原国旗

2017 年，在阿布杜勒・阿齐兹政府的推动下，毛里塔尼亚再次修改宪法，并在同年 8 月 5 日的全民公决中获得通过。根据这次宪法修正案，毛里塔尼亚的国旗被修改，国旗上下增加了两条红线，以象征和缅怀为国家从法国殖民统治下解放而流血牺牲的战士（见图 0-2）。

图 0-2　毛里塔尼亚新国旗

国徽

毛里塔尼亚国徽呈圆形。国徽里包含国旗的图案与色彩。绿色是穆斯林喜爱的颜色，新月和五角星为穆斯林国家的标志，象征繁荣和希望。国徽上的棕榈树和稻谷，以挺拔而坚实的姿态代表沙漠绿洲的主要植物和粮食。分别用阿拉伯文、法文书写的“毛里塔尼亚伊斯兰共和国”字样围绕在国徽四周（见图 0-3）。

图 0-3　毛里塔尼亚国徽

国歌

毛里塔尼亚独立后的国歌源自一首穆斯林对穆罕默德的赞美诗。由 18 世纪诗人巴巴·乌尔德·谢赫（Baba Ould Cheikh）创作。毛里塔尼亚独立前夕，根据后来的首任总统莫克塔尔·乌尔德·达达赫（Moktar Ould Daddah）的安排，法国广播公司乐队指挥托利亚·尼基普洛维茨基（Tolia Nikiprowetzky）为这首诗谱曲。这首歌采用特殊的伊斯兰曲调，唱起来非常困难。所以，通常只播放没有歌词的乐曲。毛里塔尼亚旧国歌歌词如下：

你当襄助安拉，当远离罪恶，

你当坚守真理，会得他喜悦。

你当明白：除了安拉，不必寄希望于他人，也无需担心他人的伤害。

你当永远坚守先知的正道——曾经指引先辈，也为后人指明方向。

你当远离异端邪说——虽有千万说辞，仍使正道蒙羞；纵然借口种种，抹黑之嫌不容否认。

你当远离异端邪说——能让乡下人迷魂，能让城里人落魄；由小人杜撰，却由大人传承。

若有人向你兜售异端邪说，不必理会，也无需争辩！

2017年8月5日，毛里塔尼亚全民公决通过了新的宪法修正案，修改国歌。新国歌由六段组成。新国歌的歌词如下：

第一段：
（毛里塔尼亚是）
尊严、正确和荣耀之国，
神圣经典（《古兰经》）的坚实堡垒。
毛里塔尼亚是
和谐的圣地，
宽容的乐园，
和平的要塞。
我们会用生命来保卫你，
我们对你的未来满怀希望，
我们对你的召唤毫不迟疑。

第二段：
（毛里塔尼亚啊！）
你夜晚的明月永远皎洁，
你白天的太阳永远耀眼。
你的荣耀源自于伟大的先辈——
他们给非洲指明了甘甜的源泉。
我们会用生命来保卫你，
我们对你的未来满怀希望，
我们对你的召唤毫不迟疑。

第三段：
我们用纯洁和尊严哺育心灵，

孕育出美好与善良，
孕育出肥沃的牧场，
贫瘠的荒野不必留恋。
我们会用生命来保卫你，
我们对你的未来满怀希望，
我们对你的召唤毫不迟疑。

第四段：
我们让敌人尝遍辛酸和苦难，
我们让敌人毫无所获，让他们无处可藏，
无论敌人来自何方，我们定会坚决抵抗，
“艰难总与容易相伴”是我们坚守的信仰。
我们会用生命来保卫你，
我们对你的未来满怀希望，
我们对你的召唤毫不迟疑。

第五段：
我们追随先知的正道，
向天国中荣耀之园进发；
我们将架起星辰的天梯，
在那里划出我们的国度。
我们会用生命来保卫你，
我们对你的未来满怀希望，
我们对你的召唤毫不迟疑。

第六段：
我们向你保证，我们向你承诺，
我们会为你献上世代幸福的礼物。
我们捍卫你的尊严不受侵犯，

我们对你的未来满怀希望。

三、经济结构

经济总量

毛里塔尼亚是一个欠发达国家。经济基础薄弱，经济结构单一，铁矿业和渔业是国民经济的两大支柱，外援在国家发展中起着重要作用。1992 年，毛里塔尼亚与国际货币基金组织和世界银行达成协议，开始执行经济结构调整计划，推进市场经济体制改革，制订了吸引外资的优惠政策，同时采取国家调控、监督市场和稳定物价等措施，加大对农业和基础设施的投入。经济自由化政策和减贫发展战略取得了一定的成效，毛里塔尼亚经济长期保持低速增长状态。

2017 年，毛里塔尼亚国内生产总值 45 亿美元，人均国内生产总值 1047 美元。经济增长率约为 3.4%，通货膨胀率约为 2.5%，外债为 42 亿美元，外汇储备 7.8 亿美元。毛里塔尼亚的货币名称为“乌吉亚”（Ouguiya），与美元的汇率为 1 美元≈ 35 乌吉亚。

农牧渔业

农牧渔业产值占国内生产总值的 25%。毛里塔尼亚现有可耕地面积 50.2 万公顷，2001 年总种植面积为 21.3780 万公顷。主要农作物有高粱、水稻、小米、玉米、小麦、大麦、豆类、椰枣等。农业靠天吃饭，受自然灾害影响大。2003 年产粮 8 万吨，仅占粮食总需求的 15%。2004 年降雨量偏少，又遇蝗灾，造成农业大幅减产。毛里塔尼亚每年需大量进口粮食，并要求国际援助。

畜牧业在国民经济中占重要地位，产值占国内生产总值的 15%。主要畜养羊、牛和骆驼。2003 年牲畜总数存栏量是，绵羊 870 万只，山羊 550 万只，骆驼 129 万头，牛 156 万头。

毛里塔尼亚海域是西非渔场的重要组成部分，渔业是该国重要经济部门。2005 年，渔业从业人员 3.5 万人，有渔船 2500 艘。2002 年渔业产量 67 万吨，2003 年捕鱼量 64 万吨。渔业产品全部出口，收入占国家总出口收入的 54%。通过出口和发放捕鱼许可证，毛里塔尼亚渔业年平均收入为 2.5 亿美元。

工业和外贸

毛里塔尼亚的工业不发达，主要是一些采矿和小型加工业。矿产资源主要有铁、铜、金、石膏、磷酸盐和泥炭。其中，铁是主要矿产资源，铁矿开采是经济支柱之一。铁矿的年开采能力为 1200 万吨，年开采量为 1000 万吨左右，产值占国内生产总值的 12%，出口占全国总出口量的 54%，出口对象主要是法国、意大利、丹麦、比利时等。

2017 年毛里塔尼亚进出口总额为 37.4 亿美元，其中出口 16 亿美元，进口 21.4 亿美元。主要出口铁矿砂和渔业产品，铁矿砂主要出口中国，渔业产品出口西班牙、日本、尼日利亚等国。主要进口能源与矿产品、食品与农产品、机械设备和消费品等。所需生活资料的 80% 及大部分生产资料靠进口，其中 32% 为粮食，25% 为机械设备，9% 为汽车，其余为化工、建材、石油、轻纺用品等。进口商品 80% 来自欧盟，石油来自阿尔及利亚。主要贸易对象国是：中国、美国、瑞士、荷兰、日本、比利时等。

四、政治体制

政体沿革

毛里塔尼亚实行半总统制的单一制共和国（Unitary Semi-presidential Republic）。根据 1991 年 7 月 12 日通过的宪法，毛里塔尼亚确立了“三权分立”原则。总统为国家元首，由普选产生，任期六年，可连选连任；建立议会制和多党制。

2005年8月政变后，以瓦尔为首的军政权对宪法进行调整和补充。2006年6月举行修宪公投，修宪案以96.97%的支持率获得通过。修改后的宪法规定：毛里塔尼亚总统任期从原来的六年缩短为五年，总统只可连任一次，候选人的年龄不得超过75岁；修宪至少须三分之一议员提议，三分之二议员赞成才能提交全民公投。

2016年10月，毛里塔尼亚举行“全国包容对话”，建议取消参议院；修改国旗、国歌，并形成宪法修正案草案提交议会。虽然参议院否决了该草案，但政府仍在2017年8月5日举行了修宪公投。此次公投的投票率为53%，85%的选民投票赞成修宪。根据公投结果，毛里塔尼亚取消了参议院，并修改了国旗，更换了国歌。

立法机构

毛里塔尼亚独立前为法国殖民地，曾建立由法国人控制的议会。1946年，毛里塔尼亚成为法国的海外领地。同年10月，法国在毛里塔尼亚建立了“总理事会”，主要负责商议非政治性的本地问题。总理事会由20名成员组成，包括6名法国人和14名毛里塔尼亚人，由选举产生。1952年3月，总理事会更名为“国土理事会”，成员数量和组成保持不变，通过直接普选产生。

在独立过程中，毛里塔尼亚建立了自己的国民议会。1956年，毛里塔尼亚成为半自治共和国。1957年3月成立了“国土议会”。1958年9月28日，毛里塔尼亚举行全民公决，通过了法国政府提出的宪法。根据该宪法，毛里塔尼亚享有完全自治权，国土议会转变为制宪会议，成员全部为毛里塔尼亚人。1959年3月，制宪会议通过毛里塔尼亚第一部宪法，规定其为议会制国家。1959年5月，毛里塔尼亚选举产生了“国民议会”，30名成员全部为毛里塔尼亚民族复兴党（Parti de Regroupement Mauritanien, PRM）党员。

独立后至1978年，毛里塔尼亚国民议会长期为执政的人民党所把持。1961年5月，毛里塔尼亚由议会制国家改为总统制国家。同年12月31日，毛里塔尼亚联合党、毛里塔尼亚全国联盟、毛里塔尼亚民族复兴党和毛里塔尼亚穆斯林社会主义联盟合并，组成毛里塔尼亚人民党（Parti du Peuple Mauritanien, PPM）。此后直到1978年，该党是毛里塔尼亚的唯一合法政党。在1965年5月举行的国民议会选举中，50名国会议员全部为人民党党员。1971年国民议会改选时，妇女有权竞选议员。1975年改选时，国民议会的成员数量增加为70人。1976年，国民议会的成员数量增加到77人。1978年7月10日，毛里塔尼亚发生军事政变，政府和议会被解散，宪法被终止。

根据1991年7月20日全民公决通过的新宪法，毛里塔尼亚建立了新的两院制议会（国民议会和参议院）行使立法权。1992年3—4月，毛里塔尼亚先后进行了国民议会和参议院选举。国民议会由79名成员组成，通过直接选举产生；参议院由56名成员（含3名海外代表）组成，通过间接选举投票产生。1996年，议会两院进行了改选，成员数量不变。2000年12月，引入了议会选举比例制，国民议会席位增加到81席，全部为各地区代表，参议院席位保持不变。2005年8月政变后，毛里塔尼亚议会被军政权宣布解散，由军委会行使立法权和行政权。2006年11月和12月，毛里塔尼亚分别举行市政和国民议会选举，产生了新一届市政委员会和国民议会。席位分配为：独立人士41席，民主力量联合会15席，进步力量联盟8席，争取民主与革新共和党7席，人民进步联盟5席，民主进步联盟3席，民主团结联盟3席，其他小党13席。人民进步联盟主席马苏德·乌尔德·布尔凯尔（Messaoud Ould Boulkheir）任国民议会议长。2007年1月举行了参议院选举，选举结果是：独立人士34席，民主力量联盟5席，争取民主与革新共和党3席，其他小党12席，海外侨民3席。巴·马马杜·姆巴雷（Ba Mamadou Mbaré）任参议院议长。

2006年11—12月的议会选举又增加了14名政党提名选举出的议员，国民议会席位数变为95席，参议院保持56席不变，该届议会延续至今。2011年增至146名，任期五年。参议院共有56名参议员，其中53名参议员由市政委员会组成的选举团间接选举产生，任期六年，每两年改选其中的三分之一；另外三名参议员由海外毛里塔尼亚人选举产生。国民议会议长任期五年，参议院议长在每次部分改选后产生。

司法和行政

毛里塔尼亚1991年宪法规定，司法权独立于立法权和行政权。总统保证司法的独立性，并主持最高司法会议。毛里塔尼亚司法机构由最高法院、特别法院、上诉法院、刑事法庭、轻罪法庭、违警罪法庭、劳工法院、省级法院、县级法院组成。1980年建立伊斯兰法庭，实行伊斯兰法。

2018年10月，穆罕默德·萨利姆·乌尔德·巴希尔（Mohamed Salem Ould Béchir）被任命为总理，新政府共24名成员。外交与合作部长为斯梅尔·乌尔德·谢赫·艾哈迈德（Smael Ould Cheikh Ahmed），司法部长为迪亚·穆克塔尔·马拉勒（Dia Moktar Malal），国防部长为穆罕默德·乌尔德·加祖瓦尼（Mohamed Ould Ghazouani）。

2019年6月22日，加祖瓦尼在总统选举中获得超过50%的选票，当选为新一届毛里塔尼亚总统。

政治党派

毛里塔尼亚独立初期曾实行多党制。达达赫执政时期，实行一党制。1978年军人执政后取缔一切政党。塔亚执政时期于1991年8月宣布开放党禁，颁布政党法，实行多党制。2005年8月瓦尔政变后，完全开放党禁。毛里塔尼亚共有75个政党，主要政党有：

1.争取共和联盟（Union Pour la République, UPR），2009年5月成立，共有党员二十余万人。2009年5月5日—8月2日，阿齐兹曾先后以过渡期“最高国家委员会”主席、国家元首和新当选总统身份担任党主席。阿齐兹辞去党主席职务后，穆罕默德·乌尔德·穆罕默德·拉明（Mohamed Ould Mohamed Lamine）当选为主席，有 57 个政党与该党形成支持总统的政党联盟。该党主张推行多元化民主制度，维护民族团结；鼓励私营经济，改善人民生活；发展睦邻友好，捍卫国家领土和主权；主张普及教育，实现经济社会发展。

2. 民主与发展全国同盟（Pacte National Pour la Démocratie et le Développement，PNDD）。2008 年 1 月成立。主席为叶海亚·乌尔德·艾哈迈德·瓦格夫（Yahya Ould Ahmed Waghf）。2010 年 12 月，该党宣布加入总统多数党派，支持阿齐兹现政权。

3. 民主力量联盟（Rassemblement des Forces Démocratiques, RFD），主要反对党之一。2000 年 10 月被政府解散，部分领导人于 2001 年 6 月成立民主力量联合会，继续作为反对党存在，党主席为艾哈迈德·乌尔德·达达赫（Ahmed Ould Daddah）。他分别参加了毛里塔尼亚 1992 年、2003 年两次总统直选，未能当选，得票率分别为 31% 和 6.89%。该党抵制了 2009 年 7 月总统选举。

4. 进步力量联盟（Union des Forces du Progrès, UFP），1998 年初从原民主力量联盟 - 新时代党分裂而来，核心成员是 20 世纪 60 年代至 70 年代在毛里塔尼亚形成的共产党和劳动党骨干。该党属原反对党内的温和派，主张通过对话协商解决分歧。

5. 争取民主与革新共和党（Parti Républicain pour la Démocratie et Renouveau, PRDR），原民主社会共和党，塔亚时期的执政党，1991 年 8 月成立，2005 年 10 月更名。2005 年 8 月瓦尔政变后，该党承认新政权，支持军委会的改革措施，表示要与过去决裂。2005 年 10 月，召开第三次全国代表大会，选举了由 280 人组成的全国委员会。12 月，该党选举西迪·穆罕默德·乌尔德·穆罕默德·瓦尔（Sidi Mohamed Ould Mohamed Vall）为总书记。

6. 人民进步联盟（Alliance Populaire Progressiste, APP），成立于 1991 年 10 月，是毛里塔尼亚最早的反对党之一，主要支持者为下层民众。

其他主要政党有：民主进步联盟（Union pour la Démocratie et le

Progrès, UDP），民主团结联盟（Rassemblement pour la Démocratie et L'UNI, RDL），全国改革与发展联盟（Rassemblement National pour la Reforme et le Développement, RNRD）等。

第一章　毛里塔尼亚的史前文化

毛里塔尼亚的早期文化经过了旧石器时代、新石器时代和青铜器时代三个阶段。其历史变化深受撒哈拉沙漠化的影响。在旧石器和新石器时代，毛里塔尼亚地区一度水草丰美，各种动物繁衍不辍。但在新石器时代后期，撒哈拉地区逐渐荒漠化，形成了直至今日的生态环境。这导致当地的黑人逐渐向南迁徙，北非的一些白色人种也向南部迁徙，遂形成了毛里塔尼亚二元化的人口结构。毛里塔尼亚的早期历史并没有文字记载，很大程度上依赖考古发掘。但总体来看，出现了较大规模的村落，较为精致的石器，以及以动物为主的岩刻和岩画的文化艺术形式。一般认为，巴富尔人是毛里塔尼亚早期文化的创造者，但其族群和构成仍然模糊不清。随着周边文明的诞生，尤其是外部民族的迁徙，毛里塔尼亚逐渐步入了文明时代。

一、早期的气候变迁

气候变化

撒哈拉地区成为沙漠以前，至少经历了三个沙漠期和四个湿润期。[①] 距今三万年前后，撒哈拉地区雨水充沛，气温相对温和，河流

---

① Ph. Cl. Chamard, "Essai sur les paléoclimats du Sud-ouest Saharien au quaternaire récent", *Colloque de Nouakchott sur la désertification*, Dakar-Abidjan, 1976, pp. 21–26.

密布，并注入大西洋。[①]

毛里塔尼亚史前史的研究起步晚，[②]目前仍处于所知不多的初级阶段。毛里塔尼亚史前史的研究范围与当今毛里塔尼亚的政治边界并不重合，它的大致研究范围是：西濒大西洋，北邻塞古耶特哈姆拉（Seguiet al Hamra）地区，东北接哈马达德廷杜夫（Hamadade Tindouf）石漠区，东达伊圭迪沙漠（I'Erg Iguide）、舍什沙漠（I'Erg Chech）和麦加巴特库伯拉地区（Majbat al Koubra），南到卡尔塔（Kaarta）和塞内加尔河左岸。[③]根据有限的考古发掘推测，毛里塔尼亚的旧石器时代历经了五十多万年，目前没有任何系统性研究。公元前 4 万年左右，旧石器时代走到尽头。人们对这一时期了解相对较多。将该地区的石器碎片与其他地区进行对比后，人们发现西撒哈拉地区的技术发展与世界其他地区，在进程上和时间上是一致的。[④]

在旧石器时代的毛里塔尼亚，气候分期与整个撒哈拉地区大致相同。从公元前 53 万年到公元前 4 万年，大致出现了五个湿润期和三个（半）干旱期（见表 1-1）。公元前 35 万年到公元前 18 万年有一段干旱期，即公元前 30 万年到公元前 25 万年，其中公元前 30 万年到公元前 29 万年尤为严重。在这一时期，撒哈拉地区变得不宜居住，人类撤出该地区并向北非地区或南部多雨地区迁移。随干旱而来的就是海退现象，当时海岸线一度退至距今海岸线以西 60 公里外。公元前 6 万年前后是一段湿润期，海平面比今天高出 20—30 米，

---

① Centre de Recherche et d'Etudes sur les Sociétés méditeranéennes, Centre d'Etudes d'Afrique Noire, *Introduction à la Mauritanie*, p. 18.

② 1945 年以前，只有西奥多来·蒙诺德（Théodore Monod）和瓦特罗（Waterlot）进行过勘测并研究相关资料。1945 年之后，围绕毛里塔尼亚的勘测活动多了起来。军事游牧部族首领开始搜寻他们感兴趣的东西，如锂资源、文物和古迹等，在客观上推动了考古发掘工作。在此基础上，地理学家的勘探给出了该地区的编年时间元素，而由法国黑非洲研究会成员蒙诺德、摩尼以及雨果特组织的勘测，实现了真正的毛里塔尼亚史前史研究。参见 Geneviève Désiré-Vuillemin, *Histoire de la Mauritanie: Des origines à l'indépendance*, Edition Karthala, 1997, pp. 24–25。

③ Ibid., p. 25.

④ Ibid., p. 26.

整个毛里塔尼亚西部地区都淹没于水下。公元前4万年前后，由于北半球冰川再度南移，气候重新变得极度干旱，大型沙漠开始成形，人类便从该地区撤退。这一时期形成的沙漠有：伊圭迪沙漠、拉维沙漠（d'Er Raoui），以及塞内加尔南部的阿泽弗（de I'Azefall）、阿卡尔（de I'Akchar）和菲尔罗沙漠群（du Ferlo）。公元前4万年到公元前2万年，毛里塔尼亚又出现了一个湿润期，海侵和降水（年降水量500毫米）频繁，形成了一些湖泊。但是，公元前3.5万年到公元前2.9万年，毛里塔尼亚再次进入干旱期。①

表1-1　旧石器时代毛里塔尼亚气候分期

公元前53万年—前35万年	湿润期（其间出现过一些干旱期）
公元前35万年—前30万年	湿润期〔对应着阿舍利文化（Acheuléen）中锂制工艺的出现〕
公元前30万年—前25万年	干旱期
公元前25万年—前18万年	湿润期〔对应着阿舍利文化中锂制工艺的出现〕
公元前18万年—前13万年	干旱期
公元前13万年—前7万年	湿润期
公元前7万年—前5万年	湿润期，阿舍利文化发展至成熟
公元前5万年—前4万年	半干旱期，但可供人类生存

资料来源：Geneviève Désiré-Vuillemin, *Histoire de la Mauritanie: Des origines à l'indépendance*, p. 27.

公元前2.3万年前后，毛里塔尼亚进入了历史上最长的湿润期。在这一时期，平均年降雨量达到600毫米。山区的降雨量更多，阿哈加尔高原（Ahaggar, Hoggar）和提贝斯提山区（Tibesti）的年降雨量均高达3000毫米，阿伊尔山（I'Aïr）达到1500毫米，就连阿德拉尔山（I'Adrar）也有500毫米。撒哈拉地区水量充盈，湖泊众多，申善湖（le lac de Chemchane）水位达40米深。此前形成的沙漠免

① Geneviève Désiré-Vuillemin, *Histoire de la Mauritanie: Des origines à l'indépendance*, pp. 28, 30.

遭再次侵蚀，而是为植被所覆盖。埃塞俄比亚式的热带动物在此繁衍生息，如大象、长颈鹿、河马、牛、小羚羊，还有捕食性动物狮子、豹子和鬣狗等，河流和湖泊里则生活着各种鱼类、鳄鱼和软体动物。那时的海平面比现在高，在今努瓦克肖特地区，曾有一大型开口向北的海湾，恩德拉马（Ndramcha）盐水湖就是证明。[①]

干旱生态环境的形成

相对于旧石器时代来说，人们对毛里塔尼亚新石器时代的了解大大增加了。这是因为气候学研究取得了重要进展，人们可以更加准确地把握气候变化规律，并能够确定众多历史遗迹和人类居住点所处的历史年代。公元前 2 万年前后，地球进入极度干旱期，人类纷纷从撒哈拉地区迁离。干旱期过后，由南而来的湿润气流于公元前 1.2 万年至公元前 1 万年到达毛里塔尼亚地区。此后，干涸的河道恢复了水流，有些河流甚至可以汇入海洋。约公元前 9500 年，毛里塔尼亚的海岸边生长着红树林，此前流经今瑞克兹湖附近湖泊的塞内加尔河，也穿越重重沙丘的阻碍注入了大西洋。公元前 9000 年至公元前 8000 年，毛里塔尼亚的水系网得以形成。伴随着降雨的到来，人类迁回东撒哈拉地区，热带动物亦活跃起来，出现了河马、大象、长颈鹿、狮子、水牛、羚羊等。[②]

国外学者将西撒哈拉地区的新石器时代分为三大湿润期，两个相对的干旱期将它们分隔开来。这三个湿润期分别出现在公元前 7500 年至前 6000 年、公元前 5500 年至前 4500 年和公元前 3500 年至前 3000 年。毛里塔尼亚西海岸地区率先于公元前 6300 年进入新石器时代。公元前 5500 年前后，居民已经遍布毛里塔尼亚全国，各地皆受南来的季风雨影响。从公元前 4200 年开始，毛里塔尼亚的气候环境开始恶化。特别是北纬 22°附近地区，湖泊水位下降，河流

---

① Geneviève Désiré-Vuillemin, *Histoire de la Mauritanie: Des origines à l'indépendance*, pp. 27, 29.

② Ibid., p. 31.

水量减少，从此不再注入海洋。这种现象在公元前 3800 年至公元前 3500 年有所好转，但在公元前 3000 年后，这里的气候以不可逆转之势再次恶化。①

可以说，撒哈拉的新石器时代始于一段相对的气候适宜期，此后生态环境逐渐恶化。在 2 万年间，撒哈拉地区的含水层下降了约 50 米。这一现象的深层原因目前还不甚明了，主要原因似乎是副热带干燥气流团的大幅度扩张。这股长年存在的热气流从红海一直到达亚速群岛，使北部（地中海）和南部（季风）雨水无法到达撒哈拉地区。②各类动物自北向南迁移，使北方完完全全变成了沙漠，这成为毛里塔尼亚人类文明繁衍的生态环境基础。

二、早期文化的起源

旧石器时代

早在大约 60 万年以前，毛里塔尼亚境内就出现了人类的足迹，如今发现了一些旧石器时代的人类工具和遗址。由于迄今尚未发现旧石器时代毛里塔尼亚人的遗骨，我们并不掌握有关毛里塔尼亚旧石器时代人类的细节。③在旧石器时代，毛里塔尼亚人可能逐水而居，以游牧和打猎为生，住在树枝草木搭建的棚舍里，抑或栖身于天然形成的山洞中。他们很可能随群而徙，从附近的燧石层、砂岩或石英层中凿取石具来谋生。这项工作或许是由专人从事，但每个人都可以打制石器。④

---

① Geneviève Désiré-Vuillemin, *Histoire de la Mauritanie: Des origines à l'indépendance*, p. 32.

② Centre de Recherche et d'Etudes sur les Sociétés méditeranéennes, Centre d'Etudes d'Afrique Noire, *Introduction à la Mauritanie*, pp. 19–20.

③ H. J. Hugot, *L'Afrique préhistorique*, Hatier (Université-Afrique), 1970, p. 56.

④ Geneviève Désiré-Vuillemin, *Histoire de la Mauritanie: Des origines à l'indépendance*, p. 28.

通过石器制取水平的进步可以窥见早期人类文化的发展。最早期的工具对碎石块（卵石文化）进行修制。在毛里塔尼亚很少发现这种卵石工具，而且其中大多都带有阿舍利技术的痕迹[①]。他们也使用木材、骨头或动物的角来制作工具，但这些材质都容易损坏和腐化，所以很少被保存至今。经过数千年的发展，毛里塔尼亚人逐渐开始制作大型两面石器，并不断进行改进，使之越来越锋利和实用。这种石器上出现了锐利的尖刃。他们用骨质或木质的锤子制作一些锋利的薄片，做成刀具、刮刀或凿子。这些工具有助于他们加工其他器具，因而有着非常重要的意义。从阿德拉尔到瑞克兹，从泽穆尔（Zemmour）到塔尔瓦拉塔（Dhar Oualata），从欣盖提到阿拉万（Araouane），以及被水淹没的大西洋沿岸、奥克尔湖（lac de l'Aouker）、塞内加尔河下游河谷〔后来变成海湾，即现今的鲍埃城（Boghé）所在地〕都发现了这一时期的石器工具。[②]公元前35万年到公元前29万年，撒哈拉地区和毛里塔尼亚进入新一轮的干旱期，人类从这里迁离并向北非地区或南部湿润地区迁移。

在始于公元前2.3万年的历史上最长的湿润期内，毛里塔尼亚出现了历史上著名的阿梯尔文明（d'Atérien）。人类在这一时期迁入毛里塔尼亚，他们是来自北非地区的白色人种和来自苏丹地区的黑色人种。阿梯尔文明得名于白种人带来了新的石器制作技术——阿梯尔技术。阿梯尔人是大西洋沿岸（莱夫里耶海湾、提泰恩）的首批居民。不过，对于阿梯尔人的生活方式及其起源，人们至今一无所知。阿梯尔石器制取技术与欧洲的莫斯特技术（Moustérien）大体相似，都对石器的刃口进行再加工。这类石器的新颖之处在于添加了手柄。迄今发现的这类石器有钻头、刮板、刮刀、刀片，以及X型或Y型的工具。阿梯尔文化的遗迹主要出现于北方的阿克茹

① 阿舍利矿层集中于阿德拉尔［哈姆敦（Hamdoun）、夏尔（Char）］、祖埃拉特、埃尔贝耶（d'El Beyyed，很早就有人类居住，见证了技术水平的发展）等地区，并大量储藏于提里斯（Tiris）、陶登尼盆地（bassin Taodéni）、麦加巴特库伯（这里湖泊众多）等地。

② Geneviève Désiré-Vuillemin, *Histoire de la Mauritanie: Des origines à l'indépendance*, p. 30.

特到麦加巴特库伯一线，集中在祖埃拉特与努瓦迪布之间的地区，以及阿兹拉克（I'azrag）、马克泰尔沙漠（Makteir）边缘、埃尔贝耶（el Beyyed）和阿德拉尔。[①]

阿梯尔文明在毛里塔尼亚地区持续了很久，最终被来自北非的卡普萨文化（Capsian culture）取代。卡普萨文化由来自东部地区的民族引入，主要是源于突尼斯卡普萨地区的技术，其名称也是因此而来。在北非和西撒哈拉地区，卡普萨文化是继阿梯尔文化之后，工具制作的新阶段，可以制造出更小、更轻、更有效的石器。[②]之后，经过几千年的缓慢进化，撒哈拉地区的人类完善了两面石器的制造技术，并掌握了石器切割技术，从而制造出了更加精确的石具。这样，人类一步步走向了新石器时期。

毛里塔尼亚的旧石器时代经历了约70—80万年之久。大多数削切技术，包括从最原始的卵石裂块到技术含量较高的粗加工燧石块（将备用岩石碎块从高处摔下），都是这一时期的成果。[③]特别是，来自北非和撒哈拉中部的新移民带来了新的技术。即通过在磨料（如潮湿的沙地）上对石器进行打磨处理，使其形状和效用都日臻完善。包括毛里塔尼亚在内的整个撒哈拉地区，都因这一技术而迈入了新石器时代。相反，一些民族未能掌握该项技术而逐渐消失。[④]

在旧石器时代的毛里塔尼亚，既有来自北非的白人，也有来自潮湿的赤道地区或东部地区的黑人，但不同群体之间并不存在过多地侵占对方领土的问题。人群的迁移可能与撒哈拉的气候变迁有关，在每一次干旱的间隙，人们都朝着受干旱影响较小的外围地区迁徙。正是从这一时期起，毛里塔尼亚－撒哈拉由白人和黑人构成的人口

---

① Geneviève Désiré-Vuillemin, *Histoire de la Mauritanie: Des origines à l'indépendance*, pp. 27, 29.

② Ibid., p.30.

③ Centre de Recherche et d'Etudes sur les Sociétés méditeranéennes, Centre d'Etudes d'Afrique Noire, *Introduction à la Mauritanie*, pp. 20–21.

④ Geneviève Désiré-Vuillemin, *Histoire de la Mauritanie: Des origines à l'indépendance*, p. 31.

二元格局开始出现。①

新石器时代

进入新石器时代后，毛里塔尼亚地区的植被属于地中海型，主要以禾本科的稀树草原为主，遍布小型灌木。由于气候适宜，食物充足，人类开始加速繁衍。考古学家在毛里塔尼亚发现了大量新石器时代居民点，而且分布十分广泛，反映了当时人口增长的速度。例如，奥卡尔（I'Aouker）、因希里、安萨加（I'Amsaga）、麦加巴特库伯拉等地，在新石器时代都是遍布池沼、水洼的稀树草原，牲畜成群。如今，麦加巴特已经变成荒漠，牲畜和水源都已消失得无影无踪，只有水底的硅藻礁体现了新时期时代生态的遗迹。提希特和瓦拉塔两个地区目前都只有近 800 名居民。但在新石器时代，这里聚集了上百个村庄。如今从飞机上鸟瞰，还能看到那些古老村庄的遗迹。②

西撒哈拉地区的新居民带来了更为先进的技术，他们凭借自己的创造才能繁衍生息并制造出了新型工具。他们开始使用弓箭、标枪等投掷武器，并建立更好的组织和防御体系。他们也懂得如何驯化和饲养牛和狗等动物，并开始利用收集到的野生种子种植小麦、大麦等作物。于是，他们不再仅靠捕鱼和狩猎为生，而是开始了畜牧和农耕。他们发明了石箭，以便用弓箭狩猎；发明了葫芦和羊皮袋，装存牛乳；发明了绳索，拴住家畜；发明了刮刀、锉刀和锥子、加工皮革。农民发明了锄头（用以松土播种）、研钵、擂棍、石磨、碾磨等。此外，他们还制造了刀具、锯子及斧头，用以加工木材、皮革和兽骨。③

在新石器时期的居民中，出现了一些石器制作专人，利用各种

---

① Centre de Recherche et d'Etudes sur les Sociétés méditeranéennes, Centre d'Etudes d'Afrique Noire, *Introduction à la Mauritanie*, pp. 21–22, 23.

② Geneviève Désiré-Vuillemin, *Histoire de la Mauritanie: Des origines à l'indépendance*, p. 33.

③ Ibid., p. 33.

各样的材料，制作出他们需要的各种器具。他们利用板岩或砂岩燧石、石英页岩、花岗粒玄岩这些硬质材料，经过打击和打磨后制成光滑而又精致的各类物件。他们做出的标枪形状各异，有带柄的，有带倒刺的，有带翅端的，有月桂叶型的，有狭长型的，等等。他们研制出了形状合理、打磨光滑的斧子和首饰般精美的玉石箭镞[①]，还在箭镞或标枪头上安装1.5—3厘米的刃口。为了给斧子、横口斧、锄头、箭等装置握柄，他们也会加工一些木头或兽骨。他们还制作一些诸如刮刀、针、鱼钩、鱼叉之类的工具，供渔夫使用。这些精美的物件出自作坊，最具特色的位于提希特地区的奥克尔山崖下。[②]除了石头、木头和兽骨等制成的物件，他们还用一些植物来编制席子、筐篮[③]等，有可能还制作了一些衣料布匹，但尚未有考古证据可证实这一点。[④]

工匠们的高超技艺不仅体现在物品兼具实用性和观赏性上。除了制作光滑、精致的工具之外，他们还制作出了非常美观的装饰品，如珍珠项链[⑤]（材质为天河石、石英、贝壳、鸵鸟蛋壳等）、耳坠（尚不明确是装饰品或吉祥物件，还是两者兼有）、石镯，等等。生活在撒哈拉沙漠边缘的游牧民族图拉雷格人（Touareg），至今仍在制作和佩戴着这些装饰品。这些饰物佩戴在手腕、脚腕上，或是装饰在手杖或戴在脖子上。[⑥]

由于制作工具技术的巨大进步，人类文化的发展也日益加速。

---

① 他们用质地坚硬、表面光滑的花岗岩或页岩制作斧头，用质地坚硬、棱角分明、易于切割的石头（如石英石）制作箭镞。

② Geneviève Désiré-Vuillemin, *Histoire de la Mauritanie: Des origines à l'indépendance*, p. 34.

③ 考古学家尚未发现有存留至今的筐篮，但找到了一些陶器碎片，这些陶器是在筐篮中进行定模的，这证明了当时筐篮的存在。此外，也没有发现任何骨质器物，因为兽骨极易损坏。

④ Geneviève Désiré-Vuillemin, *Histoire de la Mauritanie: Des origines à l'indépendance*, pp. 33–34.

⑤ 朗贝尔（N. Lambert）在梅迪涅特沙巴特地区（Medinet Sbat）发现了一条滑石项链，该项链现收藏于努瓦克肖特博物馆。

⑥ Geneviève Désiré-Vuillemin, *Histoire de la Mauritanie: Des origines à l'indépendance*, p. 35.

他们的生活方式发生了很大变化，学会了克服渔猎和采集生活的不稳定性，开始通过畜牧和农耕获取可靠的基本食物保障。狗是人类驯化出来的第一种家养动物，用于打猎。[①]新石器时代的奥古林大旱期（I'Ogolien）之后，重新迁回撒哈拉地区的居民开始饲养山羊、绵羊和牛。东非的埃塞俄比亚人西迁时带来了养牛方法，而覆盖撒哈拉的稀树草原又为养牛业的发展提供了资源和环境。这些牧民是今天富拉人的祖先，他们已经在撒哈拉一些水草肥美、面积广阔的宜居区域生活了数千年。[②]

一部分随遇而安的猎户或牧民逐渐定居了下来，不再将自己的财物置于皮袋或篓筐内四处游牧，而是存放在密封的陶罐中。因此，陶制品的使用是定居化的重要标志。他们在河边湖畔发现了大量的粘土，首先将粘土软化，然后手工旋转制成圆柱胚，使用草木对陶胚进行打磨处理，最后烧制成型。制成的陶器大小不一，形状各异。壶、碗、锅的直径在5—50厘米之间，既有圆底也有平底。提希特地区附近出土了直径80厘米、1米多高的罐子，可能用于存放谷物。毛里塔尼亚的农业发源于奥克尔周边，人们开始在河流、洼地、水源地、湖泊附近或年降雨量达250—400毫米的地区种植简单的农作物。这些植物大多源于地中海附近。夹竹桃、柏树、葡萄、野生橄榄、小麦和大麦，蜀黍、椰棕等则来自毛里塔尼亚的南方。在当时，农业还无法在高原或荒漠地区推行。[③]

早在公元前4000年前，大西洋沿岸就有人居住。由于渔业资源丰富，沿岸生活着大批渔民。这里出土了土制砝码、鱼骨项链和贝壳刮刀，努瓦克肖特地区有先民留下的许多贝壳。他们使用海产品与内地居民进行交换，使用一些石制工具，甚至还有来自阿克茹特的铜器。

① 其后，人类又相继驯化了山羊（公元前7500—前7000年）、绵羊、猪（公元前6500年左右）、牛（公元前6300—前6000年于巴基斯坦和叙利亚）、驴（公元前3500年左右）、单峰驼（约公元前3000年于叙利亚）、马（公元前2500年），等等。参见 Geneviève Désiré-Vuillemin, *Histoire de la Mauritanie: Des origines à l'indépendance*, p. 35。

② Ibid., pp 35-36.

③ Ibid., pp. 35-37.

专家分析，当时莱夫里耶海湾半岛南部的居民属于黑色人种，源于塞内加尔地区；半岛北部则是非柏柏尔族的白种居民，被称为“伊比利亚莫鲁斯人”，于公元前5000年至公元前2600年迁徙至大西洋沿岸。[①]

奥克尔地区是毛里塔尼亚新石器时代人类文化的缩影。公元前3000年前后，波维第安人（Bovidiens）西迁至奥克尔地区，从事渔猎或农耕。当时，这里是一片稀树草原，湖泊星缀其间，[②]生活着大量的热带动物。然而，今天的奥克尔湖泊干涸、荒无人烟，先民们的足迹掩埋在黄沙之下。这里有127个新石器时期的村庄遗迹，但村庄的实际数量远不止此。估计，当时每个村庄住有2500—3000人，总人口高达30万人左右，远远多于该地区现在的人口总量。这些村庄坐落在峭壁之下，面朝南边和西边，即达尔提希特（dhar Tichitt）和达尔瓦拉特（dhar Oualata）。[③]

村落位置的变化折射出该地区人类对于气候的适应。一开始，村庄多建于水源（水道、洼地、湖泊等）附近，表明当时的水源地并不是太多。提希特地区的许多村庄修建在易于防守的要地上，反映当时的生活环境中存在某种危险。公元前1500年至公元前1100年前后，出现了一种没有防护系统的湖上建筑。居民开始种植旱地作物。公元前1150年至公元前850年左右，人们开始在山崖上修筑工事。公元前650年至公元前380年，出现了大量隐蔽的小型防御性建筑，反映出当时生存环境的恶劣，如气候条件恶化，白种人部落间相互侵袭和战争频发。从这些村庄的房屋布局可以看出，当时

---

① Geneviève Désiré-Vuillemin, *Histoire de la Mauritanie: Des origines à l'indépendance*, p. 43.

② 这些湖泊是公元前8000年至公元前4800年湿润期大型湖泊的遗留物。申善湖和奥克尔湖在公元前7000年前后达到最高水位。公元前4800年至公元前4000年是一段干旱期；公元前4000年至公元前2200年又是一个多雨期。此后，该地区气候的大趋势是干旱化，间或出现短期好转。

③ Geneviève Désiré-Vuillemin, *Histoire de la Mauritanie: Des origines à l'indépendance*, p. 38.

人类已经建立了较为复杂的社会系统，并且出现了社会分工。[①]

最大的古村落位于阿克赖吉特（d'Akreijit）附近的莫诺遗迹（site Monod）。村里有林立于街边的房屋、水窖和粮仓，雕绘于岩石上的动物（牛）图像，100—150平方米的牲畜棚等。在类似于广场的地方，堆砌着围成圆圈的石块，其布局与达尔提希特附近发现的村落一样。此外，在艾卜耶德（Abiod）和卡德拉（Khadra）附近也发现了三块一组的类似石堆。乍得、尼日尔和阿德拉尔地区都出现过类似的遗迹。据推断，这些石堆有可能是人们拜神祭祀的仪仗。后来，在干旱的侵袭之下，这些早期文化逐渐销声匿迹，掩埋于黄沙之下。[②]

新石器时期居住点远不止这些。阿德拉尔－特马尔［Adrar Tmar，申善（Chemchane）和阿努巴地区（Oum Arouaba）］、阿克沙尔（Akchar）、瑞克兹、梅迪涅特沙巴特、布兰科角（Cape Blanc）等地都发现了古村落遗迹。拉斯努瓦迪布（Les Maures）还发现一片20公顷的大型墓葬群，其历史可追溯到公元前5000年至公元前2000年，摩尔人称其为“莱姆迪纳特”（lemdenat），意思是“固定的村庄”。

依据出土文物进行分析，当时人们之间已经存在某种形式的贸易。一些石器的材质来自距发现处较远的地方。如梅迪涅特沙巴特出土了一条滑石项链，但离该地最近的滑石地层在阿德拉尔地区。这种现象即使证明不了地区间常规贸易的存在，至少说明新石器时期的人们已经可以离开居住地，远行到其他地区采集（更可能是交换）自己喜爱的颜色或材质的石头。在地区内部，渔夫、家畜饲养者、农民、陶匠和石匠之间显然存在着物物交换的贸易迹象。

冶铜－冶铁时期

一般来说，人类的早期历史分成石器时代、青铜器时代和铁器

---

① Geneviève Désiré-Vuillemin, *Histoire de la Mauritanie: Des origines à l'indépendance*, p. 37.

② Ibid., p. 41.

时代三个时期。传统上认为，非洲在腓尼基人殖民之前没有掌握冶金技术，仍然保持着新石器时代的生活方式。非洲大陆整体上没有青铜时代。也有人认为，黑非洲似乎是从石器时代直接进入了铁器时代，不过，近年来的考古发掘表明，尼日尔的黄铜和青铜冶炼点最早可以追溯到公元前 1500 年，特尔米特（Termit）地区的冶铁活动大约也始于这一时期。[①]西撒哈拉则在石器时代与铁器时代之间经历了一个冶铜时期。大西洋沿岸地区有丰富的铜矿层，如西班牙南部、德拉河（Draa River）右岸、阿克茹特、瓦赫兰（Ouaran）南部、阿德拉尔东北部和阿伊尔等地。[②]根据碳十四测年法[③]测定，在公元前 2500 年前后，莫格兰山（Guelb Moghrein）的“蝙蝠洞”（grotte aux chauves-souris）曾是铜矿场。公元前 450 年左右，阿马特利什地区［I'Amatlich，德玛尼（Damane）、雅瑞尼耶（Jarinié）、勒姆德那（Lemdena）］的先民已经在从事铜矿的开采和冶炼，并依据石器物品的形状制作相应的青铜饰物、工具（针和刮刀）和武器（箭镞和标枪头）。不过，因为当时金属稀少、价格不菲，铜器并未取代石器，亦未广泛运用于日常生活中，只是被视为奢侈品。[④]

目前尚不知道冶铁技术传入西撒哈拉地区的确切时间。一般认为，冶铜技术是由利比亚地区的柏柏尔人传入非洲。柏柏尔人被誉为“马车上的民族”，早在公元前 12 世纪就对铜和青铜有了一定认识，他们的冶铜技术有可能源自西班牙南部。朗贝尔在梅迪涅特沙巴特

---

① Duncan E. Miller and N.J. Van Der Merwe, “Early Metal Working in Sub Saharan Africa: A Review of Recent Research”, *Journal of African History*, No. 1, Vol. 35, 1994, pp. 1-36; Minze Stuiver and Nicolaas. J. Van Der Merwe, “Radiocarbon Chronology of the Iron Age in Sub-Saharan Africa”, *Current Anthropology*, No. 1, Vol. 9, 1968, pp. 54-58.

② Geneviève Désiré-Vuillemin, *Histoire de la Mauritanie: Des origines à l'indépendance*, p. 42.

③ 碳十四测年法又称“碳十四年代测定法”或“放射性碳定年法”（Radiocarbon Dating），就是根据碳-14 衰变的程度计算样品大概年代的一种测量方法，通常用来测定古生物化石的年代。碳十四测年法由美国加州大学伯克利分校的威拉得·利比博士（Dr. Willard Frank Libby）发明，他因此项发明获得了 1960 年的诺贝尔化学奖。

④ Geneviève Désiré-Vuillemin, *Histoire de la Mauritanie: Des origines à l'indépendance*, p. 41.

地区发现了一对铜耳环，与摩洛哥境内发现的耳环相似。[①]也有人认为，希泰人（Hittites）从公元前1300年开始制铁。公元前600年，迦太基人将这项技术传给了柏柏尔人。[②]不管怎么说，铁制武器的使用赋予柏柏尔军队以无可辩驳的优势，使他们在仍旧使用石器的农牧民族面前所向披靡。从公元1世纪开始，柏柏尔人又使用了骆驼，进一步加强了他们在该地区的优势地位。随后，在柏柏尔人南迁过程中，制铁技术得以向非洲其他地区扩散。[③]

三、早期的岩刻艺术

岩刻的特点

尽管人们对于史前时期的毛里塔尼亚所知甚少，但是当时的一些以岩刻和岩画为主的遗存，对于研究毛里塔尼亚史前史来说却是珍贵的第一手资料。毛里塔尼亚境内的岩刻主要分布在三个地区，分别是北部的塞古耶特－哈姆拉到比尔莫格兰地区、阿德拉尔和塔甘特地区、达尔提希特－瓦拉塔地区。[④]

北部岩刻的风格趋于写实，其艺术价值高于另外两个地区的岩刻。比尔莫格兰附近的阿维尼戈特（Aouineght）集中了大量的岩刻，有的色泽较深，下笔偏重，均匀光滑，画的主要是大象、长颈鹿、羚羊和牛群；有的则色泽较浅，忽略细节，但注重框架的勾画，以刻画羚羊、长颈鹿、鸵鸟、牛群、马匹和骆驼等为主。此外，岩壁上还刻绘了马车以及佩戴鞍的牛（见图1–1）。尽管这些岩刻都十分简略，寥寥数笔，但折射出当时人类的生活状况。[⑤]

---

① Geneviève Désiré-Vuillemin, *Histoire de la Mauritanie: Des origines à l'indépendance*, p. 42.

② Ibid., p. 43.

③ Ibid., pp. 41–42.

④ Ibid., p. 48.

⑤ Ibid.

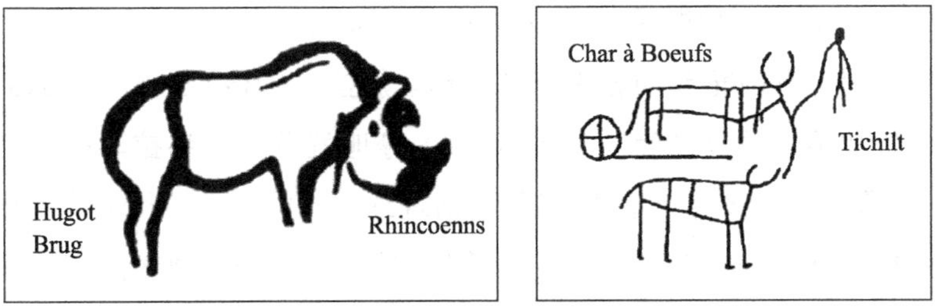

图 1-1　史前毛里塔尼亚北部的岩刻

资料来源：Geneviève Désiré-Vuillemin, *Histoire de la Mauritanie: Des origines à l'indépendance*, p. 48.

阿德拉尔和塔甘特地区既有岩刻也有岩画。岩刻主要集中在阿莫加尔（Amojar）和特恩赛斯（Tensès）附近，描绘的主要是农牧和舞蹈的场景（舞蹈场景中的女人似乎穿着膨体裙）。这些岩刻可追溯至公元前 3500 年至公元前 2500 年的波维迪安人时代（见图 1-2）。相较于其他地区，塔甘特地区有许多岩画，岩刻的数量却很少，而这里关于马和骑兵的岩画源于中古时期。1939 年，森诺（M. Senones）和皮戈多（O. du Puigaudeau）在廷马特（Tinchmart）发现了这些岩画。

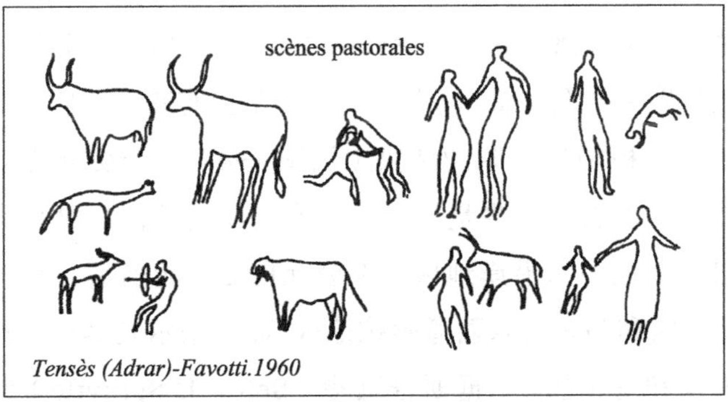

图 1-2　阿德拉尔的史前毛里塔尼亚岩刻

资料来源：Geneviève Désiré-Vuillemin, *Histoire de la Mauritanie: Des origines à l'indépendance*, p. 49.

岩画和岩刻中描绘的最常见对象是牛，主要以简图的形式呈现。牛身是侧面像，四条腿两两分立，牛角为正面像，脖子上带有吊坠（见图 1-3）。这在阿德拉尔地区的岩画中较为普遍，但北部岩刻中极为少见。牛是一种既可以配鞍乘骑，又可以拉车的动物。因此，岩画或岩刻中有两轮或四轮牛车的图形。赫拉－乌雅（Rhalla-Ouya）、提希特和泰戈达乌斯特（Tegdaoust）等地就发现了牛拉车的岩刻、岩画。除了牛之外，岩刻中偶尔会出现绵羊、山羊、马和狗等动物。人像是所有岩刻中较为平淡的，除提奈斯（Ténès）地区的人像岩刻外，所有人物都是千篇一律。

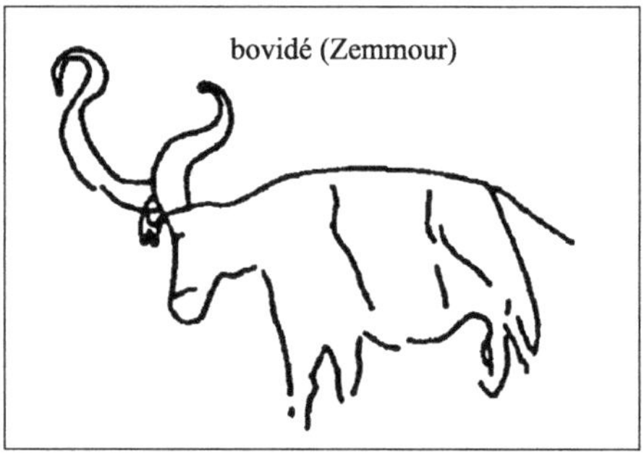

图 1-3　泽穆尔地区史前岩画中的牛

资料来源：Geneviève Désiré-Vuillemin, *Histoire de la Mauritanie: Des origines à l'indépendance*, p. 50.

塔甘特地区发现了关于马和骑兵的岩刻。马的外形都是以线条勾勒，且遵循一定的范式。马背上的骑兵都持有圆形的盾牌和标枪，这是利比亚－柏柏尔军队的装束（见图 1-4）。令史前史学家大为吃惊的是，一些岩刻和少量岩画中还有马车的简图。这种类型的马车主要出现于地中海沿岸地区。在公元前 2 世纪前后，利比亚－柏柏尔人将马匹和马车传入西撒哈拉地区，而柏柏尔人是从“海上民族”那里引入马和马车的。[①] 据斯普惠特（Selon J. Spruytte）判断，在新石器时代，撒哈拉地区的居民就已经可以用石器工具制造出纯木质的马车，并借助皮带实现车轮的联动。但是，这种重量仅为 30—

① 喜克索斯人在公元前 1650 年前后将战争马车传入埃及。对于地中海地区的民族来讲，马车就意味着军事实力和战争胜利。

40公斤的轻型马车，非常易损，舒适度不高，且没有刹车装置。[①]在近1000年的时间里，来自北方的白人士兵都是乘坐马车或马匹，这些马匹也越来越适应本地区干旱的气候。[②]

图1-4　塔甘特地区史前岩刻中的骑兵

资料来源：Geneviève Désiré-Vuillemin, *Histoire de la Mauritanie: Des origines à l'indépendance*, p. 50.

岩刻的分布

迄今为止，毛里塔尼亚境内共发现了约450幅关于马车的岩刻或岩画。马车的刻画上，几个简单的圆形勾画马车的形状，有的则是用一条线和两个（或四个）圆圈来表示车轴和轮子（见图1-5）。这些岩刻虽只是寥寥数笔的涂鸦之作，但蕴含着巨大的历史意义，使我们得以窥探当时毛里塔尼亚人的生活与文化。这些马车岩刻和岩画的分布高度集中，仅泽穆尔地区的阿维尼戈特就多达100幅，瓦赫兰南部地区则有114幅，拉尔河畔也有不少马车岩刻。[③]

① Geneviève Désiré-Vuillemin, *Histoire de la Mauritanie: Des origines à l' indépendance*, p. 53.

② Ibid., pp. 49, 52.

③ Ibid., pp. 49–50.

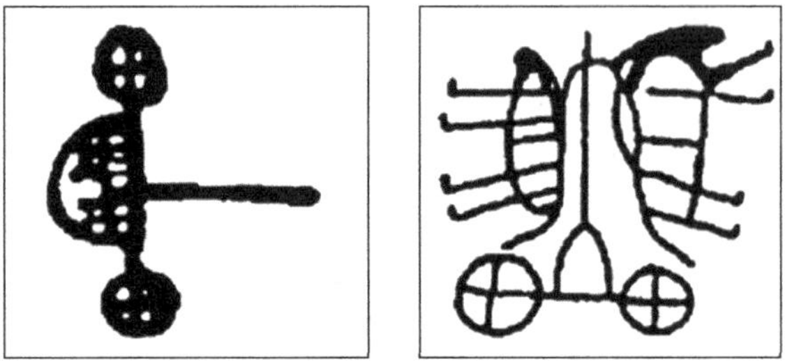

图 1-5　史前毛里塔尼亚岩画中的战车

资料来源：Geneviève Désiré-Vuillemin, *Histoire de la Mauritanie: Des origines à l'indépendance*, p. 50.

在地图上将这些分布点连在一起，可以发现有三条线路，正好对应早期的道路。第一条始于利比亚西南部的费赞（Fezzan），止于尼日尔河畔的加奥（Gao，位于今马里东部），途径阿吉尔的塔西里（Tassili-n-Ajjer）、阿哈加尔（Ahaggar）和阿德拉尔。第二条位于瓦赫兰南部地区（向地中海沿岸延伸），经过塔乌斯（Taouz）、泽穆尔（阿维尼戈特、比尔莫格兰）和毛里塔尼亚阿德拉尔一线［本尼亚（Benyea）、阿马兹马（Amazmaz）］，然后分为两条线路：一线走向泰戈达乌斯特（可能是原阿维达格斯特）；另一线途径提希特、卡德拉、科达马（Kedama）、敦迪亚（Tondia）等地，与尼日尔三角洲相接。第三条连接大莱波蒂斯（Leptis Magna）和欧亚城（Oea），转而南下至卡瓦尔（Kaouar），并经过艾尔哈德（El Had）、迪吉贝尔（Djebel）、拉图马（Latouma）、加多（Djado），最终到达提贝斯提（见图 1-6）。①

这些道路只是土质结实、无明显障碍、供马车行驶的区域。车道上设有可供休息的驿站，沿途应该会有井或山泉等，至少在湿润季节可以保证水源供应。不过，当时那种易损的轻型马车载重很小，最多搭载一到两个人，通常是用来巡视和侦查，或是作为侵略者恫吓当地居民的一种手段。部落首领打猎或运动时会乘马车出行，以

① Geneviève Désiré-Vuillemin, *Histoire de la Mauritanie: Des origines à l'indépendance*, pp. 50–51.

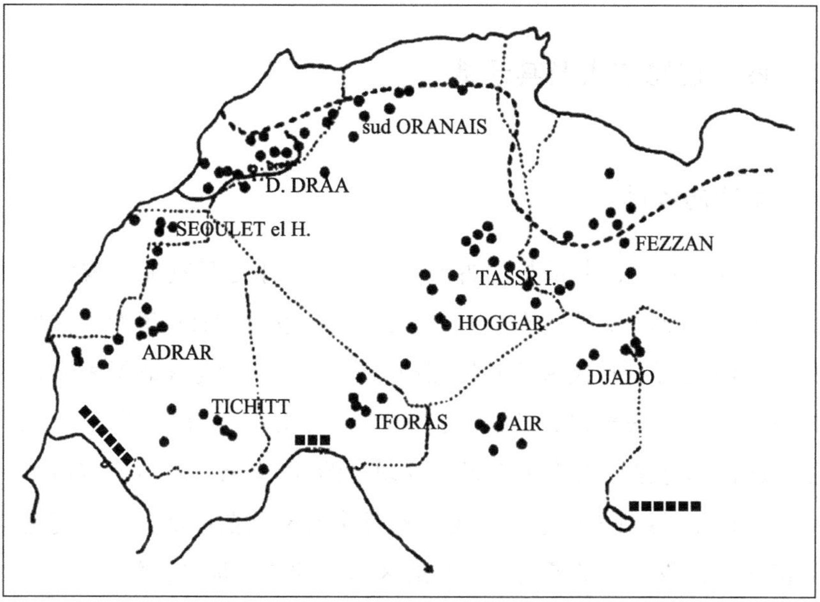

图 1-6　史前毛里塔尼亚的战车岩刻分布

资料来源：Geneviève Désiré-Vuillemin, *Histoire de la Mauritanie: Des origines à l'indépendance*, p. 51.

此作为威望的一种外在表现。当然，马车也可以用来运输金粉，因为塞内加尔河和尼日尔河的上游冲积平原中蕴藏着丰富的金矿。这种马车虽然在经济上没有发挥多大作用，但通过运送人口促进了思想、技术乃至早期文字符号（提非纳文）的传播。①

希罗多德的足迹曾遍及利比亚地区。这些车道的存在，为他的游记提供了有力的佐证。希罗多德提到，一些外来民族“生活在地中海南岸：加拉曼特人依靠埃塞俄比亚鷓鴣为生，堪称世界上跑得最快的人类，他们登上四轮马车”。②

① Geneviève Désiré-Vuillemin, *Histoire de la Mauritanie: Des origines à l'indépendance*, p. 52.

② 同上书，第 53 页。但该书并未注明希罗多德这段话引自何处。希罗多德的《历史》第四卷第 183 章有相似内容，但措词不完全相同：“……加拉曼特人乘坐驷马战车，追击穴居的埃塞俄比亚人，后者是我们听说过的各民族中跑得最快的。这些穴居者以蛇、蜥蜴以及诸如此类的爬虫为食。”参见 Herodotus, *The Histories*, Translated by George Rawlinson, Moscow: Roman Roads Media, LLC, 2013, Book 4, Chapter 183, pp. 311-312。

四、巴富尔人及其迁徙

早期的居民

迄今为止，西非最早的古人类骨骼出土于尼日利亚的埃沃埃勒留（Iwo Eleru），它为公元前 9250 年至公元前 9150 年的一位尼格罗人。但就石器时代末期和铁器时代初期来说，现有证据表明，西非地区的居民来自北方的撒哈拉和萨赫勒地区[①]。在北纬 15°—21° 之间的西非地区，考古工作者共发现了约 30 个新石器时代定居点，从中发掘出 58 具人的遗骨。这些遗骨中有 9 具前额部分相对完整的头盖骨，为我们提供了当时西非地区居民的宝贵信息。[②]

据埃迈米·查姆拉（Mme Chamla）分析，当时的西非地区共有三种类型的居民。其中的 6 个头盖骨含有典型的尼格罗人种基因（3 个是西非地区的古典尼格罗人，另外 3 个人的体格更加健壮一些），2 个属于混合或者无法识别的基因，1 个是非尼格罗人种。与相邻地区的考古成果进行对比可以发现，在可以识别的西非地区头盖骨中，25% 属于典型的尼格罗人种，三分之一的头盖骨兼具尼格罗和非尼格罗基因，其余的是非尼格罗人种。尼格罗人种在北边的撒哈拉地区很少，南边的非洲内陆则非常多；而非尼格罗人种在撒哈拉地区非常多，往南的非洲内陆则非常少。这就验证了史前史学家长期以来的一个观点：新石器时代的撒哈拉气候湿润，居民以尼格罗人种为主。后来由于气候干旱，尼格罗人向南迁移，沙漠地带成了利比亚－

① 萨赫勒是西非和中北非地区的一个半干旱气候地带，是北部干旱的撒哈拉沙漠与南部热带稀树草原之间的过渡地带，从大西洋沿岸向东，穿越塞内加尔北部和毛里塔尼亚南部、马里境内的尼日尔河大转弯处和布基纳法索、尼日尔南部和尼日利亚东北部、乍得中南部，一直到苏丹。

② Raymond Mauny, “Trans-Saharan Contacts and the Iron Age in West Africa” , in Donnelly Fage ed., *The Cambridge History of Africa, Volume 2: From c.500 B.C. to A.D. 1050*, Cambridge University Press, 1979, p. 335.

柏柏尔人的家园。[①] 虽然上述定居点大都在今马里和尼日尔境内，但由于毛里塔尼亚位于北纬 14°—26°之间，我们有理由认为，这些定居点大致反映了当时毛里塔尼亚居民的分布情况。

巴富尔人的迁徙

一般认为，在新石器时代，巴富尔人（Bafour 或 Bafur）是毛里塔尼亚和西撒哈拉的主要居民，但学界对其起源尚无定论。根据口头传说，有人认为，巴富尔人是早期柏柏尔人的一支（a proto-Berber people），从事狩猎、放牧和捕鱼活动，其后裔可能是沿海地区的伊姆拉冈（Imraguen）渔民。[②] 也有人认为，巴富尔人是一个很宽泛的概念，指代桑哈贾时代之前的各个民族，柏柏尔人、黑人和闪米特人兼而有之。[③] 查尔斯·穆瓦利姆（Charles Mwalimu）称他们为“非洲黑人农民……后来被柏柏尔人取代”。[④] 安东尼·帕扎尼塔（Anthony Pazzanita）则认为，他们是“新石器时代迁居这一地区的前柏柏尔时代游牧民族”，是“采集 - 狩猎部落中的一个游牧群体”。[⑤]

巴富尔人从最初的西撒哈拉逐步向南迁移，占据了毛里塔尼亚北部和中部的广大地区。在当时的西撒哈拉和毛里塔尼亚，巴富尔人是主要的民族，但还存在其他民族。大西洋沿岸有黑皮肤的狩猎部落伊姆拉冈人，在巴富尔人后来被迫南迁后，他们仍然居住在土

① Raymond Mauny, “Trans-Saharan Contacts and the Iron Age in West Africa”, in Donnelly Fage ed., *The Cambridge History of Africa, Volume 2: From c.500 B.C. to A.D. 1050*, pp. 335–336.

② Brian Dean Curran and Joann L. Schrock, *Area Handbook for Mauritania*, p. 29.

③ James L. A. Webb, “The Evolution of the Idaw al-Hajj Commercial Diaspora”, *Cahiers d'études africaines*, Vol. 35, Issue 138–139, 1995, pp. 455–475.

④ Charles Mwalimu, *The Golden Book: Philosophy of Law for Africa Creating the National State under God. The Key is the Number Seven, Volume 1: Dynamic Jurisprudential Thought*, Peter Lang Publishing Inc., 2010, p. 952.

⑤ Anthony G. Pazzanita, *Historical Dictionary of Mauritania*, pp. 1–2; Erik Jensen, *Western Sahara: Anatomy of A Stalemate*, Boulder, Lynne Rienner Publishers, 2005, pp. 20–21.

地未受破坏的沿海地带，一直持续到近代。[①]但如前所述，有些学者推测，伊姆拉冈人也有可能是巴富尔人的后代。与巴富尔人毗邻而居的还有谷地农民（valley cultivators），他们可能是沿河地带的图库洛尔人和沃洛夫人的黑人祖先。[②]后来，因为气候发生了变化，也许还由于过度放牧和农耕，撒哈拉地区逐渐干旱并沙漠化，使居住在中北部的巴富尔人不得不向南迁移。[③]

撒哈拉地区的沙漠化是西北非历史发展的重大事件。此后，撒哈拉沙漠成了地中海帝国难以逾越的障碍，把他们的征服矛头永远地阻滞在了北非的地中海沿岸地区。然而，它却沟通而非隔离了居住在这里的各个民族，并且成为他们进行迁徙和征服的一条通道。毛里塔尼亚作为“撒哈拉沙漠尽头的一条死胡同（a cul-de-sac at the end of the Saharan Desert）”，接收了一波又一波带着各种文化的商人、探险家、迁徙者和征服者，并把他们同化到自己那越来越复杂的社会结构中去。[④]

在伊斯兰各民族到来之前，巴富尔人始终在毛里塔尼亚居于优势地位。法国艺术史学家让·洛德（Jean Laude）写道：“根据口头传说，在前伊斯兰时期（9世纪之前），毛里塔尼亚被巴富尔人占领。这些人混杂着各种各样的血缘，从中演变出了东部的桑海人（Songhai），中部的甘加拉人（Gangara）和西部的谢列尔人。”[⑤]他们随着撒哈拉沙漠的扩大而缓慢地向南迁移，最终在柏柏尔人的入侵大潮中逐渐销声匿迹，直到17世纪末被沃洛夫人、柏柏尔人和富拉人同化。

---

① Anthony G. Pazzanita, *Historical Dictionary of Mauritania*, p. 2.

② Brian Dean Curran and Joann L. Schrock, *Area Handbook for Mauritania*, p. 29.

③ Ibid., p. 29.

④ Ibid., pp. 8, 27.

⑤ Jean Laude, *The Arts of Black Africa*, translated by Jean Decock, University of California Press, 1973, p.50.

第二章　古代柏柏尔人及其南迁

民族的迁徙与流动是塑造毛里塔尼亚历史乃至多元社会的重要因素。北非犹如一个蓄水池，当地的古代民族不断向毛里塔尼亚迁徙，大致来说出现了三次浪潮。在前文明时代，尼格罗黑人和巴富尔人率先登上毛里塔尼亚的历史舞台。随着地中海沿岸文明的发展，北非的柏柏尔人也逐渐迈过文明的门槛，在与古埃及、布匿、罗马、汪达尔和拜占庭的交往中创造了独特的文明，接受了一神教信仰，并出现了多种文明竞逐北非的壮观景象。柏柏尔人在多重压力之下，开始跨越撒哈拉沙漠，向南迁徙，黑人由此开始南迁。柏柏尔人成为第二次民族迁徙的主角，进而成为毛里塔尼亚的主体民族。公元13世纪之后，又出现了第三次民族大迁徙，阿拉伯人开始大规模地进入毛里塔尼亚，由此奠定了毛里塔尼亚的人口结构和作为阿拉伯国家的历史基调。

一、柏柏尔人的早期历史变迁

柏柏尔人的由来

至少在公元前1万年前，柏柏尔人就已经居住在北非的马格里布地区。[①] 柏柏尔人自称“伊马齐恒”［Imaziγen，单数为‘阿马

① Hsain Ilahiane, *Historical Dictionary of the Berbers (Imazighen)*, The Scarecrow Press Inc., 2006, p. 112.

齐克’（Amaziɣ/Amazigh）]，意思是“自由”、“幸福”。[①]“柏柏尔（Berber 或 Amazighen）”一词则是外来者对他们的称呼。古埃及人一开始称他们为“特赫努”（Tehenou），[②]后来称其为“利比亚人”（Lybyans）或“努米底亚人”（Numidians）。古希腊人称他们为“巴巴卢”（βάρβαρος），原意是“异地人”[③]。罗马在北非的一位总督始称努米底亚（Numidia）为“barbarian”，古罗马人后来称这里的人为“巴巴里”（Barbarus），与希腊语的“巴巴卢”意思相同。汪达尔人入侵北非之后，“Berber”一词逐渐流行开来。此后的穆斯林历史学家也开始采用“Berber”一词。英语的“Berber”一词出现于 19 世纪，用以取代“Barbary”。因此，“柏柏尔”一词是由希腊语的“巴巴卢”和拉丁语的“巴巴里”演变而来的。

关于柏柏尔人的起源众说纷纭，莫衷一是。考古成果显示，公元前 1.1 万年至公元前 7000 年，北非西部的米契塔·阿尔比人（Mechta el-Arbi）创造了伊比尔－毛鲁西亚文化（Ibero-Maurusian culture），在公元前 7000 年末被昔兰尼加（Cyrenaica）的卡普萨文化取代。古柏柏尔人是北非的早期居民，对其起源主要有三种看法。一是卡普萨人（Capsian man）的后裔，继承了卡普萨文化。[④]二是多种人种混合的结果，包括伊比尔－毛鲁西亚人、卡普萨人和北非

① 〔法〕夏尔－安德烈·朱利安：《北非史·突尼斯、阿尔及利亚、摩洛哥 第一卷 从上古时代至阿拉伯人征服（公元 647 年）》，上海新闻出版系统“五·七”干校翻译组译，第 2 页。

② “特赫努”的名称首次出现在埃及法老蝎王（King Scorpio）的调色石板上，后来又出现于法老那尔迈（Narmer）时期的一个象牙柱上。后者是萨胡雷（Sahouré）陵墓（埃及第五王朝时期）上的一座浮雕，画的是法老的战利品和俘虏。这个浮雕描绘了特赫努人的身体和衣着特征：身材高大，轮廓鲜明，厚嘴唇，大胡子。留着一种非常独特的发型：脖子后面头发浓密，一直垂到肩膀上，前额上还垂着一绺卷发。双肩佩戴着别致的锦带，两个锦带交叉于胸前，脖子上挂着项圈，腰间有腰带和遮羞布。参见 W. Hölscher, “Libyer und Ägypter. Beiträge zurEthnologie und Geschichte libyscher Völkerschaften”, *ÄFU*, 5., Chap. 2, 1955, p. 17。

③ 何芳川、宁骚编：《非洲通史·古代卷》，华东师范大学出版社 1995 年版，第 171 页。

④ J. Desmond Clark, *The Cambridge History of Africa: Vol Ⅰ From the Earliest Times to c. 500 BC*, Cambridge: Cambridge University Press.1982, p. 552.

新石器时代其他人种。[①]三是由棕发柏柏尔人和金发柏柏尔人融合而成。前者是公元前20世纪以前从亚洲高原大规模迁徙而来，即所谓的原始闪族人。后者是公元前20世纪从西班牙迁徙而来，他们与这里的东方人和少量土著黑人进行融合并采用了东方人的语言。柏柏尔人具有一些黑人血统，亦为北非的早期居民。[②]

综合各方的观点，到公元前5000年前后，北非居民基本上都是伊比尔－毛鲁西亚文化和卡普萨文化创造者的后代。早期柏柏尔人就是从这些青铜时代末期到铁器时代早期的史前族群中融合产生。因此，古柏柏尔人的构成在腓尼基人到来之前已经基本确定，腓尼基人及后来的罗马人、汪达尔和拜占庭人都对此影响甚微。[③]

近年来的单亲脱氧核糖核酸（DNA）鉴定结果显示，柏柏尔人与非洲其他非亚语系民族（Afro-Asiatic speakers）之间确实存在亲缘关系。根据2015年的一项研究，这些民族大都属于同一个Y染色体单倍群，而操柏柏尔语者是这个族谱中机率最高的民族之一。[④]染色体分析还发现，柏柏尔人与马格里布其他民族之间有一种共同的祖传基因，而这种基因在突尼斯柏柏尔人中最为普遍。[⑤]2013年，专家们对于从塔夫罗特（Taforalt）和阿法罗（Afalou）的史前遗址中提取的伊比尔－毛鲁西亚人骨骼进行DNA分析，发现它们

① G. Mokhtar ed., *General History of Africa · II : Ancient Civilization of Africa*, Heinemann · California · UNESCO: United Nations Educational, Scientific and Cultural Organization, and Heinemann Educational Books, Ltd., 1981. pp. 423–425.

② 〔法〕亨利·康崩：《摩洛哥史》（上下册），上海外国语学院法语系翻译组译，上海人民出版社1975年版，第13—14页。

③ G. Mokhtar ed., *General History of Africa·II : Ancient Civilization of Africa*, pp. 423–424.

④ Beniamino Trombetta, Eugenia D'Atanasio, Andrea Massaia, Marco Ippoliti, Alfredo Coppa, Francesca Candilio, Valentina Coia, Gianluca Russo, Jean-Michel Dugoujon, Pedro Moral, Nejat Akar, Daniele Sellitto, Guido Valesini, Andrea Novelletto, Rosaria Scozzari, Fulvio Cruciani, "Phylogeographic Refinement and Large Scale Genotyping of Human Y Chromosome Haplogroup E Provide New Insights into the Dispersal of Early Pastoralists in the African Continent", *Genome Biology and Evolution*, Vol. 7, No. 7, 2015, pp. 1940–1950.

⑤ Brenna M. Henn, Laura R. Botigué, Simon Gravel, Wei Wang, Abra Brisbin, Jake K. Byrnes, Karima Fadhlaoui-Zid, Pierre A. Zalloua, Andres Moreno-Estrada, Jaume Bertranpetit, Carlos D. Bustamante, David Comas, "Genomic Ancestry of North Africans Supports Back-to-Africa Migrations", *PLOS Genetics*, Vol. 8, Issue 1, 2012, pp. 1–11.

都属于与北非和南北地中海沿岸有关的同一个母系支系，这表明旧石器时代末期和中石器时代初期地中海南北岸之间就存在较为密切的人口流动。[①] 而古塔夫罗特人携带的 U6、H、JT 和 V 线粒体基因（mtDNA）自伊比尔－毛鲁西亚时代起就在马格里布人中间保持着连续性。[②]

社会构成

早期柏柏尔人以部落或部落联盟为单位，过着原始公社式的生活。马斯穆达人（Masmuda）多数是定居的农民，居住在摩洛哥的里夫和阿特拉斯山区；桑哈贾人（Sanhaja）居住得非常分散，卡比里山区多数是农民，摩洛哥东南部是半游牧民，撒哈拉地区是游牧民；扎纳塔人（Zanata）分布在从东到西的草原地带，从事牧业或半牧半农业。[③] 此外，阿尔及利亚西北部和摩洛哥沿海地带居住着毛里人（Mauri）；撒哈拉沙漠边缘地带有法鲁西人（Pharusians）、尼格里特人（Nigrites）和加拉曼特人（Garamantes）；阿尔及利亚境内和突尼斯南部有努米底亚人（Numidians），包括马西尔人（Massylii）和马塞西尔人（Masaesyli）。柏柏尔人普遍从事狩猎和游牧，少数人从事农耕和林业活动。[④] 在埃及第六王朝时期（约公元前 2300 年前后），古埃及文献中提到一支名为“特梅胡”（Temehou）的柏柏尔人。特梅胡同于特赫努，[⑤] 他们白皮肤，蓝眼睛，是有大量金色

---

① R. Kefi, E. Bouzaid, A. Stevanovitch, and E. Beraud-Colomb, “Mitochondrial DNA and Phylogenetic Analysis of Prehistoric North African Populations”, (PDF), *International Society for Applied Biological Sciences*, Archived from the original (PDF) on 11 March 2016，引用时间：2016 年 4 月 21 日。

② Bernard Secher, Rosa Fregel, José M Larruga, Vicente M Cabrera, Phillip Endicott, José J Pestano, Ana M González, “The history of the North African mitochondrial DNA haplogroup U6 gene flow into the African, Eurasian and American continents”, *BMC Evolutionary Biology*. Vol. 14, 2014, pp. 1–17.

③ 杨人楩：《非洲通史简编：从远古至一九一八年》，人民出版社 1984 年版，第 32 页。

④ 何芳川、宁骚编：《非洲通史·古代卷》，第 92 页。

⑤ O. Bates, *The Eastern Libyans*, Macmillan, 1914, p. 46.

头发的人。[①]他们穿着皮斗篷，但把一个肩膀露在外面。他们可能居住在邻近下努比亚地区（Lower Nubia），其中包括大哈里杰绿洲（Great Oasis of Khargah）。[②]有人认为，他们就是埃及中王国和新王国初期努比亚的C组人（Group-C people）。[③]

柏柏尔社会的基本组织是父系家族，以父系亲属关系为基础的父权制结合体。家长对父系家族中的所有成员拥有绝对的权力。家长死后，权力并不传给自己的长子，而是传给父系亲属中最年长者。在后来的汪达尔诸王国和土耳其诸贝伊中，也可见到这种名为“塔尼斯特里（tanaise，意为‘第二’）”的制度。牧民为了共同使用牧场而联合起来，定居者为抵御牧民的侵袭而建立起村落。这些村落形成了小型的“准国家”，受族长“贾马阿”的管辖。由于共同防御和进攻的需要，作为父系家族、牧人族群和农村共同体的部落应运而生。部落首领利用暴力或个人威望，联合其他部落，成为“阿盖利德”（国王）。在国家出现之前，柏柏尔已出现了基于地方社会的准国家。其中，首领首先是军事统帅，其权力与自己的威望成正比，依靠亲属和奴仆行使权力，但必须同部落首领商量以争取支持。[④]

当时，撒哈拉地区的沙漠化尚未严重到完全阻断北非同非洲内陆的联系。柏柏尔人经常深入南方与当地人交往，有的直抵尼日尔河河曲地带并定居在那里。南下的柏柏尔人与当地人融合成了新的混血居民，加拉曼特人就是其中的一支。[⑤]在从尼罗河到大西洋，从阿特拉斯（Atlas）到南方稀树草原的广大地区，分布着许多绘有马拉战车图案的岩壁画。这些岩画的分布并不均匀，而是沿着东西两

---

① G. Möller, “Die Aegypten und ihre libyschen Nachbaren”, *ZDMG*, 78, 1924, p. 38 and W. Hölscher, “Libyer und Ägypter. Beiträge zurEthnologie und Geschichte libyscher Völkerschaften”, *ÄFU*, 5., Chap. 2, 1955, p. 24.

② O. Bates, *The Eastern Libyans*, pp. 39–51.

③ Ibid., p. 249, note 3.

④ 〔法〕夏尔－安德烈·朱利安：《北非史·突尼斯、阿尔及利亚、摩洛哥　第一卷　从上古时代至阿拉伯人征服（公元647年）》，上海新闻出版系统“五·七”干校翻译组译，第99—102页。

⑤ C. M. Daniels, *The Garamantes of Southern Libya*, Oleander Press, 1970, p. 17.

条狭窄的通道穿越沙漠。东线始于利比亚西南部的费赞，通向尼日尔河畔的加奥，途径阿吉尔的塔西里、阿哈加尔和伊弗拉斯（Iforas）的阿德拉尔，由此分为两条道路分别通往提贝斯提和加多的支线。西线始于南奥拉尼亚（southern Orania）和摩洛哥南部，经过摩洛哥的泽穆尔和毛里塔尼亚境内的阿德拉尔，沿着提希特－瓦拉特地区的悬崖峭壁（Tichit-Walata escarpment），通向尼日尔河西北岸的贡达姆（Goundam）。[①]这些通道为后来的迦太基人深入非洲内陆创造了条件。

古柏柏尔人的对外交往

古柏柏尔人与东边的埃及进行了长期的战争。早在埃及统一国家形成之前，一些柏柏尔人部落就迁居埃及西北部。到法老时期，柏柏尔人更是不断东侵。特梅胡人尤其尚武，经常与埃及新王国的法老们爆发冲突。正因如此，埃及人对他们有大量记载。第19王朝法老塞提一世（Seti I，公元前1318—前1304年）击退特梅胡人的入侵后，其继任者拉美西斯二世（Ramses II，公元前1304—前1237年），在地中海沿岸建立了一道防线，还将骁勇善战的特梅胡人作为雇佣军编入军队，以抗衡来自赫梯人的威胁。[②]

公元前13世纪时，特梅胡人中的利博人（Libou）和梅什维什人（Meshwesh）日益强大起来。利比亚人与强大的“海上民族”结盟，不断进犯尼罗河三角洲。[③]在拉美西斯三世（Ramses III）时期，利博人和梅什维什人先后进犯尼罗河，于公元前1194年和公元前1188年爆发了两次著名的埃及－利比亚战争。柏柏尔人遭到失败，许多战俘被强行编入埃及军队。然而，柏柏尔人的军事才能在埃及

---

① John Donnelly Fage ed., *The Cambridge History of Africa, Volume 2: From c.500 B.C. to A.D. 1050*, pp. 280, 282.

② J. Y. Brinton, Article in *BSRA*, 35, 1942, pp. 78-81, 163-165, and pl. xx, fig. 4.

③ 〔法〕夏尔－安德烈·朱利安：《北非史·突尼斯、阿尔及利亚、摩洛哥　第一卷　从上古时代至阿拉伯人征服（公元647年）》，上海新闻出版系统“五·七”干校翻译组译，第85—86页。

军队中得到充分发挥，到新王国结束时已经获得支配性的影响力。公元前 10 世纪中叶，柏柏尔将领塞桑克推翻埃及第 21 王朝，建立史称“利比亚王朝”的第 22 王朝。此后的第 23 王朝和第 24 王朝均为柏柏尔人建立，柏柏尔人统治埃及长达 200 年时间。①

就在柏柏尔人称雄埃及的时候，腓尼基人在柏柏尔人的腹地建立殖民地。早在公元前 16 世纪，腓尼基人就在北非沿海地带设立商站。到公元前 12 世纪，他们在这里建立了几个繁荣的商业中心，如乌提卡（Utica，位于突尼斯湾西岸）、利克苏斯（Lixus，今赖阿什附近）、丁吉斯（Tingis，在柏柏尔语中是 Tingi，今摩洛哥丹吉尔）。②公元前 814 年，相传推罗公主狄多为躲避其弟皮格马利昂的迫害，在一帮仆人的保护下乘船西渡，最后在北非的突尼斯登陆，在这里建立了一座城市。③公元前 600 年前后，迦太基在周围建立了一系列殖民地，如大莱波蒂斯（的黎波里塔尼亚）、哈德鲁米图姆（Hadrumète，突尼斯苏塞省）、提帕萨（Tipasa，阿尔及利亚）和塞尔内（Cerné，莫加多尔）。④公元前 6 世纪，迦太基的领地不仅

① 何芳川、宁骚编：《非洲通史・古代卷》，第 94—95 页。

② 〔法〕亨利・康崩：《摩洛哥史》（上下册），上海外国语学院法语系翻译组译，第 14 页。

③ 根据古希腊人的记载，公元前 814 年，推罗国王穆通临终时留下遗言，王权由儿子皮格马利昂（Pygmalion）和女儿狄多共同继承。年幼的皮格马利昂当上了国王，狄多嫁给了自己的舅父——地位仅次于国王的祭司阿赫尔巴。皮格马利昂不想与姐姐共享王位，设计杀害了姐夫阿赫尔巴。狄多在一帮仆人的帮助下乘船西渡，最后在北非的突尼斯登陆。狄多一行登陆后，看到这里地势险要，易守难攻，加之土地肥沃，尤其是有一个优良的港湾，便决定留在这里。她找到了当地柏柏尔人的首领马西塔尼，请求分给自己及伙伴们一块立足之地。当地人欢迎他们的到来，但根据柏柏尔人的习俗，禁止外来人占有超过一张牛皮大小的地方。马西塔尼拿给她一块牛皮，狄多把牛皮剪成一根根又细又薄的长条，然后将这些长条连在一起，圈起了 315 公顷的一大块土地。于是，狄多在这块土地上建起了一座城市，这就是迦太基后来的卫城所在地——“柏撒”（Byrsa），意思是“牛皮”。后来，经乌提卡人和非洲土著人同意，狄多又建立了新城迦太基（Carthage）。迦太基这个名称来自拉丁语的“Carthago”一词，而“Cathago”是迦太基的腓尼基语名称，是“Kart Hadasht”的拉丁语转写形式。在腓尼基语中，“Kart Hadasht”的意思是“新城”，迦太基以此为名称，意在区别于腓尼基本土的旧城。参见 John Donnelly Fage ed., *The Cambridge History of Africa, Volume 2: From c.500 B.C. to A.D. 1050*, pp. 118-119。无论这个传说是否真实，迦太基确实是推罗上层移民建立的。

④ Geneviève Désiré-Vuillemin, *Histoire de la Mauritanie: Des origines à l'indépendance*, p. 69.

包括今突尼斯、阿尔及利亚、摩洛哥和利比亚西部沿海地区，还有西班牙东南海岸、巴利阿里半岛、撒丁尼亚和科西嘉以及西西里岛西部，成为西地中海最强盛的国家。① 也就是从这时起，该地区的历史不再提腓尼基人，而是与迦太基人联系在了一起。

二、努米底亚王国

柏柏尔人与迦太基的关系

迦太基崛起为西地中海强国的时候，希腊人正在地中海上由东向西扩张。从公元前 7 世纪到公元前 4 世纪，迦太基和希腊为争夺地中海霸权进行了长期斗争。希腊人的西进在两条战线上同时开展：一是进军南意大利，包括意大利本土和西西里岛，成为罗马崛起和迦太基征服西西里的障碍；二是在埃及以西的北非建立殖民地，最著名的是今利比亚的昔兰尼加，直接威胁到迦太基本土的安全。迦太基为了对付强敌希腊，鼓励和支持意大利各城邦的发展。这时的罗马还是一个意大利的城邦，得到了迦太基的善待和扶持。公元前 508 年和公元前 348 年，迦太基两次与罗马签署贸易条约。然而，到公元前 3 世纪上半叶，罗马已经崛起为意大利半岛上的支配力量，迦太基仍然沿用对其鼓励和纵容的老政策。在皮洛士战争（公元前 280—前 275 年）期间，迦太基还向罗马派出一支庞大的舰队，以援助其抗衡这位伊庇鲁斯国王。② 然而，皮洛士战争结束 10 年之后，对西地中海霸权的争夺使这两个昔日盟友不可避免地兵戎相见。迦太基在三次布匿战争中都遭到失败，为自己的战略迟钝付出了亡国灭种的代价。

迦太基人与柏柏尔人的关系十分微妙。他们在北非立足得益于柏柏尔人的恩赐，建设迦太基城的地盘则是从柏柏尔人那里租来的。迦太基人立国后主要依靠海洋贸易，尽量不与当地柏柏尔人发生冲

① 何芳川、宁骚编：《非洲通史·古代卷》，第 98 页。

② G. Mokhtar ed., *General History of Africa · II: Ancient Civilization of Africa*, pp. 455–456.

突，其军队也以腓尼基人为主。然而，随着实力的增强和利益的扩展，迦太基迫切需要扩大地盘和人口，近在咫尺的柏柏尔人自然成了他们的首要扩张目标。公元前 6 世纪中期，维持西地中海霸权的成本日益增加，迦太基在马戈（Mago）领导下全面实施雇佣兵制度。① 柏柏尔人首领既担心丧失本部落的独立，又需要依靠迦太基应对内外威胁。对迦太基来说，柏柏尔人既是征服对象，又是赖以维持统治的基础。双方各有打算，互相利用，又彼此猜忌。公元前 4 世纪 40 年代，迦太基贵族汉诺（Hanno）发动政变，曾号召奴隶和毛里人等非洲人支持他。②

从公元前 5 世纪开始，迦太基与柏柏尔人的关系发生质的变化。公元前 480 年，迦太基人在西西里岛的希墨腊（Himera）战役中遭到失败，主将哈米尔卡（Hamilcar）阵亡。虽然叙拉古人拟定的和约比较温和，只要求支付赔款而不割让领土，但迦太基的国家战略发生重大变化，停止在地中海的扩张长达 70 年之久。在此期间，迦太基与地中海世界的正常交往也急剧下降，甚至停止从希腊以及伊特鲁里亚（Etruria）和波斯进口商品，转而利用非洲的资源并向非洲内陆扩张，在大西洋沿岸进行探险和殖民活动。迦太基人打败了东边的利比亚人，从此停止向他们支付贡金，随后又发动对西部沿海平原努米底亚人和毛里人的战争。③ 公元前 5 世纪末，迦太基吞并苏尔特沿岸所有的城邦，夺取利比亚 – 腓尼基地区的财富，还兼并了其周边的迈杰尔达（Medjerda）平原和拜萨西恩（Byzacium）地区。迦太基作为西地中海世界的霸主，周边环绕着柏柏尔王国，它们都被迫臣服纳贡。东边是利比亚王国，西边是马西尔王国，马西尔王国以西是马塞西尔王国和穆鲁伊亚王国（Moulouiya），再往西是毛

① G. Mokhtar ed., *General History of Africa · II : Ancient Civilization of Africa*, p. 444.

② Ibid., p. 456.

③ John Donnelly Fage ed., *The Cambridge History of Africa, Volume 2: From c.500 B.C. to A.D. 1050*, pp. 121–122.

里人的毛里塔尼亚王国。①

努米底亚王国与布匿战争

对迦太基来说，努米底亚是一个生死攸关的地区。努米底亚人是柏柏尔人的重要一支，公元前1000年前后出现了两个部落联盟：马西尔人和马塞西尔人。受迦太基文明影响几个世纪后，努米底亚人建立了国家。两个部落联盟发展成两个独立的王国：马西尔王国又称“东努米底亚王国”，位于今阿尔及利亚东北部和突尼斯西北部，紧邻迦太基的统治中心；马塞西尔王国又称“西努米底亚王国”，位于马西尔王国西部（今阿尔及利亚西部），再往西是毛里人聚居区。②努米底亚人是北非著名的游牧部落，③其精锐骑兵在古代地中海世界首屈一指，在迦太基军队中占据重要地位。长期在迦太基军队中服役提高了努米底亚人的谋略和战斗力，使他们得以在布匿战争中趋利避害并影响战争进程。在第二次布匿战争前期，汉尼拔横扫意大利半岛在很大程度上得益于努米底亚骑兵，后来在扎马战役中惨遭失败正是因为努米底亚骑兵加入罗马一方作战。

及至第一次布匿战争（公元前265—前241年）后期，迦太基在战场上与罗马人打了个平手，但国内面临部族叛乱、财力不济和政见分歧的困扰。公元前256—前255年，就在列古鲁斯（Regulus）率罗马军队进攻迦太基本土时，努米底亚人发动叛乱并侵犯迦太基领土。由于罗马军队未能很好地利用这次起义，迦太基才得以雇佣

① Geneviève Désiré-Vuillemin, *Histoire de la Mauritanie: Des origines à l'indépendance*, pp. 70-71.

② 我们今天称努米底亚和毛里塔尼亚的统治者为“国王”（king，希腊语为“basileus”，拉丁语为“rex”），有时也称作“酋长”（chief，希腊语为“dynastes”）。但是，公元前2世纪的一个努米底亚石刻显示，当时的人们称之为“gld”，可能与今柏柏尔人统治者的称号“aguellid”是同根词。不过，当时的统治者也自称“melek”，这是腓尼基人的国王称号。

③ 希腊历史学家称他们为“Νομάδες”，意思是“Nomads”，在拉丁语中被译成“Numidae”，有时也用“Nodames”。“努米底亚”一词最初出现在波利比阿的著作中，用来指迦太基以西的民族和土地，包括整个阿尔及利亚北部，一直到奥兰（Oran）以西160公里处的穆卢耶河（Mulucha）。

斯巴达名将桑西巴斯（Xanthippos）的雇佣军歼灭之。[①] 旷日持久的战争令迦太基经济不堪重负，汉诺进军非洲内陆更是雪上加霜。[②] 到公元前 3 世纪 40 年代末，迦太基为了节约战争费用，只好把舰队封存起来。罗马人乘机于公元前 242 年派出一支庞大的舰队，给仓促组织起来的迦太基舰队以毁灭性打击，使迦太基被迫求和并割地赔款。[③] 战争结束后，迦太基无力清偿拖欠的战争费用，这引起了公元前 241 年的雇佣军起义，进而发展为利比亚人和努米底亚人反抗迦太基统治的民族起义。[④]

汉诺和哈米尔卡·巴卡（Hamilcar Barca）放下个人和政治分歧，联手应对叛乱造成的严峻局面。罗马一开始承诺向起义军提供一切必需品，同时用军事干涉要求迦太基割让科西嘉岛和撒丁岛，并要求迦太基再增加赔款 1200 塔兰托。然而，罗马达到目的后，竟然同意迦太基到意大利招募雇佣军，却阻止努米底亚起义军招募军队。叙拉古人也向迦太基这个昔日的敌人提供援助。到公元前 239 年，迦太基、罗马和叙拉古结成同盟，共同对付努米底亚起义军。哈米尔卡对起义军进行分化瓦解，努米底亚部落首领纳拉瓦斯（Naravas）临阵倒戈，率领两千多名努米底亚骑兵增援哈米尔卡·巴卡。到公

① G. Mokhtar ed., *General History of Africa · II: Ancient Civilization of Africa*, p. 457.

② 大约公元前 247 年，汉诺指挥一支军队攻占了迦太基城西南 260 公里处的特贝萨。由于迦太基军队当时正在西西里岛与罗马人作战，汉诺率大军进军非洲内陆是令人困惑的。关于他为什么要这样做没有留下任何记载，但很可能是政见分歧使然，因为他是哈米尔卡·巴卡的政敌，一向主张在非洲大陆进行扩张，而哈米尔卡·巴卡主张在海上发展。显然，汉诺代表了“大地主”的利益，哈米尔卡·巴卡则代表商业利益。参见 John Donnelly Fage ed., *The Cambridge History of Africa, Volume 2: From c.500 B.C. to A.D. 1050*, p. 169。

③ Ibid., pp.169–170.

④ 公元前 241 年，雇佣军从西西里回国后，集结在迦太基的西卡（Sicca）等待领钱。由于迦太基政府无望兑现承诺，他们在利比亚将领马托（Matho）和意大利人斯本迪奥斯（Spendios）的领导下发动了叛乱。大批奴隶和土著居民加入进来，队伍很快由 2 万人壮大到 7 万人，演变成利比亚人抗议战时沉重税收的大起义。西边的努米底亚人也加入了。起义军组织良好，包围了乌提卡、希波阿克拉（Hippo Acra）和突尼斯（公元前 240 年），还发行了刻有“Libyon”字样的货币。由于利比亚人占迦太基雇佣军的一半，这次持续了 3 年的起义对迦太基构成了沉重打击。公元前 239 年，希波阿克拉和乌提卡陷落，迦太基守军遭到大屠杀。参见 John Donnelly Fage ed., *The Cambridge History of Africa, Volume 2: From c.500 B.C. to A.D. 1050*, p. 170。

元前 237 年，起义被血腥地镇压下去。[①] 哈米尔卡·巴卡赴西班牙开疆拓土之前，对努米底亚人进行讨伐，既是惩罚他们支持利比亚人叛乱，也是为了扩大迦太基的地盘。然而，公元前 229 年在他去世之前，努米底亚人又发生叛乱，他派女婿哈斯德鲁巴回国进行镇压。[②]

第二次布匿战争（公元前 218—前 201 年）前期，西努米底亚背叛迦太基与罗马结盟，东努米底亚则追随迦太基对抗罗马。罗马人虽然遭到汉尼拔的沉重打击，但用“费边战术”将汉尼拔拖在意大利战场上，同时派西庇阿兄弟远征汉尼拔的根据地西班牙。西庇阿兄弟一边在西班牙攻城略地，一边煽动努米底亚人背叛迦太基。公元前 218—前 213 年，马西尔王国国王盖亚（Gaia）与迦太基人颇多龃龉，国力正盛的马塞西尔国王西法克斯（Syphax）在此期间却转向了罗马。在西庇阿兄弟的极力煽动和军事胜利诱惑下，西法克斯于公元前 213 年同罗马结盟，罗马派军事顾问帮助其训练军队。在此情况下，迦太基赶紧修复了与马西尔王国的关系。[③] 西法克斯进攻马西尔王国，迦太基从西班牙召回哈斯德鲁巴·吉斯戈（Hasdrubal Gisco）前来镇压。

公元前 213 年，盖亚之子马西尼萨（Masinissa）[④] 加入迦太基

---

① 〔法〕夏尔－安德烈·朱利安：《北非史·突尼斯、阿尔及利亚、摩洛哥　第一卷　从上古时代至阿拉伯人征服（公元 647 年）》，上海新闻出版系统“五·七”干校翻译组译，第 124—126 页；G. Mokhtar ed., *General History of Africa · II: Ancient Civilization of Africa*, p. 457 和 John Donnelly Fage ed., *The Cambridge History of Africa, Volume 2: From c.500 B.C. to A.D. 1050*, p. 179。

② John Donnelly Fage ed., *The Cambridge History of Africa, Volume 2: From c.500 B.C. to A.D. 1050*, p. 171.

③ P. G. Walsh, “Massinissa”, *The Journal of Roman Studies*, Vol. 55, 1965, p. 150.

④ 马西尼萨自幼被派到迦太基学习军事，并爱上了哈斯德鲁巴之女索芬尼斯芭（Sophonisba）——当时世界上最漂亮的女子。索芬尼斯芭在布匿语中是“Ṣapānba‘al”，在英语中则有“Sophonisba”、“Sophoniba”和“Sophonisbe”等多种译法。哈斯德鲁巴并不喜欢努米底亚人，但马西尼萨才貌双全、身材高大、力大无穷，骑术和剑法一流，精通希腊语和拉丁语，还深谙军事战略战术。第二次布匿战争爆发后，马西尼萨为了赢得索芬尼斯芭的芳心，决心干一番惊天动地的事业。他率努米底亚骑兵随同哈斯德鲁巴参战，两次打败西法克斯的军队，随后奔赴伊比利亚与罗马人作战。见 http://www.ijebu.org/conquerors/massinissa/，论文第 1 页注释 1。

一方作战，在穆鲁耶（Mulucca, Moulouya）附近和丁吉斯附近两次打败西法克斯的军队，使其未能向西班牙的罗马军队提供骑兵援助。公元前212年，双方进行和谈，西法克斯获得了保持现有地盘的权利，但在罗马和迦太基之间摇摆不定。①马西尼萨则率军开赴西班牙，参加公元前211年的卡斯图罗（Castulo）战役和伊洛尔卡（Ilorca）战役，为迦太基军队重创罗马军队并杀死西庇阿兄弟做出了重要贡献。西法克斯在战场上的出色表现赢得了哈斯德鲁巴的信任，后者于公元前209年将女儿索芬尼斯芭许配给他。②公元前208年冬，哈斯德鲁巴·巴卡率西班牙主力部队赴意大利增援汉尼拔后，马戈·巴卡和哈斯德鲁巴·吉斯戈忙于招募和训练新兵，马西尼萨则受命指挥迦太基在西班牙的所有骑兵，在公元前208年和公元前207年成功地指挥了针对罗马军队的游击战。

第二次布匿战争后期，两个努米底亚王国又互换了敌友关系。在公元前206年的伊利帕战役中，迦太基军队遭到毁灭性惨败并被逐出伊比利亚。西庇阿为顺利贯彻其进攻迦太基本土计划，极力争取罗马的旧盟友西法克斯，但未能成功。③在此决定战争走向的关键时刻，马西尼萨判断罗马将是最后的胜利者，遂决定站在胜利者一边，暗中与老对手西庇阿进行谈判，双方立即结成了反迦太基的同盟。与此同时，

---

① 根据《非洲通史》（*General History of Africa*），西法克斯背叛迦太基是公元前213年，而《剑桥非洲史》（*The Cambridge History of Africa*）的说法是公元前215年。参见G. Mokhtar ed., *General History of Africa · II: Ancient Civilization of Africa*, p. 458和John Donnelly Fage ed., *The Cambridge History of Africa, Volume 2: From c.500 B.C. to A.D. 1050*, p. 172。

② 当时的索芬尼斯芭还是一个孩子，到公元前204—前203年才能出嫁。关于这方面的文献考证，参见P. G. Walsh, “Massinissa”, *The Journal of Roman Studies*, vol.55, p. 149。

③ 西庇阿先派副将盖乌斯·莱利乌斯（Gaius Laelius）去拜访西法克斯，希望根据新的形势修订双方的同盟条约，但西法克斯只与西庇阿本人讨论修订盟约问题。于是，西庇阿冒着极大风险，率领2艘五列桨战舰驶抵努米底亚港口。几乎与此同时，哈斯德鲁巴·吉斯戈从伊比利亚战场逃回，率领7艘三列桨战舰在该港口抛锚停泊。不过，还未等哈斯德鲁巴冲过去进行拦截，西庇阿已经率领战舰驶进港口了。而在一个中立国家的港口里，哈斯德鲁巴未敢对罗马人采取敌对行动。随后，西法克斯邀请西庇阿和哈斯德鲁巴一同赴宴。在宴会上，西法克斯和哈斯德鲁巴均为西庇阿的魅力所折服。参见Livy: *Ab urbe condita*, vol. VIII, books. xxviii-xxx, Loeb Classical Ed., pp.73-99, 173-225, 405-421, https://archive.org/stream/livywithenglisht08livyuoft#page/72/mode/2up, 28 September 2016。

马西尔王国的王位之争正在激烈进行，[①] 马西尼萨返回努米底亚争夺王位，也迫切需要罗马人的支持。哈斯德鲁巴·吉斯戈获悉准女婿马西尼萨叛投罗马，便把女儿索芬尼斯芭转而许配给了西法克斯。[②] 西法克斯被哈斯德鲁巴的外交和索芬尼斯芭的魅力打动，遂与迦太基结成了牢不可破的盟友关系，还乘马西尔王国内战之际夺取了其大片领土。公元前 204 年大西庇阿在北非登陆后，遭到了哈斯德鲁巴和西法克斯军队的联合阻击（共 8 万步兵和 1.3 万骑兵），却得到马西尼萨的大力援助。公元前 203 年，罗马在乌提卡战役和大平原战役中重创迦太基军队，马西尼萨都在其中发挥了关键作用。大平原战役结束后，马西尼萨与西庇阿的副将一直追到努米底亚的塞尔塔（Cirta），歼灭了东努米底亚的军队并擒获西法克斯。他还乘胜攻占塞尔塔城，兼并了马塞西尔王国。在公元前 202 年的扎马决战中，马西尼萨投入了 4000 名骑兵，迦太基却没有了西法克斯的骑兵，这是汉尼拔功败垂成的决定性因素。

---

① 公元前 208 年盖亚死后，其兄弟欧扎尔西斯（Oezalces, Lezalces）继位。欧扎尔西斯继位不久死去，王位由其长子卡普萨（Capussa）继承，因为他是家族中年龄最长者。但是，另一王室家族的马扎克图卢斯（Mazaetullus）杀死卡普萨，立卡普萨的幼弟拉库马泽斯（Lacumazes）为国王，他自己则当掌握实权的摄政王。参见 P. G. Walsh, “Massinissa”, *The Journal of Roman Studier*, vol. 55, p. 150, note 12 和 John Donnelly Fage ed., *The Cambridge History of Africa, Volume 2: From c.500 B.C. to A.D. 1050*, p. 180。

② 另一种说法是，正当马西尼萨为赢得索芬尼斯芭的芳心而在西班牙浴血奋战时，叛投罗马的马塞西尔国王西法克斯集结军队准备在后方进攻迦太基。迦太基为了与西法克斯媾和，强迫索芬尼斯芭嫁给了西法克斯。马西尼萨闻讯勃然大怒，要求哈斯德鲁巴就此做出解释。哈斯德鲁巴也为女儿被逼出嫁义愤填膺，但不得不在国家利益与个人感情之前做出抉择，默认了这一现实。于是，马西尼萨辞职回国。但是，在离开西班牙之前，他暗中来到西庇阿的营帐中，表示要为罗马人冲锋陷阵。从此，马西尼萨成了迦太基的死敌。根据这种说法，马西尼萨前期效忠迦太基是为了索芬尼斯芭，后期追随罗马与迦太基为敌也是因为她。公元前 203 年攻占塞尔塔后，他首先来到索芬尼斯芭的宫中，为了救她免于被捕而当场与她结婚。罗马统帅西庇阿闻讯后，原本有意成全马西尼萨。但是，在见马西尼萨之前，他先去怒气冲冲地斥责西法克斯背叛罗马。西法克斯身陷囹圄，宁愿看到索芬尼斯芭去死，也不希望她嫁给死敌马西尼萨。为了置索芬尼斯芭于死地，他把责任全部推到了她身上。他对西庇阿说，他为自己背叛罗马这一错误而悔恨，但这都是因为索芬尼斯芭的美丽和魅力。因为他爱上了她而难以自拔，而索芬尼斯芭又深深地爱着自己的祖国，从而把他这个罗马的盟友变成了迦太基的盟友。他最后略带讽刺地说道：“我现在已经完蛋了，令我感到安慰的是，她落入了我的敌人马西尼萨之手，而事实证明他并不比我聪明。”西庇阿听完这番话，决定把索芬尼斯芭带回罗马。他派人把马西尼萨叫来，要他不要因小失大。马西尼萨声泪俱下，苦苦哀求也无济于事。为了让心爱的人免于受辱，他让索芬尼斯芭服毒自杀了。参见 http://www.ijebu.org/conquerors/massinissa/，引用时间：2016 年 10 月 2 日。

迦太基作为一个国家虽然被毁灭了，但其存在了800年的历史产生的影响不可磨灭。“腓尼基在马格里布定居点的建立把古代近东和中东的古老文明传播到了地中海西部地区，这一进程与希腊人的向西扩展一道形成了一场运动，把整个西地中海——一定程度上还有西北欧——置于爱琴海和东方文明的影响之下，而这些地方直到此时居住的仍然是各种各样的原始部落。在非洲历史上，腓尼基时代把马格里布纳入了地中海世界的整体历史进程，加强了它与地中海北岸和东岸的天然联系。”① 马西尼萨通过与迦太基的交往改变了命运，由落魄的王位竞争失败者一跃成为统一的努米底亚王国（公元前202—前46年）国王。他对迦太基文明推崇有加，将布匿语定为本国的官方语言，按照迦太基钱币铸造本国货币，还参照迦太基的政治制度建立自己的政权。②

马西尼萨以建立统一而强大的努米底亚王国为己任，这在很大程度上符合罗马遏制迦太基的核心利益。罗马让他做统一的努米底亚国王，既是对其协助打败迦太基的回报，更重要的是在卧榻之侧给迦太基制造一个强大对手。③ 马西尼萨深知他的国家只能靠罗马的仁慈求发展，因而毕生奉行忠于罗马的外交政策。④ 他虽然恨不得吞

① G. Mokhtar ed., *General History of Africa · Ⅱ: Ancient Civilization of Africa*, p. 463.

② Geneviève Désiré-Vuillemin, *Histoire de la Mauritanie: Des origines à l'indépendance*, p. 74.

③ 为此，罗马在公元前201年和约中明确规定，迦太基须归还马西尼萨祖先曾经拥有的全部土地，而且未经罗马的明确同意不得对外交战。这就使马西尼萨只要判断罗马愿意看到迦太基进一步受到削弱，就可以蚕食迦太基的领土，或者干脆声称某个地方是其祖先的。迦太基被剥夺了交战权，只能提请马西尼萨的盟友罗马裁决。参见 G. Mokhtar ed., *General History of Africa · Ⅱ: Ancient Civilization of Africa*, pp. 458-459。

④ 马西尼萨为罗马打败迦太基立下了汗马功劳，之后继续为罗马的对外征服出钱出力。特别是在第三次马其顿战争期间，他于公元前171年派儿子密萨奇涅斯（Misagenes）率1000骑兵和1000步兵参战。公元前170年，他派驻罗马的使节又承诺贡献1000配克（peck）小麦、1200名骑兵、12头战象以及所需的其他一切东西。公元前148年春马西尼萨去世时，留下3个婚生子和7个私生子。他吸取父亲死后王位之争的教训，打算把王位传给长子密西普萨，同时请求小西庇阿为其他儿子分配适当遗产。根据小西庇阿的安排，婚生子密西普萨继承首都塞尔塔、王宫和国库，古卢萨（Gulussa）掌管军队，马斯塔纳巴尔（Mastarnable, Mastanabal）负责司法。7个非婚生子则分任各地首领。没过几年，古卢萨和马斯塔纳巴尔相继去世，密西普萨才得以单独执政。参见 John Donnelly Fage ed., *The Cambridge History of Africa, Volume 2: From c.500 B.C. to A.D. 1050*, p. 183 和 P. G. Walsh, “Massinissa”, *The Journal of Roman Studies*, vol.55, pp. 158-159, 155-156。

并整个迦太基，但始终把行动控制在罗马人可以容忍的范围内。公元前 195 年至公元前 193 年、公元前 182 年和公元前 174 年至公元前 172 年，当迦太基的某些做法引起罗马的疑虑时，马西尼萨三次挑起与迦太基的边界冲突，但因罗马无意进一步削弱迦太基而收效甚微。

第三次马其顿战争（公元前 171—前 168 年）是罗马对迦太基政策的转折点。这场战争使罗马对帕加马王国（Pergamum，公元前 281—前 133 年）的欧迈尼斯（Eumenes）和罗德岛人的背叛深恶痛绝，却对马西尼萨几十年如一日的忠诚和慷慨支援感激不尽。在公元前 167 年至公元前 162 年的努米底亚与迦太基边界冲突中，罗马人放任马西尼萨吞并了整个恩波利亚（Emporia）和巴格拉达斯河谷（Bagradas Valley）大片地区。公元前 160 年至公元前 152 年，罗马三次派代表团调查努米底亚与迦太基的争端，每一次都做出了对迦太基不利的裁决。[①] 罗马还借机发动了第三次布匿战争（公元前 149—前 146 年），将迦太基彻底灭亡并设为阿非利加行省（Pronincia Africa）。[②] 公元前 148 年马西尼萨去世时，努米底亚王国西靠毛里塔尼亚，东与迦太基接壤，东南延伸至昔兰尼加，几乎把迦太基包围了起来。其子密西普萨（Micipsa）在位期间（公元前 148—前 118 年），努米底亚继续奉行忠于罗马的外交政策，继续保持了经济发展、贸易兴盛、文化繁荣的良好势头。

---

① P. G. Walsh, “Massinissa”, *The Journl of Roman Studies*, vol. 55, pp. 157-160.

② 需要指出的是，马西尼萨在罗马人面前渲染迦太基的不良政治动向和重新武装的苗头，目的是为自己蚕食迦太基领土而不受到罗马干预创造条件，绝不是旨在挑动罗马灭亡迦太基。所以，当罗马于公元前 149 年挑起灭亡迦太基的战争时，马西尼萨对于罗马人扼杀他的雄心壮志耿耿于怀，第二年便撒手人寰。从文献记载的马西尼萨晚年身体状况看，他突然死于此时应当与此有关。他死后，他的儿子们曾经消极对待罗马灭迦太基的战争。后来发现于事无补，还是采取了支持罗马的态度。参见 John Donnelly Fage ed., *The Cambridge History of Africa, Volume 2: From c.500 B.C. to A.D. 1050*, p. 185。

努米底亚王国的衰亡

密西普萨的继任者不合时宜地追求独立，结果使王国遭到被肢解的厄运。从公元前 2 世纪 30 年代起，统治集团斗争激烈，奴隶、平民和被征服民族起义频发，权力斗争和各地起义还经常交织在一起，进入了长达 100 年的内乱时期（公元前 2 世纪 30 年代—前 1 世纪 30 年代）。公元前 118 年密西普萨去世后，遗命由其两个儿子阿德赫巴（Adherbal）、西耶普萨一世（Hiempsal I）和养子（侄子）朱古达共同继承王位。朱古达曾率努米底亚军队随罗马人征战西班牙，对罗马国内矛盾、斗争和将军们的贪腐洞若观火。他认为罗马的干预完全可以通过行贿来摆平，于是背离了听命于罗马的百年外交传统。[①] 密西普萨死后不久，朱古达暗杀了西耶普萨，阿德赫巴逃到罗马寻求支持。罗马于公元前 116 年做出裁决，朱古达统治努米底亚西部，阿德赫巴统治包括塞尔塔在内的东部。

罗马作为地中海霸主和努米底亚宗主国，这种安排能否得到尊重将是其信誉的试金石。然而，朱古达时隔四年就吞并了阿德赫巴的地盘，不顾罗马的反对攻占首都并杀死阿德赫巴，还杀戮了协助阿德赫巴的罗马和意大利商人。朱古达的做法引起了罗马朝野的反感和愤怒，迫使罗马元老院遂于公元前 111 年向他宣战，从而爆发了六年之久的朱古达战争。在此期间，他通过行贿使罗马军队接连换帅，又通过复制“费边战术”让罗马人在战场上无计可施，罗马人最终通过策反其女婿、毛里塔尼亚国王波库斯一世（Bocchus I）[②]

---

① 朱古达曾经公开声称，罗马是一个“待售之城，只要有人买，很快就会灭亡”（urbem venalem et mature perituram, si emptorem invenerit）。https://en.wikipedia.org/wiki/Jugurtha，引用时间：2016 年 4 月 12 日。

② 参见 John Donnelly Fage ed., *The Cambridge History of Africa, Volume 2: From c.500 B.C. to A.D. 1050*, pp. 186, 188。与此相反，有些文献则认为波库斯是朱古达的岳父。参见何芳川、宁骚编《非洲通史 · 古代卷》，第 111 页。

将其擒获。[①] 努米底亚王国西部并入毛里塔尼亚，东部的黎波里塔尼亚地区的大莱波蒂斯和内陆的几个盖图里（Gaetuli）部落酋长获得独立，其余部分被一分为二。[②]

努米底亚的末代君主们在罗马内战中无所适从，最终导致王国被罗马彻底吞并。在朱古达战争期间，朱古达的同父异母兄弟高达（Gauda）因为支持马略而获得信任，战后成了以扎马为首都的东努米底亚国王，塞尔塔被划入西努米底亚。紧接着，马略与苏拉（Lucius Cornelius Sulla）的权力斗争拉开罗马内战的序幕，努米底亚各部分都不同程度地卷入其中。高达之子西耶普萨二世（Hiempsal II）[③] 站在苏拉一边，从而成了这轮内战胜利方的盟友。公元前 81 年，马略在努米底亚国王希尔巴斯（Hiarbas）支持下夺取阿非利加行省，希尔巴斯还把西耶普萨二世赶下台。苏拉的部将庞培很快就打败了马略的支持者，把西耶普萨二世重新扶上王位，还把公元前 105 年获得独立的盖图里地区划给他。

此后，西耶普萨二世及其子朱巴一世（Juba I）成为庞培的坚

---

① 朱古达战争爆发后，罗马派执政官卢基乌斯·卡尔普尔尼乌斯·贝斯蒂亚（Lucius Calpurnius Bestia）率军前去讨伐。罗马军队一路攻城略地，但始终无法重创朱古达，最后以极优厚的条件接受其投降。罗马人怀疑贝斯蒂亚收受了朱古达的贿赂，便召贝斯蒂亚回国接受调查，同时以保证安全的承诺传朱古达前去作证。到罗马后，朱古达通过向保民官行贿得以不出庭，还涉嫌暗杀在罗马的堂兄弟马西瓦（Massiva），最后被罗马人驱逐出境。战端再起后，罗马又派当年执政官的兄弟奥卢斯·波斯图米乌斯·阿尔比努斯·马格努斯（Aulus Postumius Albinus Magnus）率几个军团前去征讨。朱古达又通过行贿和耍弄阴谋诡计打败了罗马军队。罗马再派执政官昆图斯·卡埃基利乌斯·梅特鲁斯·努米底库斯（Quintus Caecilius Metellus Numidicus）挂帅。梅特鲁斯切断了朱古达的补给线，朱古达则打起了游击战，使战争旷日持久地拖延下去。公元前 107 年，马略当选执政官并接替梅特鲁斯的统帅职务，其副将苏拉与波库斯进行谈判，波库斯于公元前 105 年捉住朱古达并移交罗马。朱古达在马略的凯旋仪式上被游街示众，然后被投进罗马的图利亚努姆（Tullianum）地牢，于公元前 104 年饿死在里面。

② John Donnelly Fage ed., *The Cambridge History of Africa, Volume 2: From c.500 B.C. to A.D. 1050*, p. 186.

③ 值得一提的是，西耶普萨二世具有深厚的史学造诣。他在参考布匿和希腊文献的基础上，写成一部意义深远的著作《北非历史》，其中交待了北非地区各民族的起源。但遗憾的是，这部著作现已失传，只有古罗马历史学家盖乌斯·撒路斯提乌斯·克里斯普斯（C. Sallustius Crispus）在其所著的《朱古达战争》（*La guerre de Jugurta*）中对其有简述。参见 Geneviève Désiré-Vuillemin, *Histoire de la Mauritanie: Des origines à l'indépendance*, p. 57。

定盟友。然而，在庞培与恺撒内战中，朱巴一世和西努米底亚国王马西尼萨二世（Masinissa II）站在庞培一边，成为新一轮内战失败方的追随者。经过公元前 46 年 4 月 6 日的萨普苏斯战役（Battle of Thapsus），恺撒获胜，朱巴一世在逃跑过程中绝望自杀。两个努米底亚王国再次被肢解：东努米底亚并入罗马版图，设为“新阿非利加行省”（Africa Nova），原阿非利加行省则被称为“旧阿非利加行省”（Africa Vetus）；西努米底亚的西部并入毛里塔尼亚；包括塞尔塔在内的东部成为一个独立王国，由毛里塔尼亚雇佣军中的意大利首领普布里乌斯·西提乌斯（Publius Sittius）统治。[①] 年仅四岁的朱巴一世独生子朱巴二世被恺撒带到罗马，先后由他和屋大维抚养长大。这位罗马化的努米底亚王子长大后博学多识，后来成为毛里塔尼亚国王。

努米底亚王国在公元前 46 年遭到了灭顶之灾，但王室的抵抗运动并未到此结束。马西尼萨二世之子阿拉比奥（Arabio）死里逃生，加入转战于西班牙的庞培余部里。公元前 44 年，他回到非洲杀死西提乌斯，恢复了西努米底亚王国。恺撒死后，阿拉比奥继续卷入罗马内战，在新、旧阿非利加行省总督的斗争中发挥了一定作用。公元前 40 年，阿拉比奥被逐出努米底亚，塞尔塔被并入新阿非利加行省。[②]

上述历史事实表明，当迦太基成为西地中海霸主的时候，努米底亚人是它的盟友或附属国，提供军队、物资和税收并冲锋陷阵。前两次布匿战争初期，努米底亚人都追随迦太基与罗马作战，其精锐骑兵是迦太基克敌制胜的关键因素。然而，当罗马强势反攻并有望最终获胜时，努米底亚人倒戈，联合罗马进攻迦太基，从而加速了迦太基的失败。从地缘政治和权力转移角度看，马西尼萨把迦太基作为敌人无疑是理性的。正是出于这种现实主义的理性，他醉心

---

① John Donnelly Fage ed., *The Cambridge History of Africa, Volume 2: From c.500 B.C. to A.D. 1050*, p. 187.

② Ibid., pp. 187–188.

于用“狼来了”外交（cry-wolf diplomacy）渲染迦太基重新崛起的威胁，以此获得罗马人对他蚕食迦太基的默许。[①] 不过，被马西尼萨忽略的是，罗马之所以大力扶持和纵容他，是看重他的王国可以用来制衡强敌迦太基的价值。一旦迦太基被削弱得无法对罗马构成威胁，努米底亚对于罗马的价值将会大打折扣。在迦太基亡国之后，罗马人调整对努米底亚外交政策，最终肢解并灭亡了这个国家。努米底亚王国灭亡后，罗马开始与柏柏尔人的毛里塔尼亚王国为邻。

三、北非的古毛里塔尼亚王国[②]

毛里塔尼亚王国的兴起

“毛里塔尼亚”一词出自古代北非，指的是柏柏尔人的王国。古代的毛里塔尼亚位于北非西部的边缘地带，远离迦太基和后来的罗马统治区域。阿特拉斯山脉横亘在迦太基以西的沿海平原上。山地的阻隔进一步拉大了毛里塔尼亚与北非文明中心的距离，使其文明发展程度比努米底亚缓慢得多。不仅迦太基文明对毛里塔尼亚影响甚微，就连马西尼萨都对穆鲁耶河以西的游牧民族鲜有兴趣。[③] 直到罗马时代甚至以后，山区柏柏尔人都还保持着原始部落生活。[④] 所以，毛里塔尼亚只是偶尔引起古希腊和古罗马历史学家的关注，关于毛里塔尼亚历史的文献是模糊和零碎的。而后人只能从这些文献中了解古毛里塔尼亚的历史。

公元前 1 世纪初，古希腊地理学家斯特拉波（Strabo）把今摩

① P. G. Walsh, “Massinissa”, *The Journal of Roman Studies*, vol. 55, p. 160.

② 《剑桥非洲史》（第二卷）对这段历史进行了详细的史料考证，具体参见 Donnelly Fage ed., *The Cambridge History of Africa, Volume 2: From c.500 B.C. to A.D. 1050*, pp. 188–191。本章主要依据上述内容，辅之以其他文献来源提供的资料，以下引自该部分的内容不再一一注明出处。

③ P. G. Walsh, “Massinissa”, *The Journal of Roman Studies*, vol. 55, p. 151.

④ G. Mokhtar ed., *General History of Africa · II: Ancient Civilization of Africa*, p. 462.

洛哥北部沿海地带的居民称作“毛卢西”（Μαῦροι）。这一称呼被罗马人和当地人采用，在拉丁语中被转译为“毛里人”，后来专指至少从公元前3世纪起就生活在北非地中海沿岸的摩尔人（Moors）。而与毛里塔尼亚相邻的内陆地区，自铁器时代初期以来就生活着柏柏尔人。[①]毛里塔尼亚的版图大致相当于今摩洛哥北部沿海地区和西班牙的休达和梅利利亚两个自由市。

关于毛里人建立国家的具体时间，目前尚无确切的资料记载。毛里人神话传说中有一个“阿特拉斯国王”（King Atlas），在中世纪的文学作品中以精通哲学、数学、天文学和发明星象仪而著称，但无从判断他属于什么年代。仅从现有文献来看，最早提及毛里塔尼亚国王要追溯到公元前406年。据记载，这位国王是向迦太基提供军队的盟友中的一员。[②]同时，可以说，至少在公元前3世纪，毛里人建立了自己的国家——毛里塔尼亚王国（Mauretania）。

有文献记载的第一位毛里塔尼亚国王是巴嘎（Baga, Bagas），他在第二次布匿战争期间被明确地提到。公元前206年，马西尼萨从西班牙回国争夺王位时，首先来到毛里塔尼亚王国，向巴嘎国王寻求支持。巴嘎拒绝参与马西尔王国的王位之争，但派出4000人的军队护送马西尼萨，一直把他送到马西尔王国的边境地区。不过，在随后的扎马战役中，毛里人在汉尼拔军队中效力。[③]由此可以判断，毛里塔尼亚王国并未卷入第二次布匿战争。正如巴嘎像流星般一闪即过那样，他的国家也几乎完全从历史文献中消失了近一个世纪。但可以合理地推测，第二次布匿战争结束后，毛里人控制了沿海地带的腓尼基城市，其中最著名的是丁吉斯和利克苏斯。在第三次布匿战争期间，毛里人援助迦太基人，但不清楚毛里塔尼亚王国政府是否卷入其中。

---

① 参见 P. G. Walsh, “Massinissa”, *The Journal of Roman Studies*, vol. 55, p. 151 和 John Donnelly Fage ed., *The Cambridge History of Africa, Volume 2: From c.500 B.C. to A.D. 1050*, p. 176。

② Diodorus Siculus, *Library of History*, xui, 80. 3. 转引自 Donnelly Fage ed., *The Cambridge History of Africa, Volume 2: From c.500 B.C. to A.D. 1050*, p. 177。

③ G. Mokhtar ed., *General History of Africa · II: Ancient Civilization of Africa*, p. 462.

史书记载的第二位毛里塔尼亚国王是波库斯一世，他为罗马赢得朱古达战争发挥了重要作用。公元前 111 年战争爆发后，贝斯蒂亚指挥的罗马军队很快就攻占了努米底亚首都塞尔塔和其他主要城市，朱古达被迫逃往内陆的盖图里地区。朱古达的女婿、毛里塔尼亚国王波库斯提出与罗马结盟，但遭到军事行动进展顺利的罗马的拒绝，于是同岳父朱古达结成了同盟。朱古达也纠集了一支军队，在女婿的支援下坚持抵抗，多次打败罗马军队。罗马军队几次更换指挥官后，马略于公元前 106 年率军长驱直入，把朱古达一直追到穆鲁耶河。朱古达再次向波库斯求援，波库斯要求他割让领土作为报答，朱古达同意事成后割让努米底亚西部。在马略回师塞尔塔途中，朱古达袭击罗马军队，但以失败告终。这时，波库斯又向罗马提出结盟请求，与马略的副将苏拉会面后，派特使赴罗马进行谈判。罗马同意与他结盟，但要求他证明自己有盟友的价值。波库斯再三犹豫之后，又与苏拉进行了深入谈判，于公元前 105 年诱捕朱古达并移交给罗马。罗马则像朱古达承诺的那样，把努米底亚西部的大片领土划归了毛里塔尼亚。波库斯从此成为罗马的盟友，毛里人开始与努米底亚人一起在罗马军队中服役。① 波库斯一直在位到公元前 91 年。

毛里塔尼亚王国与罗马内战

波库斯一世去世后，王国由他的两个儿子分而治之。据推测，穆鲁耶河以西的毛里塔尼亚本土由长子波库斯二世（Bocchus II）统治，史称“西毛里塔尼亚”；公元前 105 年获得的努米底亚西部由次子博古德（Bogud）统治，史称“东毛里塔尼亚”。② 公元前 88 年马略与苏拉之间的内战爆发，两个毛里塔尼亚和两个努米底亚王国均卷入其中。博古德和东努米底亚国王西耶普萨二世站在苏拉一

---

① Donnelly Fage ed., *The Cambridge History of Africa, Volume 2: From c.500 B.C. to A.D. 1050*, pp. 186, 188.

② 对于这段历史，只能根据零星史料进行推测。也有人认为，波库斯二世统治东毛里塔尼亚，博古德二世统治西毛里塔尼亚。参见 G. Mokhtar ed., *General History of Africa · II: Ancient Civilization of Africa*, p. 462。

边。苏拉于公元前 82 年再次得势后，马略支持者和许多受迫害者逃往北非，在前执政官格奈乌斯·多米第乌斯·阿赫诺巴尔比（Gnaeus Domitius Ahenobarbus）领导下坚持抵抗，并得到一位努米底亚国王希尔巴斯的支援。希尔巴斯可能是一位篡位者，也可能是西努米底亚国王，他于公元前 81 年把西耶普萨二世赶下台。但是，希尔巴斯旋即被苏拉的部将庞培击败，向西逃跑时遭到博古德阻击，被庞培俘获并处死。这时的西毛里塔尼亚国王是伊夫萨（Iphtha）之子阿斯卡利斯（Askalis），他在位时西努米底亚爆发了人民起义。马略的部将塞多留（Sertorius）从西班牙败退到毛里塔尼亚，与起义军一起将阿斯卡利斯包围在丁吉斯，还挫败了苏拉派来的罗马援军。最后，阿斯卡利斯被迫投降。

对于此后 30 年的毛里塔尼亚，史书中的记载非常少。毛里塔尼亚的国王们像努米底亚的马西尼萨及其继任者那样，大力推动定居化、城市化和农业生产。但是，西部地区的发展非常缓慢，到公元前 1 世纪末，游牧部落仍然占人口的很大比重。虽然内陆的土著人聚居区也出现了一些城镇，包括后来的首都沃鲁比利斯（Volubilis），但城镇基本都是腓尼基人在沿海地带建造的古老定居点，最主要的是丁吉斯和利克苏斯。

公元前 49 年，恺撒拒绝执行元老院解散军队的命令，他与庞培之间的内战由此爆发。同年，又有两个毛里塔尼亚国王出现在史书中，他们是东毛里塔尼亚的波库斯（Bocchus）和西毛里塔尼亚的博古德（Bogud）。[①] 在这轮内战中，东努米底亚国王朱巴一世和西努米底亚国王马西尼萨二世都支持庞培，波库斯和博古德则与恺撒结盟对

① 显然，这次出现的波库斯和博古德两位国王，并非三十多年前继承波库斯一世王位的两个人。有些文献认为，波库斯之子波库斯二世统治东毛里塔尼亚，另一个儿子博古德二世统治西毛里塔尼亚，并且都卷入了恺撒时期的罗马内战中，显然是把这两个波库斯和两个博古德等同起来了。本书认为，《剑桥非洲史》的文献考证更加严谨。可以合理推断的是，在波库斯于公元前 1 世纪 80 年代去世后，先由其子波库斯和博古德二分王国，波库斯在西，博古德在东。到公元前 1 世纪 40 年代，又出现了两个同时代的同名国王，这时是波库斯在东，博古德在西。为了便于区分，我们可以将前二者称为“波库斯二世”和“博古德一世”，后二者称为“波库斯三世”和“博古德二世”。

付两个努米底亚国王。公元前 47 年，博古德率军赴西班牙协助恺撒军队参战。公元前 46 年恺撒到北非围剿庞培余部时，两个努米底亚王国继续与他的敌人联合作战。恺撒为了牵制努米底亚的兵力，让东毛里塔尼亚的波库斯及其意大利籍雇佣军首领西提乌斯从西面进攻努米底亚。来自西面的威胁令朱巴一世首鼠两端：他原本在东线与庞培支持者联合作战，闻讯后急忙回师保卫自己的国家，但在西庇阿的催促下又折回东线，仅留部将萨布拉（Saburra）在国内防守，致使西提乌斯攻占了塞尔塔。在随后爆发的萨普苏斯战役中，庞培余部和努米底亚军队遭到毁灭性失败，朱巴一世也在逃跑过程中绝望自杀。两个小努米底亚王国再次被肢解，东努米底亚成为罗马的新阿非利加行省，西努米底亚王国西部并入东毛里塔尼亚，东部成了西提乌斯的小独立王国。

几年之后，在恺撒取得决定性胜利的情况下，毛里塔尼亚的两位国王展开内斗，并在后续罗马内战中站在相反的阵营里。公元前 45 年，博古德继续在西班牙为恺撒的军队作战，波库斯则派其儿子们支援庞培一方。公元前 44 年恺撒遇刺后不久，其支持者安东尼和屋大维之间爆发了新的内战。博古德站在恺撒的副将安东尼一边，波库斯则支持恺撒的侄孙和养子屋大维。公元前 38 年，博古德再次赴西班牙支援安东尼一方。在他出征期间，国内的丁吉斯城发生人民起义。波库斯趁机西进，统一了毛里塔尼亚，并得到了屋大维的认可。博古德无法回国，便东进与安东尼合兵一处，公元前 31 年在墨托涅（Methone）之围中阵亡。波库斯已在两年前的公元前 33 年去世，身后留下一个统一的毛里塔尼亚，却没有留下一个王位继承人。在此情况下，毛里塔尼亚被屋大维并入罗马，由罗马人直接统治。然而，屋大维很快就会发现，直接统治这一偏远落后之地对罗马来说简直是一个负担，其价值还没有永久管理和防御它的成本高，特别是山区部落很可能会再次面临严重的军事威胁。①

① G. Mokhtar ed., *General History of Africa · II: Ancient Civilization of Africa*, p. 462.

恺撒内战从罗马打到希腊、西亚和埃及，最后在西北非和西班牙持续多年，卷入其中的民族和国家命运为之改变。庞培与恺撒内战时，托勒密王朝的两位共同国王正在激烈斗争。公元前 48 年恺撒追庞培到埃及后，与“埃及艳后”克莉奥佩特拉七世（Cleopatra VII）坠入情网并结婚生子。后来安东尼以东方各省为基地与屋大维内战时，也与克莉奥佩特拉七世演绎出了结婚生子的爱情故事。公元前 30 年屋大维征服埃及，克莉奥佩特拉七世自杀。她与恺撒和安东尼生的四个年幼的孩子被带回罗马，得到屋大维二姐、安东尼前妻奥克塔维娅（Octavia）的精心抚养，其中包括她唯一的女儿（与安东尼所生）克莉奥佩特拉·希莲二世（Cleopatra Selene II）。同样由奥克塔维娅养大的努米底亚末代王子朱巴二世成了屋大维的密友，精通拉丁语、希腊语并获得罗马公民资格，还随屋大维一起行军打仗。约公元前 30 年，屋大维可能是为了感谢朱巴二世支持他在西班牙的一次军事行动，将新阿非利加行省恢复为附庸国努米底亚，并立朱巴二世为国王。当屋大维发现直接统治毛里塔尼亚的时机尚未成熟后，约公元前 25 年又将努米底亚并入罗马版图，与旧阿非利加行省合并为新的阿非利加行省，称为“阿非利加总督区”（Africa Proconsularis）。朱巴二世则转任毛里塔尼亚国王。[①]公元前 26 年—公元前 20 年，屋大维做媒把克莉奥佩特拉·希莲二世嫁给他，陪送了一大笔嫁妆，还册封她为王后。由于三个兄弟后来不知所终，她成了埃及托勒密王朝的唯一后人。

在朱巴二世（公元前 25 年—公元 23 年）和希莲二世的统治下，毛里塔尼亚成了罗马的忠实盟友。他们定都腓尼基城市约尔（Iol），更名为恺撒利亚［Caesarea，今阿尔及利亚舍尔沙勒（Cherchel）］，

① 新的阿非利加行省包括公元前 146 年兼并的迦太基领土（旧阿非利加）、恺撒于公元前 46 年吞并的东努米底亚领土（新阿非利加）、恺撒授权由西提乌斯统治的塞尔塔地区四块殖民地，以及的黎波里塔尼亚地区的沿海平原。参见 G. Mokhtar ed., *General History of Africa · II: Ancient Civilization of Africa*, pp. 462, 469。新行省之所以被称为“阿非利加总督区”是因为，它当时是元老院直属的行省，由一个总督进行管理。参见 Donnelly Fage ed., *The Cambridge History of Africa, Volume 2: From c.500 B.C. to A.D. 1050*, p. 199。

以纪念自己的恩人。朱巴二世是罗马化的努米底亚人，希莲二世则是希腊裔的埃及人，他们大力推动城市建设并引入希腊、罗马文化，首都恺撒利亚和沃鲁比利斯都发展成为正规的城市。①朱巴二世精通拉丁语和希腊语，在学术上有很深的造诣。他用希腊语写过很多书，其中一本关于非洲和亚洲地理概况。但是，这些书籍都已失传，只是在其他人的著作中被部分引用。为了从事这方面的研究，他派人到内陆地区和大西洋沿岸进行探险。探险者在陆上到达撒哈拉北缘，海上到达摩加多尔岛（Island of Mogador）。不过，我们很难想象毛里人会真正效忠一个努米底亚国王和埃及王后，但史书对朱巴二世在位期间的毛里塔尼亚国内形势鲜有记载。公元6年，当盖图里人发起起义并进攻罗马领土时，朱巴二世只能请求罗马军队前来镇压。

朱巴二世在位时间很长，于公元23/24年去世。他去世后，王位由其子毛里塔尼亚的托勒密继承。王位更迭引发了人民起义，但很快就被镇压下去。公元40年，托勒密应罗马皇帝盖乌斯·卡里古拉（Gaius Caligula）之召来到罗马，不明不白地被暗杀在那里。此事引起毛里人的大规模起义，罗马用了几年时间才把起义镇压下去。②但是，我们不能确定的是，毛里人起义是因为拥护托勒密，还是恐惧罗马人。公元44年，毛里塔尼亚由罗马帝国直接统治，以穆鲁耶河为界划分为两个行省，河东为恺撒毛里塔尼亚（Mauretania Caesariensis），河西为廷吉塔纳毛里塔尼亚（Mauretania Tingitana）。加上此前设立的阿非利加总督区和昔兰尼加行省，罗马人在马格里布地区共设立了四个行省，建立起了完整的统治框架。公元40年，罗马又将原“新阿非利加行省”从阿非利加总督区中分割出来，改称“努米底亚行省”。这样一来，罗马在北非马格里布

---

① G. Mokhtar ed., *General History of Africa · II: Ancient Civilization of Africa*, p. 462.

② 关于托勒密国王遇害、他的奴隶埃德蒙（Aedemon）起义以及毛里塔尼亚被罗马吞并的过程，现有史料的记载不清楚而且自相矛盾。关于这方面的史料考证，参见 Duncan Fishwick, “The Annexation of Mauretania”, *Historia: Zeitschrift für Alte Geschichte*, Bd. 20, H. 4 (3rd Qtr.), Franz Steiner Verlag, 1971, pp. 467–487。

地区共有五个行省。

综上所述，毛里塔尼亚位于努米底亚西边，因为位置的偏远和地形的阻隔而相对落后。在努米底亚与罗马的盟友关系破裂后，毛里塔尼亚屡屡充当罗马打击努米底亚的帮手，并割占其西部领土。朱古达、希尔巴斯和朱巴一世与罗马斗争之所以归于失败，都与当时的毛里塔尼亚国王的背叛或者从后方进攻有关。从当时的体系压力和地缘政治角度看，毛里塔尼亚追随罗马的政策无疑也是理性的。然而，正如迦太基对于努米底亚那样，与罗马拉开距离的努米底亚不仅是毛里塔尼亚的一个威胁，而且也是努米底亚对罗马具有潜在盟友价值的前提条件。随着毛里塔尼亚一次次地参与打击，作为一个国家的努米底亚最终消失了。努米底亚亡国使毛里塔尼亚只能与罗马直接为邻，被罗马吞并将是迟早要发生的事情。因此可以说，努米底亚不遗余力地削弱迦太基在战略上是自取灭亡，毛里塔尼亚配合罗马肢解努米底亚则犯了同样的战略错误。

四、北非的剧烈变动与阿拉伯人的崛起

罗马帝国的统治

以公元 40 年毛里塔尼亚并入罗马为标志，非洲东北部和北部沿海地区都被纳入了罗马的版图。在罗马共和国时期，各行省由元老院任命总督（proconsul, propraetor）进行管理。公元前 27 年 1 月 13 日，屋大维与元老院划分了各行省统治权。阿非利加行省和昔兰尼加行省由元老院按旧制管理，埃及由屋大维委派有骑士头衔的“长官”（praefectus）进行统治。公元 40 年前后，东努米底亚又从阿非利加总督区中划出来，由名义上服从于阿非利加总督的帝国“特使”（legati, legatus）治理。公元 44 年，毛里塔尼亚被分割为东西两个行省。随着罗马人不断到被征服各省定居，以及被征服民族和个人不断被授予公民权，罗马人与各行省人之间的法律界限越来越模糊。

到公元212年，帝国境内的自由人几乎都成了罗马公民，也出现了许多非意大利血统的皇帝，塞维鲁王朝（193—235年）的几位皇帝就来自北非地区。

兼并了北非沿海地带后，罗马继续向南和西南方向进军，征服今突尼斯南部、大高原（High Plateaux）和撒哈拉阿特拉斯山脉地区。随着罗马的征服一步步向前推进，柏柏尔土著部落被驱赶到了撒哈拉沙漠地带，居住在从穆鲁耶河谷到阿穆尔山（Djebel Amour）和瓦尔塞尼斯山（Ouarsenis）的广大地区。[①]

为了加强对被征服地区的统治，罗马逐渐实现了军队的地方化和本土化。阿非利加总督区原来下辖两个甚至三个军团，到屋大维统治末期减少为一个军团，即奥古斯都第三军团（Legio III Augusta）。约公元40年后，这个军团又划归努米底亚特使指挥，一开始驻扎在阿马达拉。随着罗马不断向南和西南方向进行征服，该军团于1世纪下半叶先向西南调动至特韦斯塔，后又向西移防到拉姆贝斯。毛里塔尼亚境内只有非罗马人辅助部队，其中包括西班牙人、高卢人和亚细亚人（Asian）。[②]在非洲各行省与土著人盘踞的沙漠之间，罗马人建立了一条宽50—100公里的前沿防线（limes）。这条防线由战壕和公路组成，沿线建有一系列哨所和小型堡垒，逐步地向南和向西推进。

公元2世纪末，谢列尔人为了防止游牧部落劫掠农业区和商队，在这条防线前面又修筑了一系列堡垒。[③]罗马军团原本是战时征集，战后解散；原则上只从罗马公民中征集，盟邦或属国臣民只能在辅助部队（Auxilia）中服役。公元前27年后，屋大维把罗马军团改为常备卫戍部队，并且越来越多地从驻地征集兵员。罗马军团逐渐

---

① G. Mokhtar ed., *General History of Africa · II: Ancient Civilization of Africa*, pp. 466-468.

② Donnelly Fage ed., *The Cambridge History of Africa, Volume 2: From c.500 B.C. to A.D. 1050*, pp. 192, 199.

③ G. Mokhtar ed., *General History of Africa · II: Ancient Civilization of Africa*, p. 468.

变成本土化的地方部队。[1]

柏柏尔人的抗争

然而，柏柏尔人反抗罗马统治的斗争从来没有停止过。伴随着罗马人的征服，罗马贵族、骑士、退伍兵和殖民机构到处侵占房产和良田。广大土著居民和游牧部落要么陷入赤贫状态，要么被驱赶到沙漠中去，一些人则开始通过斗争夺回自己的土地和家园。柏柏尔人的抵抗一般都采用武装起义的形式，但同时具有政治、民族、社会和宗教属性。遗憾的是，这些此起彼伏的起义没有被很好地记载下来，我们只能从文学作品和铭文中得到一些反映罗马人视角的零散信息。公元前 1 世纪后 25 年，罗马将军举行了一系列的凯旋庆祝活动，庆祝对穆苏拉米人（Musulamii）、盖图里人（Gaetulians）和加拉曼特人的胜利，这些记载无可辩驳地表明，柏柏尔人从未屈服于罗马人的军事压力。[2]

最著名的当属提比略时期（14—37 年）的努米底亚人塔克法里那斯（Tacfarinas）领导的起义。这次持续八年的起义旨在捍卫土著人的土地所有权，席卷了罗马北非属地的整个南部地区，从的黎波里塔尼亚一直到毛里塔尼亚。在整个公元 1 世纪和 2 世纪，柏柏尔人的武装斗争此起彼伏。图拉真（98—117 年）和哈德良（117—138 年）都全力镇压，塞普蒂米乌斯·塞维鲁（Septimius Severus，193—211 年）更是在的黎波里塔尼亚边界地区采取最强硬的政策，到公元 3 世纪，内忧外患中的罗马帝国最终放弃了强化控制柏柏尔人地区的努力。[3]

事实上，罗马人始终未能摆脱南部和西部游牧部落的袭扰。撒哈拉沙漠成了罗马人向南扩张的极限，阿特拉斯山脉也是他们实施

---

① Donnelly Fage ed., *The Cambridge History of Africa, Volume 2: From c.500 B.C. to A.D. 1050*, p. 192.

② P. Romanelli, *Storia delle province romane dell' Africa (Rome)*, 1959, p. 175ff; 转引自 G. Mokhtar ed., *General History of Africa · II : Ancient Civilization of Africa*, p. 466。

③ G. Mokhtar ed., *General History of Africa · II : Ancient Civilization of Africa*, pp. 466–468.

有效统治的严重障碍。但这些地理障碍对于桀骜不驯的柏柏尔人的作用恰恰相反。骑在骆驼背上的柏柏尔人可以在沙漠中自由地穿行，层峦叠嶂的阿特拉斯山脉成为他们独特的运输线，从而在罗马人的军事征服面前享受很高程度的行动自由。最终，游牧部落首先在廷吉塔纳毛里塔尼亚，后来又在的黎波里塔尼亚腹地的广阔沙漠里聚集起力量，成功地削弱了罗马人的统治。公元 253—262 年和戴克里先（Gaius Aurelius Valerius Diocletianus）时期（284—305 年），柏柏尔游牧部落（Moorish tribes）多次入侵罗马人控制区，敲响了罗马在北非统治衰亡的丧钟。

罗马帝国北非政策调整

为了挽救帝国在北非摇摇欲坠的统治，戴克里先在 3 世纪末又对北非行省进行了调整。一方面，他将阿非利加总督区分为三个政区（regiones）。包括迦太基城在内的北部为泽乌吉塔那 - 阿非利加（Africa Zeugitana），仍然由一位总督进行管理；中部为拜扎奇乌姆 - 阿非利加（Africa Byzacena, Africa Byzacium），大致相当于今突尼斯东部；南部为的黎波里塔尼亚，大体相当于今突尼斯东南部和利比亚东北部。另一方面，他将恺撒毛里塔尼亚的东部，即从塞勒达（Saldae）到阿姆普萨加河（river Ampsaga）之间的地区分割出来设为“斯提芬毛里塔尼亚”（Mauretania Sitifensis）行省。然而，这些措施终究未能扭转罗马人在北非的颓势。

在罗马人的统治趋于弱化的同时，罗马 - 柏柏尔人（Romano-Berbers）开始在北非崛起。根据罗马帝国的法律及居民的语言和习惯，罗马非洲各行省的居民分为各不相同的三个群体：（1）罗马或意大利移民；（2）迦太基人和迦太基化的定居利比亚人，其中后者人数居多；（3）游牧利比亚人，被限制在特定区域，禁止扩张领地。随着时间的推移，非洲裔退伍兵的地位直线上升，一些非洲人开始跻身于贵族和骑士阶层。从公元 2 世纪开始，意大利岛内人口锐减，罗马军队中的外籍士兵大幅增加。后来，军队中的许多高级将领都不是罗马人。公元212年，罗马颁布《安东尼努斯敕令》（*Constitutio Antonina*），赋予帝国所有的自由居民以罗马公民权。虽然受益的仅仅是城市居民，但非洲人在罗马贵族和骑士中的人数不断攀升，逐步成了罗马化社区中的重要力量。到帝国后期，通过出口农产品致富的北非大地主崛起，跻身于城市、行省乃至军队和教士中的各大要职。[①] 当非洲本土人成为罗马化社会中坚力量的时候，罗马在北非地区的统治就已经很弱了。罗马统治的衰落为汪达尔人的入侵创造了条件，进一步加剧了罗马统治导致的柏柏尔人南迁进程。

公元4世纪，汪达尔人在北非确立统治。但柏柏尔人的反抗此起彼伏。公元6世纪，拜占庭帝国从汪达尔人手中夺取北非。公元534年，查士丁尼颁布行政区改组计划，恢复5世纪时的非洲行政区划，设塞夫吉塔纳、毕撒曾、的黎波里塔尼亚、努米底亚、斯提芬毛里塔尼亚、恺撒毛里塔尼亚六个行省。设置近卫军长官（Préfet du prétoire）作为非洲最高官员，下辖六个行省及其总督或省长，负责监督法律的实施、征收捐税、分配开支费用、管理皇帝的产业和解决宗教争端。设置督军（magister militum）作为最高军事长官，下辖四个军区（的黎波里塔尼亚、毕撒曾、努米底亚、毛里塔尼亚）及其司令官。

然而，“查士丁尼战胜汪达尔人后，根本不关心巩固这个地区的政权……在这里任意摆布一切，妄想从利比亚吸尽一切奶汁，把它搜刮干净……马上就派出土地测量员，并制定出前所未有、老百姓无力负担的捐税……由此而发生的一次次起义，结束时带来了巨大的死亡。”[②] 这引发了柏柏尔人更加强烈的反抗，极大地削弱了拜占庭的统治，并为后来阿拉伯人在北非的征服奠定了基础。

---

① G. Mokhtar ed., *General History of Africa · II: Ancient Civilization of Africa*, pp. 491–493.

② 〔法〕夏尔－安德烈·朱利安：《北非史·突尼斯、阿尔及利亚、摩洛哥　第一卷　从上古时代至阿拉伯人征服（公元647年）》，上海新闻出版系统“五·七”干校翻译组译，第510—511页。

基督教在柏柏尔社会的传播

伴随着罗马帝国的衰落和走向分裂，柏柏尔人的宗教信仰发生根本性变化。在宗教信仰方面，柏柏尔人与罗马人都以多神信仰为主。在罗马帝国统治北非初期，当局容许各种宗教信仰的存在，只不过出于政治考虑而鼓励人们膜拜皇帝。[①]基督教传入后，柏柏尔人的宗教信仰发生重大变化。一般认为，基督教在北非见诸文献是在公元180年。当时，阿非利加省总督维基利乌斯·萨图宁乌斯（Vigellius Saturninus）审判并处死斯普拉图斯（Speratus）等12名基督徒。[②]

在随后的几十年，基督教在北非地区得到迅猛发展，并遭到罗马帝国的残酷镇压。特别是公元303年，戴克里先再次严厉镇压基督徒，从而拉开了空前绝后的对基督徒"大迫害"（Great Persecution）的序幕。在这种背景下，北非的基督教会发生分裂。在大迫害期间，多数基督徒坚贞不屈甚至慷慨赴死，被称作"忏悔者"（confessors）；也有一些人为活命而交出《圣经》并宣誓效忠罗马皇帝，被称作"叛教者"（traditores），北非的基督教会由此走向分裂。[③]313年，君士坦丁发布《米兰敕令》，赋予基督教以合法地位。在柏柏尔人两派基督徒尖锐对立的情况下，君士坦丁选择支持"大迫害"时期的"叛教者"塞西里安，联合罗马主教打压柏柏尔人中的"忏悔者"多那图斯教会。然而，多那图斯教会得到柏柏尔人的坚定支持，确立了在北非的领导地位。柏柏尔人几乎都成了多那图斯教派的信徒。

---

① 〔法〕夏尔-安德烈·朱利安：《北非史·突尼斯、阿尔及利亚、摩洛哥 第一卷 从上古时代至阿拉伯人征服（公元647年）》，上海新闻出版系统"五·七"干校翻译组译，第340—342页。

② 罗马对基督教徒的迫害始于公元64年。当时罗马城发生大火，皇帝尼禄成为嫌疑人。尼禄为了摆脱这项指控，将罪名强加在基督徒身上，并以此为由捕杀了大量基督徒。以后的诸位皇帝继续迫害这些"拒绝服从皇帝和帝国权威"的基督徒，受迫害者要么是实力雄厚的叛军，要么是拒绝服兵役的和平主义者。康茂德（Commode）在位时期（177—192年），一场针对基督徒的迫害运动席卷帝国，非洲亦未能幸免。此后，塞普蒂米乌斯·塞维鲁、卡拉卡拉和德希乌斯（Decius）都沿用了此项政策。特别是戴克里先统治时期，对基督徒的压迫更是变本加厉，长达10年之久（303—313年），史称对基督徒的"大迫害"。

③ Donnelly Fage ed., *The Cambridge History of Africa, Volume 2: From c.500 B.C. to A.D. 1050*, pp. 466-467.

与此同时，在西北非地区农村迅速基督教化的过程中，努米底亚和毛里塔尼亚的高原地区爆发了阿哥尼斯特运动[①]，信众多为柏柏尔农民，具有反抗罗马统治的色彩。阿哥尼斯特运动与多那图斯教派原本毫不相干甚至互相敌对，但因共同面临罗马当局和天主教会[②]的打压而走到了一起，[③]并发动起义反对罗马的统治。

公元5世纪初，汪达尔人乘罗马帝国衰落之机进入北非，很快确立了在北非地区的统治。汪达尔人信仰基督教中被斥为异端的阿里乌派，统治北非期间长期对天主教以及柏柏尔人的多那图斯教派进行打压。但汪达尔人数上的绝对劣势使他们无法避免被同化的命运。与当地的罗马帝国相比，汪达尔人不仅为数甚少，更缺乏具备治国理政才能的官僚精英。因此，除了阿里乌神职人员，汪达尔国王不得不起用当地贵族负责各地的行政管理。汪达尔人逐渐受到天主教的影响，并最终皈依了被他们征服的教派。在汪达尔人统治期间，北非的城镇衰落，造成柏柏尔社会衰退和混乱。

这便深刻改革了柏柏尔社会。奥雷斯山和突尼斯西南山区的卡比尔人（Kabyles）建立了部落王国（tribal kingdom），开始实现自治。这些部落王国进入6世纪时仍以拉丁语为官方语言，没用罗马人的历法并保持着基督教信仰。另一部分柏柏尔人则迫于动荡的社会环境和生存压力，开始大规模向南迁徙。一些柏柏尔人越过撒哈拉沙漠，进入了今毛里塔尼亚。

---

① 阿哥尼斯特运动的参与者自称“Agonisticis”（阿哥尼斯特），意思是“（为基督而战的）战士”；外界则称他们为“Circumcellions”。在当时努米底亚和毛里塔尼亚高原地区的农村，基督教堂都盖得千篇一律：一个长方形的廊柱大厅，用焙干的泥土和石墙砌成，中间是一个殉道者的坟墓，有时周围配有存放粮食和橄榄油的粮仓。外界之所以用“circum cellas euntes”组合的“circumcellions”称呼他们，是因为他们在农民中活动，并以他们的传教对象为生。参见 https://en.wikipedia.org/wiki/Circumcellions，引用时间：2017年1月20日。

② 本章内容主要参阅了剑桥大学出版社1979年版《剑桥非洲史》和联合国教科文组织1981年版《非洲通史》。这两套文献都用“天主教”指称早期北非受罗马帝国和罗马教皇支持的基督教会，与压制和排斥的其他基督教派别相对。本章沿用了这一概念。

③ 〔法〕夏尔－安德烈·朱利安：《北非史·突尼斯、阿尔及利亚、摩洛哥　第一卷　从上古时代至阿拉伯人征服（公元647年）》，上海新闻出版系统“五·七”干校翻译组译，第399—404页；何芳川、宁骚编：《非洲通史·古代卷》，第174页。

罗马帝国及拜占庭帝国在北非的统治对柏柏尔社会造成了深刻的影响。一方面，基督教的传播根本性地改变了柏柏尔人的信仰体系，为后来同属一神教的伊斯兰教的传播奠定了基础。另一方面，在外部力量的统治下，柏柏尔社会出现了严重的衰退和混乱，加剧了社会危机。因此，一些柏柏尔人开始向南迁徙，对毛里塔尼亚的历史造成了重大的影响。

五、阿拉伯人对北非的征服

阿拉伯人的三次入侵浪潮

阿拉伯人在哈里发奥马尔时代进军埃及，开始了漫长的征服和统治非洲的历史。639 年 12 月 4 日，阿慕尔·伊本·阿斯（Amr ibn al-As）率领 4000 人的军队从巴勒斯坦进入埃及，受到长期遭受拜占庭压迫的科普特人的热烈欢迎。阿慕尔的军队一路势如破竹，很快就夺取了重兵防守的埃及巴比伦城（Babylon，今开罗老城）。642 年 9 月，攻占亚历山大，结束了罗马帝国在埃及的统治。同年，阿慕尔又沿海向西发动零星进攻，643 年攻占巴卡（Barka，今利比亚东北部），645 年征服了昔兰尼加。拜占庭海军曾于 645 年短暂地夺回过亚历山大，但旋即于 646 年再次丢失。这些丰饶行省的陷落使拜占庭失去了宝贵的小麦供给，导致了随后几十年帝国食物的短缺和军队战斗力的下降。阿慕尔本想乘胜进军后来的伊弗里基亚（Ifriqiya），但未获时任哈里发欧麦尔（Umar）批准。

公元 647 年，在阿卜杜拉·伊本·赛义德（Abdallah ibn Said）和穆阿维叶·伊本·霍代格（Moawyia ibn Hodaig）的带领下，阿拉伯军队开始了对北非的征程。2 万名阿拉伯人从麦地那出发，另有 2 万名阿拉伯人在埃及的孟菲斯与之会和。伊本·赛义德率领着这支军队深入马格里布地区。军队占领了的黎波里塔尼亚。拜占庭总督格雷戈里伯爵（Count Gregory）联合其盟友与阿拉伯军队战斗，并在苏费图拉[①]之战（Battle of Sufetula）中遭遇失败，格雷戈里伯爵也在战斗中阵亡。随着格雷戈里伯爵的阵亡，其继任者决定屈从于阿拉伯人，并通过向阿拉伯人进贡来换取阿拉伯人的撤军。阿拉伯人此次入侵共持续了15个月，并于648年返回埃及。649年，第三任哈里发奥斯曼的堂弟穆阿维叶占领了塞浦路斯。652年，奥斯曼的乳弟阿卜杜拉把拜占庭舰队赶出了亚历山大港。655年，穆阿维叶和阿卜杜拉的舰队组成联合舰队，在亚历山大附近海域与拜占庭舰队展开大规模海战，大获全胜，以著名的“船桅之役”载入史册。

公元656年，随着第三任哈里发奥斯曼的遇害，穆斯林的所有征服行动突然被打断。阿里成为第四任哈里发，并于公元661年被暗杀。在此期间阿拉伯帝国内部权力争夺激烈，分歧严重，哈里发忙于应付内战，无暇对外扩张。

阿里遭遇暗杀之后，叙利亚总督穆阿维叶凭借自身强大的实力在大马士革建立了倭马亚家族世袭的倭马亚王朝。他指定儿子叶齐德做继承人，将哈里发由原来的选举制改为世袭制。在先知和正统哈里发时期，穆斯林军队主要是以氏族部落为基本单位组建的，人员未进行统一的挑选、编组和训练，武器也没有统一配备。严格来说，算不上正规军。而穆阿维叶组建了真正的阿拉伯正规军，他模仿拜占庭人，对原有的部队加以筛选，按不同水平分队、训练、配备武器装备，组建成能相互联系和相互支援的机动灵活的小联队，使之成为当时世界上强大而精良的军队之一，为对外扩张打下了坚实的基础。[②]

阿拉伯人的第二次远征发生在公元665年。为了保护埃及免受拜占庭从侧翼的攻击，阿拉伯帝国派出一支4万人的军队穿过沙漠向巴尔卡推进，并占领了该地区，然后向迦太基行进。在这个过程中，阿拉伯军队击败了2万人的拜占庭军队。随后，阿拉伯将军欧格白·伊本·纳菲（Uqba ibn Nafi）率领1万人从大马士革出发，

① 苏费图拉是位于迦太基南部240公里的一座城市。

② 彭树智编：《阿拉伯国家史》，高等教育出版社2002年版，第42页。

作为先头部队，进入北非。沿途又有数千穆斯林加入。公元670年，欧格白·伊本·纳菲率军前往费赞地区进行掠夺，随后又入侵拜占庭。欧格白遂在凯鲁万（Kairouan）建立了军事基地。这一举动效仿了阿姆鲁·伊本·阿尔阿萨（Amr ibn Al Aç）的做法，阿姆鲁曾在入侵埃及后，于福斯塔特（Fostat）建立了军事基地。凯鲁万扼守着通往昔兰尼和埃及的交通要道，又地处阿特拉斯山脉要地，窥视着山区柏柏尔各部的一举一动。在此之后，欧格白将军进入了北非的心脏地带，穿越了大片荒野地区，并一直渗透到大西洋和大沙漠的边缘。在征服马格里布地区时，他包围了沿海城市布吉亚（Bugia）以及丁吉（Tingi）/丹吉尔（Tangier），吞并了曾经属于罗马行省的毛里塔尼亚。

随着欧格白的远征，柏柏尔人的首领柯塞拉（Koceila）成为阶下囚。据传说，欧格白曾率军到达大西洋沿岸，他乘风破浪，剑指大洋，高声立誓："主啊！如果没有这片海洋的阻挡，我必横刀彼岸，去到杜尔·加宁（Dhoul Garnein）的国度，为伊斯兰而战，将那些不信奉安拉的人和那些信奉其他神祇的人，全部诛杀殆尽。"①

欧格白在西征中斩获颇丰，掠得大笔财富，而柯塞拉却不堪凌辱，在逃出后，他遂即集结其麾下柏柏尔和拜占庭各部，奋起反抗。公元683年，柯塞拉率军在塔苏达（Tahouda）伏击欧格白军队一部，击杀欧格白及其300名骑兵。通过此次胜利，柯塞拉占领了凯鲁万，并取得了柏柏尔地区的控制权。在接下来的三年中，柯塞拉在该地区维持着毫无争议、不可动摇的主导性地位。

公元686年，为了替欧格白报一箭之仇，阿布·埃尔·马利克（Abd el Malik）派军进攻，击溃了柯塞拉的抵抗势力，但未能重新占领凯鲁万，也未能夺回柏柏尔地区的控制权。

公元692年，阿拉伯人第三次远征马格里布地区。在巩固了其哈里发地位之后，决定继续展开与拜占庭的战斗。马立克派哈桑·伊

---

① Geneviève Désiré-Vuillemin, *Histoire de la Mauritanie: Des origines à l'indépendance*, p. 123.

本·努尔曼（Hassān ibn al-Nu' Mān）率领 4 万人的军队向北非进发，如此规模的军队进入北非，在阿拉伯征服北非的历史上是空前的。到 1698 年，哈桑占领并掠夺了港口城市迦太基。在阿拉伯第一次征服伊弗里基亚之后，迦太基仍保留着拜占庭的卫戍部队和人口，但早已不具备昔日的繁荣和实力。显然，早在努尔曼进入之前，当地官员已经弃城而逃，因为努尔曼既没有遭遇到顽强的抵抗，也没有获得多少战利品。因此努尔曼继续向北，在比泽特（Bizerte）击败了拜占庭人和柏柏尔人。之后，拜占庭人撤退，加强了他们在瓦加（Vaga）[①]的阵地，而柏柏尔人则向东逃往贝恩（Boen）[②]。

公元 697 年，拜占庭皇帝莱昂蒂奥斯（Leontios）派遣舰队重新夺回了迦太基，迫使迦太基的阿拉伯军队逃往凯鲁万。公元 698 年，哈桑再一次占领了迦太基，城市遭受严重毁坏、城墙倒塌、供水中断，港口无法使用。随后，努尔曼率部进攻由女王卡希娜（Kahina）所领导的柏柏尔人。卡希娜曾集结阿特拉斯山柏柏尔诸部力量，在特贝萨（Tebessa）附近击败了一支 4000 人的阿拉伯军队。哈桑在梅斯基亚纳战役（Battle of Meskiana）中遭遇柏柏尔人。在那里，卡希娜对他造成沉重打击，迫使他先撤退到加贝斯（Gabes）附近，然后完全撤离伊弗里基亚。他的许多部队在逃离时被柏柏尔人杀害或俘虏。

哈桑向哈里发马利克请求增援，但马利克命他原地待命，因此，哈桑在的黎波里塔尼亚待了好几年。与此同时，卡希娜在从的黎波里到丹吉尔的城市和果园实行焦土政策，导致这些地区的居民大量逃亡。卡希娜希望通过焦土政策，摧毁当地的社会经济，从而使阿拉伯人丧失征服这些地区的兴趣，但不破坏柏柏尔人的农业和畜牧业环境。[③]这一举动引发了当地居民的仇视。

① 今突尼斯贝贾。

② 今阿尔及利亚阿纳巴。

③ Kennedy, Hugh, *The Great Arab Conquests: How the Spread of Islam Changed the World We Live In*, 1st Da Capo Press Ed, 2007, p. 220.

哈桑最终等到了哈里发的增援，并于公元702年左右开始新的征程。哈桑在加贝斯获得了胜利并追逐卡希娜的部队进入奥雷斯（Aures），在那里，哈桑击败并杀死了卡希娜。传说在决战前夕，卡希娜预料到自己的失败，她让两个儿子向阿拉伯人投降，而自己却以山地为依托，筑壕固守，背水一战。公元705年，卡希娜在埃尔杰姆（El Djem）附近被杀，死于一口井旁。[①]

至此，阿拉伯人已经从拜占庭手中夺取了大部分北非的土地。阿拉伯人所占领的区域被分成三个省：埃及及其总督府福斯塔特、伊弗里基亚及其总督府凯鲁万、马格里布及其总督府丹吉尔。

阿拉伯人的统治

哈桑的征服政策过于强硬且不尊重柏柏尔人的传统，不久被埃及总督阿布杜勒·阿齐兹·伊本·马尔万（Abd al-Aziz ibn Marwan）的亲信穆萨·伊本·努塞尔（Musa ibn Nusayr）取代。705年，马格里布行省的东部并入伊弗里基亚，穆萨出任首位不受埃及节制的伊弗里基亚总督。这样，阿拉伯的北非领土划分为三个行省：埃及行省的首府设于福斯塔特，伊弗里基亚行省的首府设于凯鲁万，马格里布（今摩洛哥）行省的首府设于丹吉尔。穆萨在镇压柏柏尔人起义的同时，尊重他们的传统以便拉拢柏柏尔人。他的软硬两手政策非常有效，使许多柏柏尔人都皈依了伊斯兰教，甚至加入阿拉伯军队并被擢升为将领。甚至有人认为，后来率领阿拉伯人征服西班牙的塔利克·伊本·齐亚德（Tariq ibn Ziyad）就是归顺的柏柏尔人。[②]到709年，穆萨几乎征服了所有北非领土，但在休达城下被胡里安伯爵（Count Julian）击退。招降了胡里安后，穆萨完成了在北非的征服，711年开始向西班牙进军，一战消灭了那里的西哥特帝国。

---

① Geneviève Désiré-Vuillemin, *Histoire de la Mauritanie: Des origines à l'indépendance*, p. 124.

② Ibid.

阿拉伯人虽然通过军事手段兼并了西北非地区，但并未在政治和信仰上完成对柏柏尔人的征服。他们强迫柏柏尔人皈依伊斯兰教，但又将他们视为二等公民，向他们征收通常只有非穆斯林才缴纳的地亩捐和人头税，甚至将他们掳为奴隶，这引起了绝大部分柏柏尔人的强烈不满和极大仇恨。[①]柏柏尔人反抗入侵者的方式主要有两种：在远离城市的偏僻区域主要是发动武装起义，并顽强地抗拒着伊斯兰教的传播；城市居民通过依附异端教派表达对阿拉伯当局的不满，并最终导致了伊弗里基亚总督亚齐德·伊本·阿比穆斯林（Abu'l-Ala Yazid ibn Abi Muslim Dinar）为侍卫所杀。[②]这时，一些哈瓦利吉派阿拉伯传教士以商人身份来到西北非，在马格里布传播平均财产的寡欲主义。哈瓦利吉派原本是第四任哈里发阿里的部下，因为反对阿里“将真主旨意交给尘世法庭处理的决定”而出走。他们在实践中有着极端严格的道德要求，对离开正道的哈里发采取“不妥协主义”立场，反对体现于阿拉伯专制和官僚体系中的逊尼正统教派。这种“带有革命性质的分离教派”的主张契合了柏柏尔人仇视异邦人的诉求，[③]改变了一些柏柏尔人的思维方式，为他们提供了一种“团结的学说和革命的激情”。

柏柏尔人的反抗精神和哈瓦利吉派的叛逆教义相结合，使马格里布地区反抗阿拉伯人统治的斗争风起云涌。公元720年出任伊弗里基亚总督的亚齐德·伊本·阿比穆斯林对柏柏尔人异常残暴。他撤换柏柏尔将领，向柏柏尔人课以重税，还别出心裁地羞辱柏柏尔侍卫，要求他们右手刺上自己的名字，左手刺上“亚齐德的侍卫”。

---

① 〔法〕夏尔－安德烈·朱利安：《北非史·突尼斯、阿尔及利亚、摩洛哥　第二卷　从阿拉伯人征服至1830年》，上海新闻出版系统“五·七”干校翻译组译，上海人民出版社1974年版，第36—37页。

② Geneviève Désiré-Vuillemin, *Histoire de la Mauritanie: Des origines à l'indépendance*, p. 127.

③ 〔法〕夏尔－安德烈·朱利安：《北非史·突尼斯、阿尔及利亚、摩洛哥　第二卷　从阿拉伯人征服至1830年》，上海新闻出版系统“五·七”干校翻译组译，第33—37页。

柏柏尔侍卫忍无可忍，公元721年杀死了亚齐德。[①] 720—729年，各地的哈瓦利吉派教徒相继建立了多个政教合一的国家。729年，丹吉尔总督率部扫荡南部地区，马格里布地区的柏柏尔人遂揭竿而起。此后反抗斗争日趋白热化，就连一个普通的哈瓦利吉派送水工，都可以集结力量占领丹吉尔，并成功阻止了西班牙的阿拉伯援军登陆，后又自立为哈里发。虽然他很快便遭到了暗杀，但其继位者于740年击退了来犯的阿拉伯军队。次年，凯鲁万总督亲自挂帅，率领一支7000人的部队再攻丹吉尔，仍旧以失败告终。[②]

柏柏尔人的南迁

柏柏尔人成规模地进入西非的毛里塔尼亚，大致始于公元前后。[③]在长达几个世纪的时间里，北非地区一直动荡不安，反抗起义此起彼伏，宗教冲突持续不断。在此过程中，柏柏尔各游牧民族不断向撒哈拉北部地区迁徙。柏柏尔人向南迁徙的原因是多方面的：一是各部落逐水草而居的游牧生活习性；二是柏柏尔游牧民族宁愿在困顿中挣扎求生，也不愿为生存而放弃自由的独立意识；三是奴隶贸易（奴隶被贩往北非、埃及、中东、叙利亚和美索不达米亚等地区）；四是撒哈拉地区气候旱化的加剧。所以，在马格里布地区反复遭到外敌入侵的情况下，动荡的局势使一部分柏柏尔部落撤入沙漠。他们以游牧畜类为生，并组建了沙漠商队，穿梭于马格里布和苏丹两地之间从事商贸活动。

罗马征服以来，柏柏尔人的迁徙可分为两个阶段。罗马人确立在北非的统治后，占领了发达的沿海地区和肥沃的土地，引发农耕人口与游牧部落争夺牧场的矛盾和斗争。在此过程中，柏柏尔人的

---

① Ibn Khaldun, *Histoire des Berbères et des dynasties musulmanes de l'Afrique*, Vol. 1, 1852 trans., Algiers, p. 357 and Hrbek, Ivan, *Africa from the Seventh to the Eleventh Century*, 3rd edition, University of California Press, 1992, p. 131.

② Barnaby Rogerson and Sir Donald McCullin, *In Search of Ancient North Africa: A History in Six Live* 1st ed., Haus Publishing, 2018, p. 25.

③ Anthony G. Pazzanita, *Historical Dictionary of Mauritania*, Third Edition, p. 2.

武装起义时有发生，也有大量柏柏尔人（特别是游牧部落）退向高原和撒哈拉阿特拉斯山区。然而，他们的到来加剧了山区地少人稠的矛盾，也导致当地社会动荡不安和冲突不断。于是，这些柏柏尔人只好再度迁徙，进一步南移到沙漠边缘地区。公元 1 世纪和 2 世纪，骆驼被引入北非柏柏尔人地区。[①] 骆驼的引入对游牧族的生活产生了决定性的影响，使他们能够适应恶劣的干旱环境，克服饮水等畜牧困难（水源地和牧区相距至少一日脚程），在撒哈拉沙漠中建立起自己的领地。得益于骆驼的"沙漠之舟"作用，他们还与黑非洲人进行频繁的接触，通过贸易换取黄金。[②] 在与黑非洲人进行贸易和交往的过程中，有一些柏柏尔人穿越撒哈拉沙漠来到西非的今毛里塔尼亚，与当地的原住民尼格罗人（或者巴富尔人）交往并产生冲突。

随着罗马帝国后期内外危机的加深，柏柏尔人向南迁徙的进程大大加快了。公元 1 世纪和 2 世纪时，柏柏尔人的起义虽然频繁爆发，但规模有限，持续的时间也不长。到公元 3 世纪和 4 世纪，柏柏尔人起义的次数减少但持续时间更长，"帝国的非洲地区在一片混乱与苦难中坠入黑暗"。[③] 也正是从 3 世纪和 4 世纪开始，大批柏柏尔人为了逃避北非的政治动乱和战争而加速向南迁徙。这些"移民"主要向两个方向流动：一是撒哈拉中部山地。根据传统，图阿雷格贵族（nobles Touareg）的传奇祖先廷希南女王（la Reine Tin Hinan）

---

① 这里说的骆驼实际上是指单峰骆驼，只有一个驼峰，其毛顺滑。这种动物原产自中东地区，公元前 7 世纪由叙利亚和波斯人传入埃及。根据希罗多德记载，波斯帝国皇帝薛西斯一世（Xerxès）在远征希腊时就派出了一支 1 万人的骆驼部队（参见 Herodotus, *The Histories*, Translated by George Rawlinson, Book 7, Chapter 184, pp. 311–312, p. 498）。那么，他在入侵埃及时肯定也有骆驼部队的参与。公元前 3 世纪，即托勒密王朝统治时期，骆驼的使用范围扩展到尼罗河以西地区。在马西尼萨神庙中，公元前 150 年和前 46 年都出现过关于骆驼的记载。罗马人在战争中曾经也消灭过 22 匹骆驼。此后，我们也了解到，罗马人修筑的边防，旨在加固南部边疆的防卫，抵御骆驼骑兵的袭扰。到公元 4 世纪，骆驼骑兵作为一种附属军种被应用于战争中。

② Geneviève Désiré-Vuillemin, *Histoire de la Mauritanie: Des origines à l'indépendance*, pp. 104–105.

③ Ibid., pp.101, 102, 104.

迫于粮食短缺，于公元 4 世纪离开塔菲拉勒特（Tafilalet）到达霍格尔（Hoggar）山。[①] 二是撒哈拉西部地区，如撒乌拉（Saoura）或苏斯（Sous）地区的绿洲；湿润的大西洋沿岸地区，有充足的植被可以供骆驼食用；水源相对丰富的塞古耶特（Seguiet）、哈姆拉（Hamra）和泽穆尔的附近地区。[②] 其中，迁往西非的柏柏尔人一部来到了毛里塔尼亚，这是柏柏尔人入侵毛里塔尼亚的第一波狂潮。他们用潮水般的入侵征服了尚未南迁的巴富尔人，也迫使后者进一步加速了长期以来向南迁徙的进程。[③]

这一批柏柏尔人很快就取代巴富尔人，确立了在毛里塔尼亚的主导地位。柏柏尔人是天生的商人，他们在随后的几百年不仅开展了兴盛的内部和（与南部和东部黑非洲加纳和马里王国的）外部贸易，还建立了一个松散但强大的统治实体——桑哈贾联盟（Sanhadja Confederation）。

阿拉伯人征服之后，柏柏尔人再次出现了南迁的浪潮。7 世纪中期阿拉伯人入侵北非地区后，柏柏尔人对阿拉伯人和伊斯兰教进行了顽强的抵制，使阿拉伯人征服柏柏尔地区耗时 63 年（647—710 年）。在此之前，阿拉伯人征服叙利亚、美索不达米亚和埃及分别只用了 7 年、4 年和 3 年，征服强大的波斯帝国也仅用了 23 年（633—656 年）。与此同时，另一些柏柏尔人加速向撒哈拉沙漠及以南地区迁徙。随着阿拉伯人逐步确立在北非的统治，柏柏尔与苏丹之间的联系进一步加强，黄金和奴隶贸易更加兴盛地发展起来。柏柏尔游牧部落的大迁徙成为非洲历史的印记。

特别是 8 世纪时，撒哈拉沙漠地区迁入两支新力量：一部分是被逐出阿拉伯半岛的阿拉伯人，另一部分是被逐出柏柏尔地区的柏

---

① 1926 年，廷希南女王的坟墓被发现。在诸多陪葬品中，有一盏罗马时期的灯和君士坦丁大帝时期的钱币。由此可以推断，这个墓地的修筑时间绝不会早于公元 4 世纪。

② Geneviève Désiré-Vuillemin, *Histoire de la Mauritanie: Des origines à l'indépendance*, p. 105.

③ Brian Dean Curran and Joann L. Schrock, *Area Handbook for Mauritania*, p. 29; Anthony G. Pazzanita, *Historical Dictionary of Mauritania*, Third Edition, p. 2.

柏尔人。他们来到作为商道汇集之地的乍得湖畔，这些商道东起"四十天路"（Drab el-Arbain），经过亚西乌特（Assiout），向西直至乍得；中线从地中海地区开始，经费赞和卡瓦尔到达乍得；西撒哈拉地区的商路经过摩洛哥的塔菲拉特、斯基玛萨的沙漠旅店、提里斯－泽穆尔地区的水源地、阿德拉尔和塔甘特，最终通往奥达格斯特（Aoudaghast）的商业城市。随着初步皈依伊斯兰教的柏柏尔人的迁入，西非的毛里塔尼亚进入了一个新的发展阶段。在柏柏尔人南迁毛里塔尼亚的过程中，桑哈贾人居于主导地位，并在毛里塔尼亚建立了历史上第一个国家。

第三章　柏柏尔桑哈贾联盟的兴衰

公元7世纪伊斯兰教传入北非后，西北非柏柏尔人的南迁以前所未有的规模加速进行。由于毛里塔尼亚扼守西非南北贸易线路的中枢，也是西北非地区通向黑非洲的桥梁，因而该地成为南迁的柏柏尔人的主要汇聚地。源于柏柏尔人的桑哈贾三个部落来到毛里塔尼亚后，以伊斯兰教信仰为精神纽带，构建了毛里塔尼亚历史上第一个具有国家形态的政治组织，即组织松散的桑哈贾联盟。毛里塔尼亚重要的交通地位为桑哈贾联盟带来滚滚财源，但也招致外敌的觊觎。新兴的伊斯兰教为桑哈贾人提供了难得的凝聚力。但联盟内部的教派冲突又为它埋下祸根。桑哈贾联盟最终不可避免地陷入内忧外患的泥淖。源于桑哈贾联盟的穆拉比特人取而代之，建立了穆拉比特王朝（Almoravid dynasty）。

一、桑哈贾部落的起源和部分南迁

桑哈贾部落的渊源

罗马帝国末期，西北非地区形成了三大柏柏尔人部落联盟，分别是扎纳塔（Iznaten）、马斯穆达（Masmuda, Imesmuden）和桑哈贾（Sanhadja）。[①]桑哈贾的阿拉伯语名称是“صنهاجة”（Ṣanhājah），

① Harold D.Nelson, *Morocco, A Country Study*. Washington, D. C.: The American University. 1985, p. 14.

柏柏尔语名称是“Aẓnag”（复数：Iẓnagen）或“Aẓnaj”（复数：Iẓnajen）。在英语中，桑哈贾人还有多种译法，包括“Zenaga”、“Veledi”、“Sanhája”、“Znaga”、“Sanhája”、“Sanhâdja”和“Senhaja”。他们最早居住在苏斯和阿德拉尔高原之间，从9世纪开始分布于中阿特拉斯山脉、里夫山脉和摩洛哥的大西洋沿岸地区。还有许多桑哈贾部落，例如库塔玛人（Kutâma），分布于阿尔及利亚中部、东部的卡比利亚（Kabylia）、塞提夫（Setif）、阿尔及尔、姆西拉（Msila）和尼日尔北部。直到今天，在摩洛哥和毛里塔尼亚，仍有许多部落的名称中带有“桑哈贾”字样，特别是在他们的柏柏尔语名称中经常出现。在各种各样的文献中，“桑哈贾”一词有时还写作“Zenaga”、“Sanhája”、“Znaga”、“Sanhâdja”和“Senhaja”。

关于桑哈贾人的祖先众说纷纭。柏柏尔族系学家指出，桑哈贾人的祖先可能有阿西尔（Asil）、泽扎（Zéazâ）、提玛（Tîma）、赛德尔（Sedder）、穆朗（Moulan）、塞尔（Serr）、米凯拉（Mikêla）、迪库斯（Dikous）、哈尔哈勒（Halhal）、谢胡（Chérou）、米斯哈伊（Misraîm）和夏穆（Cham）。此外，还有吉祖尔（Gehzoul）、拉姆特（Lamt）、赫斯库拉（Heskoura）、萨纳斯（Sanas）这四个一母同胞的兄弟，他们的母亲提斯基－埃尔－阿尔迪亚（Tiski-el-Ardia）是扎伊克·伊本·玛吉斯（Zahhik ibn Maghis）之女。因此，这四兄弟又被称作“提斯基之后”，他们的后裔成了四个柏柏尔部落。[①]

7—8世纪，大批柏柏尔人（和随之而来的阿拉伯人）沿着三条古商道，潮水般地向撒哈拉以南地区进行迁徙。东线从埃及向南，经过“四十天路”到苏丹西部，过亚西乌特后向西到乍得。中线从地中海地区开始，经费赞和卡瓦尔到达乍得。根据半传说式的记载，阿拉伯人曾在当地建立了加涅姆（Kanem）王国，柏柏尔人在加奥建立了桑海帝国（Sonrai）。西线即西撒哈拉地区的商路经过摩洛

① Geneviève Désiré-Vuillemin, *Histoire de la Mauritanie: Des origines à l' indépendance*, p. 137.

哥的塔菲拉特、斯基玛萨的旅店、提里斯－泽穆尔地区的水源地、阿德拉尔和塔甘特，最终通往奥达格斯特的商业城市。从中可以看出，柏柏尔人在西线的南迁就是从西撒哈拉来到西非的毛里塔尼亚。

桑哈贾人便是当时南迁的柏柏尔人中的一部。桑哈贾人分为两大支系：东桑哈贾人于10世纪到达摩洛哥边境，赶走扎纳塔人后定居于沿海地区与沙漠之间。在随后的两个多世纪里，他们支持法蒂玛王朝。此后，法蒂玛王朝将重心迁往埃及，东桑哈贾人又成为其附属国齐里王朝（Zirid dynasty）的统治基础，长期与效忠科尔多瓦哈里发的扎纳塔人为敌。西桑哈贾人包括多个部落，其中一部分向南进入撒哈拉沙漠，后来一直扩张到塞内加尔河流域。[①] 这些部落包括：德拉山谷和小阿特拉斯山脉脚下的卡祖拉人（Gazzula）和拉姆塔人（Lamta）；南边西撒哈拉沙漠里的迈苏法人、累姆图纳人（Lamtuna）和瓦利斯人（Banu Warith）；最南边的杰达拉人（Gudala, Judala），他们居住于毛里塔尼亚沿海地区，一直延伸到塞内加尔河流域。

古代作家笔下的桑哈贾部落

在9—10世纪的阿拉伯人看来，当时西撒哈拉地区的居民是安比亚人（Anbiya），也就是桑哈贾人的别称。亚古比（al-Ya‘qūbī）891年最后一次使用这一词汇，详细地描绘了安比亚人及其与桑哈贾人的关系：

> 从萨杰拉马萨向南旅行，前往苏丹境内的人……在沙漠中行走50个驿站的距离，就会遇上一个叫“安比亚人”的桑哈贾人。他们没有固定的住所，习惯于用头巾蒙着脸。他们不穿衣服，

① 〔法〕亨利·康崩：《摩洛哥史》（上下册），上海外国语学院法语系翻译组译，第29—32页。

> 而是用布裹着身子。他们以骆驼为生，因为他们没有粮食。①

此后，地理学家们描述桑哈贾人时反复引用亚古比的这段文字，而“桑哈贾”一词到10世纪时终于取“安比亚”而代之。

根据伊本·霍卡尔（Ibn Hawqal）的说法，10世纪中期的沙漠里有两大统治者：迈苏法（Massūfa）王和“奥达加斯特的桑哈贾”王。迈苏法人居住在从奥达加斯特一直延伸到萨杰拉马萨的内陆深处。迈苏法王控制着主要队商贸易线路，迈苏法人充当商队的向导，还经营着塔加扎（Taghaza，即巴克利笔下的“Tatantal”）的盐矿。“奥达加斯特的桑哈贾人”则“远在沙漠深处”，②向伊本·霍卡尔提供信息的人曾遇见过桑哈贾人的酋长廷·巴鲁坦·本·约斯弗沙尔（Ti-n-Barutan b. Usfayshar），认为他就是“所有桑哈贾人的王”：

> 廷·巴鲁坦对他说，他已经统治他们（注：桑哈贾人）20年了。人们每年都会来觐见他，而他此前既不认识，也未曾听说或见过他们。他还说，把各种栖身之处算在一起，整个部落大约有30万顶帐篷。全部落的王位一直在他的家族内世袭。③

在巴克利的记载中，这位桑哈贾国王的名字是廷·雅鲁坦·本·维萨努·本·尼扎尔（Ti-n-Yarutan b. Wisanu b. Nizar）。虽然巴克利写作于1067—1068年，但他关于奥达加斯特的许多信息都来自一个世纪前的穆罕默德·本·尤素夫·瓦拉克（Muhammad b. Yusuf

① al-Ya'qūbī, *Kitāb mu'jam al-buldān*, ed. by F. Wüstenfeld. Leipzig, 1866, p. 360. 转引自 Donnelly Fage ed., *The Cambridge History of Africa, Volume 2: From c.500 B.C. to A.D. 1050*, p. 651。

② Ibid., pp. 651-652.

③ Ibn Hawqal, Kitab sural al-ard, ed. by J . H. Kramers (Leiden, 1938-1939), pp. 100-101. 转引自 Donnelly Fage ed., *The Cambridge History of Africa, Volume 2: From c.500 B.C. to A.D. 1050*, p. 652。

al-Warraq），因而也可以说提供的是这位桑哈贾王同时代的信息。[①]霍尔卡和巴克利的信息相互佐证，可以确定他的在位时间是10世纪60年代。

阿拉伯历史学家伊本·赫勒敦（Ibn Khaldoun）在《柏柏尔历史》（*Histroire des Berbères*）中，对柏柏尔桑哈贾各游牧部落做了如下描述。

> 桑哈贾人是柏柏尔部落中人数最多的族群，一直存续至今，占马格里布地区总人口的一大半……许多人甚至认为，桑哈贾人的数量占柏柏尔总人口的三分之一。当伊弗里基亚地区的柏柏尔人皈依伊斯兰教，并针对阿拉伯统治者开展反抗斗争时，桑哈贾人亦有过之而无不及。[②]

他还描绘了"蒙面的桑哈贾人"，即桑哈贾人的一个分系——莫勒特曼人（Molethemin）：

> 莫勒特曼人属于桑哈贾的一个分支，他们居于沙漠南部，那里遍布沙丘，土地贫瘠。早在远古时期，比伊斯兰文明出现还早很多世纪，莫勒特曼人就在那里活动，并能维持生活所需。由于该区域远离特尔平原（Tell）和文明开化之地，他们的主要劳动产品是骆驼奶和肉。为了避开文明世界，莫勒特曼人习惯于独居，他们生性勇猛、野性十足，从来不向任何外来统治势力屈服。他们活动于里夫－阿比西尼亚（Rif d'Abyssinie）附近，分布于柏柏尔和黑非洲之间的地带。他们以纱巾（Litham）

① Donnelly Fage ed., *The Cambridge History of Africa, Volume 2: From c.500 B.C. to A.D. 1050*, p. 652.

② Geneviève Désiré-Vuillemin, *Histoire de la Mauritanie: Des origines à l'indépendance*, p. 137.

覆面，这是该族群特有的装束[①]。莫勒特曼人在广阔的平原地区不断繁衍生息，形成了众多部落，如戈达拉（Guedala）、累姆图纳（Lemtouna）、墨苏发（Messoufa）、乌特泽拉（Outzîla）、塔尔加（Targa）、泽戈瓦（Zegoua）和拉姆塔（Lamta）。这些部落都是桑哈贾人的亲族，居于西部大洋沿岸和古达梅斯（Ghadames）之间，的黎波里和巴尔卡（Barca）以南。[②]

在伊本·赫勒敦之前，巴克利参考旅行者的见闻写道：

游荡于沙漠中的游牧民族，散居在广阔的地域上，这片土地长和宽都有两个月的脚程，且远离伊斯兰文明。

他们从不播种，亦不耕作，甚至不知道面包究竟为何物。他们所有的财富就是牧群，食物以肉和奶为主……尽管如此，他们依然身形健壮。

每个人都会在面纱的上面佩戴眼罩（niqâb），只露出眼睛部分。任何时候都不能拿下来。[③]

桑哈贾部落的南迁

从3世纪开始，柏柏尔人就源源不断地从北非迁往毛里塔尼亚，

---

① 直到20世纪六七十年代前后，图阿雷格人都保持着这种装束，用纱巾将鼻子和嘴巴都遮住。在柏柏尔人中，也只有某些教士会用头巾遮住下半部脸，因为长期暴露在风沙中，这是一种有效的防沙措施。对摩尔人和图阿雷格人而言，佩戴面纱不仅仅是为了抵御风沙，更主要的是为了遮住嘴巴，这在吃饭和唱歌时极为不便。卡达莫斯特认为："实际上，他们认为嘴巴是肮脏之物，会发出恶心的臭气。这就是为什么一定要将嘴巴遮住，除了吃饭之外，绝对不能将其露出来。"

② Geneviève Désiré-Vuillemin, *Histoire de la Mauritanie: Des origines à l'indépendance*, p. 138.

③ 关于伊本·赫勒敦和巴克利的记述，参见 Geneviève Désiré-Vuillemin, *Histoire de la Mauritanie: Des origines à l'indépendance*, pp. 137–139。

最远到达塞内加尔河和尼日尔河流域。在此过程中，他们取代了毛里塔尼亚的土著居民巴富尔人，也就是索宁克人的祖先。柏柏尔人的持续迁入驱使土著黑人南迁到塞内加尔河流域，或者将他们掳为奴隶。“到8世纪时，柏柏尔人完全取代了他们的前任巴富尔人，残存下来的捕鱼部落伊姆拉冈人（据说）成了此前历史的唯一痕迹。”[①] 随后，阿拉伯人开始大规模涌入。到1076年，伊斯兰武士（穆拉比特人）完成了对毛里塔尼亚南部的征服，打败了古加纳帝国。在随后的500年，阿拉伯人又征服了顽强抵抗的柏柏尔人，成了毛里塔尼亚的主宰者。

二、桑哈贾联盟及其在毛里塔尼亚的统治

桑哈贾联盟的贸易发展

在柏柏尔人向撒哈拉以南特别是西非地区迁徙的过程中，桑哈贾人发挥着主力军的作用。桑哈贾人主要有三个部落，分别是杰达拉人（Djodala, Juddāla）、迈苏法人和累姆图纳人，他们于8世纪时来到毛里塔尼亚。到9世纪时，累姆图纳人在阿德拉尔和奥德（Hodh）居于优势地位。他们与迈苏法人和杰达拉人一起，建立了一个以奥达加斯特为首都、松散而强大的桑哈贾联盟。[②]

累姆图纳人之所以在桑哈贾联盟中居于优势地位，源于他们控制着引入骆驼后兴盛起来的西撒哈拉队商贸易。在约公元900—1000年的鼎盛时期，桑哈贾联盟控制着一个庞大的队商贸易线路。跨越撒哈拉的西线贸易路线，向北可达西北非的“贸易麦加”（trade

① Anthony G. Pazzanita, *Historical Dictionary of Mauritania*, Third Edition, p. 98.

② Brian Dean Curran and Joann L. Schrock, *Area Handbook for Mauritania*, p. 29.

Mecca）萨杰拉马萨[①]（Sijilmasa），从那里可以与地中海地区、欧洲和亚洲进行贸易；向南则可到达塞内加尔河流域加纳帝国首都昆比萨累（Koumbi Saleh），后来进一步延伸到马里帝国的首都廷巴克图（Timbuktu），进而与黑非洲地区进行贸易。在这条贸易线路上，黄金、象牙和奴隶被运往北方，换回的是食盐、铜、布匹和其他奢侈品。时至今日，毛里塔尼亚北部的古盐矿仍然在开采。需要指出的是，队商贸易线路虽然被桑哈贾人控制，但他们并未直接从事跨撒哈拉商业活动。事实上，队商贸易主要由扎纳塔人和阿拉伯人经营，其中最主要的是伊巴迪商人（Ibadite traders）。桑哈贾人的收入和权力来自对贸易线路和商业中心的控制，他们向过境商人收取各种各样的费用，包括通行费、保护费、向导费，让过境商人为他们携带东西。[②]

随着队商贸易的持续兴盛，商路沿线发展起来了诸多重要城镇。这是桑哈贾联盟强盛的来源和标志。加纳与萨杰拉马萨之间的线路虽然不是最短的，但在各条贸易线路中最容易通行。因此，从昆比萨累出发，经奥达加斯特、瓦拉塔、提希特和瓦丹一路向北，这些沿线城镇都发展成了重要的商业和政治中心。瓦拉塔是现金和食盐贸易的重要中转站，并且是穆斯林前往麦加朝觐途中的重要集合点。昆比萨累是一个国际大都市，包括两个截然不同的区域：穆斯林聚居区遍布阿拉伯风格的建筑物；黑人聚居区仍然是传统的土坯茅草房，非穆斯林的加纳国王的王宫就建于此。在毛里塔尼亚境内，桑哈贾联盟的重要贸易城市还有瓦丹和欣盖提，前者是重要的食盐集市，后者是一个重要的宗教中心。虽然昆比萨累与加纳帝国一起衰落了下去，但奥达加斯特，特别是瓦拉塔，继续繁荣兴盛到 16 世纪，直到贸易转移到欧

---

① 萨杰拉马萨是中世纪时摩洛哥的贸易城市，位于撒哈拉沙漠的北部边缘，其遗址在今摩洛哥里萨尼（Rissani）城附近的塔菲拉尔特绿洲（Tafilalt Oasis）上，沿着济滋河（River Ziz）长达 5 英里。关于“贸易麦加”的说法，参见 “The Ancient City of Sijilmasa”, http://www.morocco.com/blog/the-ancient-city-of-sijilmasa，引用时间：2016 年 1 月 4 日。

② Donnelly Fage ed., *The Cambridge History of Africa, Volume 2: From c.500 B.C. to A.D. 1050*, p. 652.

洲人控制的沿海地区。[①]

奥达加斯特是队商贸易沿线最重要的城市，也是桑哈贾联盟的首都和权力中心。据历史学家和考古学家考证，奥达加斯特最早有人居住是在公元前500年左右，当时就有用马匹作交通运输工具的商队从这里前往摩洛哥。随着骆驼越来越多地被用作交通工具，奥达加斯特在公元3世纪进一步走向繁荣。公元8世纪到大约990年，奥达加斯特是桑哈贾联盟的贸易和政治首都，后来又成了穆拉比特王朝（Almoravid Empire）的都城。[②] 有一种观点认为，桑哈贾的国王廷·巴鲁坦无疑统治着奥达加斯特，但不可能以此为首都，而是以其游牧营帐为据点，对其进行统治。桑哈贾人保持着游牧部落的生活方式，其酋长不可能定居于像奥达加斯特这样的国际化大都市，况且那里的居民大多是扎纳塔人和阿拉伯人。[③]

伊斯兰教的传入

在这些贸易城镇和柏柏尔商人的影响下，伊斯兰教很快就在今毛里塔尼亚境内传播开来。如前所述，柏柏尔人对阿拉伯人入侵进行了长期的抵抗，也强烈地排斥着后者带来的伊斯兰教。在此过程中，一些柏柏尔人撤入撒哈拉沙漠，迁徙到今毛里塔尼亚地区。此时，伊斯兰教已经成了西北非地区的主导性宗教信仰，“基督教以令人瞠目的速度从柏柏尔地区销声匿迹了”[④]。毛里塔尼亚位于西北非的南北交通要道上，北非与塞内加尔之间的队商贸易对桑哈贾联盟有着生死攸关的意义。由于各条商道的北端都位于穆斯林聚居的马格里布，商人如果皈依伊斯兰教就会在贸易中居于优势地位。所以，柏柏尔人开始皈依伊斯兰教，并将之传入整个西撒哈拉。伊斯兰教

① Brian Dean Curran and Joann L. Schrock, *Area Handbook for Mauritania*, p. 31.

② Anthony G. Pazzanita, *Historical Dictionary of Mauritania*, Third Edition, p. 64.

③ Donnelly Fage ed., *The Cambridge History of Africa, Volume 2: From c.500 B.C. to A.D. 1050*, p. 652.

④ Geneviève Désiré-Vuillemin, *Histoire de la Mauritanie: Des origines à l'indépendance*, p. 125.

成为统治阶级和知识分子的宗教信仰，沙漠中的“蒙面桑哈贾人”开始了长期的伊斯兰教过程。[①]

9世纪末，奥达加斯特的统治者还“既不从事任何宗教活动，也不执行任何天启法律”。但到10世纪中期，根据穆哈拉比（al-Muhallabi）于985年的记载，廷·雅鲁坦可能已经是一位穆斯林了，整个撒哈拉地区已经被视为“伊斯兰教的地盘”。[②]可以说，柏柏尔人南迁根源于他们对伊斯兰教的抵制，但在南迁过程中逐步接受了伊斯兰教，并成了伊斯兰教在撒哈拉以南地区的积极传播者。

桑哈贾联盟的政治与外交

作为毛里塔尼亚历史上第一个具有国家形态的政治实体，桑哈贾联盟是一个组织松散的分权的政治实体。从统治阶层来看，根据伊本·阿比·扎尔厄（Ibn Abi Zar'）在1326年的说法，桑哈贾联盟事实上是累姆图纳和杰达拉两个部落的联合体，依靠两个部落酋长的家庭之间通婚来维持，联盟的酋长之位也由两个家族轮流担任。[③]从社会基础来看，该联盟由两个不同的集团组成：一是独立性非常强的游牧柏柏尔人，仍然保持着传统的宗教信仰，在游牧的同时从事低级的队商贸易；二是从事队商贸易的城市柏柏尔商人，他们刚刚皈依并热情地拥抱伊斯兰教，掌握着境内的队商贸易和联盟的商贸事务。当这些柏柏尔人接受了抗拒已久的伊斯兰教时，伊斯兰教反过来成为千差万别的部落间一种强大的凝聚力，使他们的政治组织形式进入了一个新的阶段。

累姆图纳人正是借助骆驼这种交通工具和伊斯兰教的统一力量，与杰达拉人和迈苏法人组成了一个桑哈贾联盟，统治着整个毛里塔尼亚。[④]然而，正如下一节所要讲述的，当时伊斯兰教在毛里塔尼亚

---

① Brian Dean Curran and Joann L. Schrock, *Area Handbook for Mauritania*, p.31.

② Donnelly Fage ed., *The Cambridge History of Africa, Volume 2: From c.500 B.C. to A.D. 1050*, p. 655.

③ Ibid., pp. 653–654.

④ Anthony G. Pazzanita, *Historical Dictionary of Mauritania*, Third Edition, p. 98.

的传播还处于初级阶段，在不同部落和族群中的接受程度非常不均衡，从而埋下了教派纷争的种子。

对贸易线路的控制不仅造就了强大的桑哈贾联盟，还使联盟的统治者一度在外交中占尽优势。廷·雅鲁坦作为临近萨赫勒地区的南桑哈贾酋长，与其周边的国家保持着长期的交往。根据伊本·霍卡尔的记述，加纳和库格哈（Kugha）的统治者都严重依赖这位奥达加斯特王，因为他们生活必需的食盐都得从穆斯林地盘上运来。[①] 瓦拉克则认为，二十多个王国承认这位柏柏尔王的权威，都得向他进贡。他还干预加纳马辛（Māsin）和奥加姆（Awghām）酋长之间的争端，率领5万骆驼骑兵驰援马辛酋长，将奥加姆酋长置于死地，在其地盘上大肆烧杀掳掠，致使许多奥加姆妇女愤而自杀。[②]

10世纪中期的时候，桑哈贾联盟似乎对加纳的王国构成了政治和军事压力。然而，这种优势地位并未持续多久。在不到一个世纪的时间里，奥达加斯特人就反过来“接受了加纳王的权威”。虽然巴克利关于撒哈拉和萨赫勒的记载持续至11世纪中期，但他并未解释奥达加斯特人是为何在短短几十年间屈服于加纳。不过，显而易见的是，权力平衡朝着有利于加纳王国的方向倾斜了。

三、宗教变革与桑哈贾联盟的解体

桑哈贾酋长的朝觐活动

皈依伊斯兰教的桑哈贾部落酋长竞相前往麦加朝圣，他们的朝圣经历对桑哈贾联盟产生了深远的影响。11世纪上半叶，除了穆罕默德·塔拉什纳（Muhammad Tārashnā）外，至少还有两位桑哈

① Ibn Hawqal, *Kitab sural al-ard*, ed. by J . H. Kramers, p. 101. 转引自 Donnelly Fage ed., *The Cambridge History of Africa, Volume 2: From c.500 B.C. to A.D. 1050*, p. 653。

② al-Bakri, *Kitāb al-masālik wa'l-mamālik*, ed. by M. G. de Slane (Algiers, 1911), p. 158. 转引自 Donnelly Fage ed., *The Cambridge History of Africa, Volume 2: From c.500 B.C. to A.D. 1050*, p. 653。

贾酋长前往麦加朝圣：一是欧麦尔，他是后来穆拉比特领导人叶海亚（Yahyā）和阿布·白克尔（Abū Bakr）的父亲；二是杰达拉酋长叶海亚·本·易卜拉欣。在经马格里布和埃及到麦加朝圣的过程中，桑哈贾酋长们耳闻目睹了伊斯兰教的正统教义，与本国人民实践的变了味的伊斯兰教信仰形成了强烈反差，从而决心要在毛里塔尼亚发起一场宗教改革运动。[①] 叶海亚·本·易卜拉欣（Yahyā b. Ibrāhim）于1035—1036年赴麦加朝圣时就是如此。

> 返程途中，叶海亚·本·易卜拉欣（在凯鲁万）遇见了教法学家阿布·伊姆兰·法西（Abū 'Imrān al-Fāsī）。教法学家询问他的国家、国家的风俗习惯和信奉哪个教派，发现他对这一切竟然一无所知，尽管他有着强烈的求知欲、善良的愿望和坚定的信仰。因此，阿布·伊姆兰·法西问道："什么原因让你不能正确地学习教法，进而不能弃恶从善？"叶海亚答道："到我们那里去的老师都是既不虔诚，也对逊奈一无所知。"他随即要求阿布·伊姆兰·法西给他派一名门徒，一个学识和虔诚让他信得过的人，一个可以向他们讲授并执行沙里亚戒律的人。[②]

阿布·伊姆兰·法西在凯鲁万虽然有众多门徒，但没有一个愿意跟随叶海亚前往毛里塔尼亚，与撒哈拉沙漠中的桑哈贾人为伍。于是，他让叶海亚携带他的亲笔信，去摩洛哥的远苏斯（Sus al-Aqsā）找他以前的门徒瓦卡格·本·扎尔维·莱姆提（Waggāg b. Zalwī al-Lamtī）。瓦卡格从他的门徒中挑选了柏柏尔教法学者阿布杜拉·伊本·亚辛（Abdallah ibn Yāssīn, Ablallah ibn Yacin），让他跟随叶海亚来到了毛里塔尼亚的杰达拉营帐里。伊本·亚辛的母亲原本就

---

① Donnelly Fage ed., *The Cambridge History of Africa, Volume 2: From c.500 B.C. to A.D. 1050*, p. 655.

② al-Bakri, *Kitāb al-masālik wa'l-mamālik*, p. 164. 转引自 Donnelly Fage ed., *The Cambridge History of Africa, Volume 2: From c.500 B.C. to A.D. 1050*, pp. 655-656。

来自撒哈拉沙漠，他因此欣然同意随同叶海亚前往毛里塔尼亚。[①]对毛里塔尼亚历史产生了深远影响的穆拉比特运动就此拉开序幕。

关于穆拉比特运动的起源还有另外一种说法，持这种观点的有卡迪·伊亚德（al-Kādī 'Iyād）和伊本·阿西尔（Ibn al-Athīr）。这种说法既没有提到杰达拉酋长叶海亚·伊本·易卜拉欣，也没有提到凯鲁万教法学家阿布·伊姆兰·法西，但提到了另一位赴麦加朝圣的杰达拉酋长贾瓦尔·伊本·萨卡姆（Djawhar ibn Sakkam）。根据这种说法，贾瓦尔·伊本·萨卡姆在归途中直接向瓦卡格提出要求，派人向他的人民传授伊斯兰教和宗教义务，瓦卡格则从他的穆拉比特之家中挑选了“一位博学而虔诚的人”——阿布杜拉·伊本·亚辛。[②]

虽然这两种说法不尽一致，但一些基本事实是清楚的。第一，西撒哈拉桑哈贾人的伊斯兰教信仰非常肤浅；第二，一些杰达拉酋长希望改变这种状况；第三，一些部落贵族赴麦加朝圣对他们的思想意识产生了重要影响；第四，穆拉比特运动与阿布·伊姆兰·法西、瓦卡格和伊本·亚辛代表的保守的马立克教法学派之间有渊源关系。这些事实表明，宗教因素在穆拉比特运动（Almoravid movement）的兴起过程中发挥了决定性作用。[③]

宗教反对力量的兴起

伊本·亚辛来到毛里塔尼亚后发现，他的宗教主张与桑哈贾人

① M. Elfasi ed., *General History of Africa·III: Africa from the Seventh to the Eleventh Century*, Heinemann · California · UNESCO: United Nations Educational, Scientific, and Cultural Organization, 1988, p. 337.

② Cf. H. T. Norris, "New Evidence on the Life of Abdullāh B. Yāsīn and the Origins of the Almoravid Movement", *The Journal of African History*, Vol. 12, No. 2, April 1971, pp. 255–256; J. M. Cuoq, *Recueil des sources arabes concernant l'Afrique occidentale du VIlle au XVIe siècle (Bilād al-Sûdân)*, CNRS, 1975, pp. 125–126; N. Levtzion and J. F. P. Hopkins eds, *Corpus of Early Arabic Sources for West African History*, pp. 101–103. 转引自 M. Elfasi ed., *General History of Africa · III: Africa from the Seventh to the Eleventh Century*, p. 337。

③ Ibid., p. 337.

的宗教行为格格不入。伊本·易卜拉欣请他来向人民传授“真正的伊斯兰教义”，但他信奉苦行僧式的十分严格的马立克教法学派。而撒哈拉游牧部落自8世纪以来，虽然逐步皈依了伊斯兰教，但他们信仰的应该是一种非正统的伊巴迪亚教派（Ibādiyya）。巴克利和后来引用其记述的阿拉伯史学家们都强调，宗教信仰上的放纵和漫不经心是南撒哈拉伊斯兰教的主要弱点。[①] 12世纪的地理学家祖赫尔（al-Zuhri）这样记述被他称作“穆拉比特人”的撒哈拉游牧部落：

> 当瓦尔克兰人（Warqlan）在（倭马亚王朝）哈希姆·本·阿布杜勒·马利克（Hisham b. 'Abd al-Malik，724—743年）时期皈依伊斯兰教时，他们也接受了伊斯兰教。然而，他们接受的是一种让他们游离于神圣法（Holy Law）之外的教派。当加纳人、塔德梅卡人（Tadmekka）和扎封人（Zafun）皈依伊斯兰教时，他们才回归正统的伊斯兰教。[②]

正因如此，伊本·亚辛对杰达拉人信仰的不正统和行为的不虔诚怒不可遏。根据伊本·阿比·扎尔厄的记述：

> 阿布杜拉·伊本·亚辛发现，离经叛道的行为在桑哈贾人中大行其道。他见到男人娶6个、7个、10个妻子，甚至可以想要几个就娶几个。他发现，除了会念清真言，多数人既不祈祷，也不懂伊斯兰教，完全处于愚昧无知状态……于是，他开始向他们传授宗教，向他们讲解法律和逊奈，指导他们行善弃恶。[③]

---

① Donnelly Fage ed., *The Cambridge History of Africa, Volume 2: From c.500 B.C. to A.D. 1050*, p. 659.

② al-Zuhri, *Kitāb al-Ja'rāfiyya, Bulletin d'Etuaer Orientate*, 1968, p. 126. 转引自 Donnelly Fage ed., *The Cambridge History of Africa, Volume 2: From c.500 B.C. to A.D. 1050*, p. 659。

③ Ibn Abi Zar', *al-Anis al-mufrib bi-rawd al-qirfas fī akkbār mulūk al-Maghrib wa-ta'rikh madīnat Fās*, ed. by C. J . Tornberg , Uppsala, 1845-1866, p. 78. 转引自 Donnelly Fage ed., *The Cambridge History of Africa, Volume 2: From c.500 B.C. to A.D. 1050*, p. 656。

亚辛决心要改变这种局面。他向桑哈贾人讲解《古兰经》、圣训和穆斯林法律，严格按照“沙里亚”的规定处罚他们的不法行为。

然而，伊本·亚辛是一位宗教保守主义者，这使他的宗教改革运动根本无法正常进行。他过着一种苦行僧式的禁欲主义生活，既不吃肉也不喝牛奶，认为它们从里到外都不洁净。虔诚和洁癖、激情和战斗精神相结合，使伊本·亚辛走上了保守主义的不归路。他把伊弗里基亚和南摩洛哥马立克教派的战斗性和对异端邪说的斗争精神带了过来，在毛里塔尼亚的宗教改革超出了严格执行法律条文的范畴。他发起了一场杀狗运动，这显然是针对伊巴迪亚派的教派斗争，因为在萨杰拉马萨、加夫萨（Gafsa）和卡斯蒂利亚（Qastiliya）等哈瓦利吉派宗教中心，吃狗肉是一种非常流行的前伊斯兰时期饮食习惯。穆拉比特人在撒哈拉进行征服的后果之一，就是伊巴迪亚派的痕迹被清除得一干二净。他向人们宣扬忏悔思想，让他们对过去的罪过进行清算。因此，对于加入他的宗教改革运动的人来说，无异于再一次皈依伊斯兰教。这是一个重新清算和重新皈依的过程，也是伊本·亚辛进行军事征服的预备阶段。在生活于科尔多瓦的文明环境里且见多识广的巴克利看来，伊本·亚辛的清规戒律简直荒诞不经，游离于愚昧无知的边缘。[①]

除了少数门徒的坚定追随外，伊本·亚辛当时并没有得到多少人的支持。事实上，就连他的导师瓦卡格也不完全认同他的主张。根据卒于1332年的努瓦利（al-Nuwayrī）的说法，瓦卡格曾经斥责伊本·亚辛导致了太多的流血事件，并表示因为派他到毛里塔尼亚去而追悔莫及。伊本·亚辛在给导师的信中写道：

关于您对我的做法的斥责，以及您说您后悔把我派出来，你可是把我派到了一个愚昧无知的国度里（详细列举当地人的

① Donnelly Fage ed., *The Cambridge History of Africa, Volume 2: From c.500 B.C. to A.D. 1050*, pp. 659-661.

种种邪恶之处)……我劝诫他们该怎么做,向他们讲解法律条文,告知他们应受何种惩罚,并没有超出真主的律令。①

由此可见,伊本·亚辛虽然秉持产生于凯鲁万、执行于瓦卡格在苏斯的“穆拉比特地盘”上的马立克派保守传统,但他那套过于僵化的做法似乎是他的个人秉性与他所说的伊斯兰教在桑哈贾人中所处的恶劣条件相结合的产物。②

由于上述原因,伊本·亚辛的保守主张和做法理所当然地遭到自由散漫的当地人强烈抵制。于是,他和追随者来到一个偏僻之地,在那里建立了一个戒备森严的穆斯林兄弟会传教中心“里巴特”(ribāṭ),并吸引了许多人前去投奔。③积蓄了一定的力量后,伊本·亚辛于1040年率领支持者从里巴特起兵,向桑哈贾联盟里的不信教者和异教徒发起了一场圣战,很快就统一了毛里塔尼亚,并建立了一个空前强大的穆拉比特王朝。当伊本·亚辛以军事手段强制贯彻自己的保守主张时,邀请他前来进行宗教改革的桑哈贾联盟就寿终正寝了。

桑哈贾联盟的解体

桑哈贾联盟最终在外敌入侵和教派冲突中走向了灭亡。在桑哈贾联盟内部,三大柏柏尔部落保持着高度的独立性。这在一定程度上导致伊斯兰教在毛里塔尼亚的传播呈现出严重的不均衡性,柏柏尔人各部落对伊斯兰教信仰的虔诚程度存在很大的差异。部落和教派冲突使桑哈贾联盟陷入内战,整个联盟在自相残杀中不可避免地

---

① al-Nuwayrī, *Nibāyat al'-Arab*, Granada, 1919, pp. xxii, 176. 转引自 Donnelly Fage ed., *The Cambridge History of Africa, Volume 2: From c.500 B.C. to A.D. 1050*, p. 661。

② Ibid.

③ 多数学者认为,“里巴特”可能位于塞内加尔河或尼日尔河中某个小岛上,更可能是在迪米里斯角(Cape Timiris)附近的沿海提德拉岛(Island of Tidra)上。近年来有学者指出,“里巴特”可能位于毛里塔尼亚北部和阿尔及利亚西南部的廷杜夫盆地(Tindouf basin)。参见 Brian Dean Curran and Joann L. Schrock, *Area Handbook for Mauritania*, p.33。

走向了衰落。约990年，索宁克人率领的加纳军队攻占奥达加斯特，桑哈贾联盟遭到了肢解。此后，毛里塔尼亚东部和南部处于加纳的主宰下，累姆图纳人则成了向加纳称臣纳贡的附庸。[①]

桑哈贾联盟崩溃后，毛里塔尼亚柏柏尔人进入了连年战乱时期。在长达120年的分裂和混乱时期，桑哈贾人中无法产生一位众望所归的酋长，直到累姆图纳部落的埃米尔阿布·阿布杜拉·穆罕默德·本·提法特（Abū' Abd Allah Muhammad b. Tifāt）脱颖而出，成为公认的桑哈贾联盟统治者。他就是通常所说的穆罕默德·塔拉什纳。在桑哈贾联盟的政治历史上，穆罕默德·塔拉什纳是第一位被明确地描述为穆斯林的酋长。他是“一位道德高尚的虔诚之人，曾经到麦加朝圣，还参加过圣战”。11世纪上半叶，他向撒哈拉和萨赫勒地区的黑人发动圣战时，阵亡于坎卡拉（Qanqāra）。随后，他的姻亲、杰达拉部落酋长叶海亚·本·易卜拉欣继任桑哈贾联盟的统治者。[②]由于一个半世纪前不信教的奥达加斯特王曾经入侵过苏丹，与苏丹的关系始终是桑哈贾联盟对外交往中的首要问题，该联盟最终也亡于苏丹的加纳王国手中。

综上所述，桑哈贾联盟由从西北非地区南迁的柏柏尔人建立。柏柏尔人南迁是一个缓慢的自然过程，一开始主要是由气候变化和生活需要等因素推动，后来因西北非地区长期持续剧变而大规模进行。7—8世纪阿拉伯人入侵北非后，部分柏柏尔人（和一些受迫害的阿拉伯人）越过撒哈拉沙漠，南迁到今毛里塔尼亚境内。他们南迁的主要动因是不愿意接受阿拉伯人的统治，也不愿意接受阿拉伯人带来的伊斯兰教。抱着这种目的，他们千里迢迢来到毛里塔尼亚，希望在这里维持他们的传统部落生活，坚持自己的宗教信仰和价值取向。然而，来到毛里塔尼亚后，实际的生活轨迹远远超出了他们的预料。

来到毛里塔尼亚的柏柏尔人都是桑哈贾人，他们结成了一个类

① Brian Dean Curran and Joann L. Schrock, *Area Handbook for Mauritania*, p.31.

② Donnelly Fage ed., *The Cambridge History of Africa, Volume 2: From c.500 B.C. to A.D. 1050*, pp. 653-655.

似国家的政治实体——桑哈贾联盟。正如巴克利所说，他们既不会耕地，也不会播种，除了维持他们生计的畜群以外，没有其他财产。如果没有穆斯林地区和黑人地区的商人款待或送给他们面粉，他们中就会有很多人一辈子吃不上面包。[①]在此情况下，由于毛里塔尼亚位于撒哈拉队商贸易西线的中枢地带，桑哈贾人的财富和权力主要来自对贸易线路和商业中心的控制。此时，贸易线路北端的马格里布已经在阿拉伯人的统治下实现了伊斯兰化，商人们如果是穆斯林就会在同北非的贸易中占尽优势。于是，伊斯兰教通过线路上密集的人员流动，畅行无阻地传播到了毛里塔尼亚境内。可以说，柏柏尔人为了追寻安定的生活和躲避伊斯兰教南迁到毛里塔尼亚，又为生计所迫不得不接受了沿着贸易线路传来的伊斯兰教。柏柏尔人的到来驱使土著居民不断南迁，伊斯兰教也随着土著居民的南迁和队商贸易而传到了加纳和黑非洲。

需要指出的是，由于同阿拉伯世界之间隔着广阔的撒哈拉沙漠，伊斯兰教千里迢迢传到毛里塔尼亚境内时，已经成了不正统、不够虔诚的“稀释了的伊斯兰教”。那里多数人的宗教信仰仅止于念清真言，没有那么多宗教仪式和清规戒律的束缚。桑哈贾联盟后期领导人赴麦加朝圣而改变了轨迹。他们仰慕北非地区正统而严格的伊斯兰教，主动把保守主义的马立克教法学家伊本·亚辛请了过来，由他主持毛里塔尼亚宗教改革运动。伊本·亚辛把自己的独特个性融入马立克派的教义中，用军事手段向桑哈贾人灌输保守的教义，也建立了取代桑哈贾联盟的穆拉比特王朝。

① 〔法〕亨利·康崩：《摩洛哥史》（上下册），上海外国语学院法语系翻译组译，第132页。

第四章　穆拉比特王朝治下的毛里塔尼亚

柏柏尔人的南迁对毛里塔尼亚乃至北非的历史都产生了重大的影响。它不仅根本性地改变了毛里塔尼亚的社会结构，而且也逐渐使这一地区伊斯兰化，塑造了毛里塔尼亚的文明形态。特别是，毛里塔尼亚兴起的以“净化”信仰为特征的穆拉比特运动与柏柏尔的桑哈贾部落相结合，进而超越了之前松散和分裂的桑哈贾联盟，使毛里塔尼亚第一次出现了真正意义上的国家，即“穆拉比特王朝”。王朝建立后，开始向北拓展，不仅统一了大部分马格里布地区和部分安达卢西亚，成为伊斯兰世界西部的一大帝国。同时，建构了政治权威与宗教权威并存、南北分治的政治体系，为跨撒哈拉沙漠的贸易提供了和平和稳定的环境。但是，穆拉比特王朝本身存在缺陷，特别是奉行保守的马立克学派招致当地人的不满，最终为穆瓦希德王朝取而代之。随着穆拉比特王朝衰败，毛里塔尼亚再次陷入无政府状态，柏柏尔社会内部相互攻伐不断。

一、“里巴特”和穆拉比特运动的兴起

马立克教法学派在伊弗里基亚主导地位的确立

自从670年欧格白在今摩洛哥南部主持建造了凯鲁万城，这里就成了柏柏尔人中宣传伊斯兰教的宗教中心。更加重要的是，农村地区的柏

柏尔人更多认同于反正统的哈瓦利吉派和什叶派，凯鲁万却是正统伊斯兰教逊尼派的大本营。9 世纪以后，马立克教法学派在该地区迅速传播。当马立克·本·艾奈斯（Mālik b. Anas）的第一批门徒于 9 世纪初来到伊弗里基亚时，哈乃斐派的法基赫已经在那里站稳了脚跟，并受到阿格拉布王朝（800—875 年）埃米尔的青睐。在此情况下，马立克派信徒转而致力于赢得普通民众的同情，通过展示遵守《古兰经》及逊奈的虔诚和献身精神，一步步地提高在人民中的影响力。[①]

在什叶派的法蒂玛王朝（909—1171 年）统治时期，马立克教派采取与哈乃斐教派截然对立的政治立场。哈乃斐派接受法蒂玛王朝的统治并与其统治者合作，马立克派则拒绝接受法蒂玛教义，拒绝以阿里和法蒂玛哈里发之名在清真寺做呼图白（khutba）。马立克派号召人民反抗法蒂玛王朝的统治，并公开支持哈瓦利吉派的阿布·亚齐德（Abū Yazīd）领导的反法蒂玛起义。973 年法蒂玛王朝迁往埃及后，马立克派鼓动齐里王朝埃米尔断绝与法蒂玛王朝的联系，并煽动对什叶派教徒进行大屠杀。当时，在阿布·伊姆兰·法西等人的领导下，马立克派法基赫鼓动齐里王朝的埃米尔穆耶兹·本·巴迪斯（al-Mu'izz b. Badīs）彻底脱离法蒂玛王朝。1038 年底或 1039 年初，在齐里王朝的埃米尔走向独立的最后阶段和马立克派的战斗性登峰造极之时，杰达拉酋长叶海亚·本·易卜拉欣到访凯鲁万并会见了阿布·伊姆兰·法西。这次访问的时间点对于理解穆拉比特运动的兴起至关重要。[②]

10 世纪和 11 世纪，凯鲁万是北非重要的伊斯兰教中心，马格里布的知名法基赫几乎都在那里学习过。非斯人阿布·伊姆兰·法西就在这里学习并定居于此，成了那个时代法基赫中的领袖。他的门徒遍布马格里布各地，其中就有瓦卡格·本·扎尔维·莱姆提。

---

① Donnelly Fage ed., *The Cambridge History of Africa, Volume 2: From c.500 B.C. to A.D. 1050*, p. 656.

② Ibid., p. 657.

> 瓦卡格·本·扎尔维·莱姆提是远苏斯人。他到凯鲁万拜阿布·伊姆兰·法西为师，学成之后回到苏斯盖了一座房子，将其命名为学习科学和诵读《古兰经》者的“穆拉比特之家”（Dār al-Murābitīn）。马斯穆达人经常前去拜会他，以求得到他的祷文的庇护，遭受旱灾时则请他祈雨。①

瓦卡格的“穆拉比特之家”可以说是凯鲁万的马立克学派传统的延伸。他本人是其导师阿布·伊姆兰·法西和他的门徒阿布杜拉·伊本·亚辛之间的纽带，他的家乡摩洛哥南部则是伊弗里基亚和撒哈拉之间的桥梁。

马立克派与穆拉比特人的联合

凯尔万的法基赫们的斗争得到了穆拉比特人（murābitūn）即“里巴特”人的支持。“穆拉比特”是 11 世纪和 12 世纪时一个以摩洛哥和毛里塔尼亚为中心的柏柏尔穆斯林王朝，体现了“里巴特”的战斗性与马立克教法学派的虔诚和禁欲主义在柏柏尔人中的结合。

“里巴特”是阿拉伯语“رِبَاط”一词的音译，特指建有军事防御设施的伊斯兰教场所。“穆拉比特”（阿拉伯语：المرابطون, al-Murabitun）由“里巴特”引申而来，比喻居住在寺院“堡垒中准备战斗的人”，或指“里巴特”中伊本·亚辛的所有追随者。②“里巴

① al-Tādilī, *Kitāb al-tashawwuf ilā rijāl al-tasawwuf*, ed. by A. Faure, Rabat, 1958, p. 66. 转引自 Donnelly Fage ed., *The Cambridge History of Africa, Volume 2: From c.500 B.C. to A.D. 1050*, p. 658。

② 根据阿拉伯语的屈折构词法，由三个辅音字母 r-b-t 构成的词根“ربط”（Rabat，联系）经“رابط”（Raabat，联系者、中间人）变化而来。“رابط”可以转义为“宿营”“扎营”，“رِبَاط”则兼有“客栈”“旅店”“基地”“静养所”“绳子”“皮带”之义。“穆拉比特”（阿拉伯语：المرابطون，al-Murabitun；柏柏尔语：ⵉⵎⵔⴰ。ⴱⴹⵏ，Imrabḍen；英语：Almoravid）是“المرابط”（al-Murabit）的复数，由“里巴特”进一步屈折变化而来，原义是“绑（联系）……的人”。当“رِبَاط”喻义前线“堡垒”的时候，“المرابط”就比喻“堡垒中准备战斗的人”，“穆拉比特”作为“المرابط”的复数，指“里巴特”中的所有人员。在西班牙语中，“穆拉比特”译为“Almorávides”。受此影响，英语中有时不采用阿拉伯语的音译“al-Murabitun”，而是从其西班牙语音译转译为“Almoravid”。从这个意义上讲，把“المرابطون”译为“阿尔摩拉维德”是不准确的，因为一则“Almoravid”经过西班牙语的转译之后，音素的失真比较严重；二则阿拉伯语中的“al-”类似英语中的定冠词“the”，本身没有实际意义，也不必译出。

特”最早出现在8世纪，阿拉伯人征服马格里布后在伊弗里基亚的沿海地区建设的宗教场所，是防御拜占庭舰队进攻的军事据点。阿拉伯海军掌握了地中海的制海权后，里巴特就丧失了其军事防御功能，转而成了禁欲修行和宣传信仰的宗教中心。但与此同时，战斗性仍然是这些里巴特的一个突出特点，弥漫着一种在尘世间和精神世界里永久圣战的观念。

确切地讲，里巴特就是边境地区捍卫伊斯兰教地盘的前沿哨所。根据阿拉伯作家伊本·阿比·扎尔厄的解释，里巴特的意思是“重兵防守的前线或沿海哨所”或“用于宗教和禁欲修行和宣传信仰的重兵防守的中心”。[①]正因如此，里巴特最初的功能就是圣战中捍卫伊斯兰教战士的家园，住在里巴特里面的人称为“穆拉比特”。在凯鲁万和里巴特内部，马立克派信徒一边潜心研究伊斯兰教法（fiqh），一边躬身实践禁欲主义（zuhd）理念。他们虽然是禁欲主义者，但并未与尘世事务完全隔绝开来，而是与普通民众保持着密切的联系。他们以民众利益的捍卫者自居，在这些问题上勇敢地挑战统治者，从而成了深受民众爱戴的领袖。[②]时到今日，在基地组织和“伊斯兰国”的军事组织内部，“里巴特”一词仍然被广泛使用。

8—11世纪，马格里布的边际（Maghrib al-Aqsā）是众多异教徒的避难地，其中最重要的是马斯穆达人中的柏尔加瓦塔人（Barghawata, Berghouata）。柏尔加瓦塔人撤往这里之后，在萨累（Salé）和萨菲（Safi）之间的摩洛哥大西洋沿岸平原上游弋了三个世纪。他们的先知萨利赫（Sālih）给他们一本柏柏尔语版的《古兰经》，里面宣扬的是糅合柏柏尔人文化价值观和各种伊斯兰思想的大杂烩。因此，对柏尔加瓦塔人发动圣战便是马立克派的宗教义务。萨累的里巴特就是针对柏尔加瓦塔人的，防止他们进攻伊斯兰

① M. Elfasi ed., *General History of Africa · III: Africa from the Seventh to the Eleventh Century*, p. 345.

② Donnelly Fage ed., *The Cambridge History of Africa, Volume 2: From c.500 B.C. to A.D. 1050*, p. 657.

教地盘。伊本·亚辛从西班牙返回时，途径柏尔加瓦塔人聚居区，为这些异教徒势力之强大深受震撼。几年之后，他率领穆拉比特人向柏尔加瓦塔人发动圣战，决意摧毁他们的势力并消灭这些异教徒，但阵亡于这场圣战中。[①] 在柏尔加瓦塔人南边的苏斯、阿特拉斯和德拉，还有一些哈瓦利吉派和什叶派穆斯林。根据伊本·阿比·扎尔厄的说法，这些顽固不化者都被伊本·亚辛消灭了。[②]

据记载，除了针对柏尔加瓦塔人的萨累里巴特，大西洋沿岸还有另外两个里巴特。从凯鲁万学成归来的南摩洛哥人，把伊弗里基亚的战斗精神带回来后，发现国内有实施这种精神的丰厚土壤。其中之一是瓦卡格在苏斯山谷阿格鲁村（Aglu）[③] 建立的“穆拉比特之家”。瓦卡格在这里致力于服侍真主、钻研科学、号召人们行善，招收了许多跟随他学习宗教学的门徒。[④] 伊本·亚辛就是从这个里巴特出发，带着战斗精神前往撒哈拉和毛里塔尼亚。

伊本·亚辛的宗教改革运动

如前所述，当时撒哈拉南部的民众的伊斯兰信仰较为浅薄。11世纪上半叶，非正统的伊巴迪亚派在这里有着巨大的影响力，特别是在奥达加斯特和塔德梅卡这样的商业中心。[⑤] 叶海亚·本·易卜拉欣和阿布·伊姆兰·法西在凯鲁万的会面，正值马立克派的影响力在伊弗里基亚蒸蒸日上，齐里王朝的埃米尔穆耶兹·本·巴迪斯在前者鼓动下即将脱离什叶派法蒂玛王朝。在这种鼓舞人心的大好形势下，两个人讨论了他们的故乡毛里塔尼亚的宗教信仰状况。叶海

---

① al-Bakrī, *Description de l'Afrique septentrionale par el-Bekri*, trans. by Baron Mac Guckin de Slane , Paris: Geuthner, 1913, p. 168. 转引自 M. Elfasi ed., *General History of Africa · III: Africa from the Seventh to the Eleventh Century*, p. 348。

② Donnelly Fage ed., *The Cambridge History of Africa, Volume 2: From c.500 B.C. to A.D. 1050*, p. 658.

③ 阿格鲁村，位于今提兹尼特（Tiznit）附近。

④ Donnelly Fage ed., *The Cambridge History of Africa, Volume 2: From c.500 B.C. to A.D. 1050*, p. 659.

⑤ Ibid.

亚表达了对桑哈贾人缺乏宗教教育和对伊斯兰教法漫不经心的失望，通过阿布·伊姆兰·法西的推荐找到了瓦卡格“穆拉比特之家”的伊本·亚辛。

伊本·亚辛来自苏斯的桑哈贾人卡祖拉（Gazzla）部落，他是穆拉比特运动的精神领袖和穆拉比特王朝的创立者。虽然如此，但从名字上看，他并非一出生就是穆斯林，而是后天皈依伊斯兰教。他的名字意为“亚辛之子”，“亚辛”则是《古兰经》第36章的标题。这样取名意味着与家庭的过去决裂，在《古兰经》中获得了新生。[①]《古兰经》第36章是这样开篇的：“亚辛，以智慧的《古兰经》发誓，你确是众使者之一，你的确是在正路上被派遣的使者之一。”[②]显然，他的名字与《古兰经》并非巧合。伊本·亚辛有着宗教狂热，其教义的主要特点是机械的形式主义和严格遵守《古兰经》条文及正统伊斯兰传统。[③]

然而，伊本·亚辛是一个相当传奇的人物，他更多的是一个政治家而非教法学家。根据巴克利等编年史学家的记述，他在“无知”的桑哈贾人看来是一个学者，但学术造诣事实上并不精深。与其说他是一个研究教义的理论家，倒不如说是一个很有手腕的领袖人物。他的强项在于机灵，有人格魅力，而且颇得女人的欢心。[④]他到杰达拉部落后的经历也颇能说明问题。由于其宗教狂热远甚于学术造诣，伊本·亚辛在早期传教中经常遭到杰达拉人的质疑。他对质疑的反应却是指责对方“叛教”，并对最轻微的偏离教规行为给以最严厉的惩罚。他援引先知穆罕默德的早期做法，宣扬征服是伊斯兰化的必要补充。在他看来，只遵守真主的法律是不够的，还必须消灭它的反对派。而根据他的那一套意识形态，只要在伊斯兰教法之外，

---

① M. Brett and E. Fentress, *The Berbers*, Oxford: Blackwell, 1996, p. 100.

② 《古兰经》，马坚译，中国社会科学出版社1981年版，第336页。

③ Kevin Shillington, *History of Africa*, Palgrave Macmillan, 2005, p. 88.

④ 〔法〕夏尔－安德烈·朱利安：《北非史·突尼斯、阿尔及利亚、摩洛哥　第一卷　从上古时代至阿拉伯人征服（公元647年）》，上海新闻出版系统“五·七”干校翻译组译，第134页。

一切都可以被贴上“反对派”的标签。

在这套政治－宗教意识形态的指导下，伊本·亚辛领导的宗教改革运动包括三个方面。首先是严格执行正统的伊斯兰教义。他向人们讲授《古兰经》、圣训和伊斯兰教法，严格按照“沙里亚”的规定实施惩罚（hudūd）。在这方面，亚辛沿用的是马立克派在凯鲁万的传统做法，据说马立克的门徒萨赫农（Sahnūn）就在那里的大清真寺接受过处罚。[①] 其次是认真贯彻马立克教法学派的理念。他提倡的公开祈祷和发起的杀狗运动，可以说是执行马立克派创始人马立克·本·艾奈斯编纂的《穆瓦塔圣训集》（*Muwatta'*）。作为宗教改革的一部分，伊本·亚辛取缔了不符合伊斯兰教经典规定的税收，建立了公共财政制度，并依法公正地分配战利品。再次，发起超越伊斯兰法条文的清算运动。他要求人们进行忏悔并与过去的罪行决裂，用禁欲主义和战斗精神释放革命激情，从而奉行了用武力推行偏激主张的宗教保守主义。如前所述，就连导师瓦卡格也对他的极端做法颇多微词。事实上，他也只能是在军事征服过程中逐步进行宗教改革。[②]

当时的毛里塔尼亚是一个自由散漫，对伊斯兰教一知半解的社会。伊本·亚辛严格执行理想化的伊斯兰教法不可避免地引起了一场社会危机。叶海亚·本·易卜拉欣向阿布·伊姆兰·法西抱怨撒哈拉地区没有合格的老师，这说明在伊本·亚辛到来之前毛里塔尼亚也有自己的法基赫，其中最著名是朱哈尔·本·萨库姆（Jawhar b. Sakkum）。朱哈尔发现亚辛的教义中有自相矛盾之处，[③] 便起而捍卫杰达拉精英的利益，领导杰达拉人反对亚辛的宗教改革运动。[④] 抵

① al-Qādī 'Iyād, *Tartīb al-madārik wa-taqrīb al-masālik li-ma'rifat a'lām madbbab Mālik*, ed. by Ahmad Bakīr Mahmūd, Beirut, 1967, pp. iv, 601. 转引自 Donnelly Fage ed., *The Cambridge History of Africa, Volume 2: From c.500 B.C. to A.D. 1050*, p. 660。

② Ibid.

③ al-Bakri, *Kitāb al-masālik wa'l-mamālik*, ed. by M. G. de Slane, p. 165. 转引自 Donnelly Fage ed., *The Cambridge History of Africa, Volume 2: From c.500 B.C. to A.D. 1050*, p. 660。

④ H. T. Norris, “New Evidence on the Life of Abdullāh B. Yāsīn and the Origins of the Almoravid Movement”, *The Journal of African History*, Vol. 12, No. 2, p. 259.

制伊本·亚辛传教活动的还有两位部落长老，他们担心自己的政治统治地位受到其说教的影响。伊本·亚辛之所以能在毛里塔尼亚进行宗教改革，纯粹是由于杰达拉酋长叶海亚·本·易卜拉欣的邀请和支持。当后者于1040年左右去世后，杰达拉人立即赶走了这位极端主义教长。

被杰达拉人驱逐后，伊本·亚辛率领自己的七个铁杆追随者，在桑哈贾社会中隐藏了起来，建立了一个军事清真寺“里巴特”。伊本·亚辛隐藏起来的具体时间已经很难考证。根据现有史料推测，这一事件应该发生于伊斯兰历444年（公元1053—1053年）之前，因为他的追随者在此后一年内就出兵袭击了萨杰拉马萨城。[①]关于伊本·亚辛的里巴特所在的位置，迄今为止有两种说法。有人认为在尼日尔河（或塞内加尔河）中央的一个岛上，但更可能是在毛里塔尼亚沿海的累夫里耶海湾和提米里斯角之间的提德腊岛上。[②]他显然是有意识地模仿先知穆罕默德622年从麦加到麦地那的“希吉拉”，作为改革者以隐藏的形式摆脱一个“有罪的社会”，在追随者中建立一个完全由自己的宗教主张指导，不受原有宗教价值观和社会政治传统束缚的新型共同体。正是在他隐藏之后，伊本·亚辛才巩固了其作为宗教领袖的最高权威地位，穆拉比特运动也才得以从世俗部落社会中脱颖而出。[③]从此，伊本·亚辛的宗教改革运动进入了新阶段。他在传统的部落社会中建立了一个政治－宗教社群，其成员决心以劝说甚至不惜以圣战的方式，在桑哈贾人和其他部落中传播

① 参见 M. Elfasi ed., *General History of Africa · III: Africa from the Seventh to the Eleventh Century*, p. 346; Donnelly Fage ed., *The Cambridge History of Africa, Volume 2: From c.500 B.C. to A.D. 1050*, p. 663。

② 〔法〕夏尔－安德烈·朱利安：《北非史·突尼斯、阿尔及利亚、摩洛哥　第一卷　从上古时代至阿拉伯人征服（公元647年）》，上海新闻出版系统“五·七”干校翻译组译，第134页。

③ Donnelly Fage ed., *The Cambridge History of Africa, Volume 2: From c.500 B.C. to A.D. 1050*, pp. 661-662.

他的教义，进行了一场以圣战之名进行的军事征服活动。[①]

有关里巴特人的虔诚和纪律严明的传说吸引大批柏柏尔人加入其中。根据巴克利的说法，任何人加入这个教派，要经过严格的考验，以洗刷过去的罪孽。酒徒和撒谎者抽80鞭，贪淫好色者抽100鞭，伊本·亚辛有时还要加重处罚。里巴特里的人必须严格按照马立克派的教规生活。他们吃水果和捕来的鸟兽、鱼类，也吃切碎的干肉，上面撒些熬过的油或乳脂，喝的几乎只有牛奶。违反教规要受到严厉的惩罚：聚礼时迟到抽5鞭，缺席宗教仪式抽20鞭，在清真寺内大声说话由审判者随意处罚。新教徒为了弥补以前未参加的祈祷，参加聚礼之前要重复晌礼祈祷四次。[②]在里巴特内部，这些人被马立克派教规锻造成了富有献身精神的穆斯林，决心要用说服或圣战的方式开导非教徒和不够虔诚的穆斯林。杰达拉和累姆图纳这样的大部落都被强制挟裹了进来，其他部落也都相继投降并加入了穆拉比特运动中。这样一来，一种新的政治－宗教体制重新把撒哈拉桑哈贾人统一了起来，并且迸发出了强大的活力和潜力。[③]

伊本·亚辛进行的宗教改革始于杰达拉部落酋长叶海亚·本·易卜拉欣的盛情邀请，其成功则得益于累姆图纳部落酋长叶海亚·伊本·欧麦尔（Yahya ibn Umar al-Lamtuni）的鼎力支持。长期以来，叶海亚·伊本·欧麦尔梦想重建桑哈贾联盟，恢复累姆图纳人久已失去的政治统治地位。伊本·亚辛的狂热宗教主张与叶海亚·伊本·欧麦尔的迫切政治需求相契合，后者则看中了伊本·亚辛虔诚而狂热的说教所具有的组织动员能力，遂邀请伊本·亚辛到累姆图纳人中

---

① M. Elfasi ed., *General History of Africa · III: Africa from the Seventh to the Eleventh Century*, p. 346; Donnelly Fage ed., *The Cambridge History of Africa, Volume 2: From c.500 B.C. to A.D. 1050*, p. 663.

② 〔法〕夏尔－安德烈·朱利安：《北非史·突尼斯、阿尔及利亚、摩洛哥　第一卷　从上古时代至阿拉伯人征服（公元647年）》，上海新闻出版系统“五·七”干校翻译组译，第135页。

③ Donnelly Fage ed., *The Cambridge History of Africa, Volume 2: From c.500 B.C. to A.D. 1050*, p. 662.

去传教。[①]11 世纪 40 年代末，桑哈贾联盟首领叶海亚·本·易卜拉欣去世后，叶海亚·伊本·欧麦尔在伊本·亚辛的支持下成为桑哈贾联盟的新首领。从此，伊本·亚辛和叶海亚·伊本·欧麦尔建立起一种更具建设性意义的伙伴关系。叶海亚·伊本·欧麦尔担任军事统帅“埃米尔”，伊本·亚辛作为“伊玛目”负责宗教、司法事务，掌管公共财政（bayt al-māl）。在两人的共同领导下，到 11 世纪 50 年代初期，里巴特人开始自称“穆拉比特人”。欧麦尔指挥穆拉比特人南征北战，通过传播伊本·亚辛的教义，建立了一个以摩洛哥为中心，包括毛里塔尼亚、西马格里布和西班牙的大帝国。

二、穆拉比特王朝的建立及其统治

穆拉比特人的双重领导体制

在伊本·亚辛去世之前，穆拉比特人实行双重领导体制。伊本·亚辛是“伊玛目”，即穆拉比特运动的宗教和意识形态领袖，他从一开始就想赋予穆拉比特运动以超部落属性。但受制于柏柏尔人根深蒂固的部落社会传统，追随他的穆拉比特成员仍然是特定部落的一员。由于桑哈贾部落事务的最高领导权掌握在以叶海亚·伊本·欧麦尔为首的累姆图纳人手中，伊本·亚辛不得不任命他为穆拉比特运动的全面军事统帅“埃米尔”，迈苏法和杰达拉等其他创始部落（至少在一开始）要服从叶海亚·伊本·欧麦尔的指挥。据编年史学家卡迪·阿亚德（Qadi Ayyadi）考证，叶海亚·伊本·欧麦尔是第一个使用“穆斯林的埃米尔”（Amir al-muslimin）称号的人，而此后的穆拉比特统治者均以“穆斯林的埃米尔”自居。[②]尽管如此，其他部落的人仍然是传统的部落武士，或多或少由其传统部落酋长

① Kevin Shillington, *History of Africa*, p. 88.

② N. Levtzion & J.F.P. Hopkins, *Corpus Of Early Arabic Sources for West African History*, Markus Wiener Publishers, 2000, p. 102.

领导，只不过在伊斯兰教的旗帜下进行征战而已。[①]

在二元制的权力结构中，伊本·亚辛的权力在叶海亚·伊本·欧麦尔之上。他拥有最高宗教权威，负责处理穆拉比特人的宗教和司法事务，掌管着公共财政，还亲自参加征服活动。事实上，伊本·亚辛才是“真正的埃米尔，因为是他令行禁止，予取予夺”。[②]有记述称，叶海亚·伊本·欧麦尔被告知有罪之后，曾经主动认罪并甘愿受鞭刑处罚。[③]这一记述无疑昭示这样一个事实：伊本·亚辛确实拥有高于叶海亚·伊本·欧麦尔的权威。

穆拉比特人的征服

当叶海亚·伊本·欧麦尔开始率军征战之后，超部落的穆拉比特人仍然面临着部落冲突的威胁。穆拉比特人的超部落属性是伊本·亚辛赋予的，但他也曾被杰达拉人驱逐。伊本·亚辛建立里巴特获得了叶海亚·伊本·欧麦尔的支持，这使累姆图纳人成为穆拉比特运动的社会基础，穆拉比特运动在一定程度上成了累姆图纳人的事业。在此情况下，虽然伊本·亚辛一复出就用武力征服了杰达拉人，并迫使他们加入穆拉比特运动中来，但杰达拉人继续对穆拉比特运动持敌视态度，一直等待时机从该运动中分离出去。

当穆拉比特军队主力在萨杰拉马萨和奥达加斯特作战时，杰达拉人在后方发动起义。埃米尔叶海亚·伊本·欧麦尔前去镇压时，在阿德拉尔的阿祖基（Azukī）陷入了重围。在1056年爆发的塔布法里拉（Tabfārīllā）之战中，叶海亚·伊本·欧麦尔虽然得到了塔克鲁尔（Takrūr）部落酋长拉比·伊本·瓦尔－迪亚比（Labī ibn Wār-Dyābī）的增援，但他于1057年战败并阵亡。“从此以后，穆

---

① M. Elfasi ed., *General History of Africa · III: Africa from the Seventh to the Eleventh Century*, p. 346.

② Ibn Abi Zar', *al-Anis al-mufrib bi-rawd al-qirfas fī akbbār mulūk al-Maghrib wa-ta'rikh madīnat Fās*, ed. by C. J . Tornberg , Uppsala, 1845–1866, p. 80. 转引自 Donnelly Fage ed., *The Cambridge History of Africa, Volume 2: From c.500 B.C. to A.D. 1050*, p. 662。

③ Ibid.

拉比特人再也没有对杰达拉人采取过敌对行动。”[①]杰达拉人和迈苏法人虽然憎恨累姆图纳人的主导地位，但他们后来都参加了对马格里布的征服并发挥了领导作用，后来也被视为真正的穆拉比特人。拉姆塔人（Lamta）、扎纳塔人和马斯穆达人也是一开始就被征服，并加入了穆拉比特人的事业中。[②]

虽然存在内部反对和离心倾向，但新的政治－宗教体制和共同利益还是把桑哈贾柏柏尔人团结在一起。各个部落相继都参与到穆拉比特运动中来，使穆拉比特人取得了辉煌的军事征服成就。穆拉比特王朝之所以能够崛起，主要出于如下原因。

第一，队商贸易沿线的桑哈贾人想恢复对贸易和线路的控制。桑哈贾联盟曾控制了穿越撒哈拉西部的贸易路线。但随着桑哈贾联盟的分裂，贸易控制权也逐渐易手。贸易线路上的重镇奥达加斯特被加纳国王占领，北端终转站萨杰拉马萨和德拉（Dar'a）则落入了扎纳塔诸酋长之手。

第二，马格拉瓦人（Maghrāwa）对德拉山谷的控制影响了拉姆塔人、贾祖拉人（Djazūla）、卡比拉人（kabilas）和一部分累姆图纳人的自由流动。这些北部桑哈贾人念念不忘夺回阿特拉斯山与撒哈拉之间的肥沃牧场。这样，大部分信仰哈瓦利吉派、此前曾称霸西马格里布的扎纳塔人就成了穆拉比特人的首要敌人。

第三，自法蒂玛王朝确立在北非的统治以来，马立克教法学派就成了被压迫者的代言人。穆拉比特人取消了不符合伊斯兰教法规定的税收，受到平民大众的衷心拥护，至少在扩张之初仍被北非人民视为救星。[③]

---

① al-Bakri, *Kitāb al-masālik wa'l-mamālik*, ed. by M. G. de Slane, p. 158. 转引自 Donnelly Fage ed., *The Cambridge History of Africa, Volume 2: From c.500 B.C. to A.D. 1050*, p. 168。

② M. Elfasi ed., *General History of Africa · III: Africa from the Seventh to the Eleventh Century*, pp. 346–347; Donnelly Fage ed., *The Cambridge History of Africa, Volume 2: From c.500 B.C. to A.D. 1050*, pp. 662–663.

③ M. Elfasi ed., *General History of Africa·III: Africa from the Seventh to the Eleventh Century*, p. 347.

第四，当时扎纳塔人各酋长国力量衰微，摩洛哥地区基本上处于无政府状态。统治者的暴政激起了当地人民的强烈不满，穆拉比特人被许多当地人当作解放者。[①]

第五，瓦卡格·扎尔维和伊本·亚辛分别来自拉姆塔和贾祖拉部落，这些秉承凯鲁万传统的马立克派法基赫致力于把本族同胞从苦难中解放出来。根据伊本·阿比·扎尔厄的记述，萨杰拉马萨和德拉的教士们致信伊本·亚辛、叶海亚·伊本·欧麦尔和其他穆拉比特酋长，邀请他们来自己的国家清除大行其道的恶行、不公和暴政。[②]伊本·赫勒敦和14世纪的摩洛哥历史学家都认为，穆拉比特人向北进攻以及对萨杰拉马萨和远苏斯的征服是响应当地法基赫的号召。《柏柏尔人的骄傲》（*Mafākhir al-Barbar*）中记述道，穆拉比特人之所以从沙漠向外扩张，是瓦卡格和伊本·亚辛奉阿布·伊姆兰·法西之命推动的。[③]

伊本·亚辛交替使用军事和外交两种手段，很快就完成了对摩洛哥地区的征服。叶海亚·伊本·欧麦尔首先向北进攻，夺取了扎纳塔人的地盘德拉山谷，随即进军作为队商贸易北端中转站的萨杰拉马萨。与马格拉瓦统治者马苏德·本·瓦努丁（Mas'ūd b. Wānūdīn）的和平交涉失败后，穆拉比特人于1054年夺取了该城，杀死马苏德并任命了自己的总督。

---

① 在10世纪的最后25年，两个扎纳塔王朝在摩洛哥建立了几个酋长国，它们都是西班牙后倭马亚王朝的卫星国。伊夫兰人（Banū Ifran）的两个酋长国分别在萨累和塔德拉（Tadla），马格拉瓦人的三个酋长国在非斯、萨杰拉马萨和奥格马特（Aghmāt，今马拉喀什附近）。在穆拉比特人入侵前的几十年，这些酋长国对内实行暴政，对外互相征伐，人民生活困苦不堪。参见 Ibn Abi Zar', *al-Anis al-mufrib bi-rawd al-qirfas fī akbbār mulūk al-Maghrib wa-ta'rikh madīnat Fās*, ed. by C. J . Tornberg , Uppsala, 1845–1866, pp. 71–72，转引自 Donnelly Fage ed., *The Cambridge History of Africa, Volume 2: From c.500 B.C. to A.D. 1050*, pp. 663–664。

② Ibn Abi Zar', *al-Anis al-mufrib bi-rawd al-qirfas fī akbbār mulūk al-Maghrib wa-ta'rikh madīnat Fās*, ed. by C. J . Tornberg , Uppsala, 1845–1866, p. 81. 转引自 Donnelly Fage ed., *The Cambridge History of Africa, Volume 2: From c.500 B.C. to A.D. 1050*, p. 664。

③ E. Levi-Provencal ed., *Mafakbir al-Barbar, in Tex/ei Arabet Marocaims*, Rabat, 1934, p. 69. 转引自 Donnelly Fage ed., *The Cambridge History of Africa, Volume 2: From c.500 B.C. to A.D. 1050*, pp. 664–665。

伊本·亚辛在萨杰拉马萨贯彻其正统教义，禁止饮酒和音乐，取缔非伊斯兰教税收，把五分之一的战利品分配给宗教人士。随后，欧麦尔于 1055 年回师南征奥达加斯特，攻破城池后对扎纳塔居民进行了大屠杀。在控制了萨杰拉马萨和奥达加斯特两个商路要冲后，西非的队商贸易线路已经处于穆拉比特人的控制下。[①]

穆拉比特大军北征期间，南方的杰达拉人发动起义，叶海亚·伊本·欧麦尔前去镇压时战死。就在穆拉比特大军镇压杰达拉人期间，萨杰拉马萨人不满穆拉比特人的残暴统治，于 1055 年发动起义，剿灭了穆拉比特的少量占领军。

叶海亚·伊本·欧麦尔阵亡后，伊本·亚辛任命叶海亚之弟阿布·白克尔·伊本·欧麦尔（Abū Bakr ibn 'Umar）为新埃米尔。阿布·白克尔收复了萨杰拉马萨城和德拉山谷，但未能再次征服杰达拉人。事实证明，伊本·亚辛不仅是一个保守的宗教改革者和冷酷无情的武士，而且还是一个手段高明的政治家。他施展出高超的外交手腕，兵不血刃征服了阿特拉斯山区的马斯穆达人。同样，经过漫长的谈判之后，他于 1058 年获得了苏斯首都阿格马特城（Aghmāt）和整个苏斯地区。[②]

穆拉比特王朝的南北分治

阿布·白克尔是一个杰出的征服者，他不仅把穆拉比特人的势力扩张到撒哈拉沙漠以外，而且把伊本·亚辛的宗教共同体变成了一个王朝。为了巩固与阿格马特人的联盟关系，阿布·白克尔娶了

---

① J. Dévisse, "La question d'Audagust", D. Robert, S. Robert and J. Dévisse, eds., *Tegdaoust I. Recherches sur Aoudaghost*, Paris:Arts et Métiers Graphiques, 1970, pp. 152 ff. 转引自 M. Elfasi ed., *General History of Africa·III: Africa from the Seventh to the Eleventh Century*, p. 347。

② M. Elfasi ed., *General History of Africa·III: Africa from the Seventh to the Eleventh Century*, p. 348. 参见〔法〕亨利·康崩：《摩洛哥史》（上下册），第 40 页；〔法〕夏尔－安德烈·朱利安：《北非史·突尼斯、阿尔及利亚、摩洛哥　第二卷　从阿拉伯人征服至 1830 年》，上海出版系统“五·七”干校翻译组译，第 137 页。

其酋长之女泽娜白（Zaynab, Zainab al-Nafzawiyya）。[①]泽娜白才华出众，在指导各种事务方面发挥了极其重要的作用。[②]通过这一举措，整个南摩洛哥地区都归顺了穆拉比特人。当地的异教和多神崇拜被清除得一干二净，穆拉比特式的马立克教法学派确立了在这里的统治地位。[③]

夺取阿特拉斯山区之后，穆拉比特人遭遇了最顽强的敌人柏尔加瓦塔人，遇到了自扩张以来最严重的挫折。1059 年，伊本·亚辛在库里法拉特（Kufifalat，位于拉巴特以南 40 公里处）附近的战斗中阵亡。[④]伊本·亚辛之死造成了一段时间的危机，有文献记载迈苏法人发动了武装起义，但穆拉比特运动不但没有因此瓦解，反而迸发出新的、更大的活力，度过危机后开始进一步传播教义和扩张领土。[⑤]

与此同时，伊本·亚辛之死终结了宗教领袖的至高无上地位，[⑥]埃米尔掌握了最高权力并建立了王朝。三大创始部落累姆图纳人、杰达拉人和迈苏法人是军事贵族阶层，只有他们的部落成员才有资格冠以“穆拉比特”称号。其中，最上层的累姆图纳人居于统治地位，穆拉比特人经常等同于“穆拉比特累姆图纳人”（al-Lamtūniyyūn al-murābitūn），甚至直接简称为“累姆图纳人”。贾祖拉、拉姆塔

① 参见 M. Elfasi ed., *General History of Africa·III: Africa from the Seventh to the Eleventh Century*, p. 348。有的文献认为泽娜白是阿格马特酋长的遗孀，参见〔法〕亨利·康崩：《摩洛哥史》（上下册），第 40 页；〔法〕夏尔－安德烈·朱利安：《北非史·突尼斯、阿尔及利亚、摩洛哥　第二卷　从阿拉伯人征服至 1830 年》，上海新闻出版系统“五·七”干校翻译组译，第 137 页。

② 〔法〕亨利·康崩:《摩洛哥史》(上下册)，上海外国语学院法语系翻译组译，第 40 页。

③ M. Elfasi ed., *General History of Africa·III: Africa from the Seventh to the Eleventh Century*, p. 348.

④ al-Bakrī, *Description de l'Afrique septentrionale par el-Bekri*, trans. by Baron Mac Guckin de Slane, p. 168. 转引自 M. Elfasi ed., *General History of Africa · III: Africa from the Seventh to the Eleventh Century*, p. 348。

⑤ Ibid.

⑥ 伊本·亚辛死后，瓦卡格派另一个战友苏莱曼·本·阿杜担任宗教首领，后来又派来了伊玛目·哈德拉米（Imâm al-Hadramî）和利姆塔德·拉姆图尼（Limtâd al-Lamtunī），但都无法达到伊本·亚辛的地位和影响力。参见 H. T. Norris, “New Evidence on the Life of Abdullāh B. Yāsīn and the Origins of the Almoravid Movement”, *The Journal of African History*, Vol. 12, No. 2, pp. 267–268。

和马斯穆达等其他部落的人虽然也在军中服役，但被称作“哈沙姆”（الحشام, al-Hasham，卫士）而非“穆拉比特”（战士）。[①]

阿布·白克尔与堂弟尤素夫·伊本·塔士芬分享权力，使穆拉比特运动分为相对独立的南北两翼。可能是因为新的领导层需要时间来巩固统治，也可能是长期以来有独立传统的部落组成的新联盟需要时间来整合，关于阿布·白克尔执政前10年（1059—1069年）的历史记载甚少，我们迄今尚不清楚其间穆拉比特人活动的细节。目前所知道的是，阿布·白克尔发起一番猛烈的进攻，最终消灭了柏尔加瓦塔人。[②]

这时，沙漠地区的累姆图纳人和迈苏法人发生内讧，阿布·白克尔于1061年被迫返回南方制止内乱。他任命忠心耿耿的堂弟尤素夫·伊本·塔士芬为副手，还把妻子泽娜白移交给他，继续对扎纳塔人的征服活动。当阿布·白克尔解决内乱后回到北方复职时，尤素夫已经在军队中确立了毋庸置疑的领导地位。尤素夫购买黑人奴隶并从西班牙购买基督教战俘扩充军队，使北方军队已经不再是清一色的桑哈贾武士。尤素夫虽然仍尊阿布·白克尔为酋长，但并不打算交出北方军队的指挥权。由于尤素夫已经控制了北方军队并深受部下爱戴，而且其军事实力远在阿布·白克尔之上，加之泽娜白站在尤素夫一边，阿布·白克尔无意强行夺回属于自己的权力。[③]

1072年，阿布·白克尔以自己“不能离开沙漠生活”为由，有风度地将北方的权力移交给这位堂弟，接受了大批贵重礼品并返回南方的沙漠。此后直到1087年去世，阿布·白克尔再也没有踏上北方一步。尽管如此，在阿布·白克尔去世之前，他始终是穆拉比特帝国的最高领导人。尤素夫在名义上仍然效忠于他，穆拉比特的金

---

① M. Elfasi ed., *General History of Africa·III: Africa from the Seventh to the Eleventh Century*, pp. 348–349.

② 〔法〕夏尔－安德烈·朱利安：《北非史·突尼斯、阿尔及利亚、摩洛哥　第二卷　从阿拉伯人征服至1830年》，上海新闻出版系统“五·七”干校翻译组译，第137页。

③ I. Allouche ed., *Al-Hulal al-Mawshīyya*, Rabat: IHEM, 1936, p. 15. 转引自M. Elfasi ed., *General History of Africa · III: Africa from the Seventh to the Eleventh Century*, p. 350。

币第纳尔（dinar）也以他的名义铸造。1087 年之后，尤素夫的名字才出现在穆拉比特的金币上。[①]

尤素夫・伊本・塔士芬是一位更加出色的征服者，他夺取了整个西北非并进军西班牙。他把营地建在阿特拉斯山北麓、顿西弗特河上游，到 1070 年发展成规模宏大的穆拉比特帝国首都马拉喀什（Marrakesh）。[②] 1075（或 1069）年，尤素夫攻占非斯，夺取了摩洛哥北部。随后进军里夫，经过木卢亚河谷，征服了斯纳森部落和乌季达。穆拉比特人占领摩洛哥全境后挥师东进，于 1080 年征服阿尔及利亚西北部的特雷姆森（Tlemcen）王国，然后接连夺取瓦赫兰、特内斯和瓦塞尼斯和奥兰，1082 年围攻阿尔及尔。从 1075—1083 年，穆拉比特人征服了整个摩洛哥和阿尔及利亚西部，[③] 实现了马格里布的统一。

然而，尤素夫没有到东柏柏利亚，甚至也没有到卡比利亚高原。部署完对新征服地区的管理工作后，他就率领大军返回了马拉喀什，开始为干预西班牙的混乱局势做准备。

尤素夫远征西班牙

后倭马亚王朝（Caliphate of Córdoba, 757—1031 年）解体后，西班牙进入了第一次割据时代（First Taifa Period, 1009—1110 年），包括阿拉伯人、柏柏尔人在内的各族建立了二十多个公国，基督徒

---

① M. Elfasi ed., *General History of Africa・III: Africa from the Seventh to the Eleventh Century*, pp. 349-350；〔法〕夏尔－安德烈・朱利安：《北非史・突尼斯、阿尔及利亚、摩洛哥　第二卷　从阿拉伯人征服至 1830 年》，上海新闻出版系统“五・七”干校翻译组译，第 140—141 页。

② M. Elfasi ed., *General History of Africa・III: Africa from the Seventh to the Eleventh Century*, p. 350.

③ M. Elfasi ed., *General History of Africa・III: Africa from the Seventh to the Eleventh Century*, p. 351；〔法〕夏尔－安德烈・朱利安：《北非史・突尼斯、阿尔及利亚、摩洛哥　第二卷　从阿拉伯人征服至 1830 年》，上海新闻出版系统“五・七”干校翻译组译，第 141 页。

乘机利用穆斯林的分裂和内斗发动了收复失地运动。[①]在基督教军队矢志吞并所有穆斯林王国的情况下，西班牙穆斯林要么臣服于卡斯蒂利亚王国（Kingdom of Castile），要么请求外部穆斯林提供军事援助。尤素夫经过长期审时度势，于 1083 年攻占了休达，控制了直布罗陀海峡，开始觊觎海峡对面的西班牙。

尤素夫以伊斯兰教捍卫者的身份出兵西班牙，开启了穆拉比特帝国的全盛时期。卡斯蒂利亚王国在斐迪南一世（Ferdinand I）时期快速崛起，先后征服了西班牙的萨拉戈萨（Zaragoza）、托莱多（Teledo）、巴达霍斯（Badajoz）、塞维利亚（Seville）和瓦伦西亚（Valencia）等穆斯林王国。[②]在此情况下，罗马教皇亚历山大二世于 1063 年宣布：凡与西班牙穆斯林作战的人均予以赦罪。于是，各基督教王国和各方基督徒纷纷加入对穆斯林的战斗中来。[③]在阿方索六世（King Alfonso VI）统治下，卡斯蒂利亚王国更是节节胜利。1085 年，阿方索六世攻占安达卢斯王国（al-Andalus）的首都托莱多，并乘胜进攻扎拉贡萨，掀起了基督徒的收复失地运动第一个高潮。[④]

基督教世界的胜利并未让西班牙穆斯林屈服，反而坚定了他们联合各地穆斯林共同对敌的决心。塞维利亚国王穆塔米德·伊本·阿巴德（Al-Mu'tamid ibn Abbad）表示："宁愿到非洲赶骆驼，也不愿在卡斯蒂利亚养猪。"他邀请同为穆斯林的尤素夫帮助抵抗基督徒的进攻。格拉纳达（Granada）和马拉加的酋长也向尤素夫求救。事实上，至少从 1074 年起，西班牙穆斯林就不断要求尤素夫出兵，抵抗基督徒的步步紧逼，或者对付其他穆斯林王国。但尤素

---

① 〔法〕夏尔－安德烈·朱利安：《北非史·突尼斯、阿尔及利亚、摩洛哥　第二卷　从阿拉伯人征服至 1830 年》，上海新闻出版系统"五·七"干校翻译组译，第 141—146 页。

② 参见维基百科全书，词条"Ferdinand I of León"，https://en.wikipedia.org/wiki/Ferdinand_I_of_Le%C3%B3n，引用时间：2019 年 4 月 25 日。

③ 〔法〕夏尔－安德烈·朱利安：《北非史·突尼斯、阿尔及利亚、摩洛哥　第二卷　从阿拉伯人征服至 1830 年》，上海新闻出版系统"五·七"干校翻译组译，第 144 页。

④ M. Elfasi ed., *General History of Africa·III: Africa from the Seventh to the Eleventh Century*, p. 351.

夫一向不贸然行事，直到他于1083年占领休达并控制了海峡后，才答应了三个安达卢斯穆斯林酋长国塞维利亚、格拉纳达和马拉加的请求，以获得对岸的阿尔黑西拉斯（Algeciras）港为条件同意出兵。[①]

尤素夫当时对于西班牙这片土地没有什么兴趣，他决定出兵仅仅是在最有利的条件下帮助穆斯林进行一次圣战。[②]1086年，尤素夫率领1.5万军队渡过直布罗陀海峡，在阿尔黑西拉斯登陆，进军到塞维利亚。随后，与塞维利亚、格拉纳达、马拉加（Málaga）、阿尔梅利亚（Almeria）和部分巴达霍斯军队共1万人一起，穿越西班牙南部向巴达霍斯进军。阿方索六世解除了对萨拉戈萨的包围，紧急调集在瓦伦西亚的军队，并向阿拉贡（Aragon）的桑乔一世（Sancho I）求援，最终率领约2500人的军队赶赴战场。1086年10月23日，在巴达霍斯东北的萨拉卡（Sagrajas, al-Zallāka），尤素夫率领的穆斯林联军与阿方索六世率领的基督教联军对峙。开战之前，尤素夫给阿方索六世三个选项：皈依伊斯兰教、进贡或者交战，阿方索六世的答复是用武力解决问题。

1086年10月23日拂晓时分，基督教一方首先打响了萨拉卡战役。尤素夫把军队分为三部分：塞维利亚国王穆塔米德率领一支军队战斗到下午，尤素夫才率第二支军队迂回包抄阿方索六世的军队。当基督教军队陷入恐慌并开始溃败时，由非洲黑人组成的第三支军队发起攻击并结束了战斗。这次战斗进行得异常惨烈，士兵们在血流成河的战场上跌跌撞撞地厮杀，该战场后来在阿拉伯语中被称作"معركة الزلاقة"（Ma'rakat al-Zallāqa），意为"湿滑的战场"（slippery ground）。基督教军队损失过半，只有500名骑士逃回卡斯蒂尔（Castile）；阿方索六世腿部受伤，并落下了终生瘸腿的残疾。尤

① 参见大英百科全书，词条"Siege of Toledo", https://www.britannica.com/event/Siege-of-Toledo，引用时间：2019年4月20日；〔法〕夏尔－安德烈·朱利安：《北非史·突尼斯、阿尔及利亚、摩洛哥　第一卷：从上古时代至阿拉伯人征服（公元647年）》，上海新闻出版系统"五·七"干校翻译组译，第146—147页。

② 同上书，第147页。

素夫取得的这次胜利令穆斯林世界士气大振，堪与阿方索六世前一年攻占托莱多在基督徒中的影响相提并论。虽然卡斯蒂利亚人并未丧失任何领土，也继续占领着托莱多，但他们的进攻势头被遏制住了，在几代人的时间里未能再向前推进。

穆斯林联军虽然给基督教联军以毁灭性的打击，但自身也遭受了非常惨重的伤亡。尤其是达伍德·伊本·艾萨（Dawud ibn Aysa）率领的西班牙穆斯林军队，其营地在战斗开始后不久就遭到巴达霍斯埃米尔穆塔瓦基勒·伊本·阿夫塔斯（al-Mutawakkil ibn al-Aftas）的洗劫。塞维利亚埃米尔穆塔米德在第一波冲击中即受伤，但他身先士卒的榜样激励安达卢斯军队团结战斗，顶住了阿尔瓦·法涅兹（Alvar Fañez）率领卡斯蒂利亚军队发起的首轮冲锋。阵亡者中包括科尔多瓦一位深孚众望的伊玛目阿布尔·阿巴斯·艾哈迈德·伊本·鲁梅拉（Abu-l-Abbas Ahmad ibn Rumayla）。伊本·赫勒敦的一些家族成员也在这次战斗中丧生。惨重的损失让穆斯林联军无法乘胜扩大战果，战败的基督教一方得以保住此前占领的大部分领土，包括前一年占领的托莱多。

尤素夫首次出兵西班牙并未久留。萨拉卡战役结束后不久，他得知儿子的死讯，便回到非洲，只留给穆塔米德 3000 人的柏柏尔人军队。穆斯林军队也就停止了前进。[①] 一年后，阿布·白克尔在战斗中中毒箭身亡。这样，尤素夫在名义和事实上都成了穆拉比特帝国的最高领导人。

西班牙穆斯林之间的纷争招致了基督徒的进攻，萨拉卡战役的胜利也无法让他们化干戈为玉帛。尤素夫撤回摩洛哥后，西班牙穆斯林王国间再次陷入内斗。他们之间的不和给基督徒以可乘之机，他们又恢复了对木尔西亚和阿尔梅里亚的进攻。在此情况下，穆塔

---

① M. Elfasi ed., *General History of Africa·III: Africa from the Seventh to the Eleventh Century*, p. 351；〔法〕夏尔－安德烈·朱利安：《北非史·突尼斯、阿尔及利亚、摩洛哥　第一卷　从上古时代至阿拉伯人征服（公元 647 年）》，上海新闻出版系统“五·七”干校翻译组译，第 148 页。

米德再次向尤素夫求援。

1088 年，尤素夫第二次出兵西班牙，在阿莱道（位于木尔西亚西南）战役（Battle of Aledo）中又一次击败了基督教军队。基督教的威胁解除后，西班牙穆斯林的统治者对穆拉比特人表现出公然的敌意，因为他们对救命恩人的疑虑丝毫不亚于对基督教敌人的恐惧。在此情况下，尤素夫第二次撤出了西班牙。[①]

1090 年，尤素夫第三次出兵西班牙，但以征服者而非盟友的身份进军。他认为，西班牙穆斯林的所作所为在思想上和军事上都是放纵的，违反伊斯兰教的法律和原则。他们沉迷于西方的骄奢淫逸的生活方式，腐化堕落，与基督徒合作，给犹太人以史无前例的地位和自由，向人民征收不堪重负的非法税收。因此，他奉巴格达的阿拔斯哈里发之命，带着摩洛哥和安达卢斯诸多法基赫签名的裁决（fatwā），打着“传播正义、改正不公和取消不法税收”的旗号，前来剥夺西班牙各穆斯林藩王的权力。

尤素夫将格拉纳达埃米尔阿布杜拉（Abdallah）及其兄弟、马拉加埃米尔塔敏（Tamim）流放到阿格马特。一年后，塞维利亚的穆塔米德也是同样的下场，在锁链和穷困潦倒中抑郁而终（1095 年）。通过一系列军事行动，尤素夫征服或占领了西班牙的各主要城镇，于 1094 年把整个穆斯林西班牙并入了穆拉比特王朝。只有托莱多仍然在基督徒手中，萨拉戈萨的胡德王朝（dynasty of Banū Hūd, بنو هود, Hudid dynasty）作为与基督教世界之间的缓冲国而存在。尤素夫仍以摩洛哥的马拉喀什为首都，自称“穆斯林的埃米尔”，谦虚地甘居巴格达哈里发之下，但从各方面都被认为是伊斯兰西部帝国的哈里发。

兼并西班牙的穆斯林地盘后，尤素夫对新征服地区进行了有效的管理，同时着手征服穆斯林与基督徒分治的瓦伦西亚。除了萨拉卡战役后留下的卫戍部队，他还向各地派驻了 2 万占领军，

① M. Elfasi ed., *General History of Africa·III: Africa from the Seventh to the Eleventh Century*, p. 351.

其中主要是骑兵。在塞维利亚驻军 7000 人，格拉纳达和科尔多瓦各驻军 1000 人，卡斯蒂利亚边境地区驻军 5000 人，西安达卢斯驻军 4000 人。此外，他还在阿尔梅利亚的加的斯（Cadiz）和附近的地中海港口设立海军基地。为了征服统治瓦伦西亚的熙德（El Cid），他先后派出三员大将，但都无功而返。1097 年第四次来到西班牙后，尤素夫决定亲自与阿方索六世进行较量，又一次重创阿方索军队，熙德之子也在这次战斗中阵亡。尤素夫之子、穆尔西亚（Murcia）总督穆罕默德·伊本·阿以沙（Muhammad ibn 'A'isha）在阿尔西拉（Alcira）重创熙德军队，但未能夺取该城。此后，尤素夫返回马拉喀什，1099 年第五次进军西班牙，再次发起夺取东安达卢斯各省的战争。同年，熙德去世，其妻希门娜（Jimena）继位。1100 年底，尤素夫派心腹大将马兹达里·伊本·提兰坎（Mazdali ibn Tilankan）进攻瓦伦西亚，经过 7 个月的围困之后攻取该城，从而征服了东安达卢斯。[①]

穆拉比特人在南部的发展

当尤素夫在马格里布和西班牙大举扩张时，穆拉比特运动南部的历史迄今仍鲜为人知。对于这一时期的塞内加尔谷地，迄今仍然没有任何确切的历史记载。巴克利和伊德里西（al-Idrīsī）都反复提到一个叫“锡拉”（Silla）的地名，其中有几个带这一名称的地方在卡埃迪地区。Y. 法尔（Y. Fall）认为，其中“锡拉－林道”（Sillā Rindaw）的冶铁遗迹可以追溯到这一时期。[②]从巴克利和伊德里西的记载中可以大致看出锡拉和塔克鲁尔在 11 世纪和 12 世纪时是塞

① 关于这一时期的南部穆拉比特历史，人们迄今主要通过两方面的资料来认识：一是北方穆斯林撰写的阿拉伯语书面文献，二是萨赫勒地区阿非利加黑人的口头传说。然而，前者在空间——有时在时间上——都远离史实的发生地，后者在交口相传的过程中一再发生变化，均与当时穆拉比特运动的真实情况有较大出入。参见 M. Elfasi ed., *General History of Africa · III: Africa from the Seventh to the Eleventh Century*, pp. 354–355。

② D. Robert-Chaleix and M. Sognane, “Une industrie métallurgique ancienne sur la rive mauritanienne du fleuve Sénégal”, 参见 N. Echard éd., *Metallurgies africaines. Nouvelles contributions*, Société des Africanistes, 1983, pp. 45–62。

内加尔河中游的经济中心。[①]

在塞内加尔谷地稍南一点，大致在科隆宾河（Kolombiné）和塞内加尔河交汇处，长期存在名为“迪亚富努”（Diafunu, Zāfun-u）的王国，11 世纪时就已经皈依伊斯兰教。[②]根据阿布杜拉赫曼·巴（Abdurahmane Ba）的推测，这里有一些王朝与铁匠们结成同盟，共同对付来自塔克鲁尔（或许还有迪亚弗努）的前穆拉比特伊斯兰黑人势力，而锡拉在 11 世纪时仍然没有伊斯兰化。[③]

当时，这一地区的政治形势同样不太明朗。现在仍然不清楚的是，锡拉、塔克鲁尔和迪亚富努是否控制着大多数黄金贸易。但不可否认的是，穆拉比特人在毛里塔尼亚南部的统治影响了黄金贸易的地缘形势，也影响了塞内加尔各个城镇之间的竞争关系。一个问题至今仍然悬而未决：穆拉比特人是否发现了柏柏尔人自该地区伊斯兰化之初就与之打交道的塞内加尔河畔穆斯林王公，是否开启和促进了这些塞内加尔河中游城镇的伊斯兰化进程？有人倾向于认为该地区的伊斯兰化始于穆拉比特运动之前，并且可能导致了塔克鲁尔一个与“异教徒”冶铁者和巫师们关系密切的塔克鲁尔王朝的灭亡。目前已经较为清楚的是，10 世纪和 11 世纪的时候，伊斯兰教已经在塞内加尔河谷地扮演了非常重要的角色。[④]

在东部地区，穆拉比特人面临的形势就不太有利了。尼日尔河内陆三角洲无疑是一个贸易区，而且在伊斯兰教传入之前就已经实现了城市化。各地（包括遥远的森林里）生产的黄金可能都被运到这里来。10 世纪时，收购黄金的黑人商贩还与北方的加纳，有时甚至与加奥保持着联系。统治这两个城市的王公控制着与北方的黄金

---

① M. Elfasi ed., *General History of Africa · III: Africa from the Seventh to the Eleventh Century*, pp. 355–356.

② Ibid., p. 356.

③ Ibid.

④ 众所周知，巴克利提到过这样一个事实：塔克鲁尔酋长沃尔·戴阿比（Wār Dyābi）之子拉比（Labi）1056 年与阿布·白克尔在一起。这无疑表明，塔克鲁尔成为穆斯林已经至少有两代人时间了。参见 J. M. Cuoq, *Recueil des sources arabes concernant l'Afrique occidentale du VIIIe au XVIe siècle (Bilād al-Sûdân)*, p. 90。

贸易。在穆拉比特人进行扩张的时候，加纳的统治者虽然还不是穆斯林，但与穆斯林保持着良好的关系。当时，许多穆斯林都居住在商业城镇昆比萨累，他们受到当地加纳统治者的热情欢迎，至少在10世纪后还可以在大型清真寺里做祈祷。在穆拉比特人到来之前，加纳－尼日尔河内陆三角洲体系已经形成，并且无疑是敌视桑哈贾人的。这个体系长期与伊弗里基亚商人进行贸易。因此，穆拉比特人与加纳体系之间很可能发生过冲突，只是很难确定冲突是以什么形式进行的。①

现有研究结果表明，萨赫勒地区最早的有目标、有组织地改变他人宗教信仰的行动（圣战）是穆拉比特人所为，其时间最早可以追溯到11世纪。在此前的两三个世纪里，伊斯兰教的传播可能一直是零星的。这种传播基本上是北方商人到来和城市化的结果，对撒哈拉贸易路线上的城镇偶尔产生一些影响，但对农村和本土的教育和宗教信仰几乎没有影响。穆拉比特人的宗教改革和宗教教育造就了一个西非穆斯林社会。自此以后，这里的穆斯林社会有了比以前更加明确的边界。因此可以说，穆拉比特人的征服在撒哈拉以南造成的变化是巨大的。②到11世纪末，加纳正式皈依了逊尼派的马立克学派，也许还促使塔德梅卡改信了逊尼派伊斯兰教。③而加奥的王公们早在10世纪已经是穆斯林了。

穆拉比特人向南传播伊斯兰教的过程必然伴随着一定的破坏性。在加纳境内的考古发掘中，人们在地面下近5米的深处发现了可能是遭到了破坏的遗迹。这些迹象都或多或少地表明穆拉比特人当时造成的破坏，他们在奥达加斯特对扎纳塔敌人大开杀戒，在这里自

① M. Elfasi ed., *General History of Africa · III: Africa from the Seventh to the Eleventh Century*, pp. 357–358.

② Ibid., pp. 359–360.

③ 据J. M. 库奥克记载：“在离加纳15天行程的地方有两个城镇，分别是锡拉和塔德梅卡，二者之间相距9天的行程。这两个城镇的人皈依伊斯兰教比加纳人晚7年，其间经历了与加纳的多次战争和叛乱。为了打败他们，加纳人曾经向穆拉比特人援助。”参见J. M. Cuoq, *Recueil des sources arabes concernant l'Afrique occidentale du VIIle au XVIe siècle (Bilād al-Sûdân)*, p. 120。

然也没有理由对他们手下留情。

穆拉比特王朝的经济和社会文化

许多人长期以来认为穆拉比特人的征服摧残了非洲西海岸。但是,近年来的研究成果表明,当时毛里塔尼亚的经济和贸易并非如此。实际情况恰恰相反，穆拉比特人与萨赫勒地区北部高度组织化的经济（highly organized economies）深度地融合在一起。穆拉比特人兴建了许多城镇，比较重要的包括毛里塔尼亚境内的阿祖基、摩洛哥东部的塔巴尔巴拉（Tabalbala）、摩洛哥南部的扎古拉（Zagōra）和坦杜尔特（Tāmdūlt）。塞内加尔和摩洛哥之间的商路上新建或加固了一些补给站，表明这条商路上的交通运输量相当可观。在毛里塔尼亚境内的考古发掘中，人们发现了 6 枚 12 世纪时在安达卢西亚（Andalusia）铸造的货币第纳尔，一定程度上体现了当时的跨地区贸易。从各方面看，直到 12 世纪中期，北方对“来自南方的”产品的需求都在增加。[①]

这一时期，穿越撒哈拉沙漠的商路从毛里塔尼亚经过。贸易点的布局与降雨量有密切关系，足够的水源才能满足驮畜和成百上千人从事各种活动的需要。在今毛里塔尼亚境内，南北两条 50 毫米等雨量线在阿祖基一带趋于靠拢，使原本十分凶险的穿越沙漠旅行成为可能。[②] 阿祖基曾经两度成为重要的人口居住地：一次在 10—12 世纪之间，另一次在 15—17 世纪。[③] 再往东是萨乌拉河谷（Saura valley），其北边是古拉拉（Gurāra）和塔瓦特（Tawāt），都是穿越沙漠者可以利用的有利条件。[④] 巴克利的旅程显示，从“黑人地区”

---

① M. Elfasi ed., *General History of Africa · III: Africa from the Seventh to the Eleventh Century*, pp. 325, 363.

② Ibid., pp. 371–372.

③ B. Saison, “Azugi, archéologie et histoire en Adrar Mauritanien”, *Rercherche, Pédagogie et Culture*, 55, 1981, pp. 66–74.

④ M. Elfasi ed., *General History of Africa · III: Africa from the Seventh to the Eleventh Century*, p. 372.

（Bilād al-Sūdān）到沙漠以北的地区有 7 条主要路线。从 10 世纪开始，这里一直是沙漠商队最常走的通道。①

繁盛的贸易表明大西洋沿岸各国的经济具有互补性，在经济上应当是一个整体。阿格马特－瓦里卡（Aghmāt-Warīka）紧邻穆瓦希德运动（Almohad movement）的发源地廷马尔（Tīnmāl）。伊德里西雄辩地描述了这里财富的增长，他说：

> "阿格马特人是豪瓦拉族（Hawwāra），即因为交往密切而柏柏尔化的阿拉伯人。他们是富有的商人，过着优越的生活。他们来到各黑人国家，用骆驼商队运来数不胜数的货物，诸如黄铜、青铜、毛毯、羊毛外套、头巾、斗篷、玻璃念珠、珍珠母、宝石、各种调料、香料和铁器……在"蒙面纱者"（穆拉比特人）的统治下，没有人比阿格马特人更富有，生活更优越了。他们在房门上做标记，以显示他们有多么富有。"②

从经济繁荣中受益的不只是阿格马特一地，整个摩洛哥山区都源源不断地产出铜、铁和银销往外地。12 世纪时，穆瓦希德和穆拉比特的支持者为控制这些矿藏而一再爆发冲突。在马拉喀什以西的希沙沃（Chichāwa）地区，出土文物显示了穆拉比特王朝时期的奢侈生活。③

奥达加斯特 10—11 世纪时已是一个大城镇。早在 8—9 世纪时，这里的工业活动已经开始了。持续不断的陶器产出表明，9—10 世纪时，这里的文化虽然没有发生根本变化，但已经迅速地发展得像一个城市，有了街道、广场、一座清真寺、私营企业建筑，至少在

① M. Elfasi ed., *General History of Africa · III: Africa from the Seventh to the Eleventh Century*, p. 372.

② Hadj-Sadok, M., *Al-Idrīsī: le Magrib au XIIe siècle après J.C. (Vie siècle de l'Hégire)*, Paris: Published, 1983, p. 73–74.

③ M. Elfasi ed., *General History of Africa · III: Africa from the Seventh to the Eleventh Century*, pp. 361–363.

来自马格里布的商人居住区，人们的生活日趋奢华。10—11 世纪时，奥达加斯特曾有数千居民，呈现出一派繁华景象。11 世纪中期，该城人类活动一度中断，但此后又出现了另一种截然不同的生活方式。虽然，这里在 11 世纪中叶遭受了一场严重灾难。①

与经济的繁荣和生活的奢侈相适应，穆拉比特王朝时期出现了豪华建筑和灿烂的文化。伊德里西生动地描绘了马拉喀什建城时的情景：

> “（它）建在一片平地上，附近只有一座叫‘伊贾利兹’（Idjalliz）的小山丘，建造‘穆斯林的埃米尔’阿里·伊本·尤素夫·伊本·塔士芬的宫殿，即著名的‘石宫’（Dār al-Hadjar）所用的石头即取自那里。除了这座山丘，那里再也找不到任何石头。所以，这座城是用粘土、烧制的砖和夯实的土建造的。”②

这座宫殿被誉为这一时期当地的一项“建筑奇迹”。③考古工作者已经还原出穆拉比特清真寺的一部分图纸，并发现了一个完整的供居民做斋戒沐浴的豪华喷泉。④在西班牙埃布罗河畔的阿尔加费里亚（Aljaferia），仍然出土了穆拉比特人的豪华装饰，但只剩下一些残缺不全的拱门。⑤马拉喀什是当时一个繁荣的文学中心，来自西班牙的宫廷诗人云集在这里，继续他们始于西班牙酋长国林立（reyes de taifas）时代的文化活动。⑥穆拉比特人最初提倡严格而简朴的生

---

① M. Elfasi ed., *General History of Africa · III: Africa from the Seventh to the Eleventh Century*, pp. 414–416.

② Hadj-Sadok, M., *Al-Idrīsī: le Magrib au XIIe siècle après J.C. (Vie siècle de l'Hégire)*, p. 75.

③ J. Meunié, and H.Terrasse, *Recherches archéologiques à Marrakech*, Arts et Métiers graphiques, 1952, pp. 11–19, 20–21.

④ H. Terrasse, J. Meunié, and G. Deverdun, *Nouvelles recherches archéologiques à Marrakech*, Arts et métiers graphiques (Impr. S.R.I.P.), 1957. 转引自 M. Elfasi ed., *General History of Africa · III: Africa from the Seventh to the Eleventh Century*, p. 364。

⑤ 同上。

⑥ G. Wiet, *Introduction à la littérature arabe*, Unesco-Maisonneuve, 1966, pp. 230–231; E. Lévi-Provençal, *Islam d'Occident; études d'histoire médiévale*, Maisonneuve, 1948, pp. 239–318.

活，与这种风花雪月的生活格格不入。但随着时间的推移，人们在行动和习惯上不再固守苛刻生活，这使伊斯兰教法规定的朴素生活原则与马拉喀什的奢华生活现实形成了鲜明的对照。①

经济繁荣和贸易兴盛使人们产生了对货币的庞大需求，从而带动了穆拉比特王朝铸币业的蓬勃发展。穆拉比特王朝的货币是第纳尔。跨撒哈拉贸易的几个站点都曾铸造金币，诸如萨杰拉马萨、阿格马特和努尔－拉姆塔（Nūl Lamta）。马格里布西部有 7 个铸币作坊，西班牙有 14 个，但马格里布东半部只在靠近西部的特雷姆森有一个。对迄今发现并保存下来的 1503 枚第纳尔的研究结果显示，其中有 663 枚来自马格里布的铸币作坊，214 枚来自萨杰拉马萨，173 枚来自阿格马特，118 枚来自非斯，78 枚来自努尔（Nūr），67 枚来自马拉喀什，13 枚来自特雷姆森，840 枚来自西班牙。② 这一时期铸币的含金量低于法蒂玛王朝时期，金币中含有一定数量的银（有时超过 10%）和铜。罗纳德 · A. 梅西耶（Ronald. A. Messier）据此推断，马格里布各铸币作坊使用的是南方的黄金。③ 穆拉比特第纳尔在伊斯兰世界西部属于首创，其纯度虽然低于法蒂玛铸币，但因为大量铸造和长期流通，成为一种经济实力强大的货币（economically powerful currency）。法蒂玛王朝在 1070 年之后也渴望持有这种货币。福斯塔特（Fustāt）的犹太钱庄老板更多地用穆拉比特第纳尔而非法蒂玛第纳尔。④

穆拉比特运动原本是伊本 · 亚辛和叶海亚 · 本 · 易卜拉欣发起的地区性宗教改革，在几十年间就发展成为一个北至西班牙埃布罗

① M. Elfasi ed., *General History of Africa · III: Africa from the Seventh to the Eleventh Century*, p. 364.

② Ronald. A. Messier, "Quantitative analysis of Almoravid dinars", *Journal of the Economic and Social History of the Orient*, Vol. 23, No. 1–2, pp. 102–118.

③ Ronald. A. K. Messier, "The Almoravids: West African gold and the gold currency of the Mediterranean world", *Journal of the Economic and Social History of the Orient*, Vol. 17, No. 1, pp. 31–47.

④ S. D. Goitein, *A Mediterranean Society. Vol. I: Economic Foundations*, University of California Press, 1967, pp. 235–236.

河（Ebre）、南达塞内加尔河流域的王朝。该王朝南北几乎纵跨30个纬度，境内并存着各种各样的风景、经济区和文化传统，既有最为肥沃的西班牙和摩洛哥平原，也有毛里塔尼亚沙漠这样的不毛之地。[①]该王朝是11、12世纪之交的地中海世界的强国，“穆斯林的埃米尔”尤素夫号称“西伊斯兰世界的哈里发”。宋代中国对穆拉比特王朝并不陌生，南宋赵汝适的《诸番志》称其为“木兰皮国”。[②]穆拉比特王朝的统治基础是累姆图纳部落社会与伊本·亚辛版马立克教法学派的联姻，其中与生俱来的局限性使该王朝延续了百年便寿终正寝。

三、穆拉比特王朝的解体

穆拉比特权贵的奢靡生活

引人注目的经济繁荣并未支撑起穆拉比特王朝的长治久安，因为它“自然而然地只能使城市中的某些小圈子和亲近达官显贵的人获益”。发展失衡和分配不均损伤了国家的经济活力和实力，不可避免地助长了讲排场、摆阔气的奢靡之风。穆拉比特王朝建立之后，穆拉比特统治者大兴土木，劳民伤财地建设城镇和金碧辉煌的宫殿、清真寺，就连一些世俗和普通的建筑物也少不了豪华的装饰。[③]因此，随着时间的推移，当初打着反对腐败、堕落旗号的穆拉比特高层迅速腐化。他们身居高位，毫无节制地追求贪图享乐。为了满足自己挥霍无度的生活，他们横征暴敛，加紧对贫苦农牧民进行剥削。

需要强调的是，奢靡生活和风气与马立克教法学派格格不入。马立克教法学派是穆拉比特王朝立国的精神支柱，它提倡苛刻而简

---

① M. Elfasi ed., *General History of Africa · III: Africa from the Seventh to the Eleventh Century*, p. 354.

② 赵汝适：《诸番志》卷上《木兰皮国》，中华书局2000年版，第117页。

③ M. Elfasi ed., *General History of Africa · III: Africa from the Seventh to the Eleventh Century*, pp. 363-364.

朴的生活方式。伊本·亚辛以身作则实践这种教义，这是穆拉比特运动早期具有强大号召力的重要原因。穆拉比特权贵们的奢华生活从三个方面动摇了帝国统治基础：第一，他们抛弃了亚辛的节俭、轻税信条，走向了自己以往的政治说教的反面，从而以实际行动宣告他们政治信誉的破产；第二，作为统治家族盟友的法基赫们继续在法律上倡导苛刻的生活方式，这与马拉喀什权贵们的奢靡生活现实形成了强烈反差，从而继续侵蚀着穆拉比特意识形态的正当性和统治阶层的公信力；第三，奢华生活方式加重了普通民众的经济负担，从而激起了被压迫、被征服者的怨恨和反抗。就是在这种背景下，穆瓦希德运动以反对奢靡为旗帜兴起，最终“埋葬”了穆拉比特王朝。

马立克教法学派的高压政策

穆拉比特王朝的精神支柱是由伊本·亚辛改造过的马立克教法学派，有时是“偏执狂般的”执拗，激起了许多的敌对反应。[①] 该学派扼杀一切思想创造和一切宗教感情，禁止研究《古兰经》和《圣训》，禁止个人根据文献资料对教律的意义做任何探索，甚至把探讨“穆罕默德”一词的意义也当作异端看待。这种压制思想的罪行虽然反映了穆拉比特运动的胜利，但同时也对穆拉比特王朝造成了致命的危险。[②]

V. 拉加代尔（V. Lagardère）强调指出，马立克派法基赫向穆拉比特统治家族强加了一种（对异教徒的）敌视性政策（hostile policy），从而在西班牙、摩洛哥甚至更广大的地方激起了严重的敌意。1143 年 11 月，穆拉比特埃米尔阿布·马尔万·阿布德·马利克·本·阿布德·阿齐兹（Abū Marwān ‘Abd al-Malik b.’ Abd al-Azīz）给瓦伦西亚的候任法官写了一封信，清楚地表明了当时统治

---

① V. Lagardère, “L’unification du malékisme oriental et occidental à Alexandrie: Abū Bakr at-Turtūsī”, *ROMM*, 31, 1981, pp. 47–62.

② 〔法〕夏尔－安德烈·朱利安：《北非史·突尼斯、阿尔及利亚、摩洛哥　第一卷　从上古时代至阿拉伯人征服（公元 647 年）》，上海新闻出版系统“五·七”干校翻译组译，第 151—152 页。

者的心情和忧虑。信中写道：

> 如果你见到离经叛道的书，或者宣扬歪理邪说的人，务必要提高警惕，特别是阿布·哈米德·加扎利（Abū Hāmid al-Ghazālī）的书。要一查到底，不断地公开宣判（Auto-da-fé）（原文如此），彻底清除他们的流毒。要严加搜查，要求你们怀疑窝藏这类书的人进行发誓。①

从这段话可以看出，穆拉比特王朝的埃米尔被绑上了马立克派教法学派的宣传机器，以自己的极端政策成了马立克学派极端宗教主张的忠实维护者和坚定实践者。

事实上，在穆拉比特人统治的最后几十年，政治气氛被马立克派教法学家的高压手段毒化了。马立克派教法学家得到穆拉比特王公们的支持，他们的高压坐实了人们（特别是萌芽中的穆瓦希德运动）对穆拉比特王朝统治者的口诛笔伐。更加严重的是，从加扎利对一段家喻户晓的文字的解释可以看出，就连统治家族进行统治的合法性都受到了质疑：

> 在伊斯兰教之前的时代，除了错误和蒙昧一无所有。后来，多亏有了先知，才有了真理和正道。先知之后是哈里发国，哈里发国之后是君主制（monarchy），而君主制后来滑向了暴政、傲慢和虚荣。现在，我们发现有一种神圣的趋势，要把所有事物带回（最初）偏离（正道）之处，因此，接下来自然而然的是，神灵（holiness）必将使真理和先知的教导（Prophethood）重返（人类的）生活。②

---

① V. Lagardère, “La Tariqa et la révolte des Murīdūn en 539/1144 en Andalus”, *ROMM*, 35, 1983, pp. 157–170.

② Ibid.

对于穆拉比特王朝的埃米尔们来说，这段话透露出来的信息更加可怕。虽然他们借马立克教法学派教义的传播而兴起，并始终按该学派法基赫们阐释的教义行事，也继续得到这些宗教权威的正式支持，但在后者的思想观念和政治话语中，包括他们在内的所有君主都是残暴、傲慢而虚伪的，都将不可避免地被掌握真理和先知教导的人推翻。由于马立克学派在伊斯兰世界西部居于支配地位，当该学派的权威教法学家或明或暗地质疑君主制的合法性时，穆拉比特王朝的统治就岌岌可危了。

帝国行政管理的弱点

穆拉比特人在伊斯兰世界西部建立了一个庞大的帝国，但对帝国进行的治理不是十分有效，甚至可以说有些乏善可陈。V. 拉加代尔推出了一系列著述，深入地探讨了穆拉比特王朝管理上存在的诸多弱点。[①]

穆拉比特王朝行政管理的弱点之一是帝国的南北分治。穆拉比特运动肇始于毛里塔尼亚北部的沙漠里。穆拉比特人虽然在南北两个方向都进行了扩张，但更多地被北方的富庶和良好环境所吸引，主要致力于在马格里布西部进行征战和经营。自从阿布·白克尔与尤素夫·伊本·塔士芬分享权力之时起，穆拉比特帝国就存在南北两个政治中心、两支军队，甚至还有两种完全不同的政治气候。南方的政治中心在萨赫勒，北方的政治中心在马拉喀什；南方的军队坚持使用骆驼，北方的军队从 11 世纪末开始完全骑马。[②] 此外，由于撒哈拉的阻隔，穆拉比特王朝在南方仅仅有效地控制着毛里塔尼

① 参见 V. Lagardère, “Le gouvernement des villes et la suprématie des Banū Turgūt au Maroc et en Andalus”, ROMÁÍ, 25, 1978, pp. 49–65; “Esquisse de l’organisation des Mūrabitūn à l’époque de Yūsuf b. Tasfīn (430–1039/500–1106)” , *ROMM*, 37， 1979, pp. 99–114; “La Tariqa et la révolte des Murīdūn en 539/1144 en Andalus”, *ROMM*, 35, 1983, pp. 157–170。

② M. Elfasi ed., *General History of Africa · III: Africa from the Seventh to the Eleventh Century*, p. 363.

亚的北部地区，毛里塔尼亚南部地区仍然处于高度自治甚至是无政府状态。

事实上，穆拉比特帝国存在三个截然不同的区域。发达而富庶的西马格里布是帝国的核心区域，作为政治中心的首都设在这里的马拉喀什，主要经济和文化成就也都于这一地区取得，对西班牙的征服也是以此为基地进行。毛里塔尼亚北部虽然是穆拉比特运动的发祥地，但因为沙漠的阻隔而与帝国的核心区域分割开来，成为帝国的次中心和一个相对独立区域。对于毛里塔尼亚南部的黑人聚居区，穆拉比特人只进行了有限的征服和松散的治理，这里基本仍然处于酋长国林立的无政府状态。南北分治显示了帝国行政管理上的“两张皮”和发展不平衡，也削弱了帝国的政治统一和凝聚力。

穆拉比特王朝行政管理的弱点之二是帝国的权威分割。在穆拉比特运动兴起和王朝建立过程中，桑哈贾部落酋长和马立克教法学派建立了相互依存的共生关系。一方面，伊本·亚辛的极端宗教主张在杰达拉部落中找到了所需的市场，最终又在累姆图纳部落中获得了生存土壤。可以说，如果没有叶海亚·本·易卜拉欣的邀请和叶海亚·伊本·欧麦尔的支持，伊本·亚辛可能最终只是瓦卡格的一个二流学生，一个学术造诣非常肤浅的狂热教法学者，威震伊斯兰世界西部的穆拉比特运动宗教领袖地位更是无从谈起。另一方面，叶海亚·伊本·欧麦尔依靠伊本·亚辛的支持夺取了桑哈贾联盟酋长一职，利用穆拉比特运动的感召力开启了桑哈贾征服的新阶段，为后来的庞大穆拉比特帝国奠定了基础。同样，我们也可以说，如果没有伊本·亚辛及其带来的保守的马立克学派，叶海亚·伊本·欧麦尔可能最终还是累姆图纳的一个部落酋长，桑哈贾联盟仍将处于一盘散沙状态，更不用说跃出部落地区向北扩张了。正因如此，我们可以说，穆拉比特运动兴起于伊本·亚辛的宗教权威与叶海亚·伊本·欧麦尔的政治权威的“联姻”，穆拉比特王朝早期也基于这一事实确立了两人共享权威的双重领导体制。

如果说双重领导体制成就了穆拉比特王朝的早期崛起，权威分割则制约了帝国中后期的稳定发展和长治久安。伊本・亚辛和叶海亚・伊本・欧麦尔去世后，穆拉比特帝国的政治和宗教权威沿着不同的世系传承。叶海亚・伊本・欧麦尔的家族成员世袭埃米尔一职，掌握着帝国的军政大权；伊本・亚辛的门徒和马立克学派法基赫垄断教法解释权和司法裁判权，掌握着帝国的宗教权威。正如前文所述，马立克学派法基赫为穆拉比特王室的统治提供正式支持，穆拉比特埃米尔则按照马立克学派的教义施政。到帝国后期，马立克学派把穆拉比特埃米尔变成了其保守教义的执行者，但在其教义中质疑穆王朝统治的正当性，从而加剧了帝国的衰落和灭亡进程。

穆拉比特王朝行政管理上的弱点之三是吏治混乱。V. 拉加代尔发现，穆拉比特帝国在地方上根本不存在行政部门，权力是通过亲属和亲信行使的。[①]在西班牙，没有任何材料表明穆拉比特王朝统治者和他们的谋士们能够组成真正的统治机构。他们把撒哈拉部落成规和安达卢西亚传统结合起来，构成了一种奇特而又非常脆弱、不能耐久的溶合物。[②]

由于权力行使的随意性和非制度化，帝国的行政和司法领域里乱象迭出。早期风清气正时，安达卢斯统治者中的不当行为是穆拉比特人谴责的对象，但这些行为很快就不止一次死灰复燃，特别是在税收领域。在司法和宗教裁判中，穆拉比特王朝大张旗鼓地实行严刑峻法，但无法掩盖教义难以严格执行的矛盾。[③]

继任埃米尔的软弱无能

从伊本・亚辛和叶海亚・伊本・欧麦尔到尤素夫・伊本・塔士芬，

---

① M. Elfasi ed., *General History of Africa・III: Africa from the Seventh to the Eleventh Century*, p. 365.

② 〔法〕夏尔－安德烈・朱利安：《北非史・突尼斯、阿尔及利亚、摩洛哥　第一卷　从上古时代至阿拉伯人征服（公元 647 年）》，上海新闻出版系统“五・七”干校翻译组译，第 158—159 页。

③ M. Elfasi ed., *General History of Africa・III: Africa from the Seventh to the Eleventh Century*, pp. 365-366.

穆拉比特王朝的早期政教领袖们都是雄才大略的政治家和征服者。正是在他们前赴后继的征战过程中，穆拉比特运动从撒哈拉沙漠一隅扩展到西北非和西班牙，建立了一个称霸伊斯兰世界西部的大帝国。但是，尤素夫的继任者阿里与他本人一样，都是“丝毫不能容纳异端马立克学派的信徒”。尤素夫去世之后，他的三个继承人均不善于经营祖业，穆拉比特王朝便日渐衰落。

1106 年 9 月，年近百岁的尤素夫过世，其子阿里·伊本·尤素夫（Ali ibn Yusuf, 1084—1143 年）于 9 月 2 日继承了王位。阿里 1084 年出生于地中海沿岸的休达，是父亲尤素夫七十多岁时与一个基督徒小妾所生，其少年时期基本上都在西班牙度过。因此，他没有经历过沙漠地带的严酷锻炼，而是一个远离独特的氏族制部落生活的市民。“他品德优良，信念崇高，主张节欲，反对不义。他应该和苦修教徒和禁欲主义者相处，而不宜于生活在朝臣和军人中间……他满足于行使名义上的权力，接收税收，专心宗教功课和宗教仪式，彻夜祷告，终日斋戒……同时，他完全忽视自己臣民的利益。”①

可以说，阿里与其父塔士芬的唯一相似之处是虔诚，也是一个丝毫不能容忍异端的马立克学派信徒。然而，他的虔诚与其父相比有过之而无不及，使这种虔诚近乎伪善，也使他成了教法学家们的驯服工具。马立克学派沉湎于教法学之中，拒绝研究《古兰经》和《圣训》，宁愿按照枯燥的“决疑法”研究伊斯兰教法。这种做法遭到著名伊斯兰教法学家加扎利（1058—1112 年）的坚决反对和无情揭露，穆拉比特法基赫们就促使阿里下令焚毁加扎利的著述，甚至对持有其著作片断的人也以没收财产或处以死刑相威胁。②

阿里·伊本·尤素夫在位期间，穆拉比特人在对外战争中胜少

① 〔法〕夏尔－安德烈·朱利安：《北非史·突尼斯、阿尔及利亚、摩洛哥　第一卷　从上古时代至阿拉伯人征服（公元 647 年）》，上海新闻出版系统“五·七”干校翻译组译，第 150—151 页。

② 同上。

败多。尤素夫·伊本·塔士芬刚刚去世，西班牙各基督徒王国就开始发动反攻。阿里·伊本·尤素夫任命兄弟塔敏·伊本·尤素夫（Tamim ibn Yusuf）为安达卢斯总督。1108年，他在乌克累斯（Uclès）取得了一些胜利，但无法继续推进。1109年，阿方索六世国王去世，卡斯蒂利亚发生了骚乱。阿里·伊本·尤素夫竟然无所作为，仅于1110年攻占了萨拉戈萨，但1118年又被阿拉贡国王阿方索一世(Alfonso I)夺回。随后，阿方索一世攻入埃布罗河南岸，1126年兵临萨洛布雷纳（Salobrena）附近的海边。1121年，科尔多瓦又爆发了反对穆拉比特人的起义。巴塞罗纳伯爵也把领土扩张到莱里达（Lérida）和托尔托萨（Tortosa），迫使巴利阿里群岛的总督纳贡。卡斯蒂利亚的阿方索七世也稳定了国内局势，多次洗劫安达卢斯地区，1144—1147年把这一地区直到阿尔梅利亚洗劫一空。更加重要的是，巴格里布地区1120年又兴起了穆瓦希德运动，开始从后方进犯穆拉比特南部边境。[①]

与阿里·伊本·尤素夫相比，其子塔士芬·伊本·阿里(Tashfin ibn Ali)更加懦弱无能。1143年1月26日，59岁的阿里·伊本·尤素夫在节节失利中去世，其子塔士芬·伊本·阿里继位。阿里·伊本·尤素夫在位时，1129年任命塔士芬·伊本·阿里为格拉纳达和阿尔梅利亚总督，1131年又任命其为科尔多瓦总督，以通过重要岗位的历练培养其执政能力。但事实表明，这位新埃米尔在对外战争中比其父的表现更差，而他面临的威胁比他父亲更加严峻。他在位期间，科尔多瓦和塞维利亚受到基督教王国的全面压制，摩洛哥的大部分地区被穆瓦希德人占领。雪上加霜的是，西班牙穆斯林也发动了反穆拉比特王朝统治的起义。[②]穆拉比特王朝的灭亡已经进入了倒计时。

---

① 参见〔法〕夏尔－安德烈·朱利安：《北非史·突尼斯、阿尔及利亚、摩洛哥 第一卷 从上古时代至阿拉伯人征服（公元647年）》，上海新闻出版系统“五·七”干校翻译组译，第156—157页。

② 同上书，第157—158页。

穆瓦希德运动的崛起

直到阿里·伊本·尤素夫在位前期，穆拉比特王朝统治者在伊斯兰世界没有遇到像样的对手，从而得以集中精力进行对外征战。1086—1120 年，他们重点征服和经营西班牙。以马拉喀什为中心的西马格里布经济发展和文化繁荣，与来自安达卢斯的经济和文化资源有着密切的关系。然而，从 1120 年左右起，穆拉比特帝国的内外形势发生了根本变化。在西班牙诸基督教王国大举反攻的同时，后方阿特拉斯山区的穆瓦希德运动（Muwahhidun）迅速崛起，西班牙的穆斯林酋长国也相继爆发起义，并且出现了二者联合反对穆拉比特王朝的趋势。二十多年后，正是穆瓦希德人灭亡了穆拉比特王朝，接管了穆拉比特人在西马格里布和西班牙的地盘，进而实现了穆拉比特人未曾企及的马格里布统一。

在帝国内部，穆拉比特人始终面临着一个长期遭到压制的威胁，那就是被马立克学派视为异端的其他伊斯兰教派。在穆拉比特王朝时期，马立克学派作为马格里布和安达卢斯的正统伊斯兰教，利用其排斥和压制一切的主导地位，把宗教变成了一种深谋远虑、精心算计和“资本化”（capitalization）的事情。这代表的是礼仪的胜利，把宗教降低为某些仪式的单调重复，借以确保得到回应。[①] 加扎利和伊本·哈兹姆（Ibn Hazm）把这种形式的伊斯兰教斥为“一种仪式和规制，面临着丧失真正信仰的危险”。[②] 在著名的《宗教学的复兴》（*Ihyā ūlūm al-dīn*）一书中，加扎利猛烈抨击了马立克学派的法基赫，谴责他们“垄断宗教并通过管理慈善机构和独占财产榨取地上的油水”。[③] 就是在反抗马立克学派法基赫们说教的过程中，一位名叫

---

① D. T. Niane ed., *General History of Africa · IV: Africa from the Twelfth to the Sixteenth Century*, Heinemann · California · UNESCO: United Nations Educational, Scientific and Cultural Organization, Heinemann Educational Books, Ltd, University of California Press, 1984, p.19.

② A. Merad, “Origine et voies du réformisme en Islam”, *AIEOA*, 17–19, 1960–1961, p. 379.

③ D. T. Niane ed., *General History of Africa · IV: Africa from the Twelfth to the Sixteenth Century*, p. 19.

伊本·图梅尔特（Ibn Tūmart，柏柏尔语：Amghar ibn Tumert，阿拉伯语：أبو عبد الله محمدابن تومرت，约 1075—1130/1128 年），即“马赫迪”（mahdī）在摩洛哥南部马斯穆达人的哈尔加部落（Hargha kabīla）中崛起。[①]

伊本·图梅尔特的宗教学说以严格的“唯一神论”（tawhīd）为基础，这也是穆瓦希德运动的由来和思想基础。[②]他的生平和命运充满了传奇和传说。1075 年左右，伊本·图梅尔特出生于阿特拉斯山区的伊吉利兹村（Igīllīz-n-Hargha），但出于传教的需要取了一个阿拉伯名字，并通过族谱将自己的祖先追溯至谢里夫，从而把自己与先知穆罕默德联系了起来。[③]由于感受到传教的危险，他隐居到贝贾亚（Bidjāya）郊外的马拉拉村（Mallāla），在那里进行了长时间的潜心研究和思考。这段隐居因其产生的政治意义而至关重要，因为他通过与门徒共同探讨进一步提升了学术造诣。更重要的是，在这里遇上了他的接班人阿布德·穆明。慕名来访的阿布德·穆明当时正在赴伊斯兰世界东部游学途中，受伊本·图梅尔特吸引和劝说而留了下来，共同开展穆瓦希德运动。

阿布德·穆明加入后，穆瓦希德运动表现出越来越明显的政治性，

① 他的家庭属于乡村贵族并笃信伊斯兰教，他本人也靠着勤学和虔诚而获得了“火炬”（asafu）的称号。1107 年，他开始外出求学和传教。关于这次长途旅行的路线和范围众说纷纭，据传他先向东来到巴格达、大马士革，通过学习奠定了学术造诣；返程途中开始出名、传教并招收门徒，经亚历山大到伊弗里基亚，然后西行到哈马德王朝（Hammadids）的首都贝贾亚。在马拉拉隐居了一段时间后，经萨拉（Sala）一路来到马拉喀什。参见 D. T. Niane ed., *General History of Africa · IV: Africa from the Twelfth to the Sixteenth Century*, Paris: UNESCO, London: Heinemann Educational Books Ltd, and Berkeley: University of California Press, 1984, pp. 19-21；〔法〕夏尔－安德烈·朱利安：《北非史·突尼斯、阿尔及利亚、摩洛哥　第一卷　从上古时代至阿拉伯人征服（公元 647 年）》，上海新闻出版系统“五·七”干校翻译组译，第 161—164 页。

② “穆瓦希德”一词是由阿拉伯语的“瓦希德”（Al-Wāḥid，唯一的）经过构词变化而来的。“瓦希德”有两个名词形式，分别是“瓦赫达特”（وحدت，统一、团结）和“图希德”（توحيد，tawḥīd，一神论）。“图希德”的形容词兼名词形式“المُوَحِّدون”（al-Muwaḥḥidūn，穆瓦希德）就是“一神论的”“一神论者”。因此，作为宗教－政治运动和王朝－帝国名称的“穆瓦希德”，其意思就是“承认真主的绝对唯一性的人”。

③ D. T. Niane ed., *General History of Africa · IV: Africa from the Twelfth to the Sixteenth Century*, p. 19.

进而开始进行武装斗争。此后，伊本·图梅尔特的西行不再是独自行事，而是与更多门徒有计划、有组织地进行。在马拉喀什时，他拒绝交纳通行税，还当着埃米尔阿里·伊本·尤素夫的面，把他的宫廷法基赫们驳斥得哑口无言。为了躲避维齐尔（vizier）马利克·伊本·瓦哈布（Mālik Ibn Wuhayb）的迫害，他在宫廷要员因坦·本·欧麦尔（Yintān b. Umar）的保护下逃离马拉喀什，撤到阿格马特。就是在这里，他的事业进入了一个新的决定性阶段：他拒绝奉埃米尔之命前往马拉喀什，开始了公开反抗穆拉比特统治的斗争。[①]伊本·图梅尔特得到反穆拉比特各部落一致拥护，他随即进行了宗教改革，建立健全了“马赫迪”学说和穆瓦希德组织，进而在阿特拉斯山区建立自己的国家和军队。[②]1122年，穆瓦希德人在基克（Kik）获得首次胜利，随即进军马拉喀什。他们围困马拉喀什达40天之久，但1128年在布海拉战役（Battle of Buhayra）中被穆拉比特骑兵击溃。伊本·图梅尔特最出色的战友巴希尔·万沙里西（al-Bashir, al-Wansharisi）阵亡，阿布德·穆明也身负重伤，历尽千辛万苦才把残余部队带回廷迈勒（Tīnmallal）。[③]

阿布德·穆明是一位出色的将军、领袖和政治家，完成了推翻穆拉比特王朝的圣战和开展穆瓦希德运动的双重任务。在布海拉惨败后的困难局面下，伊本·图梅尔特于1130年病逝。这一消息直到1133年阿布德·穆明继位才正式公布。[④]阿布德·穆明汲取布海拉战役的教训，避开对穆拉比特骑兵有利的平原，转而进攻柏柏尔山

---

① D. T. Niane ed., *General History of Africa · IV: Africa from the Twelfth to the Sixteenth Century*, pp. 20–21.

② Ibid., pp. 21–32；〔法〕夏尔－安德烈·朱利安：《北非史·突尼斯、阿尔及利亚、摩洛哥　第一卷　从上古时代至阿拉伯人征服（公元647年）》，上海新闻出版系统“五·七”干校翻译组译，第164—179页。

③ D. T. Niane ed., *General History of Africa · IV: Africa from the Twelfth to the Sixteenth Century*, p.32.

④ 阿布德·穆明继位的过程扑朔迷离，参见D. T. Niane ed., *General History of Africa · IV: Africa from the Twelfth to the Sixteenth Century*, pp. 32–34；〔法〕夏尔－安德烈·朱利安：《北非史·突尼斯、阿尔及利亚、摩洛哥　第一卷　从上古时代至阿拉伯人征服（公元647年）》，上海新闻出版系统“五·七”干校翻译组译，第179页。

区，夺取他们的贸易要道和矿产资源。[①] 他们征服了阿特拉斯山区的诸多部落，占领了苏斯和瓦迪－达拉（Wādī Dar'a，即德拉）。[②] 随即集中兵力，进攻大阿特拉斯山脉北麓一线的要塞，进而切断通往平原和首都的交通。[③] 他们避开平原地带，沿山边道路向东北方向进攻，1140—1141 年夺取了阿特拉斯山脉和塔菲拉勒特绿洲（Tāfīlālet oases）。[④] 在进军摩洛哥北部过程中，他们以杰巴拉山脉为基地，占领了塔扎地区（Tāzā area）各要塞，进而征服了地中海沿岸各部落，完成了对穆拉比特心脏地带的迂回包抄。[⑤] 塔士芬·伊本·阿里惊慌失措，匆忙调集军队前来截击。

在穆瓦希德人斗志高昂、节节胜利之时，穆拉比特王朝却是祸不单行的末日景象。塔士芬·伊本·阿里 1143 年的继位并不顺利，引起了累姆图纳和迈苏法部落酋长之间的纷争。由于这两个部落是穆拉比特王朝的统治基础，他们之间失和对王朝统治的影响是致命的。两年后的 1145 年，帝国基督教民兵统帅、加泰罗尼亚人雷维特［Reverter，即“鲁布泰尔”（al-Ruburtayr）］去世，穆拉比特人又失去了一位最优秀而尽忠职守的将领。[⑥] 这样，力量对比的天平进一步朝着有利于穆瓦希德的方向倾斜。

此时的阿布德·穆明兵强马壮，伺机在平原地区与穆拉比特人进行决战。1145 年，阿布德·穆明攻占特雷姆森，塔士芬·伊本·阿

① B. Rosenberger, “Les Vieilles Exploitations minières et les centres métallurgiques du Maroc: essai de carte historique”, *RGM*, 17, 1970, pp. 71-107.

② Roger Le Tourneau, *Almohad Movement in North Africa in the 12th and 13th Centuries*, Princeton: Princeton University Press, 1969, p. 52.

③ D. T. Niane ed., *General History of Africa · IV: Africa from the Twelfth to the Sixteenth Century*, p. 34.

④ A. Laroui, *L'Histoire du Maghreb: un essai de synthèse*, 2 vols, Paris: Maspero, 1970; R. Manheim transl., *The History of the Maghrib: an Interpretative Essay*, p. 168.

⑤ B. Rosenberger, “Autour d'une grande mine d'argent du Moyen Age marocain: le Jebel Aouam”, *H-T*, 5, 1964, p. 73.

⑥ D. T. Niane ed., *General History of Africa · IV: Africa from the Twelfth to the Sixteenth Century*, p. 36.

里被迫率军撤向奥兰。[①] 在奥兰地区，这位埃米尔又陷入重围数日，最后勉强从海上逃脱。他随即从阿尔梅利亚调来一支舰队，但 3 月 23 日或 25 日夜间行军时，从马上摔下悬崖。塔士芬 · 伊本 · 阿里就此去世，把穆瓦希德人的威胁留给了襁褓中的儿子。

塔士芬·伊本·阿里去世的消息传回马拉喀什，其幼子易卜拉欣·伊本 · 塔士芬（Ibrahim ibn Tashfin, 1145—1147 年）被拥立继位。易卜拉欣在位期间，穆瓦希德人日益逼近马拉喀什。在帝国存亡的危急关头，塔士芬 · 伊本 · 阿里的弟弟伊沙克 · 伊本 · 阿里（Ishaq ibn Ali）取而代之。然而，伊沙克上台也无法挽救帝国的灭亡。穆瓦希德人很快就兵临马拉喀什城下，伊沙克被迫开城投降。阿布德 · 穆明占领马拉喀什后，下令处死了伊沙克和易卜拉欣。穆拉比特王朝就此灭亡。

从其灭亡过程可以看出，在穆瓦希德人大军压境之时，穆拉比特统治者并未进行有效的抵抗，草草应战几次便土崩瓦解了。从这个意义上讲，穆拉比特王朝的灭亡与其兴起一样快和出人意料，再一次重复了“其兴也勃焉，其亡也忽焉”[②] 的历史悲剧。然而，这段历史绝非像一把熊熊燃烧的篝火，其灰烬没有留下一点痕迹，很快就消失了。相反，穆拉比特人的统治对马格里布、西非和西班牙都产生了重要影响。首先，它是拜占庭人退出和阿拉伯人征服之后，柏柏尔人在西北非建立的第一个大帝国，为马格里布的统一打下了前期基础。其次，它消灭了从 8 世纪起风行于西马格里布的诸多宗教异端，使这个地区获得了后来一直保持不变的宗教上的统一。第三，穆拉比特人虽然没有创造出具有独创精神的文明，却是安达卢西亚文明在整个西马格里布的传播者。[③] 最后，但并非不重要的是，穆拉

① D. T. Niane ed., *General History of Africa · IV: Africa from the Twelfth to the Sixteenth Century*, p. 36.

② 这句话的原文是“禹、汤罪己，其兴也勃焉；桀、纣罪人，其亡也忽焉。”参见《左传 · 庄公十一年》和《新唐书 · 卷一百一十五》。

③ 〔法〕夏尔 - 安德烈 · 朱利安：《北非史 · 突尼斯、阿尔及利亚、摩洛哥　第一卷　从上古时代至阿拉伯人征服（公元 647 年）》，上海新闻出版系统“五 · 七”干校翻译组译，第 158—160 页。

比特王朝的制度设计留给后人一个教训：如果一个国家出现政治和宗教权威并存的局面，而宗教又被允许介入政治，这个国家的稳定性将面临难以克服的矛盾。

穆拉比特运动兴起于毛里塔尼亚北部的沙漠里，但穆拉比特帝国的统治中心在西马格里布，并且在那里创造了辉煌的文学、宗教、建筑和艺术成就。由于沙漠的阻隔和环境的制约，毛里塔尼亚北部成为穆拉比特帝国的二等区域，南部更是处于酋长国林立的无政府状态。但是，穆拉比特王朝对毛里塔尼亚的影响史无前例，它将毛里塔尼亚带入了真正的国家的时代。之前的桑哈贾联盟虽然具有国家的雏形，但仍然算不上是真正意义上的国家，更多地类似于由部落联盟组成的酋邦。

第五章　阿拉伯人的迁徙与毛里塔尼亚社会的变迁

穆拉比特王朝衰落后，毛里塔尼亚的柏柏尔人失去了最后的荣光，毛里塔尼亚社会二元化结构得以定型。一方面，毛里塔尼亚自14世纪以来出现第三次也是最后一次民族迁徙浪潮。阿拉伯哈桑部落的南迁，进一步蚕食柏柏尔人的土地与权力，引发双方旷日持久的冲突，阿拉伯人最终取得胜利。柏柏尔人趋于边缘化，转而与阿拉伯人融合，形成新的民族，即“摩尔人”。后者成为近现代毛里塔尼亚社会的主体，实现了阿拉伯化，奠定了后来作为阿拉伯国家的历史基调。另一方面，从西非的历史看，大量黑人不断被边缘化，遭受压制和排斥，沦为少数族群，并为后来的毛里塔尼亚民族问题埋下了祸根。尽管毛里塔尼亚此时也出现了一些阿拉伯人建立的酋长国，但这些酋长国互不统属，无法建立正常秩序，反而冲突不断。毛里塔尼亚的混乱局面则为近代西方的殖民扩张提供了便利。

一、阿拉伯人的迁徙浪潮

后穆拉比特王朝时期的毛里塔尼亚

穆拉比特王朝衰落以后，尽管兴起了穆瓦希德王朝，但后者的重心在北非，而非毛里塔尼亚。毛里塔尼亚再次陷入无政府的状态。

大量北非的阿拉伯人开始南迁。他们居住在毛里塔尼亚北部，摧毁了队商贸易，商队通道被迫东移，毛里塔尼亚商业城镇逐渐走向没落。在这些阿拉伯人中，哈桑人（Bani Hassan）继续南移，到 17 世纪末已经基本上拓展到毛里塔尼亚全境。柏柏尔人挣脱阿拉伯束缚的最后一次努力是毛里塔尼亚的 30 年战争（1644—1674 年）或名沙尔·布巴战争（Sharr Bubba），它由累姆图纳人伊玛目纳赛尔·丁（Nasir ad-Din）领导。然而，这个桑哈贾人的解放战争并没有成功，而且柏柏尔人还被迫放弃使用武力，并屈服于阿拉伯武士集团，成为其从属。

阿拉伯人的早期迁徙

公元 632 年穆罕默德去世之后，其继任者们继续先知未竟之业，不断征服周边民族和地区，传播伊斯兰教，并迅速进入拜占庭控制的马格里布地区。在阿拉伯人征服马格里布的同时，毛里塔尼亚开始受到来自北方的阿拉伯人和阿拉伯文化缓慢的渗透和影响。兴起于毛里塔尼亚北部的穆拉比特王朝无疑受到了阿拉伯政治传统和宗教文化的深刻影响。但是，在穆拉比特王朝灭亡后，毛里塔尼亚再次分裂，柏柏尔的桑哈贾部落逐渐形成了大量的地方性酋长国。其中，最重要的是北部的阿布都卡尔（Abdukar，阿拉伯语为ابدوكل）酋长国以及南部的恩尼基克（Enizak，阿拉伯语为انيرزيك）酋长国。这两个酋长国本身十分松散，包含了其他服从于其统治的诸多小的酋长国。阿布都卡尔酋长国在诸多酋长国中实力最强，它控制的地区包含西撒哈拉萨基亚哈姆拉（Sakia al-Hamra）至阿德拉尔等北部地区（后被马里和桑海帝国统治）。虽然阿布都卡尔酋长国由多个部落组成，但是其领导核心属于累姆图纳部落，阿布都卡尔酋长国也被称为累姆图纳阿布都卡尔酋长国。穆拉比特王朝衰落后，阿布都卡尔酋长国继承了穆拉比特王朝的遗产，因此又被称为“小穆拉比特王朝”。

在穆拉比特王朝衰落后，北非的阿拉伯人开始大举南迁进入毛里塔尼亚，其中最重要的当属哈桑人。哈桑人是阿拉伯马其尔（Maqil）

部落的分支，于 11 世纪随着阿拉伯部落迁移到北非，后继续南移至西撒哈拉沙漠腹地，并在 14 世纪左右进入毛里塔尼亚。阿拉伯哈桑部落进入西撒哈拉地区，很快打破了当地原有的经济社会秩序，引发了阿拉伯人与当地柏柏尔人的激烈冲突。

穿越撒哈拉的贸易是毛里塔尼亚各民族的经济支柱。随着穆拉比特王朝的覆灭，各种力量开始争夺商路，劫掠成性。在阿拉伯的阿拉尔（Ahlal）和巴努·苏莱姆部落的威胁下，[①] 商道也发生了转移，图瓦特和提迪凯勒特的绿洲地区，逐渐取代斯基玛萨成为商队中转处，其后瓦格拉（Ouargla）又成为中转地。

商路由西部向东部的转移使得阿布都卡尔酋长国的收入锐减，这是导致其崩溃的重要经济因素，收入减少使得它加强了对过往商队和城镇居民的劫掠，尽管一些商队和阿布都卡尔酋长国具有亲缘关系。内部劫掠的不断加剧也逐渐导致酋长国内部的分崩离析。在阿布都卡尔酋长国内忧外患的情况下，哈桑部落中力量最强的阿瓦拉德·纳赛尔（Awlad al-Naser）联合其他部落一起从北部进攻阿布都卡尔酋长国。首先是从阿布都卡尔酋长国北部向南部开始，战争结束后阿瓦拉德·纳赛尔的少部分分支留在了南部，大部分返回了北部。哈桑部落与阿布都卡尔酋长国之间的冲突持续了大约二十年（1442—1462 年）。阿布都卡尔酋长国与阿瓦拉德·纳赛尔之间的战争以前者的崩溃告终，可以说从根本上改变了毛里塔尼亚甚至撒哈拉的历史。

三十年战争（沙尔·布巴战争[②]）

随着阿拉伯部落的南移并开始对毛里塔尼亚柏柏尔部落的统治，毛里塔尼亚开始了一个漫长的、并为柏柏尔人所抵制的阿拉伯化过

---

① Geneviève Désiré-Vuillemin, *Histoire de la Mauritanie: Des origines à l'indépendance*, p. 216.

② “沙尔布巴”的定义存在诸多分歧。沙尔布巴也称“夏尔巴巴”，意思是“一场哭泣的战争”。有人认为，“沙尔布巴”这个词本义就指战争，因为“sharr”在图阿雷格部中指战争。大多数扎瓦雅人认为，沙尔布巴是一场宗教战争，而摩尔人却将宗教战争与沙尔的意思相区分。也有研究者认为，之所以称之为“沙尔·布巴战争”，与“巴巴事件”有关。

程。可以确定的是，自从14世纪以来，随着阿拉伯人的入侵，特别是哈桑部落到达毛里塔尼亚以后，哈桑部落逐渐击败了本地的柏柏尔人，开始居于统治地位。15世纪后期，哈桑部落已经统治了毛里塔尼亚最大的两个柏柏尔部落酋长国，这些被击败的柏柏尔人被迫向阿拉伯部落缴纳罚金（maghram，阿拉伯语مغارم）并被禁止携带武器，同时被迫成为扎瓦雅（Zawaya）① 阶层。

公元17世纪中期，扎瓦雅人与阿拉伯各部落都是四分五裂，处于一种极度混乱的无序状态，这为南部的黑人部落提供了扩张之机。黑人部落在首领登戈拉（Tenguella）的领导下，于富塔托罗地区建立了一个强势的新王朝，他们经常出兵扫荡塞内加尔河北岸地区，掠夺妇女儿童，就连哈桑各部也遭其袭扰。扎瓦雅人虽然被迫向阿拉伯人臣服并交纳罚金，这些罚金和贡品表面上是哈桑人为保护柏柏尔人而收取的，但实际上哈桑人通常无能为力或不愿保护柏柏尔人，从而导致后者的商业和农业活动经常受到干扰。

哈桑人既没有履行保护的责任，又征收不符合伊斯兰教的赋税，这引发了柏柏尔人的不满。在这种背景下，扎瓦雅人开始抵抗阿拉伯人的统治，双方的冲突持续了三十余年。柏柏尔出身的伊玛目纳赛尔·丁试图统一柏柏尔社会，让所有的扎瓦雅人都团结起来，效忠于他们的伊玛目。他从他最信任的亲属中挑选大臣和法官，组成贵族议会，以协助其管理部族事物。不难看出，扎瓦雅人试图凭借宗教教义和个人威望，将各部落聚合在一起，从而建立伊斯兰政教合一的、由纳赛尔·丁所领导的社会体系。扎瓦雅人在纳赛尔·丁的带领下不断向外扩张，攫取了大面积的土地。这引起了哈桑部落的极度不安。但是纳赛尔·丁还不具备与哈桑人对抗的实力。巴巴

① 扎瓦雅，大多数情况下又被称作“الطلبة”，阿拉伯语意思为“请求”。“扎瓦雅”是对柏柏尔部落中专门负责伊斯兰教宗教事务和教育等职能的阶层的称呼。他们也从事一些经济事务，如挖井、饲养牲畜和经营商业车队等，原则上不被允许携带武器。然而，毛里塔尼亚东部的一些扎瓦雅部落却携带武器，且并不能完全从宗教事务中脱离。

事件[①]后，扎瓦雅人内部的分裂愈发严重，一些柏柏尔部落开始保持谨慎中立的态度，甚至拒绝跟随纳赛尔·丁外出作战。

扎瓦雅人的军队在自愿的基础上组建而成，其中包括直接服从于纳赛尔·丁的骑兵团。军队被分为两大部分，第一部分是由卡迪·奥斯曼（al Qadi Uthman）统领的西部的部队，东部的进军则是由默罕德·本·迪巴指挥，两部在因图吉（Intuji）成功地偷袭了哈桑部落。这是纳赛尔·丁的军队与哈桑部落的第一次正面交锋。在这场战争中，参战双方使用的都是传统的冷兵器，如标枪、长矛、直匕首或弯匕首等，并未使用任何火器。军队的长途行进主要依靠骆驼，所以骑兵突击队对战争的胜负起着关键作用。1644 年前后，哈桑族和扎瓦雅人发生第二次交锋。哈桑族的巴努·马格法（Banu Maghfar）率部掠取了扎瓦雅人的牲畜，并杀死了两个米得利斯部落（Midlish）的扎瓦雅人。面对强敌，纳赛尔·丁带领骑兵顽强抵抗，双方在马林古恩斯洼地（Maringouins）以南的哈希·杰瓦（Hassi Djioua）地区作战。随后，双方在提尔提拉斯（Tirtillas）进行了第三次交锋。虽然扎瓦雅人取得了这场战争的胜利，马格法部落战败后狼狈逃窜，但扎瓦雅人也付出了惨痛的代价，纳赛尔·丁和大部分扎瓦雅军官都在此战中阵亡。

第二任伊玛目为阿奇法加·艾敏·本·西迪·法迪尔（Achfagha al Amin ben Sidi al Fadil）。他在提尔提拉斯战役中具有重要的领导作用，但主张与哈桑人讲和，这招致了大部分扎瓦雅人的反对。更让扎瓦雅人愤怒的是，这位伊玛目和他的兄弟竟然娶了马格法部落酋长的女儿。这破坏了扎瓦雅人的原则。扎瓦雅人在废黜了这位

① 当纳赛尔·丁派遣他的代理人西迪·哈桑·本·卡迪到累姆图纳塔彻比特（Tachedbit）部落去征收税费时，遭到该部落的反对，他们阻止卡迪带走牲畜。双方僵持不下时，塔彻比特部落一个名为布巴（Bouba）的人向部落首领建议求助于哈桑族特拉扎部落的首领哈迪·本·阿梅德·本·达曼（Haddi ben Ahmed ben Dâman）。于是哈迪趁机介入争端，并率领部队掠夺了西迪收集的牲畜。扎瓦雅的塔彻比特部也趁此加入特拉扎的阵营。面对此种背叛，扎瓦雅的税收官随即集结力量，向特拉扎人发动了打击。整个事件又被称为“布巴事件”。

伊玛目后，很快推选提尔提拉斯战役中的另一位统帅卡迪·奥斯曼·阿贝霍姆·本·艾哈迈德（Qidi Uthman Abhum ben Ahmad）为首领。卡迪成为伊玛目后恢复了对哈桑的军事打击。他做的第一件事是将矛头对准了扎瓦雅人的死对头马格法部落。巴巴事件以后，扎瓦雅部不再被强制缴纳宗教税费，但卡迪成为领袖后缴纳宗教税费被恢复，这引起了瑞兹格部落的极大不满。出于报复心理，瑞兹格部和哈利法（Khalifa）部与那些渴望摆脱扎瓦雅人控制的部族，如居住在舍马马地区的黑人，同马格法部落结成联盟，由马格法部的哈迪（Haddi）领导，共同袭击了扎瓦雅人的税收队伍，并在赫鲁发（Khroufa）附近大开杀戒，杀害了大批扎瓦雅人。

面对背叛与屠杀，扎瓦雅的军事首领们立刻展开报复。法德尔·本·库里（al-Fadel ben al-Kouri）率军袭击了由哈迪率领的联军，双方在图兹科特（Touizikt）附近的萨格（Sag）地区交锋，联军溃败，其中哈里发部落的首领巴富尔被杀。此外，伊玛目卡迪·奥斯曼也亲自领兵，进攻舍马马地区的黑人部落，但不幸遭到伏击，卡迪及其军事主官全部被杀，这对扎瓦雅人又是一记重创，扎瓦雅人不得不再次推举新的伊玛目。

第四任伊玛目努尔·丁·穆巴拉克（Nur al-Din al-Mubarakn）立刻纠集部队，在努瓦克（Nouakil）附近袭击了数倍于己的马格法部队。遭到围困后，努尔和他的大部分支持者一同被杀。第五任伊玛目是纳赛尔·丁的弟弟穆尼尔·丁（Munir al-Din），他率领骑兵和一些追随者在塞内加尔找到了避难所。但是，随后马格法部落的人发现了穆尼尔和他的营地，这位伊玛目在与马格法部落的厮杀中阵亡。第六任伊玛目为穆合塔尔·阿格·阿布都拉（al-Mukhtar Agd Abdullah）。他在对抗马格法部落和舍马马地区的黑人时远超前人。他杀死了多名马格法部落的首领，并为扎瓦雅人夺取了大量的马匹与骆驼。随后，马格法部落与扎瓦雅人在阿玛多（Amadir）相遇。经历了一天的大战后，扎瓦雅人被包围，几乎所有扎瓦雅战士都身负重伤。此时扎瓦雅的军队已是强弩之末，面对马格法部在第二天黎明发起的进攻，溃败的扎瓦雅军队悉数被消灭。战胜了扎瓦雅军队后，马格法部落掳走了扎瓦雅营地的妇女与儿童。至此，持续了30年的沙尔·布巴战争随着第六任伊玛目的阵亡宣告结束。

战争后续行动及哈桑人的统治

沙尔·布巴战争结束后，扎瓦雅部落几乎全部被消灭。存活下来的人沦为了哈桑部落的奴隶，特别是塔克穆查人、特恩格哈人（Tendgha）、美德里奇人（Medlich）、伊达格·兹波人（Idagh Zimbo）、迪耶迪巴人（Dieidiba）和巴尔特伊人（Barteil），更是残喘于哈桑人的统治之下，过着苦难深重的日子。在某些部落中，如伊德·阿提法格哈部（Id Atifgha）和伊达格·兹波部等，成年男性全部战死，只有一些小孩子幸存了下来。部落传承的重担就落到了他们肩上，但他们也不会再有什么实力去反抗压迫者。

此外，少数扎瓦雅人越过塞内加尔河，进入黑人部落控制的区域，或遭驱赶或被追杀，其中一部分最终艰难地站稳了脚跟。随后，这些幸存的宗教人士开始发展信徒，其影响超出了富塔托罗地区，甚至波及谢列尔（Cherier）地区，这使得当地社会陷入动荡。因为扎瓦雅人通过这种宗教手段，鼓动黑人民众反抗原有的统治阶层。瓦罗（Oualo）和迪奥洛夫（Diolof）的首领被叛军杀害，而卡约尔的首领（damel）则被迫出逃流亡。由于扎瓦雅人向黑人民众许下的美好愿景并没实现，后来，出逃的首领又得以夺回政权。

凭借沙尔·布巴战争的胜利，哈桑人解除了扎瓦雅部落的所有武装，并向其课以重税。作为交换，哈桑人承诺尊重扎瓦雅人的生活。此后，扎瓦雅各部开始向哈桑人缴纳贡赋，这引起了不小的敌对与仇视。扎瓦雅人只能从事一些非军事活动，如养殖、挖井、商贸等。而作为宗主部落，哈桑人有权无偿占有其劳动成果，如可以任意抽取牲畜奶，拥有水井的优先使用权，就连扎瓦雅人打上来的井水也得扣下三分之一。此外，哈桑人还享有“留宿权”（Droit de Tramsfate），他们可以随时随地的进入扎瓦雅营地，而扎瓦雅人则有义务向留宿的哈桑人提供三天食宿，并喂养其牲口。哈桑人抢夺财物，掳掠妇孺，并建立起一套以哈桑族为中心的社会制度，其统治地位维持了三个世纪，直到第二次世界大战之后经济革命兴起，这种社会体系才遭到挑战与质疑。①

二、阿拉伯人迁徙对毛里塔尼亚的影响

语言同化与艺术交融

自 14 世纪以来，来自阿拉伯马其尔部落分支的哈桑人迁移到了毛里塔尼亚，哈桑人勇猛善战并且凭借着对商路的控制，很快便征服了自 11 世纪以来一直在毛里塔尼亚居于统治地位的柏柏尔各部落。

哈桑人到来后，毛里塔尼亚的柏柏尔人在与哈桑人的对抗与融合中加速了其阿拉伯化的进程。阿拉伯人战胜阿布都卡尔酋长国后，柏柏尔人的语言便出现了相对的阿拉伯化倾向。到了 17 世纪末，尤其是在柏柏尔人的最后反抗失败后，哈桑语便占据了统治地位，大多数柏柏尔人在日常讲话中都采用哈桑语，只有一些居住在极为偏远山区的柏柏尔部落仍使用柏柏尔方言。三十年战争之后，哈桑人得以使阿拉伯文化占据绝对统治地位。因此，柏柏尔语在毛里塔尼亚几乎退出了历史舞台。

哈桑人在征服柏柏尔人后也受到柏柏尔文化的影响。如哈桑人不再对被征服者赶尽杀绝，而是按照柏柏尔人的习俗允许其继续繁衍，以避免该部落消亡。哈桑人在与柏柏尔部落的融合中也创造出了独一无二的阿拉伯－柏柏尔文化。如在音乐领域，著名音乐家米歇尔·吉尼亚德（Michel Guignard）就曾指出，哈桑语的音乐之所以有非凡的独特性，正是因为它将柏柏尔和阿拉伯的传统相融

① Geneviève Désiré-Vuillemin, *Histoire de la Mauritanie: Des origines à l' indépendance*, p. 284.

合，并且受到了南部黑人的影响。[①] 从早期欧洲旅行者的记录中，也可以注意到当时的诗人对诗歌的喜爱。他们以哈桑语的形式将任何谈论的话题写成诗歌，南部和西撒哈拉的一些讲哈桑语的诗人用古典阿拉伯语创造的高质量作品完全可以媲美阿拉伯东部地区的作品。[②]

摩尔人的等级制社会

随着哈桑部落的统治在毛里塔尼亚不断稳固，哈桑人与柏柏尔人在语言、宗教、文化等方面不断地融合。谱系和血缘也逐渐合为一体，最终形成了一个阿拉伯－柏柏尔混合的民族，即摩尔人。虽然沙尔·布巴战争只是毛里塔尼亚南部的一场局部战争，但是战后哈桑人建立起的一套以哈桑族为中心的社会体系在整个毛里塔尼亚得到推广。以“白人社会”[③] 为中心的毛里塔尼亚的社会结构逐渐制度化，该社会的统治力量是武士阶级，即哈桑人和宗教阶级（主要是扎瓦雅人），武士阶级和宗教阶级的关系特征是共生关系。各武士部族（即那些由武士阶级统治的部族）传统上保护非武装各教长部族，同时后者对武士们提供宗教、道德和政治上的支持。这种关系源于摩尔社会独特的分权制度。武士部族毫无疑问占据着统治地位，但教长部族作为伊斯兰共同信仰的传授者，也同样获得了无可争辩的优越地位。教长部族虽然在武士部族的政治和军事权力保护下存在，但后者在宗教信仰上从属于前者。在这两者之下还有纳贡

① John Shoup, THE GRIOT TRADITION IN ḤASSĀNIYYA MUSIC: THE “ĪGGĀWEN”, *Quaderni di Studi Arabi*, 2007, Nuova Serie, Vol. 2, p. 97，Published by Istituto per l’Oriente C. A. Nallino.

② Ibid., p.98.

③ 自从伊斯兰历 4 世纪以来，阿拉伯的地理学家就经常使用“白人”（al-Baydhaan）一词来形容撒哈拉桑哈贾部落的人，以区别南部的苏丹帝国的黑人。17 世纪后讲哈桑语的人都被称作“白人”，但它仅限于贵族，即阿拉伯武士和宗教或教长阶层及其所属的纳贡阶层。另一个称法是“克拉纳”（al-Klanah，阿拉伯语为الكحلان），用来指代其他阶层，如铁匠和乐师。尽管“白人”一词最初仅用于社会精英内部，后来无论一个人的肤色和职业如何，只要讲哈桑语都被统称为“白人”。

阶级，这三种人共同构成了“白人社会”。

工匠则是摩尔人社会的第四阶级。工匠隶属于白摩尔人，工匠主要由制造铁器、木器、银器、铜器和皮革的手艺人组成。工匠被白摩尔人当作劣等人看待，甚至不承认工匠是摩尔人。因为这个阶级的大多数成员是手工业者，并不从事与白摩尔人的传统放牧、宗教或武士活动有关的经济活动。杰里乌特（griot，乐师和诗人）通常也被认为是第四阶级。杰里乌特同工匠一样，隶属于特定部族，通常是由武士领导，一些有声望的诗人和乐师则出入于很多不同的白摩尔人集团，以寻求工作。有时候也把工匠、诗人、歌者、音乐家归属于“白人社会”，但是这些人在婚姻、领土所有等方面受到诸多严格限制，被白人贵族所鄙视。

哈桑人建立起来的社会体系的最底层是哈拉廷人，即黑摩尔人。他们是摩尔社会的奴仆阶层。蒂米里斯角和努瓦迪布之间的沿海渔民（伊姆拉冈人）生活在自己的小村庄，他们向白摩尔人纳贡，有时在努瓦迪布收买商品，但很少与外部接触。盐工（the aghazasir）和游牧猎人（the namadi）也是独特的社会群体，他们在各自独立的村社中生活。通常认为，渔民和盐工属于这个社会体系的边缘。沙尔·布巴战争后固化的社会等级制度一直持续了三个世纪，直到法国殖民者的到来，这一社会结构才逐渐被打破。

哈桑人统而不治

16 世纪末至 17 世纪，阿拉伯人从北向南大规模迁移，贸易路线逐渐从西到东进行了结构性转换，毛里塔尼亚的历史发生了巨大的改变。哈桑人虽然控制了贸易路线，并以此获得财富，使柏柏尔人成为自己的附庸，但是，哈桑人作为典型的阿拉伯游牧民族，他们仍然以劫掠其他部落的财物和获得贡赋为主，没有从根本上改变各部落分裂的状态。当哈桑人的力量强大的时候，政治就完全失去了保护人们生命财产的能力。哈桑人让匠人为他们工作，不支付任何报酬。

统治阶层不尊重法律，也不关心老百姓对腐败的抱怨和他们之间的冲突。他们关心的是人们手中的财物，总要把它抢夺过来，或者处罚没收，巧取豪夺。当他们目的达到后，其他事情就不过问了，老百姓的疾苦、利益、冤案统统不放在心上。他们可能会制定严格的税收制度，也是为了能得到更多的利益和税收。在他们统治下的老百姓，没有法律保护，生活在一片混乱之中。哈桑族的胜利者特拉扎和布拉克纳这两个部落也常常由于内斗或者与其他部落的冲突而导致分裂，几个派别宣布相互独立，以致这两个部落的权力不断被削弱。在哈桑人统治下，毛里塔尼亚没有更加团结，社会的分化和对立反而进一步加剧，这为其后法国人征服毛里塔尼亚所利用。

故此，随着穆拉比特王朝的衰落以及阿拉伯人的南迁，毛里塔尼亚的历史发生了重大变化。长期处于主导地位的柏柏尔人被以哈桑部落为主体的阿拉伯人取代，两者逐渐融合，演变为后来毛里塔尼亚的主体民族摩尔人，并且使毛里塔尼亚阿拉伯化，最终成为阿拉伯世界的一部分。但是，阿拉伯人并未在毛里塔尼亚建立秩序，而是结合毛里塔尼亚本土的民族构成，构建了独特的社会等级制度。这使毛里塔尼亚社会长期处于无政府状态，阿拉伯人与柏柏尔人、摩尔人与黑人，甚至阿拉伯人之间矛盾重重，征伐不断。虽然阿拉伯人建立了特拉扎和布拉克纳等部落酋长国，但规模有限，无法建立秩序。正是在这种混乱的社会状态之下，西方殖民者逐渐渗入毛里塔尼亚，并逐渐将之纳入现代国际体系中。

三、西非苏丹地区与毛里塔尼亚

北非阿拉伯叙事的缺陷

毛里塔尼亚历史上并未建立统一的政权，对其历史叙事往往是从“他者”的视角进行，特别是从阿拉伯人或柏柏尔人的视角展开的、以毛里塔尼亚本土作为主体的古代历史叙事相对欠缺。这种以阿拉伯或者北非为中心的历史叙事存在很大的缺陷。首先，它主要不是聚焦于毛里塔尼亚境内发生的事实，而是以南迁的柏柏尔人和阿拉伯人为主线展开；其次，由于柏柏尔人和阿拉伯人主要居住在毛里塔尼亚北部和中部，所以，关于毛里塔尼亚史的文献对其南部的关注程度还远远不够；再次，由于对南部的关注程度不够，对毛里塔尼亚南部及相邻的塞内加尔河流域的研究主要不是关注其内部历史进程，而是着重从其与北方的撒哈拉、马格里布乃至地中海世界的关系角度进行叙事。正因如此，关于毛里塔尼亚史的著作十分有限，而且都是从北非的柏柏尔人写起的。[①]很大程度上可以说，古代和近代毛里塔尼亚史并不是关于毛里塔尼亚本身的历史，而是与毛里塔尼亚有关的历史。相信随着考古工作不断取得进展，这种局面将会得到改变。

事实上，毛里塔尼亚境内的黑人原住民不仅创造了自己的文明成果，还在交往中与接踵而来的柏柏尔人和阿拉伯人互相影响着。新石器时代，黑人在撒哈拉居民中处于非常明显的支配地位，他们的足迹遍及向北远至阿德拉尔的地区。[②]考古研究和传统证据显示，黑人的居住地向北一直延伸到北纬 20°，甚至最远到达萨基亚－阿姆拉[③]（Saqiyat al-Hamra，意为“红运河”）地区。[④]后来，随着撒哈拉地区趋于干燥，定居在那里的黑人不断南迁，公元 3 世纪或 4

① 参见 Geneviève Désiré-Vuillemin, *Histoire de la Mauritanie: Des origines à l'indépendance*, 1997。

② M. El Fasi ed., *General History of Africa · III: Africa from the Seventh to the Eleventh Century*, p. 129.

③ 萨基亚－阿姆拉和里奥德奥多（Rio de Oro，意为“金河”）是 1969 年后西属撒哈拉省划定的两个地区。萨基亚－阿姆拉位于西撒哈拉北部，北纬 26°—27° 50' 之间。里奥德奥多在其南边，位于北纬 26°—21° 20' 之间。

④ 参见 Abd al-Wadud b. Ahmad Mawhid al-Shamasdi, “The ancient history of the Mauritanian Adrar and the sons of Shams al-Din”, in H. T. Norris, *Saharan myth and saga*, p. 132。该文写道：“我认为一个值得信赖的人告诉我，曾经有一个人牵着奶牛从萨基亚－阿姆拉来到凯希迪（Kayhidi，即圣路易）。他既没有在一片废墟上过夜，他的奶牛也没有渴着，这是因为（那里）有很多尼格罗人（Negroes）。”

世纪后因为骑骆驼的桑哈贾人的入侵而加速向南撤退。[①] 8—16世纪，黑人居民在西苏丹地区建立了多个王国和帝国，其中最强大的是加纳、马里和桑海。“对于8—15世纪的毛里塔尼亚历史，这些苏丹黑人王国和帝国也产生了非常重要的影响。”[②] 因此，要深入研究毛里塔尼亚历史，不能不对毛里塔尼亚南部和塞内加尔河流域的黑人苏丹王国有所了解。

长期以来，人们习惯于透过“伊斯兰眼镜”（spectacles of Islam）观察撒哈拉以南非洲地区。事实上，从北非人的角度观察“黑人地区”的思维定式源远流长，起源于环地中海“已知世界”是世界地理中心的古典时期。毫无疑问，穆斯林时期及其给马格里布带来的新局面，使人们对撒哈拉以南地区的了解进入了一个新的重要阶段。对苏丹地区各族人民的研究就是从这里开始的，因为穆斯林－阿拉伯文化和社会带来的观念影响了它与苏丹的关系，而迄今为止关于撒哈拉以南非洲的书面文献基本上都来自北非的穆斯林社会。[③]

与“伊斯兰眼镜”密切相关的另一个认知偏见是“含米特假设”（Hamitic hypothesis），它一直被用作古代非洲文化变迁的常用解释框架。[④] 根据这一理论，含米特人（Hamites）是非洲人的一支，但从人种（高加索人）和语族方面看，与撒哈拉以南非洲的黑人截然不同。含米特假设在游牧的“含米特人”和农耕的黑人之间划了一条明确界限，认为二者是完全不同、泾渭分明的两种人。[⑤] 由于含米特人与美索不达米亚和埃及文明的创造者有着“天然的”亲缘关系，非洲取得的一切进步和创新都应归功于他们。这样一来，游牧的白

① Donnelly Fage ed., *The Cambridge History of Africa, Volume 2: From c.500 B.C. to A.D. 1050*, p. 665.

② Brian Dean Curran and Joann L. Schrock, *Area Handbook for Mauritania*, p. 34.

③ M. El Fasi ed., *General History of Africa · III: Africa from the Seventh to the Eleventh Century*, pp. 121-121.

④ R. Cornevin, *Histoire des peuples de l'Afrique Noire*, Berger-Levrault, 1960, pp. 70-71.

⑤ M. El Fasi ed., *General History of Africa · III: Africa from the Seventh to the Eleventh Century*, pp. 119-120.

种人就获得了一种文化优越感，是他们把“文明”因子传播给了定居的黑人。[①] 莫里斯·德拉福斯、H.R. 帕尔默和 Y. 于瓦尔都为研究苏丹居民做出了重要贡献，但他们的成果中充斥着这种传播论观点（diffusionist standpoint）。

非洲的苏丹地区

“苏丹”作为一个地理概念，就是北非穆斯林从“伊斯兰眼镜”中观察到的事物之一。从词源上讲，“苏丹”（Sudan）来自阿拉伯语的“بلاد السودان”（bilād al-sūdān）一词，其含义是“黑人地区”，至少自 12 世纪开始一直沿用至今。在早期的英语地图上，“بلاد السودان”被翻译成“Negroland”（“尼格罗人之地”）。从地理上，它指的是非洲大陆上介于撒哈拉沙漠南缘与赤道雨林北界之间的开阔稀树大草原，南北分别以北纬 8°和北纬 16°线为界，与撒哈拉沙漠、西非的热带雨林及刚果河盆地相接。自西向东长约 5500 公里，从大西洋沿岸的佛得角一直绵延到埃塞俄比亚高原和红海之滨。由北向南年平均降雨量逐渐增加，从 250 毫米增加到 1500 毫米。植被也依次发生变化：最北边是半沙漠的干旱草原和有刺的灌木丛，向南依次过渡到辽阔的大草原、稀树草原、遍布低矮树木的茂密大草原，再往南是最终融入赤道雨林的稀树森林。[②]

“萨赫勒”是与地理概念的苏丹密切相关的生态气候和生物地理概念。关于“萨赫勒”这一概念的词源，多数人倾向于认为它是阿拉伯语“ساحل”一词的音译，在阿拉伯语中的意思是“岸”，喻其为撒哈拉沙漠的南岸地带。[③] 另一种观点则指出，这种比喻在古典阿拉伯语中无法得到印证。更大的可能性是，“萨赫勒”源于阿拉

---

① C. G. Seligman, *Races of Africa*, Butterworth, 1930, p. 96.

② Encyclopaedia Britannica: “Sudan”, http://www.britannica.com/place/sudan-region-africa，引用时间：2021 年 1 月 26 日。

③ Nathaniel Gilbert Huntington, *A System of Modern Geography, for Schools, Academies, and Families*, E. Huntington & Co., 1834, p. 287 and “Sahel dictionary definition-Sahel defined”, www.yourdictionary.com，引用时间：2020 年 8 月 30 日。

伯语的“سحل”一词，其基本含义就是“平原”。[①]从地理上讲，萨赫勒指北边的撒哈拉沙漠与南部的稀树大草原之间的过渡地带，从大西洋岸一直延伸到红海之滨，东西长约5900公里，宽度从数百到1000公里不等，总面积305.32万平方公里。[②]从北向南，这一过渡生态地带的植被依次是：半干燥草地、有刺的灌木丛、稀树草原和无树草原。[③]

由此可知，萨赫勒半干燥气候带的地理范围小于苏丹，它实际上就是苏丹地区的北半部分。[④]苏丹和萨赫尔的东西长度大致相同，北部边界都是撒哈拉沙漠的南部边缘，并从那里开始向南延伸。不同的是，萨赫勒止于稀树大草原，苏丹则一直延伸到赤道地区的热带雨林。从所包含的地理区域看，苏丹地区从塞内加尔边界开始，向东经过马里南部、布基纳法索、尼日尔南部、尼日利亚南部、加纳南部和乍得南部，一直到达苏丹共和国的富尔西部和南苏丹共和国。萨赫勒的南部边界则靠北一些，它具体包括：塞内加尔北部、毛里塔尼亚南部、马里中部、布基纳法索北部、阿尔及利亚最南端、尼日尔、尼日利亚最北部、喀麦隆最北部、中非共和国、乍得中部、苏丹共和国中部和南部、南苏丹共和国最北部、厄立特里亚、埃塞俄比亚最北部。

苏丹地区又可分为西苏丹、中苏丹和东苏丹三部分。在《剑桥非洲史》和联合国教科文组织主持编撰的《非洲通史》中，许多章节反复使用“西苏丹”（western Sudan）、“中苏丹”（central Sudan）和“东苏丹”（eastern Sudan）的概念，但都没有对这三个次地区的范围和边界进行界定。因此，我们似乎可以认为，“西苏丹”、

---

① Jean Jacques Marcel, *Vocabulaire Français-Arabe des dialectes vulgaires Africains; D'Alger, de Tunis, de Marok et d'Égypte*, Hingray 1837, p. 466.

② “Sahelian Acacia savanna”, Terrestrial Ecoregions, World Wildlife Fund, https://www.worldwildlife.org/ecoregions/at0713，引用时间：2021年1月23日。

③ 参见“Sahel”, *Wikipedia*, https://en.wikipedia.org/wiki/Sahel，引用时间：2021年1月27日。

④ Encyclopaedia Britannica: “Sudan”, http://www.britannica.com/place/sudan-region-africa，引用时间：2021年1月26日。

“中苏丹”和“东苏丹”只是传统的习惯性说法，并非严谨的学术概念和边界清晰的地理区域。尽管如此，它们的大致所指是清楚的，那就是分别指代苏丹地区的西部、中部和东部。东苏丹的部分地区在原苏丹共和国境内。由于苏丹共和国作为主权国家长期存在，人们已经习惯于把其所辖区域等同于“苏丹”，而忽略了中苏丹和西苏丹的存在。此外，在有关原苏丹共和国历史的文献中，经常出现“北苏丹”、“中苏丹”和“南苏丹”的说法，它们分别指该共和国的北部、中部和南部地区。2011 年其南苏丹地区独立后，新成立的南苏丹共和国简称“南苏丹”（Southern Sudan），现在的苏丹共和国有时被简称为“北苏丹”（northern Sudan）。为了避免歧义，学术界偏向于使用“两个苏丹”（the Sudans）的概念，指代包括苏丹共和国和南苏丹共和国的区域。

与令人耳熟能详的“东苏丹”（即通常所说的“苏丹”）相比，西苏丹的概念主要出现在研究非洲史特别是西非史的学术著作中。西苏丹指的是西非范围内的苏丹地区，西起大西洋沿岸，东到乍得湖地区。这一地区之所以在学术著作中被反复提及，是因为这里的居民曾经创造了先进的农业、贸易网络和城市文化，还建立过多个强大的国家。

西苏丹的民族构成

除了“伊斯兰眼镜”和“含米特假设”这些认知偏见外，研究西苏丹古代史还面临着文献资料匮乏的客观困难。迄今为止，阿拉伯地理学家的著作是 7—11 世纪苏丹历史的主要文献，但他们留下的书面资料显示出了越来越明显的局限性。它们都是作者从其所处特定文化环境出发撰写的，因而是支离破碎的，对苏丹人民状况的描述有时大相径庭。它们的作者大都是东方人，对苏丹地区的情况并不了解，雅库比（al-Ya'kūbī）就从未跨越过尼罗河三角洲。在进行过实地考察的作者中，有些人是奉命前往收集信息的，这就必须考虑其背后的利益和扩张企图。伊本·霍卡尔就是为法蒂玛王朝服务的。在所有的阿拉伯作者中，贡献最大的无疑是巴克利，但他根本就不了解他从西班牙描写的那些国家。他记述的事实基本上来自前人的作品（其中主要是科尔多瓦哈里发国的官方档案），以及实地旅行者应其询问讲述的信息。事实上，在伊本·白图泰（Ibn Battūtā）之前，所有的作者很可能都没有到过苏丹地区。[①]

不过，对苏丹各民族的研究正在接近他们的真实历史。首先，如今的非洲史研究人员正在克服传播论中蕴含的意识形态前提，从而进行着越来越客观的研究工作。其次，J. M. 库奥克（J. M. Cuoq）、N. 莱维奇恩（Nehemia. Levtzion）和 J. F. P. 霍普金斯（J. F. P. Hopkins）等人正在汇总阿拉伯人的文献资料，这种文献汇编及各自的对比研究将提供极具价值的系统知识。[②]再次，非洲各地都对口头传说持积极态度，当地人世代相传的民间故事无疑会提供新的视角和材料。最后，从毛里塔尼亚到乍得地区，考古工作正在有序进行中，其进展将有助于我们拓宽视野和提高批判性。[③]本章对于西苏丹地区古代居民生活状况的梳理，正是在这些相对有利条件基础上进行的。

从人口流动的角度看，柏柏尔人在西部非洲扮演了重要角色。从史前时期起，他们就一直活跃于撒哈拉地区，最远及撒哈拉沙漠的南缘。他们的祖先是来自费赞的加拉曼德人，据说在罗马时期就是活跃于阿非利加省和“黑人地区”之间的中间人。[④]在撒哈拉地区的柏柏尔各族群中，图阿雷格人（Tuareg）的聚居区更靠

① M. El Fasi ed., *General History of Africa · III: Africa from the Seventh to the Eleventh Century*, pp. 120–121.

② J. M. Cuoq, *Recueil des sources arabes concernant l'Afrique occidentale du VIIIe au XVIe siècle (Bilād al-Sûdân)*; N. Levtzion and J. F. P. Hopkins eds, *Corpus of Early Arabic Sources for West African History*, p. 56.

③ M. El Fasi ed., *General History of Africa · III: Africa from the Seventh to the Eleventh Century*, p. 121.

④ Law, R. C. C., “Contacts between the Mediterranean Civilisations and West Africa in pre-Islamic times”, *LNR*, Vol. 1, No. 1, 1967, pp. 52–62; and Law, R. C. C., “The Garamantes and trans-Saharan enterprise in classical times”, *Journal of African History*, Vol. 8, No. 2, pp. 181–200.

近“黑人地区”，他们是撒哈拉与苏丹之间的一所“中途之家”（halfway house），占据着从北撒哈拉的古达梅斯到尼日尔甚至更远的地方。过去，人们过分强调游牧柏柏尔人与定居黑人之间的对立和冲突。虽然他们之间的冲突是无可否认的事实，但他们毕竟出于经济和政治生活的需要而生活在一起，并进行了密切的合作。[①]

索宁克人是最靠北的苏丹人，指代他们的名称之多令人眼花缭乱。索宁克人自称“Soninké”，其复数形式是“Soninko”。[②]沃洛夫人称他们为“萨拉霍列人”（Sarakholés），班巴拉人称之为“马拉卡斯人”（Marakas），曼丁卡人（Mandinka）称之为“万加腊人”（Wangara），桑海人（Songhai）称之为“瓦科列人”（Wakoré）。在马里的卡耶斯（Kayes）、库利科罗（Koulikoro）、锡卡索（Sikasso）、塞古（Ségou）、莫普提（Mopti）和布基纳法索的达菲纳地区，他们又被称作“马尔卡人”（Marka），[③]等等。“谢拉胡列”（Serakhulle）据说是沃洛夫语词汇，至少从16世纪开始就指称索宁克人，远至冈比亚和豪萨兰（Hausaland）地区的人都使用该词。索宁克人的一个族群贾汉卡人（Jahankas）认为，他们的祖先是“谢拉胡列人”（Serakhulle）。“Soninke”一词在富塔贾隆（Futa Jallon）和塞内冈比亚（Senegambia）地区具有贬义色彩，当地人因此更多地用“Serakhulle”指称“索宁克人”。[④]

在苏丹地区各民族和部落中，索宁克人在文明成果方面无疑是领先的。在柏柏尔人到来之前，他们的祖先占据着撒哈拉地区。时至今日，仍有一些黑人族群居住在瓦拉塔、内马、提希特，甚至远

---

① M. El Fasi ed., *General History of Africa · III: Africa from the Seventh to the Eleventh Century*, pp. 123, 125, 115.

② Mamadou Dramé, “Cérémonies et rites chez les Soninké”, dans *Peuples du Sénégal*, Sépia, Saint-Maur, 1996, p. 65.

③ James Stuart Olsen, *The Peoples of Africa: An Ethnohistorical Dictionary*, Greenwood Publishing Group, 1996, p. 373.

④ Lamin Sanneh, “Futa Jallon and the Jakhanke Clerical Tradition, Part I: The Historical Setting”, *Journal of Religion in Africa*, Vol. 12, No. 1, 1981, pp. 38–64.

至欣契特（Shinqit）地区，都操索宁克人的方言阿扎尔语（Azer）。[①]柏柏尔人因为气候变化而向南迁徙时，在达尔－提希特（Dhār Tishīt）遭到黑人农民的有组织抵抗，其中就有“加纳索宁克人的达尔－提希特祖先”。对阿拉伯文献和当地人的口头传说的研究显示，历史上的索宁克人居住在毛里塔尼亚的塔甘特和霍德（Hōdh, Hawd）地区。[②]索宁克人是西苏丹地区居民中最早生产食物、冶炼金属的人，后来也是他们率先取得了社会、经济和政治发展成果。他们还是最早与撒哈拉游牧部落进行交往的人，并因此承受了游牧部落的压力和跨撒哈拉贸易的影响。这两方面的外来影响促使他们在更大范围内重组社会－政治组织，以便击退游牧部落的入侵并控制跨撒哈拉贸易体系。[③]综合各方面的考古成果，阿拉伯文献中像加纳这样有组织的国家，其建立最早可追溯到公元前第一个千年。[④]索宁克人约 10 世纪时就成了穆斯林，是撒哈拉以南西非地区最早皈依伊斯兰教的族群之一。[⑤]

索宁克人流散各地是多种因素共同作用的结果，不能完全归咎于柏柏尔人（特别是穆拉比特人）带来的压力。其中最主要的因素是气候变化所致。他们的最初居住地商业条件颇佳，但处于气候不稳定的地区。根据索宁克人的传说，这个地方就是瓦加杜（Wagadu）。在一次持续 7 年的旱灾之后，瓦加杜人开始了持续几个世纪的南迁。这次逃难使索宁克人散居在西苏丹的广阔土地上，从冈比亚一直延伸到桑海。但是，有一大族群留在奥卡尔

① Donnelly Fage ed., *The Cambridge History of Africa, Volume 2: From c.500 B.C. to A.D. 1050*, p. 666.

② M. El Fasi ed., *General History of Africa · III: Africa from the Seventh to the Eleventh Century*, pp. 129–130.

③ Donnelly Fage ed., *The Cambridge History of Africa, Volume 2: From c.500 B.C. to A.D. 1050*, pp. 666–667.

④ M. El Fasi ed., *General History of Africa · III: Africa from the Seventh to the Eleventh Century*, p. 129.

⑤ Molefi Kete Asante, *The History of Africa: The Quest for Eternal Harmony*, Routledge, 2007, pp. 121–122.

（Awkār）和霍德，并在那里建立了自己的第一个国家古加纳（ancient Ghana）。[①]

富拉尼人是非洲的第四大民族，也因有多个名称而充满争议。富拉尼人自称为“普洛人”（Pullo）和“富尔贝人”，并把所有讲其语言（富拉语）的人称为“哈尔－富拉伦人”（Hal-pularen）。殖民地时期，接触过塞内加尔地区富尔贝人的民族及其他专家把游牧民称为“富尔贝人”（富拉尼人、颇耳人），而把操相同语言的定居者称为“图库洛尔人”。[②]最后，曼丁哥人（Mandingo）称富尔贝人为“富拉人”，豪萨人称之为“富拉尼人”（Fulani，单数为 Ba-Filanci），卡努里人（Kanuri）和苏丹地区的阿拉伯人称之为“费拉塔人”（Fellata），阿拉伯人称之为“富拉尼人”。[③]

关于富拉尼人的起源长期以来莫衷一是，[④]但当代研究成果倾向于认为他们是西非的土著人。有证据表明，富拉尼人起源于毛里塔尼亚南部，公元初年就有人在那里发现了他们。在毛里塔尼亚的布拉克纳和塔甘特地区，许多地名非常相似，明显是受富拉语的影响。富拉人的祖先可能是在那里饲养牲畜的人，相关证据可以追溯到公元前第三和第二个千年。公元 7—11 世纪，他们与黑人一起向塞内加尔河谷地带迁徙，并对一些国家（如塔克鲁尔）的形成发挥了一定作用。11 世纪时，富拉尼人在塞内加尔富塔托罗（Futa Toro）地区的存在尤为明显，只是马克里齐（al-Makrīrī）和《卡

① M. El Fasi ed., *General History of Africa · III: Africa from the Seventh to the Eleventh Century*, p. 130.

② Ibid., p. 128.

③ Ibid.

④ 有人说富拉尼人是茨冈人（Tziganes）或佩拉斯吉人（Pelasgians）的后裔，M. 德拉福斯认为，他们的祖先是犹太－叙利亚人（Judaeo-Syrians）。有人指出，富拉尼人可能来自印度，因为据说富拉语和谢列尔语与达罗毗荼各语言有亲缘关系。有人发现，阿达马瓦（Adamawa）地区的富拉尼人与古伊朗人之间有人类学和社会学上的相似之处。有人相信他们是柏柏尔阿拉伯人（Berber Arabs）的后裔。还有人认为，他们是努比亚人、埃塞俄比亚人或者至少是东非人，并把他们与科尔多凡（Kondofān）地区的努巴人（Nuba）联系起来。转引自 M. El Fasi ed., *General History of Africa · III: Africa from the Seventh to the Eleventh Century*, p. 127。这些说法都包含着一种“含米特假设”，认为苏丹各大国的建立主要得益于富拉尼等游牧部落带来的外部因素的推动。

诺编年史》（*Kano Chronicle*）之前的阿拉伯语文献没有提到。塞内加尔族群是富拉尼人的核心，与谢列尔人和沃洛夫人比邻而居。讲富拉语的他们不断地由此向外扩散，向东西两个方向进行迁徙。11—15世纪，富拉尼人经琼博戈（Diombogo）和卡尔塔向马西纳（Masina）迁徙。经过日积月累的交往，来自费尔洛（Ferlo）和富塔托罗的小部族和家族在富塔贾隆定居了下来。[①] 如今，他们居住在西非稀树草原的一个很大区域里，包括从塞内加尔到喀麦隆的多个地区。[②]

西苏丹的社会组织

如前所述，新石器时代末期，气候变化使繁荣的撒哈拉变成了不毛之地。此后，占撒哈拉人口大多数的黑人缓慢地向南撤至萨赫勒地带，寻找更为有利的农耕环境。到公元9世纪，当阿拉伯文献开始记载同时代历史时，桑哈贾人已经居住在整个撒哈拉地区，并与萨赫勒地区的苏丹人进行着交往。[③] 白人游牧民族成了撒哈拉的新主人，并进一步把他们的统治向萨赫勒地带扩展。在持续不断的压力之下，撤向萨赫勒的黑人不得不寻求帮助。他们与当地其他黑人部落结成联盟，共同应对来自北方白人的威胁。

联合对敌促进了各类大大小小社会 - 政治单元的缓慢发展。撒哈拉地区的沙漠化是一个极其缓慢的过程，黑人的南迁及其社会组织演变也同样经历了漫长岁月。到公元后第一个千年，苏丹地区出

---

① M. El Fasi ed., *General History of Africa·III: Africa from the Seventh to the Eleventh Century*, pp. 127-128.

② Seydou, C., *Bibliographie générale du monde Peut*, IRSH, Etudes nigériennes, 1977, p. 43.

③ 需要指出的是，即使在黑人大举南迁后，还有一些黑人族群居住在撒哈拉深处。巴克利就记载过奥达加斯特以北一个桑哈贾村庄外的黑人强盗。累姆图纳部落酋长穆罕默德·塔拉什纳与甘加拉黑人作战时阵亡，而甘加拉可能在阿德拉尔地区。穆拉比特王朝领导人阿布·白克尔死于同塔甘特地区黑人的战斗中，他的坟墓至今仍在提吉克贾以南55公里处。这些地理位置均显示，阿拉伯文献记载的穆拉比特领导人与黑人的大多数战斗，针对的应该都是撒哈拉地区的黑人族群，而非萨赫勒地区的苏丹人。参见 Donnelly Fage ed., *The Cambridge History of Africa, Volume 2: From c.500 B.C. to A.D. 1050*, pp. 665-666。

现了一系列有组织的社会，遍及东起加奈姆、西至塔克鲁尔的广大地区。[①]穆斯林从西北非来到苏丹撒哈拉（Sudanese Sahara）时，发现当地已经存在一系列的国家，从而不得不与它们打交道。这些国家有些已经像模像样，有些尚在形成过程中。

在苏丹地区，卡努里人是最古老的单一族群（homogeneous groups）之一。他们的起源可以追溯到撒哈拉干燥化之后。在黑人南迁的过程中，一些农耕部落一直撤退到乍得湖周围尚未被淹没的低洼地带，散居于气候恶劣的博尔库（Borku）-阿兹本（Azben）-乍得三角地带的两侧。豪萨人等乍得语族定居在该三角地带的西边，特达-达扎（Teda-Daza）语族占领了东边，其中有卡努里人、加奈姆布人和扎加瓦人（zaghāwa）。游牧部落马古米人（Magumi）定居在乍得湖东北部地区。根据当地人的传说，阿拉伯英雄赛义夫·伊本·迪·亚赞（Sayf Ibn Dhi Yazan）控制了马古米人，在乍德湖东北部建立了苏丹国家加奈姆（the Kānem state）。[②]

与加奈姆王国相比，西苏丹加纳王国的族群基础非常广泛，包括从南部森林地区向北延伸到萨赫勒地带的庞大曼德语族（Mande speaking family）。加纳王国位于该曼德语区域的北部，那里是索宁克人的聚居区，他们与撒哈拉游牧民有密切联系。在加纳王国建立约一千年后，廷巴克图地区有口头传说称，该王国第一个王朝的统治者是白人。事实上，苏丹各社会的口头传说经常宣称他们的祖先是白人。这种现象并非难以理解，因为这些传说虽然是关于那个时代黑人社会的，但出现于后来北方柏柏尔人在当地居主导地位时期。穆斯林世界一个普遍存在的倾向是，把族群或王朝的统治者与先知或其身边人联系起来，借此赋予他们所掌握的权力以合法性。[③]在12世纪中叶以前，阿拉伯作者从未

① M. El Fasi ed., *General History of Africa · III: Africa from the Seventh to the Eleventh Century*, p. 138.

② Ibid., pp. 436-460.

③ Ibid., p. 131.

提到苏丹诸国的王朝有白人血统，巴克利则明确记述加纳国王是一位黑人异教徒。[①] 黑人王朝的白人血统论最早产生于伊德里西时代（12 世纪），[②] 其时代背景是伊斯兰教正在苏丹地区快速传播。

对于苏丹地区的民族史来说，当时黑人族群的这种社会结构至关重要。毫无疑问，“苏丹诸国是黑人各族的特定创造物”。他们与撒哈拉南缘的柏柏尔人有交往，与具有白人血统的邻居保持着错综复杂的关系。他们起初确实是在白人游牧部落压力下南迁，撤向条件不那么恶劣的萨赫勒地区。然而，他们在南撤过程中逐步组织了起来，以便更好地抵制这种压力。苏丹人最终发现，他们拥有所需要的各种政治和社会资源，可以很好地应对来自北方沙漠的威胁。得益于来自北非的扎纳塔人的活动，加纳帝国 990 年获得了奥达加斯特的经济支配地位，并进而建立起了政治上的霸权。加纳的霸权有效地遏制了北方白人的南侵，但一个世纪之后，在穆拉比特王朝的打击下，加纳丧失了在苏丹诸国中毋庸置疑的支配地位。尽管如此，由于黑人社会已经建立起牢固的组织基础，他们与柏柏尔人进行了长期的对抗，没有出现柏柏尔人接管苏丹地区的局面。[③]

与这种社会结构同样重要的是 8 世纪伊斯兰教的传入。伊斯兰教为苏丹黑人社会带来了一个全新的因素，它在随后的一个世纪里大大促进了经济和文化交流。各黑人王国都具有健全的组织和强大的中央集权制度，因而认识到了与地中海和撒哈拉非洲进行贸易的重要性。只不过，他们所关心的往往是保持对贸易的控制，防止撒哈拉中间商卡住跨撒哈拉贸易和他们的财源。然而，当发现这些中间商的存在是一件在文化和经济上都有利可图的事情时，他们就对这些北方伙伴的价值观和宗教需求采取了非常宽容的态度，甚至在

---

① J. M. Cuoq, *Recueil des sources arabes concernant l'Afrique occidentale du VIIIe au XVIe siècle (Bilād al-Sûdân)*, pp. 99–100.

② Ibid., p. 133.

③ M. El Fasi ed., *General History of Africa · III: Africa from the Seventh to the Eleventh Century*, p. 132.

固守自己宗教传统的同时，不知不觉地皈依了伊斯兰教。因此，对苏丹各族人民来说，8—11 世纪这个时期具有决定性的意义，因为这是他们伊斯兰化进程的开始，伊斯兰教自此在经济和社会发展中扮演了重要角色。

第六章　法国在毛里塔尼亚的殖民统治

15 世纪，世界历史进入“大航海时代”。毗邻大西洋的毛里塔尼亚被欧洲早期殖民者“发现”，开启了它的历史新阶段。葡萄牙人、法国人等西方殖民者陆续在塞内加尔河口建立殖民据点，并沿着塞内加尔河向内陆地区渗透和拓展贸易。此时的毛里塔尼亚社会仍处于无政府状态，部落冲突不断。一些部落酋长通过与法国人合作，获得“年金”，同时向法国人提供各种便利。但毛里塔尼亚民众的反法斗争一直没有停止。20 世纪初，在泽维尔·科波拉尼任毛里塔尼亚行政专员期间，毛里塔尼亚逐步被纳入法属西非的殖民地。[①] 法国在毛里塔尼亚主要依靠地方部落酋长进行间接统治。法国的殖民统治对毛里塔尼亚造成重大影响，客观上激发了毛里塔尼亚的民族意识，成为影响毛里塔尼亚历史演进的重要因素。

一、法国在西非海岸的早期殖民扩张

葡萄牙人发现西非海岸

15 世纪，欧洲航海技术得到长足发展。1394—1460 年，葡萄牙

① Anthony G. Pazzanita, *Historical Dictionary of Mauritania*, Third Edition, pp. 4–5.

国王奥诺一世的儿子亨利精心组织海外探险事业，他被后世誉为“航海者”[①]，由此，葡萄牙人逐步发现了非洲西海岸。

1434年，葡萄牙人到达博哈多尔角（Bojador），这也是之前欧洲航海家在西非到达的最远处。1441年，他们沿着毛里塔尼亚西海岸继续南下，绕过布朗角（Cap Blanc）。1444年，葡萄牙人在佛得角半岛（Cap Vert）登陆；1460年在今利比亚沿岸登陆；1448年葡萄牙人在布朗角以南的阿尔甘建立贸易据点。葡萄牙在阿德拉尔雇用了商业代理人，试图在当地进行黄金贸易。但黄金贸易成果甚微，葡萄牙人转而经营奴隶贸易。每年有多达1000名奴隶从阿尔甘被贩卖至欧洲和几内亚湾圣多美岛的葡萄牙甘蔗种植园。自此，非洲西海岸进入欧洲人的视野，开启了奴隶和黄金贸易。葡萄牙人的殖民活动也引起了其他欧洲人对西非的垂涎。

法国在西非海岸的扩张

自从葡萄牙人开拓西非贸易路线之后，欧洲国家就在非洲展开了激烈的竞争。1580年，西班牙人取代葡萄牙人，成为沿海商行的主人；1638年荷兰人又取西班牙而代之，并竭力垄断与摩尔人的橡胶贸易。这大大损害了设在圣路易斯岛上的法国商业公司的利益。

在波旁王朝大臣让－巴普蒂斯塔·柯尔培尔（Jean-Baptiste Colbert）[②]的支持下，法国公司派遣军舰占领了包括阿尔金湾（Bay of Arguin）商行在内的荷兰商行。1678年，荷兰与法国签署的《奈梅亨条约》（Treaty of Nijmegen）对这次占领予以承认。但当法国军队离开后不久，荷兰人又于1690年重新占领了阿尔金湾。

---

① “航海者亨利”是葡萄牙国王若奥一世（Jean I）的第三个儿子，他曾与其另外两个兄弟于1415年占领休达，由此受封为骑士。他在圣维森特角（St. Vincent）附近的萨格雷斯创建天文站，收集了所有关于航海和非洲西海岸的资料，并为此不惜倾尽家财。凭借着自身的顽强与坚韧，他组建的航海队伍最终到达黑非洲沿岸。亨利王子死后，其海航事业得以继承。巴尔托洛梅乌－迪亚士（Bartolomé Diaz）绕过好望角，进入印度洋，并到达了阿拉伯人和波斯人控制的海域。

② 柯尔培尔，法国国王路易十四的大臣，以实行重商主义著称。

在这个竞争时期，法国人开始与毛里塔尼亚南部的特拉扎国正式建立关系。法国商人通过收买、赠送礼物等各种方式，博得特拉扎埃米尔的好感，以换取橡胶的专卖权，从而开创了年金制度①，法国并借此建立了“红猎狗”（Chiens rouges）和“雄鸡”（Coq）两个码头。②

面对法国人和英国人，摩尔各亲王试图采取骑墙和投机政策。他们自信拥有欧洲人生活中不可缺少的商品——树胶，而欧洲人必须接受他们的一切条件才能获得树胶。所以，这些欧洲人只有向摩尔各统治者提供“年金”，后者才允许当地人将树胶运送到欧洲人的口岸。

但是摩尔统治者很快迷恋上了伴随法国人而来的纺织品和糖，特别是枪支和弹药等商品。1785 年 7 月 20 日，让 - 巴蒂斯特 - 莱昂纳德 · 杜兰（Jean-Baptiste-Leonard Durand）③以法国国王的名义和特拉扎埃米尔阿里 · 库里（Ali Khoury）签订一系列贸易条约，规定埃米尔保证给予法国人经商特别是贩卖橡胶的便利；划出一块土地，供法国开设商行之用，特拉扎给予协助和保护。作为回报，特拉扎埃米尔及其亲信获得法国赠予的当地稀有的礼物。④

19 世纪以前，欧洲列强仅对阿拉伯树胶和奴隶贸易感兴趣，因此，只关注在沿海地区建立据点，并和当地人搞好关系，以确保贸易路线的畅通。欧洲人没有向西非内陆扩张，也未建立永久性居民点（除圣路易斯外）。欧洲人出现在沿海一带，并采用商业公司的形式与当地建立贸易联系。从 1659 年到 1798 年，四家法国公司享有法国政府授予的在塞内加尔河上贸易的垄断权。

---

① 年金指的是送给摩尔各首领的礼物，以换取在他们的领地上做生意的许可。

② 〔法〕热纳维埃夫 · 德西雷 - 维耶曼：《毛里塔尼亚史　1900—1934 年》（上册），上海外国语学院德法语系法语组译，上海人民出版社 1977 年版，第 128 页。

③ 莱昂纳德 · 杜兰，法国行政官员、塞内加尔公司前经理。

④ 〔法〕热纳维埃夫 · 德西雷 - 维耶曼：《毛里塔尼亚史　1900—1934 年》（上册），第 128—130 页。

发展贸易和掠夺奴隶

荷兰人是第一个开始与西非沿岸地区进行阿拉伯树胶贸易的国家。这种产于毛里塔尼亚南部特拉扎和布拉克纳的阿拉伯树胶，主要用于花布印染，比以前来自阿拉伯半岛的树胶更好，需求量也很大。1678 年，法国人已将荷兰人从西非驱逐，并在圣路易斯建立永久居民点。法国塞内加尔公司在此地进行了长期的贸易活动[①]。

这种贸易活动主要包括：欧洲人以五金制品（各种用途的刀具、剪刀、铜制或玻璃镯子饰品）、镜子、彩色玻璃珠、布料（麻布、丝质头巾、斗篷）等，来换取当地出产的金粉、黑人奴隶、牛皮、树胶[②]、麝猫皮及日常生活所需的鸵鸟蛋、骆驼、牛羊肉等。相较于正常的商品贸易，奴隶贸易对欧洲人有着更大的诱惑力。从 8 世纪开始，在非洲北部和东部地区，柏柏尔人和阿拉伯部落的冲突不断；而欧洲人又在 16—19 世纪期间入侵西非地区，并大肆抢夺奴隶，这使得非洲大陆人口数量骤降。[③]

欧洲人主导的奴隶贸易主要针对以下地区：几内亚海湾沿岸、刚果、安哥拉以及佛得角半岛。苏丹草原地区更是首当其冲。为了补充绿洲农业劳动力、军队兵员、宫廷仆从，甚至马格里布城市人口，摩尔人和图阿雷格人率部南下，入侵塞内加尔河与尼日尔河河谷地区，大肆抢夺人口。阿拉伯人则进入乍得和尼罗河上游地区，将俘获的奴隶送往埃及、美索不达米亚和阿拉伯半岛。

---

① 毛里塔尼亚的现代史在相当长时间内是同塞内加尔的历史混杂在一起的，1957 年前两者都将圣路易斯城作为首府，因而在论述毛里塔尼亚现代史时不可避免地会涉及塞内加尔。

② 树胶，塞内加尔河金合欢属植物的渗出物，与强效的西黄蓍胶有着一样的功效，中世纪被用于药业及糖果业；荷兰人将它用作染布浆料。

③ 莫尼和费奇（J.D Fage）等历史学家曾试图对欧洲奴隶贸易的数量作出估计（欧洲人曾对此进行过相关记录，但阿拉伯人没有）。在 1530—1600 年，奴隶贸易总量达 90 万人，即年均 1.3 万人；而到 17 世纪，年均升至 2.75 万人，即该世纪共有近 275 万黑人被贩卖为奴。其后，在出现了被称为“启蒙运动”的 18 世纪，年奴隶贸易量为 7 万人，整个世纪共 700 万人。即使是 19 世纪，仍旧保持了 400 万的贸易量。此外，穆斯林主导的黑奴贸易开始得更早，每年估计贩卖 2 万人。因此，欧洲黑奴贸易总量为 1465 万，而穆斯林奴隶贸易则达 1400 万，共计近 3000 万。如果我们把那些在追捕中被杀掉的奴隶和那些在贸易途中死掉的奴隶都算在内的话，这个触目惊心的数字就得再翻两倍。

19 世纪末，欧洲人深入苏丹地区腹地，面对这一片荒无人烟之地，他们绝不会想到那里也曾有过繁荣的帝国、安定的社会和原始的文明。自从发现新大陆之后，美洲的财富就源源不断地流入欧洲，非洲黄金的吸引力似乎随之降低了。但欧洲人为了自身的利益，仍旧不断地通过掠夺黑人奴隶，来消费非洲的人力资源。

二、摩尔人与法国殖民者的斗争

从特许贸易到自由贸易

19 世纪上半期，法国主要与西非地区进行特许贸易，即法国殖民者与当地摩尔统治者签署贸易协定以获取贸易特权，同时给予摩尔统治者一定的年金。但在这一过程中，法国人与摩尔人的贸易协定一方面使摩尔人获得某些实惠，另一方面对他们也起着约束作用。约束的程度和时间的长短，则随着利益的转移而发生变化。因此，法国人与摩尔人之间摩擦不断。

1814 年的《巴黎条约》规定，英国归还法国在塞内加尔的原有商行。这些商行分布面积极为广泛，大部分都位于炎热的沙漠地带，主要包括：圣路易斯（Saint Louis）、波尔多（Bordeaux）、波腾迪克（Portendick）、阿尔金湾、戈雷岛（Island of Gorée）[1] 及其属地（佛得角、罗菲斯格、卓阿尔）和冈比亚河。英国人只保留了在波腾迪克和阿尔金湾北部贩卖橡胶的权利。1816 年，朱利安・施马尔茨（Julien Schmaltz）奉命准备出任法国的塞内加尔总督。但直到 1817 年 1 月英国人撤出圣路易斯，施马尔茨才得以进驻这一地区。

然而，英国人的撤出导致大量特拉扎人涌向该地区。特拉扎埃米尔希望将自己的宗主权扩大到瓦罗王国，瓦罗的统治者却要求法

① 戈雷岛，又译作“格雷岛”，是位于塞内加尔达喀尔港外海约 2000 米远的大西洋洋面上的一个岛屿，与达喀尔港隔海相望。

国人支持他们反对传统的敌人。施马尔茨认为，只有深入塞内加尔河流域的腹地，才能巩固自己的地位。1818 年初，他设立了巴克尔（Fort Bakel）哨所。1819 年 5 月，施马尔茨向瓦罗国王阿马尔·法蒂玛·姆博尔索·博伊（Amar Faatim Mborso Mboj）购买塞内加尔河下游南岸的土地并建都达加纳（Dagana）[①]，北岸的特拉扎人对此大为不满，他们认为瓦罗是他们的。布拉克纳的摩尔人决定支持与之同族的特拉扎人反对基督教徒。然而，法国人的几次武装威慑使得特拉扎人及其同伙不敢轻举妄动。

1820 年 7 月，路易斯－让－巴普蒂斯塔·勒库佩·德蒙特罗（Louis-Jean-Baptiste Le Coupé de Montereau）取代施马尔茨，担任总督。新总督派兵驱逐了骚扰塞内加尔下游几个村落的特拉扎人。1821 年 6 月 7 日，法国人与特拉扎人签署条约，迫使特拉扎人放弃对瓦罗的要求。同年 2 月 7 日和 6 月 25 日，法国分别与伊杜瓦伊什部落（Idouaich）和布拉克纳部落签订两个协定。这些条约不同程度地承认按“年金”的原则，给与摩尔人首领一些报酬，以换取在塞内加尔河地区贸易的许可。[②]1822 年，新总督雅克－弗朗索瓦·罗歇（Jacques-François Roger）上任，地区形势有所好转。

罗歇卸任之后，法国殖民者与特拉扎人的关系再趋紧张。1834 年，法国人试图封锁波腾迪克，特拉扎人则以入侵塞内加尔河下游以示报复。1835 年 7 月 17 日，法国人动用武力对特拉扎人予以重创。此后，双方关系有所缓和，法国当即解除了对波腾迪克的封锁，而特拉扎人也放弃对瓦罗的要求，并交出他们在达加纳的橡胶。

及至 1842 年，法国人主要关心的是橡胶贸易。法国与当地的自由贸易受到摩尔人的反对，特许贸易也不够稳定。1848 年，在路易·拿破仑称帝和奥古斯特·莱奥波·普罗太（Auguste Léopold Protet）就任塞内加尔总督之后，制定了一个新的殖民计划。路易·拿破仑主张“贸易绝对自由，取消‘口岸’制，必要时使用武器来确保安全，以我们

① 达加纳，位于非洲国家塞内加尔北部，距离达喀尔 408 公里，海拔高度 12 米。

② 〔法〕热纳维埃夫·德西雷－维耶曼：《毛里塔尼亚史　1900—1934 年》（上册），第 133 页。

的全权代替条约和年金制度，有步骤地组织向内地扩张的力量”。[①]

新总督普罗太奉拿破仑三世之命实施上述计划。1854年4月，普罗太责成路易斯·莱昂·塞萨尔·费德尔布（Louis Léon César Faidherbe）在波尔多设立哨所，以保卫塞内加尔河。12月，费德尔布接替普罗太成为新的总督。

费德尔布的扩张活动

费德尔布曾被称为“塞内加尔之父”，在前总督手下任职之时就是一名有才干、有卓见、有毅力的行政官。[②]费德尔布于1854—1861年和1863—1865年两度担任塞内加尔总督（包括毛里塔尼亚）。在这九年中，他切实执行了拿破仑三世的殖民扩张计划。

费德尔布采取直接占领塞内加尔河流域的政策，这使他陷入了与摩尔人的冲突之中。根据路易·拿破仑政府的命令，法国要彻底征服塞内加尔，终止向摩尔统治者发放年金，确保阿拉伯树胶贸易，并保护南岸定居人口免遭摩尔人袭击。为此，法国人征服了瓦洛王国，并将征服的对象转向特拉扎和布拉克纳等摩尔人的酋长国。摩尔人奋起反抗，于1855年进攻圣路易斯，但未成功。最终，摩尔人被迫与法国人签订条约，法国将其保护国扩大到特拉扎和布拉克纳在塞内加尔河南岸的领土，并向当地摩尔统治者支付3%的橡胶出口税以代替年金，摩尔人承认法国对塞内加尔河南岸全部地区的宗主权。[③]

由于同摩尔地区的人缔结了这些条约，费德尔布达到了他的目的：特拉扎人在塞内加尔河北岸被击退后，暂时保持和平。“年金”的替代使特拉扎人的收入锐减，经济陷入困境，因此加强了传统的劫掠活动。劫掠导致部落间战争频发，无法团结起来对抗法国人。这在客观上维护了法国殖民地的安全。费德尔布除了进行军事征服外，同时也赞助在西非的地理勘察和各种政治与商业活动。1859—

① 〔法〕热纳维埃夫·德西雷-维耶曼：《毛里塔尼亚史 1900—1934年》（上册），第137页。
② 同上书，第139页。
③ Brian Dean Curran and Joann L. Schrock, *Area Handbook for Mauritania*, p. 38.

1860 年，五个法国考察队遍布毛里塔尼亚西部和南部的所有地区，一个考察队还绘制了阿德拉尔的地图。

法国力量的收缩

费德尔布总督的后继者把注意力转向防御和守成。19 世纪 70 年代末，法国殖民部给予塞内加尔总督布里埃尔·戴·利斯莱（Briere de Lisle）的命令是："让我们不要听到你们的信息"，这体现了法国殖民政策的变化。[①] 法国殖民部的命令实际上表明，法国已放弃了塞内加尔。这一政策的结果致使费德尔布在谢马玛和毛里塔尼亚南部努力创造的相对平静局面由此结束。

摩尔人很快恢复他们每年抢劫村庄和自相残杀的传统混战，摩尔人内部的冲突也在不断加剧。圣路易斯的商业公司借助对殖民地行政的控制，一方面把武器出售给摩尔人，另一方面又用武器来装备法国平叛使团。进入毛里塔尼亚的欧洲科学考察队越来越多地遭到袭击，他们的领队不是被杀害就是被掳待赎。与此同时，由于法国地位的明显削弱，在法属苏丹由萨摩利·图雷（Samory Toure）领导的有组织的抵抗活动进一步转移了法国的注意力，以及达喀尔－尼日尔铁路的修建，各地的埃米尔便趁机成功地要求恢复年金。

20 世纪初，亦即法国人在塞内加尔河流域立足 250 年之后，毛里塔尼亚的状况并没有多少变化，甚至进一步恶化。摩尔人更容易从法国商人处获取现代武器，他们内部的冲突因法国人的挑拨愈演愈烈。

三、法国对毛里塔尼亚的殖民征服

泽维尔·科波拉尼

1899 年 12 月是毛里塔尼亚历史的转折点。[②] 此时，法国政府决

① Brian Dean Curran and Joann L. Schrock, *Area Handbook for Mauritania*, p. 38.

② Anthony G. Pazzanita, *Historical Dictionary of Mauritania*, Third Edition, p. 4.

定“平定”毛里塔尼亚的反法行动。泽维尔·科波拉尼则是这一政策的具体实践者。1866 年，科波拉尼出生于科西嘉岛上的一个名为马里尼亚纳的小村庄。他年少时跟随家人来到阿尔及利亚定居，学会了当地的各种方言。科波拉尼在君士坦丁师范学校毕业后，在该市政府当书记员。此后，他在法属北非殖民地的政治影响日益扩大，1896 年，被任命为阿尔及利亚总督府的助理行政官。

科波拉尼谙熟阿拉伯语，通晓《古兰经》和《古兰经》经注学。他在阿尔及利亚的阿拉伯事务处实习时，曾与奥·德邦合作撰写过一部巨著《穆斯林各宗教组织》。为了撰写这部著作，科波拉尼于 1898 年 5 月希望以特派员的身份周游穆斯林国家。1899 年 11 月，时任法属苏丹总督的埃德加·德特朗提尼昂（Edgard de Trentinian）委托他“出使苏丹和萨赫勒南部地区”，同摩尔部落和图阿雷格各部落接触，以降服他们。这一任务得到了阿尔及利亚总督府的经费支持，但他率领的仍然是一个民间考察团，不能携带任何武器。

科波拉尼考察归来后，他在报告中提出了“组织摩尔部落的全面计划”。报告还强调了摩洛哥南部大“马拉布特”（Marabout）① 的作用，以及阿德拉尔在战略上的重要性；同时指出将所有摩尔部落统一起来，成立一个“西毛里塔尼亚”的好处。科波拉尼的意见获得法国殖民部长的认可。1899 年 12 月初，法国政府拟定了“西毛里塔尼亚”② 组织计划，下发给法属西非总督府。可见，科波拉尼的实地考察成为法国制定毛里塔尼亚政策的重要依据。1904 年 10 月 18 日，毛里塔尼亚被升级为毛里塔尼亚法属民事领地，科波拉尼担任该地区的专员。

① 马拉布特，指伊斯兰教中那些过修行和沉思生活而被称为“圣者”的人。这些人曾领导北非人民反对某些王朝和欧洲征服者的斗争。

② 殖民部长把从塞内加尔河右岸河凯斯和廷巴克图一线起到西部的朱比角，即与摩洛哥交界处，以及到阿尔及利亚北部为止的地区划为“西毛里塔尼亚”。

对特拉扎和布拉克纳的收买

科波拉尼是“西毛里塔尼亚”组织计划的实践者。他担任毛里塔尼亚行政区总代表之初，主张利用摩尔人社会内部现存的分裂状态，采取分而治之的政策，分化和削弱摩尔人，逐渐平定摩尔人的反法运动，拓展法国在毛里塔尼亚的影响。

当时，毛里塔尼亚的摩尔人本土政治力量主要有三种：（1）谢赫·西迪亚·巴巴（Cheikh Sidiya Baba）[①]的控制区，势力范围遍及特拉扎、布拉克纳、塔甘特，以及阿德拉尔的一部分；（2）谢赫·马·埃宁（Cheikh Ma al-Aynin）[②]控制的哈姆拉河流域，遍及整个撒哈拉北方和摩洛哥边境；（3）谢赫·萨阿德·布（Cheikh Sad Bu）控制的特拉扎地区，他的势力不大，但他在塞内加尔河流域的黑人穆斯林中的势力却很强。

科波拉尼努力争取西迪亚和萨阿德·布的支持。由于长期受到部落劫掠的影响，西迪亚和萨阿德·布支持法国人的行动。1902年12月，特拉扎出现埃米尔的继承问题，艾哈迈德·萨卢姆（Ahmed Saloum）在与其堂兄弟乌尔德·西迪·穆罕默德·法勒（Ould Sidi Mohamed Farrer）的争夺中落败。科波拉尼收留了他，但作为前提条件要求他重新签署与法国签订的各项条约，从而将特拉扎完全置于法国的保护之下，并废除了“年金”制度。

艾哈迈德·萨卢姆获得法国的支持，令乌尔德·西迪·穆罕默德·法勒感到十分沮丧。他宣布发动圣战，并与伊达（Ida）和阿伊士（Aich）结盟。但是谢赫·西迪亚·巴巴和谢赫·萨阿德·布要求追随者支持科波拉尼，于是，乌尔德·达蒙（Ould Dâman）、唐德哈（Tendhah）、塔加康特（Tajakant）都纷纷归顺了科波拉尼。1903年，科波拉尼分别在赫鲁发和努瓦克肖特设立了哨所，越来

① 谢赫·西迪亚·巴巴是谢赫·西迪亚·克比尔的孙子，1862年出生于乌尔德·比里部落。

② 马·埃宁同他的兄弟谢赫·萨阿德·布相反，对法国抱有敌对态度。

越多本土家族倒向法国人。如乌尔德·艾哈迈德·本·达蒙（Ould Ahmed ben Daman）家族、布·巴卡尔·西塞（Bou Bakar Cice）家族和卡伊鲁姆（Khayroum）家族等。

1903年伊始，特拉扎的卓艾雅（zouaiya）部落归顺科波拉尼，布拉克纳的埃米尔艾哈迈都（Ahmedou）也寻求法国庇护。胡德（Hodh）部落派密使造访科波拉尼，希望在修建瓦拉塔哨所时出一份力。另外，西迪也派人就归降一事前来谈判。只有伊杜阿伊士部落（Idouaich）极力反对法国。[①]可以说，科波拉尼的分而治之政策十分奏效，以很小的代价就成功征服了特拉扎和布拉克纳地区。

对塔甘特－阿德拉尔的征服

1899年，在第一次考察毛里塔尼亚之后，科波拉尼一直认为要解决毛里塔尼亚问题，首先要解决塔甘特和阿德拉尔山区的问题。他在圣路易斯的调查进一步证实了这一想法。塔甘特和阿德拉尔山区海拔并不高，最高不过600米，但易守难攻。该地为马·埃宁领导的反法力量的领地，也是联结摩洛哥和毛里塔尼亚的通道，还是游牧部落的藏身之地。

科波拉尼对于和平夺取塔甘特和阿德拉尔并不抱任何幻想。塔甘特地区的伊杜阿伊士部落十分强悍，反对法国人的征服。武力征服是必须的手段。科波拉尼扩充武装力量，并于1905年2月12日向塔甘特－阿德拉尔地区出兵。4月1日，法国人对伊杜阿伊士部落发动突袭，取得战斗的胜利。后者四散而逃，其中许多人遭到其敌人库恩塔人、乌尔德·纳赛尔人和阿赫尔·西迪·马哈茂德人的袭击。[②]

虽然特拉扎和布拉克纳还遗留了一些问题有待解决，但是科

① Geneviève Désiré-Vuillemin, *Histoire de la Mauritanie: Des origines à l'indépendance*, pp. 470–475.

② 〔法〕热纳维埃夫·德西雷－维耶曼：《毛里塔尼亚史 1900—1934年》（上册），第248页。

波拉尼的塔甘特－阿德拉尔计划最初执行得非常顺利。弗莱尔让（Frèrejean）的队伍凯旋归来，与科波拉尼在提季克贾（Tidjikdja）汇合。科波拉尼接着进军阿德拉尔。该地区完全被和平征服。他穿越阿泽法勒（Azefal）的沙丘，到达阿尔甘（Arguin）的海湾地区，最终在 1905 年回到圣路易斯。

在科波拉尼的领导下，特拉扎、布拉克纳等沿塞内加尔河地区都已经平定，各地都设有哨所。然而，1905 年 5 月 12 日，科波拉尼在提季克贾遇害，这对法国在毛里塔尼亚的殖民扩张造成了严重影响。

阿德拉尔的沦陷

当时，法国并不缺少懂阿拉伯语和文化的专家，但这对于殖民征服而言远远不够。科波拉尼是当时法属西非很少既精通阿拉伯语和阿拉伯－伊斯兰文化，又具有政治素养和政治能力的人。科波拉尼死后，法国殖民当局加强了防御，对于摩尔部落的政策转为守势。弗莱尔让上尉负责统领军队。他为科波拉尼举行葬礼，加快防御工事的修筑，派出侦察队。他接待了来自苏阿科尔（Souaker）和缇基特（Ticchitt）部落的代表，并写信给还在犹豫是否归顺的其他部落，告诉他们科波拉尼的死，不会使法国对他们的态度有任何变化。

但是，科波拉尼之死导致毛里塔尼亚各派力量此消彼长、群雄逐鹿。伊杜阿伊士部落欣喜万分。他们认为科波拉尼死后，法国人就会离开这里。如其所愿，法国的军事力量撤回到圣路易斯。另一方面，科波拉尼在当地的盟友谢赫·西迪亚（Cheikh Sidiya）和谢赫·萨阿德·布则意气消沉，受到打击。

科波拉尼对毛里塔尼亚的征服以及与谢赫·西迪亚的结盟严重威胁着谢赫·马·埃宁在当地的统治。

在谢赫·哈撒纳（Cheikh Hassana）[①] 的帮助下，谢赫·马·埃

① 谢赫·哈撒纳是谢赫·马·埃宁的儿子。

宁组建了反法联盟，成员有伊达和阿伊士部落的若干分支，如穆罕默德·乌尔德·苏埃伊德·艾哈迈德（Mohammed Ould Soueïd Ahmed）、乌尔德·盖伊兰（Ould Gheilan）、乌尔德·布·斯巴（Ould Bou Sba）、雷盖巴特人（Regueibat）、伊代舍里人（Ideichelli）等。科波拉尼原本准备拉拢的昆塔人（Kounta）却在他死后迅速投靠了谢赫·哈撒纳阵营。而伊苏亚伊赫（Isouaich）的埃米尔谢赫·马·埃勒·埃南（Cheikh Mael Aïnïn）则试图与法国讲和。对法国殖民当局不利的是，圣路易斯的一些包税人公开反对科波拉尼的政策，并要求法国军队撤出塞内加尔，恢复旧习俗。

法国殖民当局处于守势。此时，马·埃宁策动反对法国人的圣战，试图将法国人逐回到塞内加尔。1908 年，曾在法属苏丹打败萨摩利的亨利·古罗（Henri Gouraud）上校担任毛里塔尼亚法属民事领地的专员（Commissioner of French Civil Territory of Mauritania），取得法国部队的指挥权，占领了阿塔尔，并在次年接受了所有阿德拉尔人的投降。1912 年底，阿德拉尔和毛里塔尼亚南部所有的抵抗都已结束。法国基本完成对阿德拉尔的征服，法国支持的各宗教人士和部落首领也强化了对摩尔人社会的控制。[①]

四、法国殖民统治下的毛里塔尼亚

阿德拉尔冲突再起

1912 年，法国对阿德拉尔的征服并未从根本上消弭当地人的抵抗。毛里塔尼亚北部地区的阿海勒·马·埃尔·埃南（Ahel Ma El Aïnin）部落开始筹划对阿德拉尔进行袭扰。雷盖巴特部落（Regueibat）响应埃尔·伊巴（El Hiba）的反法号召，前往里奥德奥罗[②]反抗法国人的

① Brian Dean Curran and Joann L. Schroch, *Area Handbook for Mauritania*, p. 40.

② 里奥德奥罗虽然属于西班牙，但是西班牙只在维拉·西斯奈罗斯（Villa Cisneros）和达克拉（Dakhla）安置了力量单薄的驻军，没有监管里奥德奥罗内部。

统治。与此同时，反法的摩尔人首领穆罕默德·拉格达夫（Mohammed Laghdaf）也在抵制法国人的统治。

穆罕默德·拉格达夫在里奥德奥罗组建了一只强大的由乌尔德·得利姆（Ould Delim）人构成的武装力量，并配备了高射速步枪。他们驻扎在祖格（Zoug），随后到达阿德拉尔。1913年1月，这支武装突然袭击驻扎在当地的马丁（Martin）中尉及其骆驼骑兵分遣队。骆驼骑兵分遣队由4名欧洲人、70—80名狙击手、50名骑单峰骆驼的警备军和26名牧人组成。袭击造成4名欧洲人和45名狙击兵死亡，7名狙击兵负伤；11名骑单峰骆驼的警备军死亡，6人负伤；7名牧人死亡；488头骆驼、1.5万发子弹和50支步枪几乎全部被抢去。[①]拉格达夫取得了史无前例的胜利，并在法国引起轩然大波。

为了洗雪失败的耻辱，毛里塔尼亚的专员查尔斯·保罗·伊西多尔·穆雷（Charles Paul Isidore Mouret）决定反击。1913年2月9日，他率领一支装备精良的军队向北进发，包围了被谢赫·马·埃尔·埃南丢弃的卡斯巴古堡（kasbah）。穆雷得到雷盖巴特部落首领穆罕默德·欧·卡里勒（Mohammed O. Khalil）的消息，称拉格达夫（Laghdaf）在塞古耶特哈姆拉招兵买马，储备粮食。同时，一支近千人的武装准备进攻阿塔尔和欣盖提，阿德拉尔岌岌可危。

1913年3月，穆雷的军队与拉格达夫的武装激烈交战。后者因弹药不足而被迫放弃。随后，穆雷的部队经历了一个半月回到阿塔尔，全程1750公里，解除了阿德拉尔的危机 。

为了巩固胜利，穆雷计划加大对阿德拉尔地区的管控力度。首先，派遣骆驼骑兵加强在毛里塔尼亚北方巡逻；其次，联合摩洛哥和毛里塔尼亚的法军，加强在阿德拉尔的部署；再者，禁止塔尔法亚（Tarfaya）的军火走私；最后授予在里奥德奥罗的西班牙领地追索权，给予各种赫祖（Rezzou）部队[②]的组织者和强盗一个真正的

① 〔法〕热纳维埃夫·德西雷－维耶曼：《毛里塔尼亚史　1900—1934年》（上册），第391页。

② “Rezzou”源于法语，指的是在北非撒哈拉地区发动袭击的武装团伙。

容身之所[①]。法属西非总督威廉·梅劳·蓬缇（William Merlaud-Ponty）同意了穆雷的计划。不久之后，穆雷的高压政策便收到成效，一些原本还在犹豫的部落选择支持穆雷。反法的埃尔·伊巴的三兄弟拉格达夫、麦赫比·赫博（Merrebbi Rebbo）和塔莱布·齐阿勒（Taleb Khiar）在其叔叔谢赫·萨阿德·布的劝说下解散了部队。

第一次世界大战期间的毛里塔尼亚

第一次世界大战初期，毛里塔尼亚相对平静。尽管在朱比角或哈姆腊河地区出现了一些反法的宣传，一些部落计划反抗法国，但大部分本土部落仍然对法国的统治持沉默的态度。[②]

这主要源于骆驼骑兵的巡逻客观上维护了地方的秩序，加强了法国军事力量在当地的存在。尽管“一战”期间大部分军官被法国召回参战，但骆驼骑兵的巡逻依然很有成效。此外，在1914—1915年，骆驼骑兵就像城市里警察抓抢劫犯一样，负责追捕普通抢劫者。[③]

1917年，毛里塔尼亚发生严重干旱，雷盖巴特人的草场备受影响。为了获得在阿德拉尔放牧的权力，雷盖巴特人选择与法国人谈判，法国人也因势利导，顺利与雷盖巴特人达成协议。同样，法国人与乌尔德·德里姆（Ould Delim）也达成了协议：首先乌尔德·德里姆部落不再抢掠摩尔部落，其次准予该部落人在毛里塔尼亚放牧百分之一的骆驼。因此，乌尔德·德里姆部落的属民即里奥德奥罗的居民可以以放牧为由进入毛里塔尼亚。[④]

1918年11月，毛里塔尼亚专员亨利·伽登（Henri Gaden）向

---

① 前三个计划在很久之后都实现了，但西班牙始终不同意授予追索权，这给当地带来了一些问题。

② 〔法〕热纳维埃夫·德西雷－维耶曼：《毛里塔尼亚史　1900—1934年》（下册），第428页。

③ 1915年，骆驼骑兵在阿德拉尔击溃了四个“梅杰布尔”（mejbour）部队。1916年，一些小型抢匪组织想在塔甘特作乱，但均以失败告终。

④ 伽登没有意识到的是，干旱过去后，这些乌尔德·德里姆部落的属民可能会在此地实施抢劫。

摩尔人的部落首领宣布法国在欧洲战争中取胜。乌尔德·德里姆部落希望与法国和解。阿海勒·马·埃尔·埃南的反法武装开始分化：埃尔·伊巴和其亲信依然反法；乌尔德·德里姆和雷盖巴特等部落考虑归顺。[①]

1919年，法国人对比尔·兹赖加特（Bir Zreigat）[②]水源地区进行勘查。沿路的各部落都来表示降服，毛里塔尼亚平定了下来。1920年1月12日，毛里塔尼亚不再是独立的行政区，而成为隶属于法属西非的一部分。[③]

毛里塔尼亚人的抵抗

1920年1月，毛里塔尼亚由"军事领地"成为法属西非政府的一部分，伽登担任第一任副总督（Lieutenant Governor）。新政府成立后，法国殖民当局对边远的摩尔人部落继续实行"驯服"政策，赋予骆驼骑兵队以三项使命：开发荒地、缉拿劫掠者，以及加强与雷盖巴特·勒古阿塞姆（Regueibat Lgouacem）等边缘部落的联系。[④]同时，利用骆驼骑兵队维护地方治安。这些政策客观上进一步改善了毛里塔尼亚的治安环境，针对商队和平民的劫掠活动有所缓解。但是，当地反法力量针对阿德拉尔和塔甘特周围的骆驼骑兵的抵抗显著上升。抵抗运动以里奥德奥罗为基地，其领导者为乌阿加哈（Ouadjaha）[⑤]。1923年开始，针对骆驼骑兵的袭击事件频繁发生。1923年11月27日，乌阿加哈在切利克（Cheirik）重创骆驼骑兵，贝德里纳（Bédrine）中尉被杀，俘虏则被运往里奥德奥罗，以此向

① Geneviève Désiré-Vuillemin, *Histoire de la Mauritanie: Des origines à l'indépendance*, pp. 466-561.

② 此地位于乌阿达讷（Ouadane）东北部约400千米，是一片水域。

③ 〔法〕热纳维埃夫·德西雷－维耶曼：《毛里塔尼亚史　1900—1934年》（下册），第451—452页。

④ Geneviève Désiré-Vuillemin, *Histoire de la Mauritanie: Des origines à l'indépendance*, pp. 280-283.

⑤ 他的全名为穆罕默德·塔奇·阿拉·乌尔德·埃里·谢赫（Mohammed Taqui Allah Ould Ely Cheikh），为之前的抵抗首领阿海勒·马·埃尔·埃南的亲属。

殖民地总督索要高额的赎金。[①]

受到胜利的鼓舞，1924 年 3 月 26 日，乌阿加哈的武装对埃提安港（Port Etienne）发动袭击；5 月 5 日，又袭击了布·伽赫讷（Bou Garn）的托莫（Thome）上校的骆驼骑兵。在另一次战斗中，乌阿加哈死在战场。乌阿加哈之死并未消除摩尔人对法国人的敌视。1924—1925 年，法国殖民者与反法力量多次交战，当地部落也介入其中。1925 年 7 月，乌阿加哈的兄弟穆罕默德·埃尔·马姆讷（Mohamed el Mamoun）率领一支装备 300 支步枪的武装袭击了阿德拉尔的车队，截获大量战利品，但在归途中又遭到阿德拉尔当地武装的袭击，马姆讷的武装遭受重创，最多只有 60 个人作战。[②]

1926 年 11 月，奥古斯特·弗勒尼埃（Auguste Fournier）取代伽登，担任毛里塔尼亚副总督。当地的冲突有所缓和，穆罕默德·埃尔·马姆讷在特拉扎和阿德拉尔的抵抗运动也有所收敛。此后，毛里塔尼亚联合其他法属西非殖民者征服了布莱德·艾斯·西巴（Bled es Siba）地区，降服了里奥德奥罗地区反法的雷盖巴特部落。毛里塔尼亚基本上实现了和平。[③]

法国统治下的经济环境

1934 年，毛里塔尼亚对长期以来反法力量的大本营里奥德奥罗地区实现了有效的控制和管理。但是，毛里塔尼亚自然环境恶劣，当地人面临着严峻的生存压力，毛里塔尼亚的草场资源有限，不能够满足人口和牲畜不断增长的需求。随着游牧业的发展和牲口数目的增加，各草场的承载力达到饱和状态。微小的气候变化，或是动物疫病都会造成极大的损失，都能给牧民造成巨大的灾难。罗伯特·兰多（Robert Randau）十分生动地描述了遭到劫掠后的毛

---

① 赎回一个狙击兵，约花费了 6000 法郎（在当时，这是一笔极大的数目）和一支短枪。

② Geneviève Désiré-Vuillemin, *Histoire de la Mauritanie: Des origines à l'indépendance*, pp. 466–561.

③ 〔法〕热纳维埃夫·德西雷－维耶曼：《毛里塔尼亚史　1900—1934 年》（下册），上海外国语学院德法语系法语组译，第 509 页。

里塔尼亚村庄。

> 被洗劫的营地，饥荒肆虐。那些从屠杀和掠夺中幸存下来的老弱病残和妇女儿童们，衣不蔽体，一无所有，挣扎在痛苦与饥饿的边缘。在接下来的日子里，在原来营地附近，我们看见一些面黄肌瘦、不着一缕的人，竟然去刨挖蚁穴，以搜寻昆虫保存在地下的种子。此外，成群的孩子们蜷缩在橡树下，以树胶充饥；部落里的伤员则是奄奄一息，哀鸣不已；那些病残成员只得在绝望中挣扎哀嚎……禁止部族抢劫活动是法国殖民政府的首要之责，必须结束这种鱼肉他人的暴行。[①]

法国殖民者试图改善毛里塔尼亚的经济状况，以维护其统治。毛里塔尼亚社会的稳定和游牧民劫掠活动的减少客观上有助于经济的恢复。“二战”期间，法国统治者不断地开挖水井，发展绿洲种植业，开发伊吉尔（Ijill）和塔乌德尼（Taoudeni）的盐矿，并为南部地区提供粮食，阿扎莱（Azalai）驮盐商队也再不担心遭遇抢劫。圣路易斯和阿塔尔之间修建了一条能通过六轮卡车的道路，这条路计划连接圣路易斯和阿加迪尔的“帝国一号道”。但这些政策对于落后的毛里塔尼亚而言无异于杯水车薪，并未真正改变当地的经济和社会面貌。

---

① Geneviève Désiré-Vuillemin, *Histoire de la Mauritanie: Des origines à l'indépendance*, p. 561.

第七章 毛里塔尼亚的自治与独立之路

第二次世界大战之后，亚非拉民族独立运动风起云涌，法国召开了布拉柴维尔会议，给予包括毛里塔尼亚在内的法属西非一定的自治权。以巴巴纳和达达赫为代表的毛里塔尼亚本土政治精英迅速崛起，主张在与法国政治合作的基础上，逐渐实现民族独立。20 世纪 50 年代，达达赫领导的毛里塔尼亚进步联盟在立法议会和领地议会的选举中胜出，组建自治政府。同时，以达达赫为代表的政治精英阶层主张维护毛里塔尼亚的独特性和领土的完整，反对摩洛哥的领土诉求，以及与塞内加尔合并。在他的领导下，毛里塔尼亚于 1958 年 9 月进行全民公决，加入“法兰西联邦共同体”，并宣布建立“毛里塔尼亚伊斯兰共和国”。1960 年 11 月 28 日，毛里塔尼亚正式宣布独立。

一、第二次世界大战与毛里塔尼亚

法属西非的行政体系

在法国殖民统治下，毛里塔尼亚长期以来属于塞内加尔附属地区。科波拉尼使法国认识到毛里塔尼亚的重要性，加大了投入。1904 年，法国承认毛里塔尼亚是独立于塞内加尔的行政实体，并将其列为法国保护国。随着第一次平定（Pacification）尝试的成功，毛里塔尼亚的地位被提升为由政府专员管理的民事领地（civil territory）。毛里塔尼亚虽然正式与1895年创建的法属西非分离，年度预算与法属西非的年度预算并列，但它与其行政机构联系密切。1920年12月4日，根据法国殖民部的法令，毛里塔尼亚与其他六个法属西非领地被正式列入法属西非，包括塞内加尔、法属苏丹、几内亚、象牙海岸（今科特迪瓦）、达荷美（今贝宁）和尼日尔。

法属西非的中央政府机构位于达喀尔（Dakar），下设的领地呈金字塔式分布。法属西非的总督由法兰西共和国总统直接任命，由于法国第三共和国政府的不稳定性，总督因此拥有了很大的权力。总督是法属西非中央行政机构的首长，每个地区都有一名副总督、一名区（cercle）长官以及分区（subdivision）、省（province）、行政区（canton）和村庄的首领。该系统的关键人物是每个区的长官，他们几乎都是欧洲人，并负责征税、监督工程项目、维持和平与安全以及执行行政命令等职责。在区以下的行政长官中，一般由非洲的酋长担任，法国人在很大程度上依赖于传统的酋长等级制度。形式上看，这些非洲酋长所行使的权力并非源于其传统社会地位，而是作为法国殖民统治地区的行政官员。

1946年以前，法属西非没有立法机构。位于塞内加尔的达喀尔大委员会（Grand Council）协助总督处理事务。该委员会自1925年以来一直代表法属西非军事人员、公务员和商人等上流阶层的权力诉求。但理事会只有咨询权，其成员全部由总督任命。毛里塔尼亚的行政结构与法属西非其他地区的行政结构大体一致，但又存在差异。由于该毛里塔尼亚被纳入法属西非较晚，大多数区政府仍然由军官把控。

在法属西非的殖民统治中，直接统治是主要方式。但是，法国人在毛里塔尼亚采取类似于英国的间接统治。从科波拉尼时代起，政府就严重依赖穆斯林领袖①的支持和管理。为了表彰沙伊赫·西迪

① 穆斯林领袖，源自阿拉伯语的“مُرابِط”，意为“附着/驻军者”，是对西非马格里布地区的穆斯林宗教领袖和教师的称呼。

亚（Shaykh Sidiya）对特拉扎的支持，法国人将位于布提里米特[①]的宗教学校交予他来管理。传统的宗教法官卡迪（qadis）由法国政府负责支付工资，法国对于酋长的行政任命还须经部落等传统社区（jamaa）[②]的批准。

为了维持统治，法国还将毛里塔尼亚一些地方的传统统治者纳入行政体系。其中最为知名的就是特拉扎、布拉克纳[③]和阿德拉尔[④]的埃米尔。他们是毛里塔尼亚最具影响力的地方政治人物，得到来自 50 个部落组织和八百多个派别的支持。虽然法国殖民者对传统社会政治结构进行渗透和干预，但后者仍旧得以维持。[⑤]

第二次世界大战中的西非与北非

第二次世界大战爆发后，法属非洲地区被要求为战争提供军队和经费。1940 年，法国维希政权与纳粹签订停战协定。消息传来，殖民地的领袖和精英们对此甚为担忧，因为他们知道，实行种族歧视的纳粹并不会就此善罢甘休，纳粹德国将所有其他异族都视为“劣等民族”。1940 年 6 月 18 日戴高乐将军在伦敦发表《告法

---

① 布提里米特，位于特拉扎行政大区的一个镇子，距离努瓦克肖特约 150 公里，2000 年人口数量为 22257 人。在毛里塔尼亚独立前后，布提里米特一直是毛里塔尼亚传统的伊斯兰学习中心，是整个地区最大的储藏伊斯兰手稿和书籍的图书馆之一。布提里米特也是毛里塔尼亚第一任总统乌尔德·达达赫的出生地。毛里塔尼亚军事长官兼内阁成员乌尔德·明尼也出生于此地。

② 传统社区，源自阿拉伯语“جامعة”，意为“社区”。

③ 布拉克纳，位于毛里塔尼亚西南部的行政大区，其面积为 3.5 万平方公里，根据毛里塔尼亚官方统计，1977 年布提里米特人口为 15.1 万人，1988 年约为 19.7 万人，2000 年约为 24.7 万人。大区首府位于阿莱格，虽然阿莱格是毛里塔尼亚黑人农民和牧民的聚居地，但如同众多毛里塔尼亚地区一样，此地也遭受到严重的沙漠化问题。20 世纪 80 年代，受政府的号召，大量摩尔人涌入布拉克纳。由于布拉克纳地区大量的黑人人口，90 年代初的毛 - 塞危机在地区造成了严重的种族冲突。2007 年赢得毛里塔尼亚总统选举的乌尔德·阿卜杜拉希出生于布拉克纳。

④ 阿德拉尔，毛里塔尼亚第二大行政大区（21.5 万平方公里），该地区大部分是沙漠，降水量稀少。阿德拉尔也包括乌阿丹村（village of ouadane），这里是阿尔莫拉维德（Almoravid）时期重要的商站。根据官方数据显示，1988 年阿德拉尔的人口为 5.5 万人，2000 年增长到 69542 人。由于旱灾影响，大多数阿德拉尔居民被迫放弃游牧生活，定居在城镇地区。

⑤ Robert E Handloff, *Mauritania: A Country Study*, Library of Congress, Second Edition 1990, pp. 17–18.

国同胞书》，将乍得（Tchad）总督、刚果（布拉柴）总督、乌班吉·夏里（Oubangui-Chari，今中非）总督，以及当时驻守在喀麦隆（Cameroun）的勒克莱尔（Leclerc）上校团结在自己的旗帜下。但西非殖民地的总督在达喀尔拒绝参加英法联军。①

1940年，法国投降后，维希政府控制了法属西非，并在商店、火车和旅馆中以种族歧视政策取代了官方的同化政策。殖民地原有的相对宽松的政治体制遭到改变，代表当地精英的大委员会被废除。法国殖民政策的某些内容，如就地惩戒法（indigenat）②和强迫劳动被滥用。维希政府在达喀尔行政机构依赖当地的酋长，但后者也开始与殖民地人民加强合作与联系。这主要因为，大战使维希政府对殖民地的粮食需求剧增，强制劳动更加普遍，这不仅使非洲民众的生活状态恶化，同样也损害了酋长的切身利益。

这便引发了西非和北非等法国殖民地的反抗浪潮和民族主义运动。一些地区不满殖民者的横征暴敛，奋起抵抗，但遭受到镇压和惩罚。从1942年开始，民族主义运动在北非兴起。虽然北非地区的法属殖民地纷纷要求独立，但尚未切断与法国的政治联系。摩洛哥是第一个提出独立要求的法国殖民地。阿尔及利亚民主主义者也要求在法国殖民框架下，实现政治独立。1943年3月31日，阿尔及利亚政府宣称在“二战”结束后，即实行本国完全自治。法国当局认为这些要求实属过分，随即予以拒绝。在突尼斯，新宪政党（Neo Destour）总书记哈比卜·布尔吉巴（Bourguiba）回国后，表示准备与轴心国合作，谋求突尼斯的独立地位。与北非兴起的民族独立运动相比，法属西非则相对沉寂。在第二次世界大战期间，毛里塔尼亚并未提出独立或自治的诉求，但也遭受着巨大的苦难。毛里塔尼亚当局期待法国实行改革，履行“二战”时的承诺。

---

① Geneviève Désiré-Vuillemin, *Histoire de la Mauritanie: Des origines à l'indépendance*, p. 563.

② 就地惩戒法，指在法属西非殖民地，殖民当局对于生活在农村地区的非洲人进行随意和草率判决的殖民制度。随意宣判已于1945年被废除。

毛里塔尼亚的社会经济变迁

毛里塔尼亚远离第二次世界大战的硝烟，世界大战对其造成的影响竟不及 1943 年大旱。[①]“二战”时，毛里塔尼亚的领导人工作如常，官员按部就班，指挥警备力量维护社会安定。战争结束后，摩尔社会看起来并无变化。然而，从 1933—1934 年开始，毛里塔尼亚的社会和政治环境在悄然发生改变。战后毛里塔尼亚境内仍有两类居民在这里生活，一是贝丹人（Beidanes）[②]，它们主要从事游牧业，饲养骆驼、绵羊或山羊等；二是黑人定居人口，在塞内加尔河沿岸或贝尔马尔绿洲地区从事农耕。

“二战”后，部落间的掠夺战不复存在，社会总体呈现和平的态势。但盗窃团伙异常猖獗。牧场资源得以保证，人口和牲畜的数量成倍增长。经济方面，游牧部落也加入市场活动中，以牲畜交换谷物、糖、布匹等，并缴纳相关税费。此外，新的市场需求出现，如手表、塑料凉鞋（比兽皮鞋更耐用）和收音机。收音机的引入为该地区带来了外界的即时信息，堪为一场真正的革命。

社会的和平、部落冲突的消弭为毛里塔尼亚的社会带来深刻的变化：原有的社会结构逐渐解体。以往，平民依附于领主，部落首领依附于封建君主等。[③]法国的殖民统治使这种社会关系发生改变，而游牧部落凝聚力也下降了。在安定的社会环境下，年轻人的存在感加强，陈旧的制度和传统受到年轻人的鄙视。

和平的社会环境推动了矿产资源的开发。在南部地区，盐田得以开发，食盐进入市场；在特拉扎和布拉克纳，橡胶生产有所发展；在舍舍马和塔甘特、阿德拉尔的绿洲地区，棕榈树被大量种植。到

① Geneviève Désiré-Vuillemin, *Histoire de la Mauritanie: Des origines à l'indépendance*, p. 575.

② 贝丹人，指肤色较浅的摩尔人，主要为阿拉伯人、柏柏尔人。

③ 19 世纪 50 年代，少数的领主“释放”手中的年迈奴仆，不再向其提供食物，一些尚有同情之心的政府人员保障着这些人的基本生存。与此同时，一些部落中的年轻人开始提倡婚姻自由，抵制家族包办婚姻和部族政治联姻。

1944 年，毛里塔尼亚境内大约有 2.2 万棵棕榈树，其中近一半长势喜人，同时还能收获海枣约 4500 吨。[①]

养殖业仍旧是毛里塔尼亚最重要、最成熟的产业，也是最符合本国资源情况和游牧习俗的生产活动。政府兴办的畜牧业到 1943 年才开始出现。在此之前，政府雇佣军队中的兽医来专门养殖马、骆驼等政府需要的牲畜，有时也会为民间家畜治病。政府部门派人开凿水井，有时会用水泥加固井道，不易坍塌。从 1945—1950 年开始，畜牧业已经初具规模。[②]

社会冲突的减少和经济的发展推动了毛里塔尼亚人口的增长。1944 年，毛里塔尼亚的总人口数（不包含雷盖巴特人以及生活在里奥德奥罗地区的欧拉德里姆人）达到 42.5 万人；1957 年，攀升至 55.5 万人；1961 年，人口数量在 65—80 万之间。由于当时加入联合国的前提条件是人口达到 100 万，因此 1961 年官方提供的人口统计数据为 100 万。[③]1960 年，毛里塔尼亚的人口年增长率约为千分之二十七。[④]毛里塔尼亚人口的激增并非因为持续性的高出生率，而应归结于死亡率的下降：一是部落掠夺和土匪的消失导致死亡率迅速下降；二是大量诊所的开设以及疾控疫苗的使用，大大降低了婴儿死亡率。然而，人口的迅速增长则为毛里塔尼亚的资源分配和经济发展带来压力。[⑤]

---

① Geneviève Désiré-Vuillemin, *Histoire de la Mauritanie: Des origines à l'indépendance*, p. 581.

② 摩尔族的畜牧者拒绝提供其所养牲畜的具体数量，根据该部的习俗，“既不能统计人的数量也不能统计牲畜的数量”，因为确切的数据会影响人口的增长和牲畜的繁殖。诚然，这些游牧者会尽量少上报数目，这也是为了逃避税收。

③ Geneviève Désiré-Vuillemin, *Histoire de la Mauritanie: Des origines à l'indépendance*, p. 584.

④ 1994 年其人口数量达到 190 万。

⑤ Geneviève Désiré-Vuillemin, *Histoire de la Mauritanie: Des origines à l'indépendance*, p. 585.

二、毛里塔尼亚的民族独立之路

布拉柴维尔会议

20 世纪 40—50 年代以来，毛里塔尼亚本土力量的崛起与法国殖民当局的衰落形成鲜明对比。法国政府被迫向殖民地作出新的让步。战后的和平也为毛里塔尼亚社会带来了更大的发展，毛里塔尼亚兴起民族解放运动，努力尝试摆脱法国殖民当局的控制。

“二战”期间，法国战败后，亲纳粹的维希政权控制着殖民地。法属殖民地区与自由法国合作，并在战争中发挥了至关重要的作用。战争给当地人民带来了巨大的灾难。与此同时，民族主义在各地区兴起，法属北非地区内部的冲突增加，特别是在阿尔及利亚与突尼斯之间。因此，法兰西民族解放委员会（French Committee of National Liberation）[①] 敌视殖民地的民族解放运动。为了避免未来国际社会对法国殖民帝国的仲裁，法兰西民族委员会殖民地专员勒内·普利文（René Pleven）决定在法属赤道非洲举办布拉柴维尔会议（Brazzaville Conférence）[②]。

起初，法兰西民族解放委员会试图召集各殖民地长官来参加会议。但受战争影响，委员会只能邀请各地区行政代表参加。1944 年，布拉柴维尔会议召开。大会邀请了 21 名地方长官、9 名协商会议成员和 6 名来自阿尔及利亚、突尼斯和摩洛哥的观察员。会议赞成在保持法国殖民地统一的前提下，给予殖民地更大的行政自由。戴高乐认为“二战”中法属殖民地区人民功不可没，因此对殖民地区作出巨大让步。他还建议废除就地惩戒法和强迫劳动条款，建立工会，迅速扩大教育，并给予普选权。

---

① 法兰西民族解放委员会是由法国军人建立的法国临时政府。亨利·吉劳和戴高乐在“二战”期间统一领导，组织和协调将法国从纳粹德国解放出来。该委员会于 1943 年 6 月 3 日成立，经过一段时间的联合领导，于 11 月 9 日由戴高乐将军担任主席。委员会直接挑战维希政权的合法性，统一了所有与纳粹作战的法国军队。

② 1944 年 2 月，普利文主持召开了布拉柴维尔会议，致力于保持法国的殖民帝国地位。

会议发表了《布拉柴维尔宣言》（Brazzaville Déclaration），明确提出对殖民地的政治、社会和经济实施改革。内容如下：第一，法兰西帝国将保持统一；第二，每一个殖民地将建立半自治的立法机构；第三，法属殖民地公民与法国公民享有同等权利；第四，法属殖民地公民有权参与法国议会投票；第五，殖民地当地居民可受雇于公职；第六，进行经济改革，以减少法国对其殖民地的剥削。虽然会议赞成殖民地建立更大的行政自由，但对于殖民地完全独立予以坚定拒绝。戴高乐在会议上强调："法国开明使命（civilizing mission）的目标是，排除任何自治的想法或在法兰西帝国之外发展的可能性。即便是在遥远的未来，自治也绝不可能"。[①]

布拉柴维尔会议是法国及其殖民帝国发展的转折点，在一定程度上放松了对殖民地的控制，缓解了法国与殖民地的矛盾，推动了殖民地的政治和社会变革。但是，此次会议并未如戴高乐所愿，完全排除殖民地的独立诉求。在这种情况下，毛里塔尼亚和其他法属非洲殖民地启动了独立进程。

巴巴纳与协和党脱颖而出

第二次世界大战结束后，毛里塔尼亚的人文和经济状况均仍旧游离于世界体系的边缘。毛里塔尼亚独立进程缓慢，在法国政府的支持下，摩尔社会传统的精英阶层，诸如部落首领、军事统帅、宗教人士等，都与殖民统治机构保持融洽的关系，这使得一些民族主义者无法在摩尔传统社会中立足，也不能开展反对法国统治的活动。与此同时，由于传统权威的存在，国内尚维系着相对安定的秩序。

1946 年，法兰西第四共和国宪法颁布实施后，进行了第一次选举，毛里塔尼亚也向法国国民议会派驻了自己的代表，但未能参加全民投票。这是因为，法国议会在 1945 年通过了一项法案，对部落

① D.A. Low, *Britain and Indian Nationalism: The Imprint of Amibiguity 1929–1942*, Cambridge University Press, 1997, p. 16.

首领、官员、宗教学生、前军方人士的投票权做出了各种限制。毛里塔尼亚有两位参选者：法国人伊文·拉扎克（Yvon Razac）和毛里塔尼亚人霍马·乌尔德·巴巴纳（Horma Ould Babana）。

拉扎克是一位出身法国的基督教徒，深获殖民政府和摩尔族部落首领的支持。这看似怪异，却有其合理之处：一方面，拉扎克曾是军事指挥官，对毛里塔尼亚的国情民生了如指掌，亦能自如地运用当地语言，在当地具有一定的社会基础；另一方面，摩尔人部族首领认为，推举一名法国人参选议员，有助于保持议员的中立性。若当选的议员是本地人，他必定会与自己的亲族部落相勾结，并从中牟取私利。拉扎克表示，他将坚决反对以巴巴纳为代表的社会主义派。

巴巴纳是毛里塔尼亚殖民政府的翻译官，出身于伊达乌阿里部落，他是毛里塔尼亚梅德尔德拉人、提加尼教团的成员。他深受塞内加尔社会主义者的支持，加入了国际工人联盟法国分部（Section Française de l' Internationale Ouvrière, SFIO）。巴巴纳领导的毛里塔尼亚协和党（Entente Mauritanienne, EM）也精于公关之术，广施好处，积极为巴巴纳争取选票。

1946 年 11 月 10 日，在 9611 位投票人中，巴巴纳获得了 6074 张赞成票，[①] 在选举中击败了拉扎克。南部选民以及众多的摩尔族人（大部分来自伊达乌阿里）都将选票投给了巴巴纳，因为宗教是巴巴纳竞选的筹码之一。

巴巴纳当选为议员之后，到处宣扬自己的实力，一方面是为了吓阻反对派，另一方面也是为了获取法国政府的支持。为了获取选民的支持和拥戴，他对现有的社会秩序提出质疑，并表达自己的不满，但并未提出任何建设性的意见。巴巴纳利用手中的权力为其亲族部落牟利，并试图实现自己的政治抱负。随后，他开始着手实现自己的野心，妄图获得一个副部长的职位。尽管经过精心的筹谋，他却犯了一个严

---

① Geneviève Désiré-Vuillemin, *Histoire de la Mauritanie: Des origines à l'indépendance*, p. 602.

重的错误，即退出国际工人联盟法国分部，随即又加入民主社会反抗同盟（Union Démocratique et Sociale de la Résistance, UDSR），这使得其原有的支持者将他抛弃，而反对他的殖民政府和部落首领的力量，却因此逐渐壮大。巴巴纳刚愎自用[①]，并且任人唯亲。他所属的伊达乌阿里部落（Idaouali）在多方面受到照顾，收益颇丰。这惹怒了军事贵族，也激起了卡迪里亚·贝克卡亚教团成员（占毛里塔尼亚人口大多数）的反对[②]。然而，卡迪里亚·菲得里亚教团出于反对贝克卡亚教团的目的，则表示支持巴巴纳。[③]

三、达达赫的崛起与国家独立

进步联盟的成立

随着反对巴巴纳的声音越来越多，毛里塔尼亚社会的割裂状态逐渐加剧。各地的首领和年轻人都希望建立一个独立的毛里塔尼亚。此时，以毛里塔尼亚进步联盟（Union Progressiste Mauritanienne, UPM）[④]为代表的新政治力量崛起。1948年1月16日，制宪会议在罗索[⑤]召开，毛里塔尼亚进步联盟成立。该党的成员主要是各部首领和年轻人，他们都渴望在不进行革命的前提下，改变毛里塔尼亚

① 巴巴纳出身卑微，一朝得志后便刚愎自用。1950年，巴巴纳借表兄艾利·乌尔德·巴卡尔之手，袭击抢劫了一位教士的信徒。这位教士当时颇得众望，被尊为圣徒。艾利是拉扎克的朋友，与塔甘特地区的埃米尔交恶。面对此种情形，塔甘特埃米尔趁机将艾利扣押候审。

② 卡迪里亚教团内部存在分歧，卡迪里亚·菲得里亚和卡迪里亚·贝克卡亚之间对立。

③ Geneviève Désiré-Vuillemin, *Histoire de la Mauritanie: Des origines à l'indépendance*, p. 602.

④ 毛里塔尼亚进步联盟建立于毛里塔尼亚独立之前，旨在反对巴巴纳所领导的社会主义政党毛里塔尼亚协和党。

⑤ 罗索是毛里塔尼亚南部最大的城市，也是特拉扎省的省会。由于罗索距离塞内加尔较近，其在历史上一直是毛里塔尼亚与塞内加尔之间的商业中心。农业和畜牧业一直是该地区的主要经济产业。1986年友谊港开港使其重要性有所下降。罗索地区，黑人占据人口的多数。因此，每当毛里塔尼亚与塞内加尔出现矛盾时，该地区的局势就变得异常紧张。罗索与首都努瓦克肖特和塞内加尔城市达喀尔之间交通便利。

的现状，实现毛里塔尼亚现代化。尽管在毛里塔尼亚进步联盟成立之初被认定为非政治性组织，但它仍像其他政党那样，在各个游牧区建立了许多分部，旨在宣扬自己的主张，团结南部居民。从 1948 年起，“进步联盟”与“法国人民同盟”[①]（Rassemblement du Peuple Français, RPF）建立合作关系。青年成员创办了《和谐报》（*Le Concorde*），成为抨击巴巴纳的阵地。[②]

在 1951 年举行的法国国民议会选举中，进步联盟推举的西迪·埃尔·穆克塔尔·恩迪亚耶（Sidi el Moktar N'Diaye）获得了 29323 票，而巴巴纳获得 23649 票。[③]穆克塔尔在选举中胜出。穆克塔尔出身南部地区，是沃洛夫人和摩尔人的混血后裔，这也意味着他能得到两族人的支持。他学识渊博，谨慎持重，且不属于任何大家族。

随后，巴巴纳对穆克塔尔提出控诉，检举他人操纵选举，要求国民议会宣布选举结果无效。国民议会最终驳回了该请求。进步联盟在选举中的胜利，沉重地打击了毛里塔尼亚协和党，其内部随之出现分裂。

毛里塔尼亚民众对进步联盟屈从于法国的利益感到不满，尤其是联盟中的年轻成员对现状同样不满。1955 年，毛里塔尼亚进步联盟在罗索召开了第三届会议。会后，一部分青年成员抨击当权者在处理与殖民政府之间的关系时表现得太被动，随即成立了“毛里塔尼亚青年协会”（Association de la Jeunesse Mauritanienne, AJM），并宣称这是一个非政治性组织，但会表达“新民意识的批评之声”。简言之，就是合法地表达反对意见。[④]“青年协会”抨击西迪·埃尔·穆克塔尔·恩迪亚耶接受了法国政府的委任，同时鼓

① 法国人民同盟，由戴高乐将军创立。

② Geneviève Désiré-Vuillemin, *Histoire de la Mauritanie: Des origines à l'indépendance*, p. 603.

③ Ibid., p. 604.

④ Ibid., p. 606.

吹“快速实现独立，并将法国人赶出毛里塔尼亚”。[1]但这些年轻人的观点只代表了城市地区的极少数人，毛里塔尼亚新成立的青年协会无法与进步联盟相抗衡。

1956年的立法选举再次体现了进步联盟的影响力，达达赫获得106603票，远胜于巴巴纳的17371票。[2]巴巴纳一气之下前往摩洛哥，并在那里阴谋策划推翻毛里塔尼亚当局的统治。而青年协会所推荐的参选人仅获得了585票。进步联盟以绝对的优势赢得了立法选举。塞内加尔河谷地区的黑人还是选择与进步联盟保持一致，而不是支持宣扬泛阿拉伯主义的毛里塔尼亚青年协会。

达达赫的崛起

1956年，法国政府提出《改革法案》（Loi-cadre Defferre），试图在法国殖民框架下，赋予法属非洲殖民地更多的权力，实现各殖民地内部自治。这项法案通过后，各殖民地展开了“地方议会”的选举活动。

1957年，在“地方议会”选举进行前，毛里塔尼亚的权贵与法国殖民总督就“政府委员会”副委员长的人选展开磋商，以确保在内部自治的框架下，成立第一届政府委员会。如果仅在显贵中遴选候选人，必定会引起较为激进的青年人的不满，抨击这种制度仅是殖民主义的产物。因此，作为鸽派的妥协，新生的政治领袖穆克塔尔·乌尔德·达达赫（Mokhtar Ould Daddah）成为副委员长。

达达赫来自乌尔德·比利（Ould Biri）部落的阿赫尔·谢赫·西迪亚（Ahel Cheikh Sidiya）家族，出身行伍世家。他的祖父是一位英勇无畏的军人，颇受指挥官弗雷勒让的赏识。弗雷勒让在《回忆录》中曾多次提到他。达达赫家族受到法语文化和伊斯兰文化的影响。达达赫在前往巴黎攻读学士和博士学位之前，曾经担任过比尔莫格

---

① Geneviève Désiré-Vuillemin, *Histoire de la Mauritanie: Des origines à l'indépendance*, p. 603.

② Ibid., p.604.

兰和弗德里克的翻译官。达达赫还是“法国人民运动联盟”的组织者之一，是第一个获得高等教育学位的毛里塔尼亚青年人。他还被认为是一位民族主义者，这样的身份定位有助于他获得毛里塔尼亚年轻人的信赖和归附。

在1957年3月的议会选举中，毛里塔尼亚进步联盟大获全胜，在“地方议会”的34席中赢得33席。毛里塔尼亚地方议会的权限得以扩大。法国总督出任政府委员会的委员长，并享有决策权。但戴高乐于1958年签署政令，决定将各殖民地的管理权移交给当地政府委员会的副委员长。因此，穆克塔尔·乌尔德·达达赫取代法国总督，并拥有了实权。1957年选举刚刚落幕，达达赫便发表声明：“我们天生就是一个国家，我们有着自己的国家意识，让我们一起建立毛里塔尼亚国。”[①]

议会选举虽取得胜利，军事威胁仍旧存在。盘踞在西撒哈拉的迪奇·塔瑞（Djich Tharir）召集了一支3000人的武装力量，侵扰北方各部落，威胁着毛里塔尼亚的安全。而国内某些“青年协会”的成员竟对摩洛哥民族主义者阿拉·埃尔·法西（Alall el Fassi）[②]对毛里塔尼亚的领土要求持暧昧态度。这是努力谋求毛里塔尼亚独立的乌尔德·达达赫绝对不能准许的。

由于摩洛哥解放军和西撒哈拉游击队的壮大对法国和西班牙在周边地区利益的威胁，加之乌尔德·达达赫的请求，法国决定联合行动铲除西撒哈拉地区的游击队。这次大规模的作战行动被命名为“飓风行动”（Opération Hurricane）。

---

① Geneviève Désiré-Vuillemin, *Histoire de la Mauritanie: Des origines à l'indépendance*, p. 609.

② 1956年，在摩洛哥宣布独立之后，摩洛哥独立党领袖阿拉·埃尔·法西对毛里塔尼亚提出了领土要求。西班牙政府认为毛里塔尼亚独立是不可行的，遂即放弃了里奥德奥罗，试图保留在摩洛哥北部地区的管辖权，如休达、梅利利亚、得土安（Tétouan）。为了避免与迪奇·塔瑞的部队正面冲突，西班牙人放弃了自“二战”后就一直占领的地区：斯马拉（Smara）、比尔·纳赞（Bir Nzaran，里奥德奥罗地区唯一一个优质矿区）、泽穆尔城……面对这样的情况，该地区的雷盖巴特人早已习惯了这种动荡不定的生活，于是在摩洛哥和法国两方之间谨小慎微、左右逢源，以寻求保护。如勒古昂森（Lgouacen）部的首领将自己的三个儿子分别送进了西班牙、廷杜夫和迪奇·塔瑞的军事组织中。

位于西撒哈拉和毛里塔尼亚东北部的雷盖巴特人倾向于毛里塔尼亚。几乎所有的雷盖巴特人都表现出强烈的民族归属感，愿意归复毛里塔尼亚。1958 年 1 月 10 日，“飓风行动”拉开帷幕，并在 15 天之内摧毁了迪奇 · 塔瑞的防御工事，后者败走撤退。西班牙当局重新控制了西撒哈拉的塞古耶特哈姆拉（Seguiet al Hamra），威胁得以暂时消除，但摩洛哥人并未就此放弃对毛里塔尼亚主权的声索。1958 年 4 月 2 日，毛里塔尼亚政府委员会副委员长穆克塔尔 · 乌尔德 · 达达赫在达喀尔发表声明：“法国政府通过一系列宽松的制度，将毛里塔尼亚的前途交到我们自己手中，但我还是要对摩洛哥说不。我们以前是毛里塔尼亚人，现在也是毛里塔尼亚人，将来仍旧是毛里塔尼亚人！”[①]

随后，雷盖巴特萨赫勒部落带着骑兵队正式归顺毛里塔尼亚，并向穆克塔尔 · 乌尔德 · 达达赫送上献礼[②]。至此，乌尔德 · 达达赫及进步联盟已基本控制了整个毛里塔尼亚的局势。

四、毛里塔尼亚共和国的建立

毛里塔尼亚自治政府

随着战后世界民族独立浪潮的兴起，法国政府迫于压力放松对殖民地的管制，这给予了各殖民地更大的自治权。毛里塔尼亚也逐渐由殖民地变成了“半殖民地”，最终获得自治。

1946 年，法兰西第四共和国通过宪法，规定将法属西非殖民地改为法国的海外领地，与法兰西联邦连成一体。法兰西议会保留刑法、公民自由和政治与行政组织方面的管辖权。法国殖民部发布行政命

① Geneviève Désiré-Vuillemin, *Histoire de la Mauritanie: Des origines à l’indépendance*, p. 610.

② 献礼，一种表达尊敬的方式，包括一头或数头毛色亮泽的母骆驼，先将骆驼腿砍去，然后再宰杀、烹煮、分食。

令，每个海外领地都建立了总议会（1952 年更名为领地议会），有对预算的控制权，但在其他问题上仅有咨询权。毛里塔尼亚总议会由 24 名成员组成，其中 8 名由欧洲人组成的“第一选举团”选出，16 名则由非洲人的“第二选举团”选出。每个领地有 5 名代表参加设在达喀尔的法属西非联邦最高议会。这个议会对预算编制、政治与行政、计划和法属西非其他事物拥有权力。每一领地也可派出少量代表参加在巴黎的法兰西国民议会。

1946 年宪法规定海外领地的选举权范围很小，只限于贵族、地方协会、工会成员、政府官员、雇佣劳动者、退伍军人和已登记的财产所有者。例如 1946 年毛里塔尼亚的选举，合格选民不足 1 万人。1947 年对选民增加了懂法文和阿拉伯文的要求；1951 年又增加了“选民应为拥有孩子的男性家长和拥有两个孩子的母亲”的条件；直到 1956 年选举才真正成为普选。

面对法属西非民族主义的高涨和政治觉悟的提高，法国政府不得不给予其海外领地更大的自治权。1956 年法国的改革比 1946 年更加彻底，法国政府颁布了新的海外领地“基本法”，实行普选，取消领地“选举团”制度，建立地方代议制并扩大领地议会权力。自此，殖民地具有推出诸如土地、农业、林业、渔业、矿藏、贸易、小学和中学教育以及医疗卫生等政策的权力。但在外交事务、国防事务、高等教育、自然资源以及经济援助等方面，仍由法国掌握。毛里塔尼亚成为“半自治共和国”。

1956 年改革最重要的是建立了领地政府，以及相对自主地行使之前法国殖民政府才具有的权力。领地政府由 3—6 位部长组成，每人负责政府的一个职能部门。他们由领地议会选出并对其负责。选举程序是领地议会拟定一份部长人员名单，交由执政党提名。领地议会的议长由法国人担任，副主席由执政党的领导人担任。1958 年，法兰西第五共和国诞生，随即通过了新宪法。新宪法规定，法兰西共同体的成员必须是自治共和国。自此，毛里塔尼亚获得了完全的自治，但其国防、外交、财政、经济、司法、教育仍由法国掌握。[①]

同摩洛哥的抗争与共和国的建立

摩洛哥一直未放弃其对毛里塔尼亚领土的主张。摩洛哥通过国际媒体加大了宣传其主张的力度。《世界报》转载了穆罕默德五世的讲话："不管毛里塔尼亚或是撒哈拉其他地区怎么选择，毛里塔尼亚始终是摩洛哥领土的一部分。不管前面等待我们的是什么，或好或坏，我们都会团结起来共同面对，因为所有的摩洛哥人都属于同一个大家庭，都遵从同一部法律，都使用同一种语言（阿拉伯语），都效忠于摩洛哥的守护者阿拉维（Alaouite）王室。"[②]

毛里塔尼亚自治政府则制定了一系列法律，以展现本国的国情特征。首先选择北部地区的努瓦克肖特作为新首都，取代塞内加尔的首都达喀尔。这一举措引起了南方民众的不满，他们认为这损害了自己的参政权利，仅对北部的白种贝丹人有利。甚至有部分南方民众希望归附塞内加尔。

以北方贝丹人为主体的"协和党"和"青年协会"则抨击政府过于保守，并对阿拉伯人和马格里布人表示支持。为了重新统一各派势力，1958 年 5 月，穆克塔尔・乌尔德・达达赫在阿勒格召开毛里塔尼亚各党派代表大会。他提出了各派的共同目标：第一，保持毛里塔尼亚在法非共同体[③]中的地位；第二，保持领土完整；第三，明确毛里塔尼亚在撒哈拉地区共同组织（Organisation Commune des Régions Sahariennes, OCRS）[④]中的定位；第四，在政治、经济、文化和行政方面加强本国特色。

---

① 李广一编：《毛里塔尼亚　西撒哈拉》，第 38—40 页。

② Geneviève Désiré-Vuillemin, *Histoire de la Mauritanie: Des origines à l'indépendance*, p. 611.

③ 法非共同体，原称"法兰西共同体"。

④ 撒哈拉地区共同组织是法国 1957—1963 年在撒哈拉地区建立的领地共同体。它根据 1957 年 1 月 10 日的法律成立，其目的是"促进法兰西共和国撒哈拉地区的社会发展、经济扩张"。

代表大会结束时，毛里塔尼亚进步联盟、毛里塔尼亚协和党以及戈尔戈尔民主阵营（Bloc Démocratique du Gorgol）[①]合并，组建了毛里塔尼亚联合党，穆克塔尔·达达赫出任总书记。但青年协会对新成立的联合党进行抨击，认为它不过是进步联盟的翻版，仍旧由上流阶层主导，是殖民体系的附属组织。

1958年8月，青年协会的大部分成员组建了毛里塔尼亚民族复兴党（Mauritania National Renaissance Party, NADHA）。该党带有宗教色彩，甚至具有亲摩洛哥的特点，反对毛里塔尼亚的执政党。为了应对青年协会的挑战，进步联盟清除了党内的守旧派，并与毛里塔尼亚南部人联盟结合，改组为毛里塔尼亚全国联盟（Union Nationale Mauritanienne, UNM）[②]。

1958年9月，毛里塔尼亚进行全民公决，决定加入“法兰西联邦共同体”，并宣布建立“毛里塔尼亚伊斯兰共和国”。1959年3月，“地区议会”更名为“制宪议会”，并颁布了第一部议会宪法。1959年6月，“毛里塔尼亚联合党”获得立法选举的全部席位，穆克塔尔·乌尔德·达达赫被任命为总理，1960年11月28日，毛里塔尼亚举行庆典，宣布正式独立。

---

① 戈尔戈尔民主阵营，建立于1957年，是一个由哈尔布拉尔人控制的小政党。该政党反对与马格里布的阿拉伯国家的任何联合。

② 毛里塔尼亚全国联盟是由1959年分裂的毛里塔尼亚联合党所形成的政党。“全国联盟”在建立之初，渴望推选其成员参加国民议会选举，但没能实现。1959年8月4日，全国联盟获得国家特许，该组织提倡毛里塔尼亚与马里建立联邦国家，这一立场得到了广大黑人的支持。再者，全国联盟提倡寻求解放奴隶阶级。然而，不到一年之后，全国联盟便停止了独立的政治活动，并与毛里塔尼亚联合党联盟。自此之后，全国联盟的影响力日益下降，直到1961年全国大会，毛里塔尼亚一党专政的建立。

第八章　第一共和国的现代化探索

1960 年，毛里塔尼亚独立后，面临建设民族国家和现代化探索的迫切任务。达达赫构筑了具有“威权主义”色彩的政治体系，建立了一党制和加强总统制的中央集权政府。毛里塔尼亚人民党是唯一合法的政党。他试图以此应对各种严峻挑战，使年轻而脆弱的国家保持统一。在经济上，毛里塔尼亚重点发展工矿业，尤其是矿产的开采，借此减轻对法国的财政依赖，实现经济独立。但忽视了农牧业的发展。在文化上着力推进扫盲和发展教育运动。然而，在西撒哈拉问题上，毛里塔尼亚政府无法找到彼此能够认同的解决方法，最终被拖入西撒哈拉战争之中，使国家本就虚弱的经济状况不堪重负，国内社会矛盾凸显，外部环境恶化。1978 年，毛里塔尼亚发生军事政变，执政 18 年的达达赫被推翻。毛里塔尼亚陷入动荡和政变频发的时期。

一、集权化政治体制的形成

1961 年宪法

毛里塔尼亚独立后，独立的喜悦气氛很快便散去。历史上，毛里塔尼亚从未形成统一和独立的国家。摆在执政者面前的首要挑战是如何建设这一新兴的国家，如何将国内各方势力统一起来，以达成共识。这是一项艰巨的任务，部落之间和各部落内仍旧冲突不断，北部的摩尔人和南部的黑人依然严重对立。这些矛盾不仅没有随着民族独立而消失，反而以一种意想不到的新形式表现出来，并且日益尖锐化。

与此同时，来自摩洛哥的威胁使毛里塔尼亚国内更加分裂。民族复兴党的一些成员支持摩洛哥对毛里塔尼亚的领土主张。为了削弱该党的影响，穆克塔尔·乌尔德·达达赫总理将民族复兴党党魁布亚吉·欧·阿比丁（Bouyagui O. Abidine）和国家联合党[①]负责人哈德拉米·欧·卡特里（Hadrami O. Khattri）吸纳到政府中，并授予高官厚禄。

然而，毛里塔尼亚的政治制度应该如何建构，不同的社会力量看法各异。以达达赫代表的执政党希望建立单一制的政治结构，确立中央集权[②]；议会中的部落首领等传统势力，则更愿实现权力的多元化，反对中央集权。因此，在国家行政权方面，执政党领导层（达达赫的支持者）成为拥有立法权的国民议会的对立面。1961 年 3 月，国民议会议长西迪·埃尔·穆克塔尔·恩迪亚耶辞职，以表明反对“总统制”的立场。

最终，达达赫取得胜利，确立了总统制和集权制的国家体制。1961 年 5 月 20 日，毛里塔尼亚议会对宪法草案进行表决，以 31 票赞成、2 票反对、1 票弃权的结果通过。这部宪法受法兰西第五共和国宪法的影响很大。宪法宣布伊斯兰教为国教，肯定了 1789 年人权宣言和 1948 年普遍人权宣言所弘扬的民主原则和人权原则。此外，该宪法对国家统一性质和政治独立给予特别重视和强调，以回应摩洛哥对毛里塔尼亚提出的主权要求。

1961 年宪法规定设立总统，[③]并确定了加强总统制。总统必须是穆斯林，由普选产生，任期五年，可以连选连任。总统既是国家

---

① 国家联合党，保守党之一。政府中左右两极政治势力相互制约，达到平衡。

② Geneviève Désiré-Vuillemin, *Histoire de la Mauritanie: Des origines à l'indépendance*, p. 615.

③ 法兰西第五共和国有总统一职，不过属于半总统制。

元首，又是政府首脑，只对选民负责，而不对国民议会负责；各部长由总统任命，只对总统负责，而不对国民议会负责。国民议会无权对总统和部长进行信任投票，总统也无权解散国民议会。除了任命政府官员外，总统还拥有非常广泛的权力，包括领导武装部队，任命民政官吏、军事将领、法官和驻外使节，签订并批准条约和国际协定，否决国民议会的立法，制定和修改法律，要求最高法院对法律或提案的宪法意义提供咨询意见。更加重要的是，在总统的决定出现危急情况下，总统可以行使宪法以外的权威。①

修改宪法可以由总统提出，也可以由议会提出，但都必须经过议会三分之二的票数通过。若修宪得不到三分之二的多数人同意，而只获得超过一半的多数人同意，那么总统可以把它提交公民投票决定。毛里塔尼亚曾有两次修改宪法，都是采用这种方式获得通过的。一次是在 1965 年，宪法修改规定，毛里塔尼亚人民党是唯一政党，其他政党为非法；一次是在 1968 年，涉及官方语言、行政官员地位和有关地方行政机构的一系列改革。②

一党制的建立

在一个部落组织逐渐瓦解，部落权威仍具影响力的国家，塑造一个新的国家体制具有严峻的挑战性。毛里塔尼亚以游牧为主的社会与现代行政机构本身存在矛盾。在这种背景下，现代政党与传统的部落权威相结合，围绕部落领袖出现了一系列政党。

伴随国家的独立，各政党领导人认识到需要进一步巩固政权，以确保建立一个强大且独立的政府，进而维系毛里塔尼亚的区域和族裔多样性。穆克塔尔·乌尔德·达达赫总统也向反对党释放善意，表示愿意将以前反对他的人吸纳到他的政府中。达达赫逐渐获得许多反对党人的支持。因此，即使在达达赫指控毛里塔尼亚民族复兴党腐败，禁止该党参加 1959 年 5 月举行的毛里塔尼亚第一次国民议

① 李广一编：《毛里塔尼亚 西撒哈拉》，第 53—54 页。
② 同上书，第 55 页。

会选举，宣布该党非法，并逮捕了该党的五名领导人之后，民族复兴党仍响应达达赫维护团结和独立的紧急呼吁。①

1961年8月20日，毛里塔尼亚举行总统选举，达达赫取得胜利，得到了397588票中的371808。②但是，达达赫的统治仍受到议会中传统部落首领等的牵制。1962年，时任国民议会议长的哈穆德·欧·艾哈迈都（Hamoud O. Ahmedou）辞职，并向议员表达了不满："只有你们才能真正地代表国家，代表法律；只有你们才能代表人民，因为你们知道人民最需要的是什么……任何政治组织的主张，都只针对其支持者。"③与此同时，苏雷曼·欧·谢赫·西迪亚（Suleymane O. Cheikh Sidiya）④当选国民议会议长后也与达达赫龃龉不断。穆克塔尔·乌尔德·达达赫和苏雷曼·欧·谢赫·西迪亚虽为表亲兄弟，实则水火不容，一个是具有现代思想的共和国总统，一个是遵从传统规范的国会议长，两人之间既有关于国家政治前途的分歧，又有独立十年来结下的私怨。

总统选举胜利后，穆克塔尔·乌尔德·达达赫于1961年12月25日召开了"联合党"代表大会，与会代表共400人，包括原先四党的代表（每党各80人），此外还有青年运动、妇女运动以及工会的代表。闭会时，成立了一个新政党——毛里塔尼亚人民党。这是"一个民主的政党，一个群众性的政党……最重要的，这是一个强大的政党……该党的任务是建设一个新型的毛里塔尼亚，将保守主义与发展主义，现代与传统融合在一起。"⑤

1963年3月25日，人民党第一届代表大会在努瓦克肖特举行，

---

① Robert E Handloff, *Mauritania: A Country Study*, p.23.

② Geneviève Désiré-Vuillemin, *Histoire de la Mauritanie: Des origines à l'indépendance*, p. 616.

③ Ibid.

④ 苏雷曼·欧·谢赫·西迪亚是谢赫·西迪亚·巴巴的小儿子，和达达赫一样都出身于乌尔德·比利部落，但苏莱曼在传统社会中具有更高的地位。实际上，苏莱曼属于阿赫尔·谢赫·西迪亚家族，而达达赫则来自相对较低微的恩特查耶特（N'Techayett）家族。

⑤ Geneviève Désiré-Vuillemin, *Histoire de la Mauritanie: Des origines à l'indépendance*, p. 616.

通过了两项重要决定：一是大会废除了部落首领制，旨在打击传统守旧派；[①]二是毛里塔尼亚不再接受法国政府年度财政支持，这向外界传递出的强烈信号是，毛里塔尼亚将以矿产出口来支撑国家的财政开支。客观而言，这也严重影响了毛里塔尼亚的财政预算。

国会议长对此表示强烈抗议[②]：

> 1961年5月宪法废除了原有的议会制，代之以现今的总统制，而这样的举措与该宪法的原则是背道而驰的。
>
> 依照宪法的规定，国民议会负有监督政府管理的责任，该职权的实施与财政支持息息相关；而如今，政府却通过财政控制反过来掣肘国会的运作，这不是自相矛盾吗……这种举措的结果并非是国会声誉受损，而是现有总统制的终结，并导致一种集权制度的建立，权力将集中在个人手中……[③]

议长与总统的矛盾既反映了现行政治体制的相互制衡作用，又带有传统政治斗争的色彩。这无疑限制了达达赫的权力。他意识到："一党制"有助于实现国家团结，打击地方本位主义；西式民主并不适合毛里塔尼亚现有的经济和社会状况。达达赫总统在1963年6月28日致信国会议长，敦促"国会在唯一的选项面前行使职权：要么全体通过党代会的决议，要么予以驳回。"[④]

---

① 特别是以苏莱曼·谢赫·西迪亚为代表的政治势力。

② 实际上代表们的决定是正确的：第一项决议目前尚可，因为他的实际影响要随着时间的增加才会显现出来，所以并不会立即招致反对。然而旨在开源节流、精简机构的第二项决议立马引起轩然大波，因为这大大地损害了各方势力的相关利益，特别是取缔国民议会的财政自主权会断了不少投机分子的财路。

③ Geneviève Désiré-Vuillemin, *Histoire de la Mauritanie: Des origines à l'indépendance*, p. 617.

④ Ibid., p. 618.

1964 年 1 月，“人民党”高层会议在卡埃迪[①]召开，大会认为，人民党是国家建设的工具，高于所有的国家机关。议员选举应该以人民党“政治局”的提名为基础，每位议员都需要向总统递交一封辞职信，一旦议员不能从国家利益出发行使职权，总统可凭借手中的辞职信终止该议员的任期。

两位前国会议长，即西迪·埃尔·穆克塔尔·恩迪亚耶和苏雷曼·欧·谢赫·西迪亚均表示拒绝接受此种羞辱性规定，因此两人在被人民党开除后，联合民族复兴党党首布亚吉·欧·阿比丁组建反对党——民主民族阵线（Front National Démocratique, FND）。该党随即被政府宣布为非法组织。穆克塔尔·乌尔德·达达赫根据“政治局”的建议，迫使国会修改宪法，减少议会的反对意见。1965 年 1 月 12 日，宪法第 9 条修正案通过：“以民主方式组建的政党，代表人民表达意愿；毛里塔尼亚人民党是各党派的联合组织，是毛里塔尼亚唯一的政党。”同年 5 月 9 日，议会大换血，大批新议员进入国会，往届 40 名议员只有 9 人得以连任。人民党的大批党员亦进入政府，他们大多数都持有大学学历，在法国接受教育，接替了传统派在政府中的势力。

类似于其他一些非洲国家，毛里塔尼亚建立政党合一的体制，形式上实现了团结，但国内的社会和政治裂痕并未真正消弭，最终引发了严重的问题。穆克塔尔·乌尔德·达达赫当政近 20 年（1958—1977 年），试图建立一个现代国家。凭借自己的个人魅力和敏锐的政治触觉，他树立了至高无上的国家权威，致力于构建民族意识，并成功地发展了本国经济，使毛里塔尼亚在某些经济领域实现了现代化。

根据 1961 年宪法的规定，修改宪法的动议由总统或国民议会提

① 卡埃迪是戈尔戈尔省省会，也是毛里塔尼亚人口大市之一。卡埃迪位于塞内加尔河谷北岸，有较为完整的公路网络。据 2000 年官方数据统计，卡埃迪的人口为 34227 人。卡埃迪也是毛里塔尼亚独立后的第一任总统乌尔德·达达赫的家乡。卡埃迪的图书馆中藏有大量伊斯兰典籍，其在历史上也是重要的商业中心。农业和畜牧业在该地区较为普遍，毛里塔尼亚政府曾大力发展该地区的农业和畜牧业，建设大型农场（超 500 公顷），并于 1968 年在当地开办了第一所兽医学校。

出，但须经国民议会三分之二的多数票通过。但是，如果修改宪法的动议无法在国民议会获得通过，总统还可以把宪法修正案提交给全民公决决定。正是通过这种方式，达达赫总统于 1965 年和 1968 年两次修改宪法。1961 年规定毛里塔尼亚人民党为唯一政党，其他政党均为非法。1968 年进行了关于官方语言、行政官员地位和地方行政机构等一系列改革。1975 年 10 月，《马德里协议》签订，雷盖巴特部划归摩洛哥。雷盖巴特人认为自己遭到政府背叛，随即加入西撒哈拉人民解放阵线（以下简称“西撒哈拉人阵”），即波利萨里奥阵线（Front Polisario），以武装暴动的形式表达拒绝与不满。

中央政府

毛里塔尼亚建立以人民党为主体的一党制和威权制的政治体系，试图借此完成国家统一和促进经济发展。这就形成了以总统集权为特色的政府结构。虽然 1961 年宪法规定，国民议会与总统分享权力，但实际上，议会已经失去了它的大部分权力。地方政府仅仅作为中央权力和决策当局的附属品而存在。

1961 年宪法明确规定国家机构由三部分组成：行政、司法和立法。行政部门以共和国总统为首包括有总统所任命的各部长及全部行政官员。宪法规定总统必须由穆斯林担任，由普选选出，任期五年，可连任，不限定连任次数。1966 年以来，所有总统候选人必须由人民党提名，年龄最低为 35 岁，并且有丰富的政治管理经验。总统作为国家元首和政府首脑，权力非常广泛。总统任命的部长仅对总统本人负责，而不对国民议会负责。总统仅对选民负责。与 1959 年宪法[①]不同，1961 年宪法并未规定国民议会有权通过不信任投票罢免

① 1959 年 5 月 13 日，毛里塔尼亚国民议会以投票的方式通过宪法草案，议会共和制得以确立，立法权和行政权分属国民议会和政府。政府由总理领导，直接对国民议会负责，并有权解散议会。如此，多党制得以保证，但那些威胁国家主权和民族统一的反对党是无权参政的。1961 年 6 月 3 日宪法的通过标志着总统共和制的建立。国家权力的分配更加严谨明晰，行政权力得以加强。总统既是国家元首又是政府首脑，决定本国的整体政治走向，有权任命各部委部长，甚至与国民议会分享立法权。

总统，[①] 总统也无权解散国民议会。

总统的其他权力包括指挥武装部队、任命官员、向部长和其他代表授权、签署国际条约、暂停立法投票、有权要求最高法院就法律合宪性提出咨询意见、有权对立法进行提案和修正。在国家危及情况下，总统拥有特别的、不受宪法制约的权威。危及情况由总统界定。

选举产生 50 位议员（1971 年前为 40 位）组成国民议会，议员任期为五年，每年开会四个月。国民议会议长由议会代表选出，议长是国家排名第二的领导人。议会的立法权严格被限制在宪法第 39 条所规定的范围，如民权、国籍和赋税。国防、行政组织、教育和劳工有关的普通法规的制定也在议会权力范围之内。所有其他立法权，包括超越上述普通法规的部分，都被认为属于共和国总统的正常权力范围。1964 年成立的经济和社会委员会（Economic Social Council）[②] 也具有一定的代议职能。该委员会曾试图把社会上不同经济和社会集团的代表纳入国家咨询机构，但是显然失败了。[③]

地方政府

1961 年宪法保留了类似于州、地区和行政高度集权的殖民地管理模式。地方委员会是在各州建立的拥有顾问权力的代议制的行政机构，以代替法国殖民者所依赖的酋长和贵族委员会。1961 年，毛里塔尼亚建立了城市和乡村公社，而在城市中，以法国都市地方公社为蓝本的城市公社基层议会早已建立起来，并且可以选举市长。在罗索、卡埃迪、阿塔尔、博格（Boghe）和努瓦克肖特，共建立了 5 个城市公社。3 个实验公社在努瓦迪布、阿尤恩·埃尔·阿特鲁斯和弗德里克建立起来。还设想建立 34 个乡村公社。虽然计划给予公社议会和镇长公社立法权，但是由于缺乏训练有素和富有经

① Brian Dean Curran and Joann L. Schrock, *Area Handbook for Mauritania*, p.80.

② 经济和社会委员会于 1968 年被撤销。

③ Brian Dean Curran and Joann L. Schrock, *Area Handbook for Mauritania*, p. 81.

验的管理干部以及支持地方行政的资源不足，公社计划还是失败了。乡村公社在 1968 年根据 1968 年 3 月 4 日法令被取消；城市和实验公社于 1969 年被取消（根据 1969 年 1 月 25 日法令）。[①]

随着公社实践的失败，地方行政恢复了传统的制度。传统的社会领袖成为新建的各种行政部门与广大人民群众之间的纽带，并由他们来平衡受传统习惯所束缚的农民和牧民与现代官僚制度间的矛盾。然而，传统的社会领袖大都无法处理好两者间的矛盾与冲突。其结果是，领袖们的合法性反而受到了质疑，他们的影响力逐渐减弱。

1968 年 5 月宪法修正案，将全国划分为八个大区和一个首都努瓦克肖特特区，用以取代独立后沿用的 12 个州。第八个大区是 1970 年 1 月 5 日建立的。大区一般相当于以前的州，下面被分为几个省，省一般相当于之前的地区，省进一步又分为县。大区的职能有两种：行政权和司法权（省和县不具有司法权）。

大区行政首脑为中央政府派驻的总督，负责保证国家法律和规章的实施，维持公共秩序，并协调各国家机关（军事和司法机关除外）。在总督之下则是省长以及大区的其他政府官员。总督有两位副手，分别负责大区行政管理及经济和社会发展。总督及其副手均由总统任命。每个大区都有议会，由 20—30 位议员组成，均由总统根据人民党的提名任命。每个议员任期为五年，并且没有薪俸。议会由大区总督担任主席，投票表决大区的预算案。预算由中央政府提出并由中央机构通过，总督贯彻执行。但某些大区需要筹集本地的部分预算费用，如大区行政费、地方公路与道路养护费[②]，二级机场的建设费等。大区议会有权对某些特殊货物和特别活动征税，并从中央政府接受每年预算补助。1972 年初以来，武器和活畜出口的赋税归大区征收。[③]

虽然这看起来是一种分权的趋势，但是中央政府和总统仍享有

① 李广一编：《毛里塔尼亚　西撒哈拉》，第 60 页。

② 70% 的公路都是“国家公路”，并由中央负责维护。

③ 李广一编：《毛里塔尼亚　西撒哈拉》，第 61 页。

比公社时期更大的权力。毛里塔尼亚独立之后，中央与地方关系具有集权化的特征，以使中央政府的决策能在全国贯彻。

二、矿产业主导的经济发展模式

经济的国有化

达达赫为积极维护民族独立和国家主权，发展民族经济和文化事业。独立之初，毛里塔尼亚与法国保持着密切的关系。1961年6月，毛里塔尼亚与法国签署合作协定，规定两国在外交政策上协调一致，法国帮助毛里塔尼亚组建军队，法国保证在毛里塔尼亚受到攻击时提供援助，毛里塔尼亚留在法郎区内，两国贸易按最惠国待遇进行。

不久，达达赫认识到，“没有经济上的独立，政治上的独立是一句空话。”于是，他调整了与法国的关系，退出法郎区，创立本国货币“乌吉亚”[①]。1973年成立了毛里塔尼亚中央银行，建立了独立的金融体系。政府还实行文官的毛里塔尼亚化和企业国有化。1972年成立了毛里塔尼亚国营工矿公司。1975年将法国等西方国家经营的铁矿公司收归国有。独立初期，毛里塔尼亚重点发展工矿业，试图依托矿石开采和出口以及相关配套基础设施的建设，带动国家的经济发展，实现经济独立。但是，毛里塔尼亚的经济发展受到重创。随着20世纪70年代的全球性经济危机，铁矿石价格下降，出口严重受挫。连年干旱与对农牧业的低投入以至于根本无法满足毛里塔

---

① 乌吉亚是毛里塔尼亚自退出非洲金融共同体法郎后从1973年6月30日开始使用的最基本的货币单位。起初，乌吉亚兑法郎的比例固定在10∶1，但不久之后便开始逐渐贬值（1990年贬值尤其严重）。1995年10月，美元兑乌吉亚的比例为1∶133，2000年达到了1∶320.3，2002年中期回落到1∶271.5，2005—2008年稳定在1∶260左右。乌吉亚的连续贬值主要由于毛里塔尼亚糟糕的国内经济以及国际货币基金组织提倡发展中国家货币不应保持固定币值的建议。比乌吉亚更小的货币是胡姆（khoum），其币值约为乌吉亚的五分之一，该货币发行于1973年，但20世纪80年代之后便罕有流通。

尼亚人的基本生活需求。

采矿业蓬勃发展

毛里塔尼亚的矿产资源自新石器时代起就被开发。根据考古发现，中西部阿克茹特[①]附近的一处铜矿遗址可追溯到公元前500年至公元前1000年。[②]但是，直到第二次世界大战结束后，当时的法国殖民者才对伊吉尔科迪亚铁矿进行了系统性的勘探。1946年，法属西非区政府矿业部长阿诺（G. Arnaud）委托地理学家布朗肖（A. Blanchot）绘制阿德拉尔地区的地图。布朗肖积极投入此项工作。他认为伊吉尔科迪亚地区藏有大量的铁矿资源，该矿带长25千米、宽10千米，位于海拔400米的平原地带，主要是氧化铁，纯度较高，色泽显灰。

为了确保该铁矿的开发和收益，首先需要分析矿藏，了解其金属比例、矿层含量和开采条件（采用露天采矿的形式，如建设采矿场）。根据1958年的评估结果，该地已探明矿藏为6800万吨，还有5800万吨尚未完全探明。此外，还应考虑到将矿石运往港口的方式和成本，科迪亚距离海岸的直线距离为340千米，需要修筑一条穿越沙漠的铁路，其终点要么是西斯内罗斯城[③]，亦或是埃提安港[④]，又或是努瓦克肖特。不仅如此，还要寻找充足的淡水资源[⑤]，修建航道、道路和新城市，为在沙漠中工作的工人提供住处和食物。

上述所有准备工作需要大量的资金和技术。毛里塔尼亚主要依

---

① 阿克茹特大概位于首都努瓦克肖特与东北部城市阿塔尔之间，是毛里塔尼亚境内大型铜矿所在地。1970—1978年，毛政府在此开采铜矿。1992—1996年，政府在此开采金矿。2004—2005年，一家加拿大公司负责阿克茹特铜矿和金矿的开采。

② Robert E Handloff, *Mauritania: A Country Study*, p.90.

③ 西斯内罗斯城（Villa Cisneros），今达克拉，为今西撒哈拉南部港口城市。

④ 埃提安港（Port-Étienne），位于毛里塔尼亚西部，与西撒哈拉接壤，为毛里塔尼亚仅次于首都的第二大城市。1970年之后更名为“努瓦迪布”。

⑤ 在距离埃提安港以东100公里的地方发现了潜水层。在那之前，该地区淡水供应主要来自加那利群岛，靠船运输而来。

赖法国、英国及加拿大的国际公司。1952年2月16日，毛里塔尼亚铁矿股份有限公司成立，并于1958年取得伊吉尔科迪亚铁矿的特许权。该公司是一家私有公司，其主要股东包括法国、英国、意大利和联邦德国，注册资本为1亿非洲金融共同体法郎（CFA）[①]（见表8-1、8-2）。在法国政府的担保下，公司法人向“国际重建与发展银行”（B.I.R.D., Banque Internationale pour la reconstruction et le développement）申请贷款。这项举措不仅为铁矿项目的运营筹措到物资支持，还标志着即将独立的毛里塔尼亚获得了国际社会的承认，对摩洛哥的领土主张更是一记重拳。经过严苛的审核程序，国际重建与发展银行同意向毛里塔尼亚铁矿股份有限公司借贷161.7亿非洲金融共同体法郎。[②]

表8-1　毛里塔尼亚铁矿股份有限公司资金来源构成

单位：百万非洲金融共同体法郎

股份资本	13300
国际重建与发展银行贷款	16170
中央财政贷款	2500
法国国家贷款（契伍姆隧道，Tunnel de Choum）	5250

数据来源：Geneviève Désiré-Vuillemin, *Histoire de la Mauritanie: Des origines à l'indépendance*, Paris: Edition Karthala, 1997, p. 623.

表8-2　毛里塔尼亚铁矿股份有限公司的股东结构

矿产地质研究局	27.15%
英国钢铁公司（British Iron and Steel Corporation）	20%
意大利钢铁公司（Finsider）	15%

① 1非洲金融共同体法郎=2法国法郎，这里的注册资本就相当于2亿法国法郎。

② Geneviève Désiré-Vuillemin, *Histoire de la Mauritanie: Des origines à l'indépendance*, p. 622.

续表

德国钢铁公司（Thyssen）	3.40%
法国齐诺尔－德奈恩－昂泽联合钢铁公司	15%
科菲诺投资公司	9%
罗斯柴尔德集团	10.40%

数据来源：Geneviève Désiré-Vuillemin, *Histoire de la Mauritanie: Des origines à l'indépendance*, Paris: Edition Karthala, 1997, p. 623.

1959年7月，国民议会规定，此后25年毛里塔尼亚铁矿股份有限公司实行固定税率。在铁矿公司谋求技术和财政支持的同时，铁矿石的运输和出口路线以及相应的配套交通设施建设问题突显。仅这条拟建的铁路就是各企业竞相争夺的市场。[①] 工程技术人员倾向于走西撒哈拉南部的里奥德奥罗一线，终点为西斯内罗斯城，以缩短铁路里程，减小施工难度，节约建筑成本。里奥德奥罗地区的地质情况较好，便于建设。但一些勘探报告也指出，西斯内罗斯港停泊处白沙淤积，就是清理后也只能容纳1.5万吨级的矿船入港。埃提安为深水港，可以容纳3.5万吨级的矿船停泊。如此看来，运送铁路是否应修到埃提安港呢？

由于里奥德奥罗当时属于西班牙的领地，为了获得铁路修建许可，从1954年到1955年，毛里塔尼亚与西班牙就该问题进行了频繁的磋商。西班牙要求成立一个由其控股的铁路公司，在运营一段时期之后，铁路的所有权和交通税都归西班牙所有，而施工则完全由毛里塔尼亚铁矿股份有限公司自行承担。1955年，阿克茹特地区发现铜矿层，毛里塔尼亚企图将运输铁路的终点定在努瓦克肖特，以方便铜矿和铁矿的共同运输，后未能实现。

由于上述种种原因，毛里塔尼亚放弃了在西斯内罗斯港出海的设想，将埃提安港作为伊吉尔科迪亚铁矿的运输和出口港，铁路走

① 400万立方的挖土工程，80万立方的道渣，另需铺设130万根枕木和8万吨铁轨，尚未涉及架装和焊接工程，该铁路起点定于埃提安港。

向避开了里奥德奥罗地区。为了克服由此带来的施工困难，毛里塔尼亚在契伍姆山（Choum）[①]的背斜处，修建了一条螺旋形的隧道，并对阿宰法勒沙漠（Azeffal）的沙丘进行了固定处理。[②]为了填补成本超支，铁矿公司决定增加机车车厢长度（长于1000米），重量也随之增大，配备四个机车头[③]，其时速可达每小时60千米。此外，他们还在契伍姆修建了车站和停靠点，以便装卸一些来自或去往阿德拉尔地区的其他物资。

1961年3月13日，该铁路完成前10千米；1962年，共完成300千米，契伍姆隧道通车。1963年4月23日，第一批铁矿运至埃提安港，一条西班牙（9950吨）和一条德国（1.6万吨）的矿船候港装运。这也标志着毛里塔尼亚矿产业真正投入运营，增强了毛里塔尼亚摆脱对法国经济依附、实现经济独立的信心。同年，总统穆克塔尔·乌尔德·达达赫宣布放弃法国政府的援助，并实施财政紧缩政策，以确保毛里塔尼亚实现经济独立。他计划以铁矿公司的税收为基础，以运营的铁路线路为依托，发展交通运输产业。这样即使在铁矿采尽后，铁路仍旧可产生收益。铁矿公司的税收最终被纳入政府的行政预算中（见表8-3）。

其后，随着澳大利亚、巴西、加拿大、南非等国矿产资源（纯度高，开采易）的开发，再加之世界性经济危机的影响，国际市场对钢铁的需求量下降，毛里塔尼亚矿产业受到沉重打击。民族独立的欣喜退去，矿产资源带来的希望幻灭，毛里塔尼亚的经济独立和经济发展的愿景落空。为了扭转经济的颓势，1974年，毛里塔尼亚决定将采矿业国有化，在欧佩克阿拉伯成员国的援助下，毛里塔尼亚收购了毛里塔尼亚铁矿公司的欧洲股东的股份，并将公司所有权

---

① 这是毛里塔尼亚在1910年通过纸上文件确立的国界，当时并不知道契伍姆山的存在，因此铁路建设的施工费用超出预算50亿。自从毛里塔尼亚兼并里奥德奥罗以南的地区，火车完全可以绕山而行。另外，一些当地的畜牧者也会搭乘矿石列车，当列车穿越隧道时，车上的牛羊等受到惊吓纷纷跳出车外。

② 主要是通过石子和沥青对沙丘加固。

③ 电动柴油机车头。

转让给新成立的国家工业矿业公司（Société Nationale Industrielle et Minière, SNIM），但保留外国专家和管理人员，并与之前合作伙伴保持商业关系。1978 年以前，国家矿业公司的业务由总统直接负责，由各部委的 12 名成员组成的监理会管理。

表 8-3　毛里塔尼亚财政预算的来源

单位：百万非洲金融共同体法郎

年份	总收入	法国援助	铁矿许可费	进口税费
1960	626	57%	—	19.5%
1961	780	39%	—	33.3%
1962	1029	36%	—	37%
1963	909	11%	11.8%	38.3%
1964	806	—	16.8%	40.7%
1966	902	—	36.6%	28.6%
1970	1498	—	23.1%	25.8%
1973	2069	—	18.4%	38.6%
1974	2789	—	17.9%	31.4%
1975	4061	—	19.7%	35.5%

数据来源：Geneviève Désiré-Vuillemin, *Histoire de la Mauritanie: Des origines à l'indépendance*, Paris: Edition Karthala, 1997, p. 625.

“毛里塔尼亚铜矿公司”[①] 开发阿克茹特地区铜矿资源的项目失败。该矿区含矿量少，开采成本高。此外，由于工业对矿产的需求量下降，国际市场上的矿产价格偏低，而阿克茹特铜矿石受成本所限，

① 1967 年更名为“毛里塔尼亚矿业公司”（SOMIMA）。该公司是由毛里塔尼亚政府于 1967 年成立，旨在开发阿克茹特地区的铜矿。与毛里塔尼亚铜矿公司一样，毛里塔尼亚矿业公司仍然是由欧洲人控股，毛里塔尼亚政府仅占股 22%。矿业公司成立之后，预计 1970 年出铜量 3200 万吨，但实际产量仅为 3000 吨。1973 年出铜量为 38982 吨，为国家带来了巨大的外汇收入。然而，1973 年之后，由于国际市场铜矿价格的降低以及阿克茹特较低的铜矿质量，导致铜矿产量急剧萎缩。1975 年，达达赫政府对国家矿业公司实行国有化，并将其并入国家工矿公司。

不能以低价销售。独立后，毛里塔尼亚在国际社会尤其是阿拉伯国家的经济援助下，分别于1963—1966年、1970—1973年和1976—1980年实施了三个“四年计划”，但都没有实现预期目标。第一个四年计划有两个主要目标：减少毛里塔尼亚对外资和外国技术人员的依赖，并为其后经济和社会发展奠定基础。但第一个四年计划的结果令人失望，主要目标进展缓慢，而且对于个别地区的过大投资引起了经济发展的严重失调。第二个和第三个四年计划旨在维护毛里塔尼亚经济的独立性并加强公共部门建设，但由于财政预算紧张以及政府财政预算的分配问题，导致计划均未能达到预期效果。与此同时，面对国际市场上的激烈竞争，矿产资源的开发成本很高，且没有带来如期的效益，这使许多人的希望落空（见表8-4、8-5）。

表8-4　毛里塔尼亚铁矿石出口情况

年份	出口量（千吨）	价格（十亿乌吉亚）	占出口比重	每吨单价（乌吉亚）
1963	1295	0.540	41%	417
1964	4983	2.120	77%	425
1966	7157	3.120	87%	436
1970	9770	4.180	77%	428
1973	10331	5.800	84%	561
1974	11777	5.800	71%	492
1975	8697	5.700	85%	770

数据来源：Geneviève Désiré-Vuillemin, *Histoire de la Mauritanie: Des origines à l'indépendance*, Paris: Edition Karthala, 1997, p. 626.

表8-5　毛里塔尼亚铁矿出口目的地

单位：千吨

年份	法国	英国	日本	意大利	德国	比荷卢	西班牙
1968	1497.8	1910.3	540.7	974.8	1267.2	1297.2	188.3
1970	1992.9	1720.3	666.4	1468.8	1216	1373	559.8

续表

年份	法国	英国	日本	意大利	德国	比荷卢	西班牙
1973	1859.9	2302.4	1581.1	1253.9	1029.1	1329.4	743.1
1974	2588.1	1673.8	1999.4	1505.6	1422.9	1838.7	616.2
1975	2207.7	1624.4	884.8	1472.3	483.3	1165	728.7

数据来源：Geneviève Désiré-Vuillemin, *Histoire de la Mauritanie: Des origines à l'indépendance*, Paris: Edition Karthala, 1997, p. 626.

除矿产业外，毛里塔尼亚工业发展滞后，工业品大部分需要进口。毛里塔尼亚建立了一些合作性的小型工厂，利用当地劳动力资源，获取利润。如汽水加工厂、利用骆驼奶制取酸奶的乳品厂、制衣厂等[①]。还有一些企业致力于生产一些工业品，以替代进口商品。如钢筋、火柴、工业液态气、被子、毛巾、食糖等。

农牧业进一步衰退

毛里塔尼亚位于萨赫勒和撒哈拉地区，自然环境较为恶劣，是西非最贫穷的国家之一。虽然国土面积达到 103 万平方公里，但仅有约 14% 的土地适合耕种。其中只有一部分可四季耕种。根据农牧业的状况，毛里塔尼亚可被划分为四个主要区域：一是塞内加尔河畔的一片河谷地，此处土地肥沃，居民以黑人为主；二是西部沿海平原，虽然植被稀少，但雨水充沛适合放牧；三是阿德拉尔山附近，山上有大片的枣林；四是广袤的沙漠地区。[②]

农牧业受到气候变化的直接影响。传统上，毛里塔尼亚经济主要以农业（南部和绿洲地区）和畜牧业为主。农业和畜牧业的发展与降水量的多寡密切相关，而年降水量的差异却很大。如下图所示：

① 乳品厂主要是由德国人开办，而服装厂则是由朝鲜人设立。

② Hella Pick, "Independent Mauritania", *The World Today*, Vol. 17, No. 4, 1961, p.152.

表 8-6　1960、1968 和 1974 年的畜牧量

单位：万头

	1960 年	1968 年	1974 年
牛	135	250	111.5
骆驼	50	80	67
羊（山羊）	860	900	585

数据来源：Geneviève Désiré-Vuillemin, *Histoire de la Mauritanie: Des origines à l'indépendance*, Paris: Edition Karthala, 1997, p. 619.

毛里塔尼亚境内的农作物主要是小米、高粱、椰枣和稻谷。其中，小米和高粱是最重要的农作物，估计年生产量可达 11 万吨。大约 75% 的小米和高粱种植在冲积平原，依赖洪水退却后的养分和水分耕种。南部的布拉克纳－戈尔戈尔（Brakna-Gorgol）地区的粮食产量占冲积平原产量的 40%。西南部吉迪马卡地区约占 15%。虽然冲积平原已经是毛里塔尼亚国内产量最高的地区，但是每英亩 357 磅的平均产量着实很低。小米全部产量不能满足国内的需求，毛里塔尼亚每年要从邻国塞内加尔和马里进口 1—3 万吨。椰枣的年产量约为 1—1.5 万吨。20 世纪 60 年代，每年在市场销售的椰枣约为 0.3 万吨，其中有六分之一用于出口（见表 8-7）。①

表 8-7　1968—1974 年的农产品

单位：万吨

年份	小米和高粱	椰枣	玉米	稻米
1968	5	1.17	0.4	—
1969	10	1.14	0.4	—
1970	8.2	1.46	0.08	0.0832
1971	8	1.5	0.04	0.1989
1972	1.2	0.98	—	0.2567

① Brian Dean Curran and Joann L. Schrock, *Area Handbook for Mauritania*, pp.112–113.

续表

年份	小米和高粱	椰枣	玉米	稻米
1973	3.7	0.93	0.15	0.3725
1974	3	1.3	0.3	0.3852

数据来源：Geneviève Désiré-Vuillemin, *Histoire de la Mauritanie: Des origines à l'indépendance*, Paris: Edition Karthala, 1997, p. 626.

受地理环境所限，毛里塔尼亚农作物的产量较低。在平常年份，毛里塔尼亚的谷物产量仅占国内需求的 50%—60% 。对于那些粮食匮乏地区，椰枣成了重要的食物来源。这些地区也是皮革、金银、地毯传统手工业较为发达的地区。独立后，当地的土地主要为贝丹人所有，黑人作为农奴负责耕种。这种土地制度减缓了农业产业的革新速度。毛里塔尼亚政府“重工轻农”的经济发展模式削弱了农民抵抗自然灾害的能力，加剧了农业的衰退。在 20 世纪 60 年代，牲畜和农作物生产加起来占国内生产总值的 40% 左右。然而，从 1970 年至 1986 年，牲畜和农作物生产之和约占国内生产总值的 28%，其中畜牧业约占 20%，农作物占比仅有 3%—5%。[①]

养畜业一直在传统经济中占高比例。1975—1980 年，牧民占人口的 70%，定居农民约占人口的 20%。绝大多数人口居住在该国南部的塞内加尔河流域，那里每年的降雨量高达 600 毫米，足以维持农作物生产以及大型牛群畜牧。在干旱的北方，牧民主要饲养骆驼、绵羊和山羊。几乎所有的摩尔人和游牧的富尔贝人都从事养畜业，很多定居民族也饲养牲畜。牛、绵羊、山羊和骆驼都是重要的牲畜。大多数牲畜供出口，主要是出口到塞内加尔。据估计，1968 年毛里塔尼亚境内共出生 19 万头牛，而其中出口就达 7 万头；出口的山羊和绵羊达 60 万头。[②]

自 1968—1973 年干旱以来，降雨量一直低于平均水平。结果是，

① Robert E Handloff, *Mauritania: A Country Study*, p.98.

② Brian Dean Curran and Joann L. Schrock, *Area Handbook for Mauritania*, p.115.

1968—1973 年毛里塔尼亚的牛存栏数从 250 万头下降到 115 万头，减少了 54%。[①] 1968 年，毛里塔尼亚境内有绵羊和山羊总计 670 万头，骆驼 72 万头；到 1973 年，两者的数量分别减少了 14% 和 7%。由于当时气候的干旱，牲畜被迫常年留在塞内加尔河附近的河谷地。这样一来，牧群被压缩在有限的区域，不仅增加了土地资源的压力，而且加剧了牧民之间以及牧民和定居民之间的竞争。在日益拥挤的地区，牲畜数量超过了草场的承载力，农民砍伐树木以寻找柴火和饲料的需求更加旺盛，这必将加速荒漠化，使得毛里塔尼亚境内可耕种土地进一步减少，对农作物生产构成更严重的威胁。[②]

毛里塔尼亚通过兴修水利设施，推动农业的发展。毛里塔尼亚与塞内加尔、马里合作，在塞内加尔河上修建两个水坝，旨在扩大毛里塔尼亚的水稻种植区，并对努瓦克肖特以南的农耕区进行灌溉。不仅如此，毛里塔尼亚还在戈尔戈尔河修建了两个大坝[③]，以解决农耕区、塔甘特[④]和塔姆尔特地区的灌溉问题。

1968 年，雨水丰沛，加之牲畜接种疫苗，畜牧业有所发展。1974 年前后连年干旱，牲畜大批死亡。由于草场沙漠化的加重，1968 年的牲畜数量似乎成了一个无法超越的制高点。为了推动畜牧业的发展，毛里塔尼亚政府在卡迪埃实行“牲畜养殖农场”项目。因为该地区有屠宰场和冷藏库，但此项目的实施需要依靠国际援助。毛里塔尼亚的畜牧业也开始重视提高出口肉品的质量，不再仅仅关注畜牧量的多少。[⑤]（关于 1960 年毛里塔尼亚出口产品的收入构成

---

① Plan de Développement Economique et Social, 1976-1978, Ministere de Plan et des Mines, 1976, pp.40-42.

② Robert E Handloff, *Mauritania: A Country Study*, p.100.

③ 一处位于塞内加尔河下游地区的迪亚马（Diama），主要用于阻挡枯水期倒灌的海水；另一处则设在上游的马纳塔尼（Manatali），用于调节洪水，扩大灌溉面积。

④ 塔甘特，位于毛里塔尼亚中部的行政大区，该地区属于萨赫勒气候，面积约 9.5 万平方公里。塔甘特内最著名的城镇是提季克贾。独立之后，塔甘特的发展停滞不前，仅有几条公路连接着该省和其他地方。塔甘特的人口一直维持在一个稳定的状态，当地居民主要是农民、商人和牧民。

⑤ 主要销往塞内加尔，如达喀尔、马里。

与进口产品的财政来源见表 8-8、8-9）

表 8-8 1960 年出口产品的收入构成

<table>
<tr><td>牲畜</td><td>85%</td><td rowspan="5">出口产品的收入占财政收入的 37%，即 55 亿非洲金融共同体法郎。</td></tr>
<tr><td>橡胶</td><td>5%</td></tr>
<tr><td>农产品</td><td>3%</td></tr>
<tr><td>鱼干</td><td>5%</td></tr>
<tr><td>盐</td><td>0.2%</td></tr>
</table>

数据来源：Geneviève Désiré-Vuillemin, *Histoire de la Mauritanie: Des origines à l'indépendance*, Paris: Edition Karthala, 1997, p. 621.

表 8-9 1960 年进口产品的财政来源

<table>
<tr><td>出口收入</td><td>37%</td><td rowspan="4">共计 75 亿非洲金融共同体法郎。</td></tr>
<tr><td>税收</td><td>5%</td></tr>
<tr><td>法国财政支持</td><td>52%</td></tr>
<tr><td>私人贸易</td><td>6%</td></tr>
</table>

数据来源：Geneviève Désiré-Vuillemin, *Histoire de la Mauritanie: Des origines à l'indépendance*, Paris: Edition Karthala, 1997, p. 626.

毛里塔尼亚的渔业潜力巨大。阿尔金湾是世界海洋生物资源密集地之一，但这并未带来如期的收益。腌鲻鱼子的销售并未取得理想的结果，本国捕鱼队解散，努瓦迪布港的设施在很大程度上成了摆设。政府愿意鼓励外籍渔船[①]到此作业，并针对垂钓爱好者发展旅游业，以赚取外汇。相反，由本地或塞内加尔渔民组建起来的小型渔业公司却取得了成功，并为当地的餐桌上增添了一味新的菜色“鱼拌饭”，广受好评。

毛里塔尼亚农牧业不仅未能推动经济的发展和出口创汇，而且未能满足本国对食品的需求。毛里塔尼亚人口增长速度超过了粮食增产速度。一旦遇上干旱年份，粮食和牲畜产量就会下降，进一步

① 真正的专业捕鱼队伍，渔船上设有先进的加工厂，并配备巨大的渔网。

威胁粮食安全。推动农牧业的发展迫在眉睫。气候恶劣的年份，饥荒肆虐，农村人口涌向城市中的贫民窟，他们背井离乡、抛弃妻子、苦不堪言。1965—1975 年，连年大旱，努瓦克肖特、努瓦迪布、祖埃拉特、阿塔尔和科亚迪等主要城市人口暴增 280.7%，努瓦克肖特甚至达到 422.8%。[①] 这种现象并不是现代城市化发展的结果，而是因传统资源紧缺而导致的社会失衡。

毛里塔尼亚融入现代世界之林仍旧艰难多舛，只有历经苦难方可涅槃，没有一蹴而就的可能。毛里塔尼亚很快清醒地认识到，对于那些艰难度日的人们而言，"独立"只不过是一个意义干瘪的词语；政治独立和经济自主是二位一体、密不可分的。真正的独立并非一朝一夕能够实现。

三、现代教育与文化的发展

现代教育的发展

1960 年独立后，毛里塔尼亚社会较殖民时期而言发生了巨大变化，开始了一系列的现代化建设。在教育方面，加强教育基础建设，鼓励学龄儿童入学，推进扫盲；在文化传播方面，创办媒体、新式电台、电影院和图书馆，满足现代社会人民对精神文化的需求。

独立之初，毛里塔尼亚的教育处于相当落后的状态。法国殖民当局在毛里塔尼亚曾建立了一套现代公立学校制度，由小学和中学组成。1992 年，已经建立了六所小学。学校大部分都集中在南部的塞内加尔河谷地区，北部和中部的游牧民很难接受到公共教育。第二次世界大战之后，法国人设立了"流动学校"，为更多的游牧民提供公共教育。1954 年，流动学校有 12 所，入学学生共 241 名。[②]

---

① Geneviève Désiré-Vuillemin, *Histoire de la Mauritanie: Des origines à l'indépendance*, p. 628.

② Brian Dean Curran and Joann L. Schrock, *Area Handbook for Mauritania*, p.69.

作为穆斯林国家，宗教教育一直以来都是毛里塔尼亚传统教育的重要部分。但是，宗教教育多局限于诵读《古兰经》，很少教授现代科学与技术。这导致学生无法学以致用，技术人才缺失，无法满足国家现代化建设对人力资源的需求。1966 年，仅有 5%—8% 的毛里塔尼亚人认识法文和阿拉伯文。[①]

对毛里塔尼亚政府而言，教育不仅是促进国家统一的重要手段，而且是发展现代化经济的必要步骤。然而，各级学校都面临着教学经费短缺、教师素质良莠不齐和教学设备的缺乏等问题。采矿业的发展虽然缓解了经费的短缺，但是师资力量仍然匮乏。为此，毛里塔尼亚也加大了发展师范教育的力度。1950 年，第一所师范学校在布提里米特建立，1957 年第二所师范学校在罗索开始培训教师。1964 年，在首都努瓦克肖特开办了第三所师范学校。1963 年，在公立学校中仅有 937 名教师，而在布提里米特的师范学校中仅有一名教师。[②]面对师资短缺的困境，尽管社会上存在大量的宗教教师，但由于这些人反对现代世俗教育，而且除宗教知识外并不精通现代自然和社会科学，因此也无法充实到师资队伍。

从教育制度上看，毛里塔尼亚的现代教育沿用法国的中小学制度。小学开设阿拉伯语和法语课程，中学开设阿拉伯语、法语和英语课程。中学教育有两种类型：一种为六年制，毕业获取学士学位（Baccalaureate degree），并有资格升入大学；另一种采取四年制，毕业取得约等于美国中学证书的毕业文凭。第一种中学教育适用于努瓦克肖特、努瓦迪布和罗索，第二种适用于卡埃迪和阿塔尔[③]等

---

① Brian Dean Curran and Joann L. Schrock, *Area Handbook for Mauritania*, p.67.

② Ibid., p.69.

③ 阿塔尔，毛里塔尼亚重要的人口中心，阿德拉尔大区的行政首府。2000 年阿塔尔的人口为 24021 人，1976 年人口数量为 16326 人。20 世纪 70 年代的旱灾迫使众多其他地区牧民迁徙至此。历史上阿塔尔曾是重要的商业中心。20 世纪初期，阿塔尔是法国殖民行动“平定”的关键目标。直到 1960 年毛里塔尼亚独立，阿塔尔仍然有大量的法国驻军。1976 年，在西撒哈拉冲突的高峰期，毛里塔尼亚政府建立了阿塔尔联合军校作为武装部队高级军官训练中心。阿塔尔也是毛里塔尼亚总统乌尔德·塔亚的故乡。公路连接着阿塔尔与毛里塔尼亚首都努瓦克肖特，阿塔尔有一座机场，并于 2001 年升级为国际标准。

地区。在努瓦克肖特还有一所女子学校。1965 年，毛里塔尼亚政府在努瓦克肖特第一所职业培训中心——玛玛杜·杜尔中心（The Center Mamadou Toure）成立，教授的技术包括木工、通用机械、砌工和电工等。[①]

虽然入学人数较独立之前已经有了很大增加，但是学龄学生的入学比例仍然很低。1963 年共有小学生 18640 人，中学生 1353 人。1964—1965 年，共有小学生 19100 人，中学生 1500 人，入学人数占学龄儿童总数的 14%。[②]1965—1966 年，虽然学生总数有所增加，但学龄儿童的入学比例降到 9.5%。截至 1985 年，小学的学龄儿童入学比例约为 35%，较之前已有明显提高，但中学适龄儿童的入学比例仅为 4%—10%，并且学生男女比例严重失衡。[③]

现代媒体的发展

报纸在毛里塔尼亚独立之前就已经开始发行，但是全社会较低的识字率以及政府普遍的审查制度严重限制了报纸的重要性。1948 年，毛里塔尼亚第一家报纸《同意报》（*Al-Ittifaq*）正式建立，作为达达赫及毛里塔尼亚进步联盟的宣传工具。毛里塔尼亚独立后，由于确立了威权主义的政治制度，现代媒体的发展仍然十分缓慢。1960 年之后，报纸和杂志的发行数量越来越少，也越来越受限。[④]1964 年，毛里塔尼亚仅有一家日报社，负责发行油印每日记事的小报。1966 年有两种周报，一种发行量约为 1 万份，另一种发行量约为 4300 份，均由政府新闻处负责出版，在国外用法语和阿拉伯语发行。在 1965 年，毛里塔尼亚国内都没有出版商，仅有一家书店。1975 年成立毛里塔尼亚新闻通讯社，每日用阿拉伯语和法语发布通讯稿，1990 年与毛里塔尼亚新闻印刷公司合并后改称毛通社。

---

① Brian Dean Curran and Joann L. Schrock, *Area Handbook for Mauritania*, p.70.

② Ibid., p.69.

③ Robert E Handloff, *Mauritania: A Country Study*, p.71.

④ Anthony G. Pazzanita, *Historical Dictionary of Mauritania*, Third Edition, p.363 .

1960 年，毛里塔尼亚建立了第一家广播电台。1965 年，有两台无线电发射机，都由新闻处管理，称为努瓦克肖特广播电台。广播信号由一台 30 千瓦短波发射机和仅有的一台千瓦中波发射机（kilowatt medium wave transmitter）发射。全国约有收音机 1.5 万部，听众约 14 万人。播音节目中约有 30% 是新闻广播，约 5% 是定期的教育节目。新闻广播采用法语、阿拉伯语和所有少数民族语言。[①]

独立初，毛里塔尼亚电影归新闻部管理，后由新成立的视听局负责。1966 年 7 月，毛里塔尼亚建立了第一家本国人开设的电影院，有 500 个座位。1975 年成立毛里塔尼亚电视电影局，不久改名为毛里塔尼亚广播电影局。毛里塔尼亚的电影事业发展缺乏资金支持，仅在独立之初拍过一些电影，且均为纪录片。[②]

四、对外交往的加强与拓展

与西方国家的关系

在殖民统治后期，毛里塔尼亚很少与法属西非的其他地区交往。1958 年独立公投时，所有其他法属西非成员分为非洲民主联盟（Ressenmblement Democratique African, RDA）和非洲复兴党（Parti du Regroupement Africain, PRA）两派，毛里塔尼亚在达喀尔的代表却保持中立。独立之前，毛里塔尼亚基本没有参加法属西非地区内的政治运动。然而，随着民族独立的获得，新生的毛里塔尼亚面临着各种外部威胁。达达赫政府需要在保证国家独立的前提下努力调整与外部的关系。为此，达达赫政府坚持与法国保持密切联系，其中包括允许法国在毛里塔尼亚领土上驻扎军队。在非洲，毛里塔尼亚与较为保守的法语国家建立了联系。

由于历史与现实原因，在与西方国家的关系中，毛里塔尼亚

① Brian Dean Curran and Joann L. Schrock, *Area Handbook for Mauritania*, p.71.
② 李广一编：《毛里塔尼亚　西撒哈拉》，第 107 页。

与法国关系最为密切。在 20 世纪 80 年代，毛里塔尼亚获得的大部分发展援助来自法国，法国也是向毛里塔尼亚直接提供私人投资的主要国家。1961 年，毛里塔尼亚与法国签署双边协定，明确了双方在经济、金融、技术、文化、军事的合作以及法国的援助。尽管毛里塔尼亚在阿尔及利亚独立、撒哈拉核试验和向南非出售武器等问题上反对法国，但达达赫在其任期内总体上与法国保持着友好关系。法国人在毛里塔尼亚从事政府技术助理、行政人员、教师和法官工作。达达赫也经常访问法国。在西撒哈拉冲突爆发之后，法国对毛里塔尼亚的关注程度明显增加。1971 年 2 月，乔治·蓬皮杜总统对毛里塔尼亚进行访问，其间答应保持对毛里塔尼亚的援助，并帮助在努瓦克肖特建设一座钢铁厂。1976—1979 年，在西撒哈拉冲突期间，法国飞机为毛里塔尼亚军队与西撒哈拉武装波利萨里奥部队作战提供空中支援，法国伞兵驻扎在毛里塔尼亚的第二大城市努瓦迪布。①

毛里塔尼亚与美国的关系一直不温不火。1960 年 11 月，毛里塔尼亚宣布独立，美国予以承认并建立外交关系。美国前两任驻毛大使的驻地都在达喀尔，并且同时身兼驻塞内加尔大使。1962 年 7 月，美国在努瓦克肖特开设驻毛里塔尼亚大使馆。美国向毛里塔尼亚提供少量的粮食援助，并派遣小型和平部队。1967 年第三次中东战争期间，毛里塔尼亚抗议美国政府支持以色列，断绝与美国的外交关系。1969 年 12 月 22 日，双方恢复外交关系。1970 年 3 月，美国驻努瓦克肖特大使馆再次开放。②

与摩洛哥的关系

毛里塔尼亚独立之初面临的首要外交问题就是摩洛哥不承认其独

① Robert E Handloff, *Mauritania*：*A Country Study*, Second Edition, 1990, p.146.

② “A Guide to the United States’ History of Recognition, Diplomatic, and Consular Relations, by Country, since 1776: Mauritania”，Office of The Historian，https://history.state.gov/countries/mauritania，引用时间：2020 年 6 月 17 日。

立，以及对毛里塔尼亚提出的主权要求。历史上，毛里塔尼亚和摩洛哥都曾统一于阿尔摩拉维德王朝。摩洛哥独立党领袖法西宣扬大摩洛哥计划，要求将毛里塔尼亚并入摩洛哥的南方诸省。这本质上是一个历史问题，因为大多数阿拉伯联盟国家、苏联以及一些非洲国家和毛里塔尼亚境内的一些团体都支持这一立场。例如，毛里塔尼亚协和党领导人霍马·乌尔德·巴巴纳声称，与摩洛哥联合将保护摩尔人的权利不受黑人的侵犯。

1960 年，在法国的支持下，毛里塔尼亚申请加入联合国，但遭到苏联的否决。1961 年，撒哈拉以南非洲和西方一些国家支持毛里塔尼亚加入联合国，苏联也表示支持，以换取蒙古加入联合国。摩洛哥为了阻止毛里塔尼亚的加入，将这个问题提交联合国大会，最终以 68 票赞成、13 票反对、20 票弃权的表决结果支持毛里塔尼亚的申请。1961 年 10 月 27 日，毛里塔尼亚加入联合国。但是，马里、几内亚和大多数阿拉伯国家支持摩洛哥。加入联合国对毛里塔尼亚来说是至关重要的一步，其身份已经得到国际社会的认可，尤其是大国。

1963 年，毛里塔尼亚加入非洲统一组织，摩洛哥声称要退出该组织以示抗议。摩洛哥的要求逐渐被孤立，并遭到毛里塔尼亚的坚决反对。1964 年，阿拉伯联合共和国承认毛里塔尼亚，严重打击了摩洛哥，也使毛里塔尼亚在阿拉伯世界站稳了脚跟。1969 年 9 月，达达赫在伊斯兰峰会上会见了摩洛哥国王哈桑二世，双方就双边关系问题进行友好会谈。1970 年 1 月 16 日，摩洛哥承认毛里塔尼亚独立。

与其他非洲国家的关系

独立以前，毛里塔尼亚与马里模糊不清的边界问题属于法属西非殖民地内部的行政问题。当时的边境线由法国殖民政府确定，由于法国当局疏于对这些偏远地区的管理，边境线从来没有被明确划定。但随着两国的独立，边界问题成为影响两国关系的重要因素。马里是位于毛里塔尼亚东南部的邻国，两国有共同边界近 2000 公里，且大部分边界存在争议。特别是，围绕霍德（Hōdh）等重要地区的冲突十分激烈。1944 年 5 月，法属西非总督由于军事安全原因将霍德·埃赫－查吉（Hodh ech-Chargui）① 从马里划给毛里塔尼亚，但并未划定精确的界限。这一地区涉及大量游牧民和半游牧民，牧区和大范围的水源成为双方最主要的争夺地区。1960—1961 年，两国军队在边境地区爆发了冲突。1961 年，时任马里总统莫迪博·凯塔（Modibo Keita）与毛里塔尼亚的宿敌摩洛哥结盟，马里加入摩洛哥组织的卡萨布兰卡集团，为毛里塔尼亚的反对派提供政治庇护，并与摩洛哥一起反对毛里塔尼亚政府。

长期的对抗和边界问题为两国造成了巨大的压力。20 世纪 60 年代初，双方最终决定重点解决两个问题，即毛里塔尼亚东部省霍德·埃赫－查吉和霍德·加尔比（Hodh el-Gharbi）问题。1958 年，毛里塔尼亚和马里当局确定了临时的边界解决方案，即霍德地区的牧民可自由获取毛里塔尼亚和马里的水源。

1963 年 2 月，达达赫与马里总统凯塔在马里的凯斯会晤，并达成妥协方案，双方签署了《凯斯条约》。② 毛里塔尼亚政府并没有让出大面积土地，因此其内容对毛里塔尼亚更有利。根据条约，南部重要的水源归毛里塔尼亚。作为补偿，马里获得部分土地。对于水源的使用权以及商业和经济特许权，继续按照 1958 年条约中的规定执行。更重要的是，双方确定了国界，并组成了一个混合技术委员会来处理边境发生的问题。随着《凯斯条约》的签署，毛里塔尼亚与马里的关系开始正常化发展。

塞内加尔虽然与毛里塔尼亚有着不同的发展道路，但两国在很多方面存在密切合作。毛里塔尼亚大部分出口须经过塞内加尔。两国之间对某些货物有着特别的关税优惠制度。1971 年 1 月，塞内加

---

① 霍德·埃赫－查吉是毛里塔尼亚最东部的行政大区，其面积约 18.3 万平方公里，其中大部分地区为人迹罕至的沙漠地区，气候条件极其恶劣。该地区人口稀少，常有马里难民逃难至此。1977 年，该地区人口总数约 15.7 万人，到了 2000 年增长到 28.16 万人。为了保持该地区与毛里塔尼亚其他地区的联系，毛里塔尼亚政府修建了跨毛里塔尼亚高速公路，该公路穿越该地区南部，终点位于内马。

② Anthony G. Pazzanita, *Historical Dictionary of Mauritania*, Third Edition, p. 285.

尔总统桑戈尔访问毛里塔尼亚，其间不断强调两国之间的天然联系，并在诸多地区热点问题上与达达赫达成一致。1972 年 1 月，达达赫对桑戈尔总统进行了回访。

毛里塔尼亚与几内亚、冈比亚和刚果（布）等西非国家关系较为融洽。但是，1965 年之后，毛里塔尼亚在非洲的外交重点在于北非。独立以来，毛里塔尼亚同突尼斯保持着良好关系，其第一批行政官员多数在突尼斯接受过培训。阿尔及利亚早期就支持毛里塔尼亚，因为独立之初的阿尔及利亚急需获得毛里塔尼亚对其在哈马达德廷杜夫地区要求的支持。毛里塔尼亚也更愿意看到阿尔及利亚而不是摩洛哥控制这一地区。但 1975 年《马德里协议》签署后，西撒哈拉问题使毛里塔尼亚和阿尔及利亚关系迅速恶化。1969 年，利比亚承认毛里塔尼亚，成为除摩洛哥之外最后一个承认毛里塔尼亚独立的阿拉伯国家。

五、毛里塔尼亚与西撒哈拉问题

西撒哈拉问题的由来

西撒哈拉与毛里塔尼亚历史上具有类似的际遇，经历了柏柏尔人、阿拉伯人入侵和伊斯兰化。在西方列强瓜分非洲的狂潮中，西撒哈拉和毛里塔尼亚分别被西班牙和法国占领，从而走上不同的发展轨道。西班牙对于西撒哈拉的占领一直持续到 1976 年。

从殖民主义者出现在西撒哈拉起，西撒哈拉人民便开始以传统的部落战争和宗教圣战的形式开展反抗斗争。及至 19 世纪末和 20 世纪初，西撒哈拉人民的反抗斗争曾同摩洛哥、阿尔及利亚和毛里塔尼亚人民谋求独立的抗争结合在一起，形成一个统一阵线。“二战”结束后，西方殖民国家遭到重大削弱，世界各地掀起民族独立的浪潮，受阿尔及利亚、摩洛哥民族解放运动的鼓舞，西撒哈拉再度掀起反殖民斗争。西撒哈拉人民反对西班牙殖民统治的斗争得到国际社会的普遍支持。1955 年开始，联合国的一些成员国开始呼吁西班牙实行非殖民化政策。在摩洛哥独立党解放军（Army of Liberation）的支持和帮助下，“西撒哈拉民族解放军”于 1957 年成立，活动于阿尔及利亚和毛里塔尼亚边界地区。

1958 年初，法国和西班牙军队联合发动“飓风行动”，共出动 1.3 万兵力、130 多架飞机和 600 多辆各种战车，对西撒哈拉地区进行大规模扫荡。大扫荡造成西撒哈拉人大批逃往摩洛哥和阿尔及利亚。20 世纪 60 年代，一些在西班牙、加那利群岛和摩洛哥留学的青年知识分子回到西撒哈拉，推动成立了“蓝人抵抗运动”（Movimiento revolucionario de los Hombres Azules, Morehob）、“西撒哈拉人民解放阵线”（Polisario）、“解放与统一阵线”（FLU）等抵抗组织。①

摩洛哥、毛里塔尼亚和阿尔及利亚三国都反对西班牙对西撒哈拉的统治，但它们支持西撒哈拉摆脱西班牙统治的出发点各不相同。摩洛哥以 19 世纪曾接受西撒哈拉某些部落“效忠”以及双方居民在宗教、法律、文化上的联系为由，声称西撒哈拉是其领土的一部分。摩洛哥独立后，新继位的国王哈桑二世“时刻思念着怎样使我们的撒哈拉回归祖国”。② 20 世纪 60 年代，摩洛哥政府先后三次向联合国提出对西撒哈拉的领土要求，并坚决反对在西撒哈拉举行公民投票。毛里塔尼亚则根据双方居民在种族和文化上的“一致性”，在其获得独立前就对西撒哈拉南部的里奥德奥罗提出了领土要求。

西撒哈拉人民解放阵线主张完全独立，坚决反对摩、毛两国政府对西撒哈拉的领土要求。阿尔及利亚对西撒哈拉没有领土要求，但因为与西撒哈拉有共同边界，并与摩洛哥有领土争端，坚决反对摩洛哥拥有西撒哈拉。1962 年阿尔及利亚独立伊始，就与摩洛哥爆发领土争端。1963 年 7 月，摩洛哥乘阿国内局势不稳，对阿尔及利亚采取军事行动。10 月，两国在非洲统一组织以及美国、法国的调

---

① 李广一编：《毛里塔尼亚 西撒哈拉》，第 148—152 页。

② 〔摩洛哥〕哈桑二世：《挑战——哈桑二世回忆录》，季仲华译，新华出版社 1983 年版，第 86 页。

解下实现停火，但领土争端并未得到解决。[①]

在各方压力和国内政局发生重大变化的情况下，西班牙政府最终决定撤出西撒哈拉地区。1960 年，联合国大会通过了《给予殖民地国家和人民独立宣言》，从整体上推动西撒哈拉地区在内的世界各个殖民地的民族解放运动。1965 年，第 29 届联合国大会专门通过 2027 号决议，要求西班牙采取措施，结束对西撒哈拉及伊夫尼的殖民统治。1966 年 12 月 20 日，联合国大会又通过 2229 号决议，要求西班牙在西撒哈拉举行公民投票，让西撒哈拉人民决定自己的归属。迫于国际社会的压力，西班牙放弃了伊夫尼等殖民地，但仍决定保留西撒哈拉。[②]

随着非洲国家的相继独立，西班牙对于西撒哈拉的占领也越来越受到国际社会的关注。英国、法国、葡萄牙纷纷被迫从殖民地撤出使得西班牙越来越孤立。同时，20 世纪 70 年代中期成立的西撒哈拉人民解放阵线（波利萨里奥阵线）等民族解放组织不断开展各种形式的争取民族独立的斗争，给西班牙的殖民统治带来沉重压力。同时，联合国不断向西班牙施加压力，要求西班牙允许西撒哈拉实行真正的自决。

1974 年 7 月，西班牙宣布给予西撒哈拉以内部自治的地位，赋予“西撒哈拉人民代表大会”以合法权利，动员西撒哈拉人参与政府委员会。西班牙政府还宣布，公民投票将在 1975 年上半年举行。西班牙还扶植成立了一个由西撒哈拉人组成的政治组织——西撒哈拉进步革命党，作为平衡影响日益扩大的西撒哈拉人民解放阵线的政治力量。1974 年 9 月，摩洛哥在联合国大会上提出要求，将西撒哈拉主权问题提交海牙国际法院仲裁。同年 12 月，联合国大会通过了 35 个非洲和阿拉伯国家的提案，要求其就西撒哈拉的法律地位及

① 李广一编：《毛里塔尼亚　西撒哈拉》，第 154—155 页。

② Philip C. Naylor, “Spain, France, and the Western Sahara: A Historical Narrative and Study of National Transformation”, Yahia H. Zoubir and Daniel Volman, eds., *International Dimensions of the Western Sahara Conflict*, Westport, London: Praeger Press, 1993, p. 3.

其与摩、毛两国的法律关系发表意见。1975年5月，联合国调查团来到西撒哈拉并提出报告，认为西撒哈拉人无条件赞同独立并反对同邻国合并。10月16日，国际法院一致发表咨询意见：西撒哈拉沦为西班牙的殖民地时不属于任何一方的领土，西撒哈拉人民虽然与摩洛哥和毛里塔尼亚实体间有某些法律关系，但并非领土主权关系，不影响该领土实施自决原则。[①]

西班牙希望通过这些措施来保证自身在西撒哈拉的政治和经济利益。由于西班牙决定退出西撒哈拉，西撒哈拉人阵也开始减少对西班牙军队的攻击，并释放了部分战俘。双方甚至还曾一度达成协议，在保护西班牙经济和文化利益的前提下，西撒哈拉将获得独立。[②]

地区国家在西撒哈拉的争夺

在西班牙决定撤出、西撒哈拉即将独立之际，地区形势发生了变化。西撒哈拉的邻国——毛里塔尼亚、摩洛哥和阿尔及利亚都对西撒哈拉提出各自的要求，并努力对西撒哈拉施加影响。在西班牙殖民统治时期，三国曾为抵抗殖民统治进行过合作，但当西班牙决定撤出时，他们对西撒哈拉的归属问题的分歧就突显了出来。

摩洛哥积极对局势施加影响。西班牙提出西撒哈拉将举行全民公决后，遭到摩洛哥的反对。但联合国和国际法院都支持西撒哈拉无条件独立。但摩洛哥不接受国际法院的裁定。1975年10月16日晚，在国际法院咨询意见公布之后，摩洛哥国王10月16日晚宣布，他将率领35万名非武装人员进入西撒哈拉，政府随即组织全国各地35万人（其中十分之一是妇女）乘火车云集南部城市马拉喀什，再分乘七千余辆卡车来到边界城市塔尔法亚。[③]10月22日，联合国安

① 李广一编：《毛里塔尼亚　西撒哈拉》，第155—156页。

② Virginia Thompson and Richard Adloff, *The Western Saharans: Background to Conflict*, Barnes & Noble Books, 1980, p. 132.

③ “Hassan II lance la Marche verte”, Jeune Afrique, https://web.archive.org/web/20060103155727/https://www.jeuneafrique.com/jeune_afrique/article_jeune_afrique.asp?art_cle=LIN02113hassaetreve0，引用时间：2021年1月20日。

理会应西班牙政府的要求召开会议，敦促秘书长立即同西班牙、摩洛哥、毛里塔尼亚和阿尔及利亚进行协商，避免该地区冲突的激化。

摩洛哥国王仍然于 11 月 6 日通知安理会，宣布“绿色行军”（Green March）行动已经开始。队伍由摩洛哥政府首相和部长们率领，在约 2000 名军人的护卫下，手持《古兰经》，举着国旗，唱着国歌，浩浩荡荡地进入西撒哈拉。西班牙军队无法对这样的队伍采取行动，不战而退并一直后撤 40 公里。在发起“绿色行军”的同时，摩方还在边境地带构筑军事设施，对西班牙施加军事压力。当日，安理会要求摩洛哥从西撒哈拉撤出所有参与进军者，次日又通过决议对摩的行动表示遗憾。面对国际社会的压力，在基本达到“威慑”西班牙的目标后，摩洛哥国王于 11 月 9 日宣布进军行动结束。[①] 该行动加速了西班牙殖民势力的撤出进程，也为摩洛哥后来占领西撒哈拉做了铺垫。

面对摩洛哥方面的压力，西班牙不仅加速从西撒哈拉撤出，而且放弃了在西撒哈拉举行全民公决的打算。1975 年 5 月，西班牙政府曾向摩洛哥做出保证：西撒哈拉邻国的“合法”利益将得到考虑。虽然西班牙的卡洛斯亲王于 11 月 2 日飞抵西撒哈拉首府阿尤恩，承诺西班牙将保护西撒哈拉人民的“合法权利”，并谴责了摩洛哥的“绿色行军”行动。[②]

1975 年 11 月，毛里塔尼亚达达赫政府与摩洛哥达成了分割西撒哈拉的协议，摩、毛两国分别获得三分之二（北部）和三分之一（南部）的西撒哈拉领土。[③] 摩方的进军行动刚刚结束，西班牙就于 11 月 14 日与摩、毛两国签订了《马德里协议》。协议规定：（1）西班牙重申其多次向联合国提出的决定，结束作为管辖国在西撒哈拉拥有的责任和权力，并使西撒哈拉领土非殖民化；（2）根据该协议和有关各方举行的联合国主张的谈判，西班牙将立即在摩、毛两

① 李广一编：《毛里塔尼亚　西撒哈拉》，第 156—157 页。

② 同上书，第 157—158 页。

③ Anthony G. Pazzanita, *Historical Dictionary of Mauritania*, Third Edition, pp. 7–8.

国的参与下，在西撒哈拉人民代表大会的合作下，在西撒哈拉建立一个摩、毛也将参加的临时行政机构，并把上述条款所述的责任和权力移交给这个行政机构，西班牙将于1975年2月26日从西撒哈拉撤离；（3）由西撒哈拉人民代表大会表达的西撒哈拉人民的意愿将得到尊重；（4）将通知联合国秘书长，本协定是根据《联合国宪章》进行谈判的结果。西班牙声明，它将保留对西撒哈拉的主权，直到西撒哈拉人民能表达他们的自决愿望为止。

作为对西班牙让步的回报，它在西撒哈拉的经济和政治利益将得到保证，渔业和磷酸盐的勘探、开采特权也保留了下来。摩洛哥国王哈桑11月25日表示，在西班牙收回直布罗陀前，摩洛哥政府不要求西班牙交出大西洋沿岸的休达和梅利亚。西班牙则承诺向摩洛哥提供武器，直到1977年年中为止。①

《马德里协议》使西班牙避免了与摩洛哥之间可能发生的战争，但破坏了西撒哈拉人民实现民族自决的权利，忽视了阿尔及利亚的诉求，从而埋下了西撒哈拉冲突的种子。1976年2月26日，西班牙完成了从西撒哈拉撤离的工作。同日，摩洛哥策划“西撒哈拉领地会议”，与会代表投票赞成西撒哈拉的大部分并入摩洛哥。

西撒哈拉人阵主张西撒哈拉完全独立，坚决反对摩、毛两国瓜分西撒哈拉的图谋。1976年2月27日，“人阵”宣布成立阿拉伯撒哈拉民主共和国（Saharan Arab Democratic Republic，SADR）②，3月5日组成临时政府，并表示将开展武装斗争。

对于摩洛哥策划的“领地会议”，联合国拒绝派观察员参加，西班牙代表在投票前已经结束了在西撒哈拉的活动。但摩、毛两国认为西撒哈拉人民通过领地投票，已经实现了自己的自决权利。③阿

① 李广一编：《毛里塔尼亚 西撒哈拉》，第157—158页。

② 1976年2月27日，“西撒哈拉人阵”在西班牙撤出其位于西撒哈拉的殖民地后立即宣布成立阿拉伯撒哈拉民主共和国作为其流亡政府。阿拉伯撒哈拉民主共和国成立了部长委员会、其他地方政府部门，颁布了正式宪法，设立了国外代表处。一些国家已经完全承认其为独立的阿拉伯国家。

③ 李广一编：《毛里塔尼亚 西撒哈拉》，第158—159页。

尔及利亚强烈反对《马德里协议》，以拒绝摩洛哥飞机在阿尔及利亚停靠、驱逐数万摩洛哥侨民表示抗议。阿总统布迈丁表示：西撒哈拉冲突已经无可挽回，只有武器才能解决问题。① 阿拉伯撒哈拉民主共和国成立后，阿尔及利亚政府率先宣布承认，并提供资金、军事援助和训练营、难民营地。3 月 7 日，阿尔及利亚宣布与摩洛哥和毛里塔尼亚断交。沙特、约旦、科威特等海湾阿拉伯国家支持摩洛哥，利比亚、南也门、索马里和马里等国家支持阿尔及利亚和西撒哈拉人阵。② 一场复杂、持久的西撒哈拉冲突由此拉开了序幕。

毛里塔尼亚在西撒哈拉的困境

1976 年，毛里塔尼亚军队根据《马德里协议》的规定占领了西撒哈拉的提里斯 · 埃尔 – 加尔比亚 ③ 地区，随后便与西撒哈拉人阵游击队发生了激烈的冲突。冲突持续了两年，严重拖累了毛里塔尼亚的经济建设，也挑起国内的种族冲突，并造成大量人员伤亡。

毛里塔尼亚与马里和阿尔及利亚有 6400 多公里的未防御边界，极易遭到阿尔及利亚支持的"西撒人阵游击队"的袭击。政府无力保护毛里塔尼亚的主要城镇，甚至 1976 年 6 月首都努瓦克肖特也遭到了袭击 ④。1977 年 5 月，"西撒人阵游击队"袭击了位于祖埃兰特的

---

① S. E. Orobator, "Western Sahara: The Collapse of Irredentism", *Journal of African Studies*, Col. 10, No. 4, 1983, p. 139.

② 李广一编：《毛里塔尼亚 西撒哈拉》，第 158—159 页。

③ 提里斯 · 埃尔 – 加尔比亚（Tiris el-Gharbia）是毛里塔尼亚对于西撒哈拉南部部分地区的称呼。1975 年 11 月 14 日签署的《马德里协议》将这一地区划归毛里塔尼亚，随后在 1976 年 4 月 14 日的《摩洛哥 – 毛里塔尼亚协定》中具体说明。提里斯 · 埃尔 – 加尔比亚面积约为 9.6 万平方公里，大面积被岩石和沙子覆盖。为了方便管理，提里斯 · 埃尔 – 加尔比亚被划分成四个部分：阿苏特（Aoussert）、阿尔古布（Argoub）、达克拉和蒂赫拉（Tichla）。1979 年 8 月，根据《阿尔及尔和约》，毛里塔尼亚军队完全撤出加尔比亚。1979 年 8 月 14 日，摩洛哥国王哈桑二世宣布前毛里塔尼亚控制区域正式被摩洛哥占领，并改名为韦德 · 埃德 – 达哈布（Oued ed-Dahab）。

④ 努瓦克肖特突袭（Nouakchott Raids）：在毛里塔尼亚介入西撒哈拉冲突期间，"西撒人阵"游击队员对毛里塔尼亚首都发动了突袭。虽然突袭的军事意义十分有限，但是让达达赫政府清楚认识到"西撒人阵"有能力按照自身的意愿攻击毛里塔尼亚境内的任何地方。这次突袭也加强了"西撒人阵"在联合国和非洲统一组织中的外交形象。突袭共有两次，第一次也是最严重的一次发生在 1976 年 6 月 8 日，第二次发生在 1977 年 7 月 3 日。

国家矿业工业公司，打死了两名法国技术人员，并抓获了另外6人。[①]在祖埃兰特的其余侨民迅速撤离，毛里塔尼亚向摩洛哥请求援助。1977年6月，摩洛哥军事司令部与毛里塔尼亚最高国防委员会联合采取行动，摩洛哥军队抵达祖埃兰特。但随后，连接祖埃兰特和努瓦迪布港的铁路遭到破坏，毛里塔尼亚的矿产出口进一步受挫。

事实证明，毛里塔尼亚占领西撒哈拉的直接代价过高。毛里塔尼亚的武装部队从1976年初的3000人增加到1977年初的约1.2万人；1978年中，毛里塔尼亚武装部队总人数约1.5—1.7万人；从1975年到1977年，政府的支出增加了64%，其中大部分用于国防。[②]军费的剧增给疲软的经济带来了沉重的负担，本应用于国内经济发展的资金也被挪作他用。国防税的增加进一步加重了民众的负担，弱化了民间的向心力。1977年底，由于国际对铁矿石的需求下降，国防开支增加，气候干旱使毛里塔尼亚经济接近崩溃。毛里塔尼亚在沙特阿拉伯、法国、摩洛哥和利比亚的援助和贷款的帮助下勉强维系。国内反对战争和达达赫政府的声音愈加高涨。此外，随着战争的进行，毛里塔尼亚军队的影响力越来越大。

1978年1月，在人民党的一次特别大会上，达达赫试图摆脱西撒哈拉战争的困境，但没有成功。然而，这位日益孤立的领导人也无法采取任何外交或政治举措。此外，为了防范可能发生的政变，达达赫不断将高级军官从岗位调离，这导致达达赫和高级军官之间的关系十分紧张。1978年2月，受西撒哈拉战事所迫，达达赫不得不任命穆斯塔法·乌尔德·萨莱克[③]上校为陆军参谋长。1978年7月10日，新上任的陆军参谋长萨莱克带领一群低级军官，对达达赫政府发动了不流血政变，结束了达达赫18年的统治生涯。[④]

---

① Robert E Handloff, *Mauritania*：*A Country Study*, Second Edition, p. 31.

② Ibid., p. 30.

③ 在20世纪60年代末，达达赫将有亲法倾向的萨莱克降级到预备役部队。萨莱克直到1977年才重新服役，当时他被任命为阿塔尔第三军区司令，达达赫和萨莱克之间的关系一直比较紧张。

④ Robert E. Handloff, *Mauritania: A Country Study*, Second Edition, p. 32.

第一共和国由开国领导人达达赫执政 18 年，是毛里塔尼亚独立后承上启下的关键时期。毛里塔尼亚开历史之先河，成立了世界上第一个“伊斯兰共和国”。[①] 在复杂多变的国际、国内形势下，达达赫领导毛里塔尼亚成功地赢得并捍卫了国家独立，坚持与阿拉伯国家发展关系，强化毛里塔尼亚的阿拉伯和伊斯兰属性。但他应对内外挑战的努力未能取得突出成效，为毛里塔尼亚的长期稳定发展埋下了隐患。最为重要的是，毛里塔尼亚的宪政建设未能取得突破，与多数非洲国家一样走上了强人政治之路，但未能建立起制度化的权力交接机制。其直接后果是，在毛里塔尼亚独立以来的 60 年，历任领导人的执政都是在军事政变中结束。

① Anthony G. Pazzanita, *Historical Dictionary of Mauritania*, Third Edition, p. 6.

第九章　毛里塔尼亚发展的波折与困境

1978年7月，陆军参谋长穆罕默德·萨莱克上校发动政变，逮捕总统达达赫，设立军政府，毛里塔尼亚进入军人频繁干政的时期。同时也打开了政治动荡的潘多拉之盒。毛里塔尼亚此时深受三大问题困扰：西撒哈拉问题、族群冲突、国家治理的困境。萨莱克被这些问题所反噬。1979年，军方再度发动政变，海德拉上台。他虽通过与西撒哈拉人阵签署《阿尔及尔和约》[①]，摆脱了西撒哈拉问题的压力，但与摩洛哥关系恶化，国内派系倾轧严重。1984年，高级军官乌尔德·塔亚又发动不流血政变，取海德拉而代之。他执政前期在反腐、发展经济、释放政治犯等方面进行改革，并与摩洛哥修好。但国内的黑人运动兴起，由此引发与塞内加尔的严重冲突。1991年，塔亚还政于民，颁布新宪法，结束军政府统治，建立“第二共和国”，并进行自由化和私有化的改革，但这一切并未真正破解毛里塔尼亚发展的障碍。

一、军政府的内外交困与政局的剧烈波动

西撒哈拉问题迫使萨莱克政权改组

虽然摩洛哥和毛里塔尼亚达成的协议使后者占有了西撒哈拉三

① Anthony G. Pazzanita, *Historical Dictionary of Mauritania*, Third Edition, p. 8.

分之一的土地，但西撒哈拉问题一直是毛里塔尼亚对外交往的沉重包袱，严重影响着毛里塔尼亚的经济发展和对外关系。它不断恶化毛里塔尼亚与摩洛哥、阿尔及利亚以及法国、塞内加尔等国的关系。达达赫政府的垮台实际上就与西撒哈拉问题存在直接的关系。

1978 年军事政变后，萨莱克担任复兴军事委员会主席，成为军政府领导人。对于通过政变上台的萨莱克而言，首要问题是摆脱旷日持久的西撒哈拉问题的困扰，同时缓和国内的分歧，为其统治建立坚实的社会基础，也为国家的发展创造和平的环境。能否妥善解决西撒哈拉问题，萨莱克政府面临严峻挑战和两难的困境。一方面，与西撒哈拉实现和平，势必导致与摩洛哥关系的恶化；另一方面，毛里塔尼亚无法继续承受介入西撒哈拉问题的沉重代价。政变后，掌权的复兴军事委员会反对继续同“西撒人阵”作战，并对其提出的停火建议表示欢迎。毛里塔尼亚新政权在经过一段时间的观望后，其执政策略逐渐明确，即结束与西撒哈拉的战争，修复与邻国的关系，发展满目疮痍的经济。

复兴军事委员会接受利比亚提出的以承认阿拉伯撒哈拉民主共和国在提里斯·埃尔－加尔比亚的合法身份来换取和平的建议。然而，摩洛哥却表示强烈反对。摩洛哥国王哈桑二世表示理解毛里塔尼亚自身的难处，但坚决拒绝“西撒人阵”在摩洛哥南部边界的存在。由于摩洛哥军队对于维护毛里塔尼亚国家工业矿业公司（SNIM）的安全具有重要意义，而该公司的正常运作又关系到毛里塔尼亚经济的发展，因此萨莱克和复兴军事委员会必须考虑摩洛哥的态度。

为了打破僵局，毛里塔尼亚连续派出高级代表团向各方解释自身的立场，并向法国和阿拉伯国家寻求援助。毛里塔尼亚也利用阿尔及利亚和利比亚作为中间人来进行调解，但都以失败告终。与此同时，在“西撒人阵”游击队和摩洛哥军队继续战斗的同时，毛里塔尼亚军队退出了战斗。但复兴军事委员会为了不激怒摩洛哥，并未与“西撒人阵”签署和平协议。“西撒人阵”领导人对毛里塔尼亚无法对和平作出最终承诺失去耐心，威胁要打破单方面停火承诺，迫使毛里塔尼亚作出决定。这时，摆在萨莱克面前的选择有两种：第一，继续作战，但毛政府显然无意愿，也不具备这样的能力；第二，接受“西撒人阵”的要求，这意味着毛政府之前的所有地区外交努力都将化为徒劳，并且站到了阿尔及利亚一边，[①]这必然造成与摩洛哥关系的恶化。萨莱克政府在西撒哈拉问题上陷入了两难和死局。

在西撒哈拉问题无法解决的背景下，萨莱克的统治地位受到严重威胁。面对“西撒人阵”的步步紧逼以及国内经济的凋敝，萨莱克政府的缓兵之计已经失去了效用，国内一些军队高层对此十分不满。毛里塔尼亚在西撒哈拉问题中的拉锯状态也让法国对萨莱克政府失去信心。[②]1979年4月6日，艾哈迈德·乌尔德·布塞夫中校（Lt-Col. Ahmed Ould Bouceif）和穆罕默德·库纳·乌尔德·海德拉中校（Lt-Col. Mohammed Khouna Ould Heydallah）共同发难，迫使萨莱克政府改组，国家复兴军事委员会被解散，另外成立了由13人组成的“救国军事委员会”（Comite Militaire de Salut National, CMSN）[③]。乌尔德·萨莱克虽然仍担任军事委员会主席和国家元首，但已大权旁落，仅仅具有象征意义。[④]他的主要对手艾哈迈德·乌尔德·布塞夫上校出任军事委员会第一副主席并兼任总理。[⑤]这就意味着萨莱克时期就此结束。

《阿尔及尔和约》与毛里塔尼亚撤军

萨莱克的失势是军队高层权力争夺的结果，但他的下台并未化解权力之争。政变后，布塞夫担任军政府总理。然而，他却受到其伙伴，即强势的国防部长穆罕默德·库纳·乌尔德·海德拉中校的

---

① Virginia Thompson and Richard Adloff, *The Western Saharans: Background to Conflict*, Barnes & Noble Books, 1980, pp. 286–288.

② Robert E. Handloff, *Mauritania: A Country Study*, Second Edition 1990, p. 33.

③ 救国军事委员会建于1979年4月6日，产生原因一是毛里塔尼亚武装部队内部的激烈权力斗争，二是国家复兴军事委员会未能使毛里塔尼亚脱离西撒哈拉冲突。

④ 1979年5月，萨莱克的所有职务被乌尔德·鲁利（Ould Louly）夺取，1981—1984年被监禁。

⑤ Anthony G. Pazzanita, *Historical Dictionary of Mauritania*, Third Edition, p. 115.

制约。1979 年 5 月 27 日，布塞夫前往参加西非国家峰会时，在塞内加尔达卡尔附近发生的空难中丧生。

随后，海德拉出任总理。他随即着力解决毛里塔尼亚在内政和外交上面临的各种难题。他首先提升毛里塔尼亚黑人的地位，以缓和黑人的反抗和塞内加尔等国的不满。1979 年 6 月 3 日，新政府名单公布，14 名成员中有 9 人是军队将领，而黑人由原来的 4 人增加到 5 人。借此，海德拉在一定程度上缓和了国内的矛盾。紧接着，他将主要精力放在西撒哈拉问题上，力图尽早摆脱西撒哈拉问题带来的各种不利影响。海德拉属于西撒哈拉的雷盖巴特人，较之其他前任而言，海德拉在解决西撒哈拉问题上具有更大的身份优势。1979 年 7 月，即萨莱克军事政变一周年之际，海德拉宣布支持非洲统一组织提出的撒哈拉人民自决原则，并积极改善与阿尔及利亚的外交关系。同时，他重申，毛里塔尼亚渴望与摩洛哥保持友好关系。事实上，这就是要在从西撒哈拉撤军和维系与摩洛哥关系的两难窘境中寻找平衡点。

1979 年 8 月 5 日，毛里塔尼亚与西撒哈拉人民解放阵线在阿尔及尔签署和平条约，即《阿尔及尔和约》。该和约的主要内容如下：第一，毛里塔尼亚郑重宣布不占有西撒哈拉任何领土；第二，根据与西撒哈拉人民解放阵线协商的结果，毛里塔尼亚决定彻底退出非正义的西撒哈拉战争；第三，西撒哈拉人民解放阵线以西撒哈拉人民的名义宣布，永不对毛里塔尼亚的任何领土和其他方面提出要求。[①]《阿尔及尔和约》签署后，毛里塔尼亚得以从西撒哈拉冲突中脱身。海德拉还同意在和约签署后的七个月内，将毛里塔尼亚占有的西撒哈拉领土，即提里斯·埃尔－加尔比亚秘密转交给西撒哈拉人民解放阵线。但就在毛里塔尼亚撤出该地区后，摩洛哥的军队立刻占领了这片区域，并宣布《阿尔及尔和约》是无效的。此后，战争在摩洛哥和西撒哈拉人民解放阵线之间进行，毛里塔尼亚则保

① Anthony G. Pazzanita, *Historical Dictionary of Mauritania*, Third Edition, p. 56.

持中立。但是，毛里塔尼亚单方面与西撒哈拉人阵媾和，缓和与阿尔及利亚的关系，势必导致摩洛哥在西撒哈拉问题上的孤立。毛里塔尼亚与摩洛哥的关系迅速恶化。

海德拉巩固权力的努力

海德拉上任伊始，就面临巩固权力的艰巨任务。《阿尔及尔和约》的签订受到大多数毛里塔尼亚人的欢迎，这为海德拉进一步巩固其政治权力创造了有利的环境。1980 年 1 月 4 日，海德拉正式取代傀儡总统鲁利成为新一任总统。为了确保毛里塔尼亚在持续冲突中保持中立，海德拉改组了毛里塔尼亚政府高层，撤换了政府中的亲摩洛哥和亲西撒哈拉人民阵线官员。

为了巩固和扩大自己的政治基础，海德拉实施了几项重要的改革。1980 年，为了进一步加强在毛里塔尼亚黑人中的地位，并削弱塞内加尔的黑人反对派，海德拉正式废除奴隶制。12 月，他组建文官政府，任命艾哈迈德·乌尔德·布内贾拉（Ahmed Ould Bneijara）为总理。他还着手起草了一部建立多党制民主国家的宪法草案（1980 draft constitution）[①]。然而，面对海德拉的改革，毛里塔尼亚境内外反对海德拉的各种活动不仅没有减少，反而越来越多。

一是境外的反对力量与摩洛哥合流，共同打击海德拉政权。1980 年 5 月，一些国外反对派运动在法国组成了名为“民主毛里塔尼亚联盟”（Alliance for Democratic Mauritania, AMD）的反政府组织，它希望恢复文官统治，在毛里塔尼亚实行多党民主制。这个组织的主要支持者是前总统达达赫、前副主席西迪。民主联盟还得到了海湾那些反对海德拉的阿拉伯国家的财政支持。海湾阿拉伯国

① 乌尔德·海德拉上任之初便疏远了自己的竞争对手，他的政策受到了救国军事委员会同僚的诟病。随着乌尔德·达达赫政权被推翻，1961 年宪法也被束之高阁。面对这些问题，海德拉于 1980 年 12 月宣布宪法草案将被提交至全民公投，同时提名了新的部长委员会，新的部长委员会中只有一名军官（共 18 人）。新的临时宪法具有议会民主制的特点，规定多党制和结社自由。但临时宪法从未提交全民投票，也很少实施。1981 年 3 月，民主毛里塔尼亚联盟政变未遂。宪法公投的计划遂被搁置，随后内阁被解散，国家又回到军事统治。

家的援助减少，导致海德拉加强了与利比亚和伊拉克等更激进的阿拉伯国家的关系。

与此同时，由于单方面和西撒哈拉人阵媾和，并归还土地，毛里塔尼亚与摩洛哥的关系继续恶化。1981 年初以来，两国交恶不断。摩洛哥指责毛里塔尼亚窝藏西撒哈拉人阵的武装人员。同年 3 月 18 日，西迪和前空军司令穆罕默德·阿卜杜勒·卡德尔（Mohamed Abdel Kader）[①]领导的亲摩洛哥的民主联盟成员试图推翻政府。但政变失败，两人随后被处决。4 月，海德拉和救国军事委员会决定彻底放弃文官统治，由马乌亚·乌尔德·西德·艾哈迈德·乌尔德·塔亚（Maaouiya Ould Sid Ahmed Ould Taya）上校领导的六人军政府取而代之。

随着毛里塔尼亚与摩洛哥关系恶化，它与阿尔及利亚的关系有所改善。阿尔及利亚向他提供了先进的军事装备。1981 年 6 月，为了恢复与摩洛哥的外交关系，海德拉通过沙特斡旋两国的关系，并召开两国的首脑会议。在会上，摩洛哥国王哈桑二世和海德拉签署了恢复外交关系和禁止敌对势力过境的协议。但这一纸协议并未弥合两国的沟壑。摩洛哥拒绝驱逐民主联盟成员，哈桑国王指责毛里塔尼亚允许西撒哈拉人阵游击队从毛里塔尼亚对摩洛哥发动袭击。随后，摩洛哥战机越境轰炸了西撒哈拉人阵在毛里塔尼亚靠近西撒哈拉边界的藏身处，并威胁要对毛里塔尼亚采取进一步报复行动。

二是毛里塔尼亚军人集团权力争夺异常激烈，反对海德拉统治

---

① 在西撒哈拉冲突期间，卡德尔参加了提里斯·埃尔－加尔比亚地区的战争，战争期间他官至中校兼空军指挥官。与其他毛里塔尼亚高级军官不同，卡德尔并未支持 1978 年的军事政变。在新的军政府中，虽然卡德尔不是军事委员会成员，但是他在 1979 年 3 月被任命为文化、信息和交通部长。1979 年 4 月 6 日，布塞夫掌握了国家权力，由于布塞夫希望尽快让毛里塔尼亚摆脱西撒哈拉冲突，遂将卡德尔纳入新的军政府。1979 年 5 月 27 日，布塞夫遇难，卡德尔的影响力也一落千丈。1979 年 6 月，卡德尔前往摩洛哥，在那里，除了建立自由军官组织来对抗救国军事委员会和促进毛里塔尼亚伊斯兰化之外，他还加入了流亡组织毛里塔尼亚民主联盟。在与救国军事委员会前成员乌尔德·西迪的联合下，卡德尔秘密回到毛里塔尼亚。1981 年 3 月 16 日，卡德尔参与反阿卜杜拉希的政变，但以失败告终，卡德尔被捕，并于 10 天后被枪决。

的力量逐渐走上前台。1982 年 2 月，前救国军事委员会主席萨莱克和前总理布内贾拉等人试图推翻海德拉政权，但未获成功。在两次未遂政变后，海德拉赢得了许多毛里塔尼亚人的尊重。此后，海德拉试图改变军政府，还政于民。1982 年政变未遂后，政府组建了被称为“教育群众”的“教育”组织，通过选举产生的代表来处理一系列公共问题。海德拉还追求民族和解，释放了自达达赫政权被推翻以来被监禁的一些政治犯。

海德拉从西撒哈拉撤军、提升黑人地位以及还政于民等举措无疑具有进步性。但毛里塔尼亚恶劣的外部环境以及国内激烈的派系斗争，放大了海德拉这些具有积极意义举措的消极因素。海德拉政权后来也因此而垮台。

1983 年 1 月，海德拉发现了利比亚支持的国内针对他的政变阴谋。其后，还有一艘摩洛哥炮艇袭击了拉盖拉（La Guera）[①] 附近的毛里塔尼亚驻军。虽然这两起事件均未造成人员伤亡或严重的外交影响，但暴露了海德拉政权遭到北部阿拉伯国家的孤立的事实。为此，海德拉积极拓展外交空间，试图加强与法国以及与南部国家的关系。1983 年 6 月，在埃塞俄比亚举行的非洲统一组织首脑会议期间，海德拉与塞内加尔总统阿卜杜·迪乌夫（Abdou Diouf）和埃塞俄比亚领导人门格斯图·海尔·马里亚姆（Mengistu Haile Mariam）共同起草了一项决议，呼吁在西撒哈拉实现停火与和平谈判。1984 年 2 月，毛里塔尼亚正式承认阿拉伯撒哈拉民主共和国。

① 拉盖拉，位于西撒哈拉，距离努瓦迪布约三公里。拉盖拉从 1920—1975 年一直被当作小型的捕鱼码头以及军事基地。1974 年该地区人口为 1200 人。曾经是西班牙殖民地的一部分，1976 年 4 月 14 日，根据《摩洛哥 - 毛里塔尼亚公约》将该地区划归毛里塔尼亚，关于这一领土的分割，双方是在 1975 年 11 月的《马德里协议》中正式确定的。在西班牙军队撤出该地区之后，拉盖拉落入西撒哈拉人民解放阵线之手，但 1975 年 12 月 19 日，毛里塔尼亚军队控制了拉盖拉。1979 年 8 月，在遭到西撒哈拉人民解放阵线的顽强抵抗后，毛里塔尼亚签署了《阿尔及尔和约》，和约中明确毛里塔尼亚让渡拉盖拉的主权给提里斯·埃尔 - 加尔比亚。但当毛里塔尼亚撤出西撒哈拉地区后，摩洛哥迅速对这些地区进行了军事占领，因此毛里塔尼亚拒绝离开拉盖拉，并宣称毛里塔尼亚军队不会离开该地区，直到西撒哈拉问题得以解决。虽然自 20 世纪 90 年代中期开始摩洛哥军队就出现在拉盖拉，但该地区一直在毛里塔尼亚的控制之下。

3 月，海德拉重组内阁，任命自己为总理和国防部长，同时疏远了政府高层中的许多人。

海德拉政府的倒台

1984 年，海德拉政府因其地区政策、腐败和管理不善等陷入困境。毛里塔尼亚与摩洛哥和利比亚的关系破裂，与法国和美国的关系也变得趋于紧张，而美法两国又是毛里塔尼亚获得外部援助的主要来源。另一方面，毛里塔尼亚政府与西撒哈拉人阵的和解，也导致海湾阿拉伯君主国对其支持的减少。再加上国内严重的干旱，所有这一切都在不断加剧着海德拉政府的困难。毛里塔尼亚的大部分人口纷纷进入城镇地区，从而增加了毛里塔尼亚对外国经济援助的依赖。可以说，内外环境的恶化使海德拉政府丧失了执政的基础。

海德拉试图还政于民的改革也损害了军人尤其是高级军官的利益。1984 年 3 月，由于总理兼国防部长的塔亚不承认阿拉伯撒哈拉民主共和国，海德拉将其降职为武装部队总参谋长。此举激怒了塔亚及其在救国军事委员会中的盟友，加剧了军队与海德拉政府的分歧。12 月 12 日，当海德拉前往布隆迪参加法国－非洲峰会时，乌尔德·塔亚领导发动不流血的政变，罢免海德拉的总统职位。塔亚成为毛里塔尼亚的新总统。

二、乌尔德·塔亚执政前期面临的挑战

乌尔德·塔亚改革

乌尔德·塔亚上台后面临三大问题的挑战。一是西撒哈拉问题引发的毛摩关系的恶化；二是国内经济的困顿，军人政府的混乱；三是国内的黑人问题，以及由此引发的毛里塔尼亚与塞内加尔的矛盾。乌尔德·塔亚就任总统之初，针对这些问题进行改革：进行反腐活动；提升沙里亚法的地位；释放大多数政治犯；改善政府的严

重负债问题。特别是，在海德拉时期，由于毛里塔尼亚与西撒哈拉人阵媾和，导致其与摩洛哥关系恶化，严重限制了毛里塔尼亚的对外交往。乌尔德·塔亚执政后，着力修复与摩洛哥的关系。1985年10月，在摩洛哥声称西撒哈拉人民解放阵线再次穿过毛里塔尼亚境内时，塔亚第一次出访摩洛哥，与摩洛哥共同协商解决毛里塔尼亚北部边界的安全问题，两国的关系有所缓和。在乌尔德·塔亚执政初期，毛里塔尼亚的政治和社会环境较为宽松，社会经济也有所恢复。[①]

1985年2月9日，毛里塔尼亚颁布了具有宪法性的《救国军事委员会宪章》，进一步规范军人政权。宪章宣布伊斯兰教为国教，沙里亚法为唯一的法律来源。根据沙里亚法的要求，毛里塔尼亚政府于1986年10月颁布法律，禁止进口和销售酒精饮料，违者将受到鞭刑的处罚，外国人违反规定将被驱逐。但在现实执行过程中往往较为宽松。后来，政府允许进口酒精饮料，但对其征收极高额的税费。酒精在毛里塔尼亚成了奢侈品。[②]

宪章阐述了救国军事委员会的基本权利和责任。其职责包括：制定国家的总体政策、监督政府运作、批准国际协议和进行特赦。宪章内容还涉及救国军事委员会的内部组织[③]和总统的继任、总统提名政府官员和军官的方式、救国军事委员会成员与政府官员间的关系、救国军事委员会主席的选拔与职责等方面。

“黑人解放”问题

尽管海德拉政府形式上废除了奴隶制度，但毛里塔尼亚的黑人仍然地位低下。在当时，毛里塔尼亚政府受到复兴党的影响，开始强调国家的阿拉伯属性，推进阿拉伯化。这使族际关系进一步恶化。

---

① Anthony G. Pazzanita, *Historical Dictionary of Mauritania*, Third Edition, p. 9.

② Ibid., p. 469.

③ 进入救国军事委员会须由委员会提名，过程由救国军事委员会自行决定。救国军事委员会包括常设委员会，常设委员会包括所有驻努瓦克肖特的救国军事委员会成员。

20 世纪 80 年代，黑人的权利诉求进一步凸显，黑人的民族运动也开始兴起，甚至伴随民族运动还出现了一些暴力行为。1983 年，毛里塔尼亚的一些黑人创立了“毛里塔尼亚非洲人解放军”（Forces de Libération Africaine de Mauritanie, FLAM）。它的群众基础主要是哈尔布拉尔部落（Halpulaars），为毛里塔尼亚规模最大的黑人部落。哈尔布拉尔人都信奉伊斯兰教，属于蒂德贾亚宗教兄弟会（Tidjaniya religious brotherhood）。他们的通用语言是流行于西非地区的福拉尼语。如多数黑人那样，哈尔布拉尔人以定居为主，从事农业。传统的哈尔布拉尔社会等级高度分明，实行奴隶制度。1960 年，毛里塔尼亚独立之后奴隶制度逐渐弱化。

在哈尔布拉尔社会中，少数宗教学者地位最高，其次是大量的中产阶级，再次是渔民、农民、传统武士和商人。工匠、珠宝匠、木匠、乐师和织工在哈尔布拉尔社会中的地位较低。除奴隶之外，社会最底层是从事体力劳动的农民和仆人。虽然独立之后，这种等级制度逐渐弱化，但父系家庭仍旧保持着极其森严的等级制度。婚姻通常都限定在特定的职业群体内部进行。

1986 年 4 月，毛里塔尼亚非洲人解放军在首都努瓦克肖特发表了《毛里塔尼亚被压迫黑人宣言》（Manifesto du Negro-Mauritanien Opprime），历数毛里塔尼亚政府自独立以来对毛里塔尼亚黑人所采取的种族歧视政策。[①] 达达赫统治时期，政府要职多为摩尔人把控，黑人军官的比例远少于黑人在总人口中所占的比例。外交层面，控制毛里塔尼亚的外交官也主要是摩尔人，特别是外交大使，几乎都是摩尔人。毛里塔尼亚政府重点发展与阿拉伯国家的关系，而很少关注与黑非洲国家的关系。经济层面，谴责企业高层领导几乎都是摩尔人，银行系统也是如此。宣言还指责媒体没有制作黑人语言的节目，如法语、富尔贝语、萨拉科莱语（Sarakole）和沃洛夫语。宣言也批评塔

---

① “Le Manifeste du Négro-Mauritanien Opprimé, de la guerre civile à la lutte de libération nationale (Février 1966–Avril 1986)”, https://flam-mauritanie.org/le-manifeste-du-negro-mauritanien-opprime-fevrier-1966-avril-1986/，引用时间：2021 年 1 月 16 日。

亚政府加速阿拉伯化，强制征用哈尔布拉尔人和其他黑人的土地。

《毛里塔尼亚被压迫黑人宣言》被翻译为法语和英语，在毛里塔尼亚国内外广为传播。该宣言标志着毛里塔尼亚的黑人问题和族际关系严重恶化。从一开始，毛里塔尼亚黑人解放军的目标不在于改革现存政府结构，而在于颠覆现政权，并以非歧视和非种族主义政府取而代之。甚至一些成员提倡将毛里塔尼亚分割为摩尔人区和黑人区。毛里塔尼亚政府于 1984 年宣布其为非法组织后，该组织遂转向地下活动并将领导机构迁至巴黎和达喀尔，其成员在达喀尔受到塞内加尔政客的热情欢迎。[①]

1986 年 9 月，非洲人解放军对首都努瓦克肖特的政府车辆和大楼发动一系列袭击，造成一定的破坏但未造成人员伤亡。乌尔德·塔亚政府对此做出强硬回应。1986 年 9 月 4—5 日，政府逮捕了 30—40 名涉嫌参与策划“宣言”的黑人知识分子，至少 20 人被判入狱。此后，又有数十名黑人被捕，并受到残酷的审讯。前卫生部部长吉戈·塔菲罗（Djigo Tafsirou）和知名作家特内·尤素夫·盖耶（Tene Youssouf Gueye）等一些有名望的黑人被转移到位于瓦阿拉塔[②]的偏远监狱，由于恶劣的环境，至少四人死于瓦阿拉塔监狱。军队和政府中的许多人因为涉嫌支持“非洲人解放军”而被开除。例如，黑人军官也是救国军事委员会成员的安尼·阿赫马杜·巴巴利（Anne Ahmadou Babaly）[③]，由于纵容非洲人解放军活动而被解除内政部长

① Anthony G. Pazzanita, *Historical Dictionary of Mauritania*, Third Edition, p. 200.

② 瓦阿拉塔是位于霍德·埃赫－查吉大区的一个小村庄，距离内马约 80 公里。瓦阿拉塔在有历史记录以来就一直是重要商业中转地。

③ 阿赫马杜·巴巴利，生于 1942 年，是一名来自萨内加尔河谷地区的哈尔布拉尔人。巴巴利自幼参军，随后进入法国军事学院学习。虽然他有限地参与了西撒哈拉冲突，但他是 1978 年军事政变的有力支持者。达达赫政权被推翻后，巴巴利在国家复兴军事委员会中任职，一直到 1979 年救国军事委员会掌握政权。1979 年 6 月，巴巴利被任命为后勤部长。1983 年 2 月，巴巴利被调任计划部部长，随后被提拔为中校，巴巴利成为拥有最高军衔的毛里塔尼亚黑人军官之一。1984 年 3 月，巴巴利被乌尔德·海德拉从内阁中除名，但 1984 年 7 月，他又被任命为矿业和能源部部长，这是一个更重要的内阁职位。1984 年 12 月，巴巴利参与了乌尔德·塔亚领导的军事政变。随后，在新成立的部长委员会中担任财政部长，并一直到 1985 年，随后担任内政部部长。1986 年 10 月，由于委员会认为巴巴利包庇毛里塔尼亚非洲人解放军，因此被赶出内阁，并在六天后失去了其在救国军事委员会中的席位。

职务。

这种紧张的气氛一直在延续，大量的非洲人解放军的支持者受到指控，有些人被判处五年的监禁。1987 年 10 月 17 日，政府披露一群黑人军官企图推翻塔亚政府，并在毛里塔尼亚南部建立瓦洛共和国（Walo Republic）。这次未遂政变震惊了毛里塔尼亚政府，并招致政府更为强烈的回应。1987 年 11 月 18 日到 12 月 3 日，50 名黑人军官在位于布瓦克肖特北部的军事法庭接受审判。他们遭到审讯和酷刑，被指控参与推翻政府的阴谋，挑起杀害和破坏行为，从而危及国家安全。

12 月 3 日，审判结果公布，其中 7 人无罪释放；18 人被判终身监禁（其中 2 人死于瓦阿拉塔监狱）；9 人被判处 20 年监禁；5 人被判处 10 年监禁；3 人被判处 5 年监禁；6 名军官暂停宣判并命令他们待在塞内加尔河谷的家乡。他们被剥夺上诉权利。策划政变的主谋西·萨伊乌中尉（Lieutenants Sy Saidou）、巴·塞迪（Ba Seydi）和萨尔·阿赫迈杜（Sarr Ahmadou）均被判处枪决。虽然一些毛里塔尼亚人抗议，表示未遂政变罪不当死，但政变的 3 名主谋还是于 12 月 6 日被执行枪决。毛里塔尼亚政府对于黑人的审判和镇压导致国际社会的严厉批评，国内气氛也变得紧张起来。更重要的是，一些加入阿拉伯复兴社会党（Arab Baath Socialist Party）的摩尔人开始加速阿拉伯化的步伐并致力于夺取黑人在毛里塔尼亚南部的肥沃土地。①

1989 年毛－塞危机的爆发刺激了毛里塔尼亚非洲人解放军的活动。1990 年，为了反对毛里塔尼亚政府对黑人的镇压，“非洲人解放军”不断对塞内加尔河谷地区的驻军发动袭击。其中 4 月和 9 月的两次袭击使毛里塔尼亚军队伤亡严重。第一次袭击发生在卡埃迪附近的一个村庄，毛里塔尼亚军方死亡 51 人；第二次袭击发生在博费尔，毛里塔尼亚军方死亡 49 人，6 辆军车被毁。而“非洲解放军”

---

① Anthony G. Pazzanita, *Historical Dictionary of Mauritania*, Third Edition, p. 201.

仅有3名士兵在第二次袭击中身亡。1990年末到1991年初，“非洲人解放军”与政府的对抗仍在继续，但是海湾危机的爆发转移了国际社会的焦点，因而“非洲人解放军”所获得的关注和支持也减少了。

1991年3月，海湾危机结束，伊拉克的失败导致受其支持的复兴党在毛里塔尼亚的影响力迅速衰弱，塔亚地位得以稳固，为了缓和毛里塔尼亚与西方和保守阿拉伯国家的关系，政府对“非洲人解放军”的态度渐趋缓和。1991年3月7日，塔亚总统宣布大范围赦免毛里塔尼亚的政治犯，其中包括“非洲人解放军”的支持者。再者，由于1991年4月塔亚总统宣布在毛里塔尼亚进行政治自由化，并将于1992年初进行立法机构和总统选举，“非洲人解放军”的军事行动也暂时缓和。但1991年末到1992年初，由于“非洲人解放军”认为毛里塔尼亚政府的民主计划并未达到其预期，遂宣布保留其武装斗争的权利，与第二共和国的政府机构保持距离，拒绝与现政权对话。[①]

与塞内加尔的危机

毛里塔尼亚与塞内加尔的争端是毛里塔尼亚自1960年独立以来遇到的最严重的外交问题之一，其严重性或许只有西撒哈拉战争能与之相比。两国因毛里塔尼亚的黑人问题不断交恶，并迅速升级和扩大为两国之间的暴力冲突，甚至推向战争的边缘。

根据毛里塔尼亚政府的说法，1989年3月，塞内加尔居民渡过塞内加尔河进入毛里塔尼亚，偷窃了属于当地农民的羊和其他家畜。1989年4月8日，一群塞内加尔人又攻击位于吉迪马卡[②]的桑

---

① Anthony G. Pazzanita, *Historical Dictionary of Mauritania*, Third Edition, pp. 201–202.

② 吉迪马卡是毛里塔尼亚最小但农业资源最丰富的州，面积约1万平方公里。根据1988年人口普查，吉迪马卡人口为116436人，2000年为177707人。吉迪马卡地区的游牧民很少，其人口大多数为定居的农民。这些农民多数为索宁克黑人。作为毛里塔尼亚最南部的省份，吉迪马卡相较于其他省份受干旱和沙漠化的影响较小，但是一些年份的降水量也小于平均降水量。吉迪马卡的省会是塞利巴比。

科镇（Sunko）。在这次攻击中有两名塞内加尔人死亡，13 人被毛里塔尼亚政府逮捕。塞内加尔政府则认为此次事件是由于毛里塔尼亚军队侵入其领土，并扣押塞内加尔人作为人质。毛里塔尼亚政府坚称军队没有介入冲突。4 月 10 日，毛里塔尼亚释放了 13 名被拘捕的塞内加尔人，但并未缓和两国关系。11 日，塞内加尔爆发了反对摩尔人的暴乱，造成人员伤亡和财产损失。

两国政府都力图使冲突降温。1989 年 4 月 12 日，塞内加尔内政部长安德烈·松科（Andre Sonko）前往努瓦克肖特，会见救国军事委员会成员吉布里尔·乌尔德·阿卜杜拉希上校（Col. Djibril Ould Abdellahi）[①]。双方同意组成联合调查小组彻查冲突的根源。乌尔德·阿卜杜拉希于 4 月 18—19 日访问塞内加尔，并在达喀尔电视讲话中说道："不应该赋予迪亚瓦拉（Diawara）事件超越现实的重要性"[②]。

但这一表述引起塞内加尔人的强烈不满，局势迅速失控。1989 年 4 月 21 日—23 日，达喀尔爆发了严重的反毛里塔尼亚暴力活动，毛里塔尼亚驻塞内加尔大使馆受到攻击。随后，暴力活动扩散到塞内加尔各地，特别是塞内加尔河谷地区。塞内加尔摩尔人的房屋和店铺遭到破坏，居民遭受暴徒的毒打甚至被杀害。4 月 23 日当天，塞内加尔发生针对摩尔人的暴乱的消息传到了努瓦克肖特，毛里塔尼亚首都发生了小范围的反塞内加尔事件。与此同时，塞内加尔国内的骚乱仍在扩大，但是塞政府并未对此作出回应。相反，毛里塔尼亚则表现出一定的克制。1989 年 4 月 25 日，毛里塔尼亚内政部长乌尔德·阿卜杜拉希发表广播讲话，希望平息毛里塔尼亚国内的反塞内加尔暴力活动。他严厉谴责在毛里塔尼亚境内发生的抢劫和攻击行为，并强调毛里塔尼亚境内的外国人与边境爆发的冲突没有

---

① 吉布里尔·乌尔德·阿卜杜拉希是毛里塔尼亚最具权力的保守派领导人之一。他出生于基法，其父为法国驻毛里塔尼亚的行政官员，皈依了伊斯兰教，其母是一名毛里塔尼亚摩尔人。阿卜杜拉希在家乡完成小学教育，随后在首都努瓦克肖特和达喀尔完成中学教育。1970 年于军事学院毕业，随后在毛里塔尼亚军队担任后勤部长直到 1978 年。

② Anthony G. Pazzanita, *Historical Dictionary of Mauritania*, Third Edition, p. 457.

任何关系。他严重警告，进一步的暴力行为将不被容忍，并在努瓦克肖特与努瓦迪布实行宵禁。

尽管毛里塔尼亚政府发出严正声明，并在国内部署了大量的警力和军队，但反塞内加尔人的袭击还在继续。据估计，至少 300 名塞内加尔人在毛里塔尼亚街道遇害。[①] 1989 年 4 月 28 日，两国都开始驱逐对方的侨民，导致两国关系进一步恶化，针对对方侨民的暴力活动愈加严重。达喀尔进入紧急状态并实行宵禁以阻止暴力行动的扩大。塞内加尔驱逐了 8—10 万毛里塔尼亚人，与此同时，在毛里塔尼亚一侧，至少有 7 万在毛里塔尼亚生活的塞内加尔人和黑人被驱逐。[②] 1989 年 5 月，塞内加尔与毛里塔尼亚政府间关系持续恶化。1989 年 8 月 21 日，塞－毛边境关闭，两国断绝外交关系。

复兴党人问题

1947 年，阿拉伯复兴社会党在大马士革建立，它提倡泛阿拉伯主义，反对殖民主义，迅速在西亚北非地区流行开来，并在各地设立支部。20 世纪 60 年代，复兴党在叙利亚和伊拉克上台执政。20 世纪 70 年代末，毛里塔尼亚出现了亲伊拉克的复兴党分支。起初，毛里塔尼亚的复兴党并没有太多政治影响力。然而，1982 年 10 月，11 名复兴党成员由于企图颠覆政府被捕，所有成员被判处 10—12 年监禁，其中包括著名的复兴党领导穆罕默德·耶迪·乌尔德·布雷德莱尔（Mohammed Yehdih Ould Breideleil）。1984 年政变之后，新政府实行大赦，复兴党成员被释放。此后，复兴党开始向军队和救国军事委员会内部渗透。

这引发了乌尔德·塔亚总统的不安，加大了镇压复兴党的力度。1987 年 9 月，乌尔德·布雷德莱尔等复兴党成员遭到逮捕，并以间

---

① Anthony G. Pazzanita, *Historical Dictionary of Mauritania*, Third Edition, p. 457.

② RONE TEMPEST, "In Senegal and Mauritania, Ethnic Conflict Rages Amid Talk of War", *Los Angeles Times*, June 3,1989，https://www.latimes.com/archives/la-xpm-1989-06-03-mn-831-story.html，引用时间：2021 年 12 月 30 日。

谍罪等予以指控。乌尔德·塔亚总统怀疑复兴党已经严重渗入军队。因此，1988 年初，他撤换了所有同情复兴党的军人和军官。但在伊拉克的支持和训练下，复兴党在如此高压的环境下反而越发强大，并展开更加严密的组织活动。通过自身高度的组织性和纪律性，复兴党发展成为毛里塔尼亚国内一支重要的政治力量。

1989 年，尽管救国军事委员会依然对其采取高压态势，但是复兴党已经能够对毛里塔尼亚国内外政策产生一些影响。1989 年 4 月，复兴党的影响力达到新高。毛里塔尼亚与塞内加尔的争端为复兴党创造了机会。复兴党向塔亚政府施压，迫使其靠近伊拉克政府，不久复兴党的成员便恢复了公职。1989 年 12 月，乌尔德·布雷德莱尔被释放，并在 1990 年被任命为救国军事委员会执行秘书，成为最高等级的文官。1990 年，随着海湾危机的爆发，失去伊拉克支持的复兴党的影响力迅速下降。1991 年 3 月海湾战争结束，复兴党也逐渐淡出毛里塔尼亚政坛。①

20 世纪 80 年代末，虽然西撒哈拉问题相对平静，毛里塔尼亚与摩洛哥的关系也有所缓和，但并没有摆脱内外交困的局面。毛－塞危机在毛里塔尼亚国内产生严重的负面影响，黑人与摩尔人的关系进一步恶化，“非洲人解放军”在塞内加尔河谷地区的活动增加，毛里塔尼亚政府的镇压行动招致国际社会谴责。这为复兴党创造了更大的活动空间，后者试图加速毛里塔尼亚的阿拉伯化。但是伊拉克入侵科威特打乱了毛里塔尼亚复兴党的计划。海湾危机让毛里塔尼亚复兴党声名狼藉，并从此断绝了与萨达姆·侯赛因的联系。正因如此，乌尔德·塔亚总统得以重树权威，并把自己塑造成一个民主改革者形象，试图通过政治改革突破毛里塔尼亚的困局。

---

① Anthony G. Pazzanita, *Historical Dictionary of Mauritania*, Third Edition, pp. 65–67.

三、第二共和国的建立与变革

1991 年宪法与第二共和国的建立

20 世纪 90 年代初，东欧剧变、冷战结束，国际局势风云变幻，第三波民主化浪潮也波及毛里塔尼亚。乌尔德·塔亚总统试图通过政治自由化改革稳定政局。在这种背景下，毛里塔尼亚于 1991 年颁布新宪法，并举行了自独立以来的第一次竞争性议会和总统选举。同时，毛里塔尼亚政府放松对媒体的管制，取消组建政党和公民团体的大部分限制。毛里塔尼亚由此结束军政府的统治。

1991 年宪法是在 1961 年宪法的基础上制定的，也是毛里塔尼亚的第二部宪法，于 1991 年 7 月 12 日通过。新宪法确立了“三权分立”原则、总统制的政治体系以及多党民主制度，被认为是毛里塔尼亚的第一部民主宪法。宪法的内容主要包括：

> 毛里塔尼亚是一个不可分割的、民主的、社会的伊斯兰共和国；共和国保证全体公民不分身份、种族、性别和社会地位，在法律面前一律平等；法律惩处一切种族和部落的分裂主义宣传。一切权力来自人民，国家主权属于人民，人民通过选出的代表和公民投票方式行使主权；伊斯兰教是人民和国家的宗教。共和国的箴言是“荣誉、友爱和正义”；各个政治党派和团体可以自由表达自己的政治意志，自由组织和开展活动，但以尊重民主原则和不损害国家主权、领土完整、民族和共和国统一为条件。①
>
> 共和国总统是国家元首、宪法的维护者、国家象征、民族独立和领土完整的保证者；总统行使行政权，主持内阁会议；任期六年，由普选直接产生，可以连选连任；总统确定并指导

① “Title I General Provisions, Fundamental Principles/Mauritania Constitution”, https://www.servat.unibe.ch/icl/mr00000_.html，引用时间 2021 年 1 月 5 日。

> 国家的外交、国防和安全政策，任免总理，根据宪法有权解散议会，任命文武官员；总统是武装部队最高统帅，主持最高国防委员会会议；总统签署和批准条约，行使豁免权。在全国性的重大问题上，总统可以以公民投票的方式征询人民的意见。①
>
> 立法权属于议会。议会由国民议会和参议院组成。国民议会议员任期五年，由直接选举产生；参议院议员任期六年，通过间接选举产生，每两年改选三分之一议员，毛里塔尼亚的海外侨民在参议院有代表；议会每年举行两次例会，第一次例会于 5 月的上半月召开，第二次例会于 11 月的上半月召开，每次例会不得超过两个月；应总统或多数国民议会议员的要求，议会可举行特别会议，特别会议不得超过一个月，政府成员可以出席会议和要求发言；国民议会议长的任期与国民议会议员的任期相同，参议院议长每两年改选一次。②

宪法委员会由六人组成，任期九年，不得连任，每三年更换三分之一。三人由总统任命，两人由国民议会议长任命，一人由参议院议长任命。总统从自己任命的宪法委员会成员中指定一人为宪法委员会主席。宪法委员会成员不得在政府和议会中任职。宪法委员会负责监督总统选举、议会选举和公民投票结果并肯定其合法性。

毛里塔尼亚第一部宪法未设总理。从 1960 年独立至 1978 年军政权上台，总统达达赫领导政府。军政府成立之初，军委会主席领导政府。军委会于 1979 年 4 月首次设总理。这也是毛里塔尼亚独立后第一次设置总理的职位，布塞夫、海德拉、布内贾拉、马・塔亚和库纳先后担任总理。乌尔德・塔亚于 1984 年 12 月上台后取消了总理职务。1992 年 4 月，乌尔德・塔亚就任总统后根据新宪法任命

---

① “Title II Executive/Mauritania Constitution”, https://www.servat.unibe.ch/icl/mr00000_.html，引用时间：2021 年 1 月 5 日。

② “Title III Legislature/Mauritania Constitution”, https://www.servat.unibe.ch/icl/mr00000_.html，引用时间：2021 年 1 月 5 日。

了政府总理。根据新宪法，总理在总统的领导下制定政府的政策。总理分配部长的任务，领导和协调政府的活动。政府致力于实施法令和法规。政府根据宪法规定的条件向议会负责。[①]

1992 年初，毛里塔尼亚举行总统选举，乌尔德・塔亚以 62.82% 的票数赢得了选举。[②] 虽然选举的自由性和公平性受到质疑，但是塔亚的主要竞争对手，来自民主力量联盟的艾哈迈德・乌尔德・达达赫仅获得 33% 的选票，难以对投票结果产生实际影响。1992 年 4 月 18 日，乌尔德・塔亚建立所谓的第二共和国，同时解散救国军事委员会，并组建几乎全部由文官组成的部长委员会（Conseil des Ministres）。国防部长艾哈迈德・乌尔德・明尼上校（Col. Ahmed Ould Minnih）[③] 是委员会中唯一的军人。内阁由总理西迪・穆罕默德・乌尔德・布巴卡尔（Sidi Mohamed Ould Boubacar）[④] 领导。乌尔德・塔亚邀请毛里塔尼亚民主联盟等其他政党领袖加入内阁，以彰显政治和解和民主化的成果。但从 1993 年到 2005 年，所有的内阁部长都是执政党社会民主共和党的坚定支持者，[⑤] 该党长期执政。一些政治反对派开始加入社会民主共和党。反对党内部出现了分裂和分化，削弱了反对党的影响力。[⑥]

在第二共和国最初的几年（1992—1996 年），毛里塔尼亚处于相对开放的状态。虽然民主的支持者有些沮丧，但他们并没有完全放弃希望。第二共和国建立不久，毛里塔尼亚与塞内加尔的外交裂痕得以修复，同时，政府对于出版和其他传媒的限制也放松了。在

---

① 李广一编：《毛里塔尼亚　西撒哈拉》，第 55—57 页。

② “Election Watch/Mauritania”, http://edition.cnn.com/WORLD/election.watch/africa/mauritania.html，引用时间：2020 年 12 月 30 日。

③ 艾哈迈德・乌尔德・明尼，1944 年出生于布米粒米特，在法国接受军事教育后回到毛里塔尼亚担任军职。1981 年明尼被任命为外交部长，1986 年 12 月担任陆军参谋长，1992 年担任国防部长，1997 年 12 月担任内政部长。1998 年 10 月 16 日乌尔德・明尼在车祸中遇难。

④ 布巴卡尔出生于阿塔尔的乌尔德・艾哈迈德部落（Ould Ahmed tribe）。从 1985 年到 1988 年，他担任国家预算主任、总审计长。1996 年 1 月，布巴卡尔忽然被解职，并在不久后被提拔为总统秘书。2001 年布巴卡尔再被解职，随后被任命为毛里塔尼亚驻法国大使。2005 年政变后，布巴卡尔被瓦尔政府任命为总理。

⑤ Anthony G. Pazzanita, *Historical Dictionary of Mauritania*, Third Edition, p. 313.

⑥ Ibid., p. 12.

野党可以发表各自的政治观点而很少担心遭受迫害。在毛里塔尼亚政府中，乌尔德·塔亚拥有特权。1993 年，塔亚颁布特赦令，释放 1989—1991 年因人权问题被捕的政府官员。但是，毛里塔尼亚的民主化仍有不少限制。1994 年，政府逮捕了多名政治异见者，如艾哈迈德·乌尔德·达达赫和谢赫·萨阿德·布·卡马拉（Cheikh Saad Bouh Kamara）等。而对于抨击政府的民族政策，尤其是涉及黑人政策的，则会遭到严重打压。

“新自由主义”改革

20 世纪 90 年代初，乌尔德·塔亚接受国际货币基金组织的建议，开启私有化进程。但很多人持反对态度，他们担心私有化会使一些人中饱私囊，并产生严重的政治问题。为了打消人们的顾虑，塔亚政府计划首先对低效或存在负债的国企以及税务和邮政等部门进行私有化。但国家工业矿业公司作为最大的半国有企业并未私有化。这主要是因为，阿拉伯国家持有该公司 20% 的股份，并且它还是经营最好的公司之一。国家工业矿业公司不仅为毛里塔尼亚赚取了大量外汇，而且为北部地区提供了重要的社会服务和就业机会。一些实施私有化的国企，政府将控股若干年，以便实现平稳的转型。①

2000 年 6 月，毛里塔尼亚航空公司实现私有化，政府将所持股份的 64.46% 以 200 万美元出售给非洲航空公司（Air Afrique）牵头的财团。股权结构为：非航 34%，巴卢埃（BALLOUHEY，法国一家私营公司）15%，毛里塔尼亚国际贸易银行（私营）10%，毛里塔尼亚法国汽油润滑油公司 7%。毛里塔尼亚航空公司当时有 2 架福克 F28 客机和 1 架波音 737 客机在服役。2001 年 3 月，毛里塔尼亚空运公司成立。这家私营公司有 2 架运力 12 吨的运输机和 1 架载客 40 人的客机，经营努瓦克肖特 - 阿塔尔 - 祖埃拉特、努瓦克肖特 - 阿塔尔 - 努瓦迪布、努瓦克肖特 - 卡埃迪国内航线。②

---

① Anthony G. Pazzanita, *Historical Dictionary of Mauritania*, Third Edition, pp. 421–422.

② 李广一编：《毛里塔尼亚　西撒哈拉》，第 83—84 页。

2000 年初，毛里塔尼亚电信业走上私有化的道路。5 月，毛里塔尼亚电信公司（SOMATEL）与突尼斯电信公司（Tunisie Telecom）合作创建毛－突电信公司（MATTEL），并以 67.81 亿乌吉亚赢得了毛里塔尼亚国家招商局颁发的第一个 GSM 移动电话通讯许可证，公司资本为 5 亿乌吉亚，突尼斯电信公司持股 51%，毛里塔尼亚电信公司持股 49%，同年 10 月，毛－突电信公司率先在努瓦克肖特开通移动电话网，随后逐步向其他城市扩展；2001 年 2 月，由政府出资 106 亿乌吉亚的毛里塔尼亚电信公司对外开放，允许参股，以国际招标的方式寻觅子公司的合作人，摩洛哥电信公司（Maroc Telecom）以 4800 万美元（120 亿乌吉亚）的价格中标，占有毛里塔尼亚电信公司 54% 的股份，同时承诺向毛里塔尼亚电信公司员工出让 3% 的股份，并在 5 年内让电信网络覆盖毛里塔尼亚主要城市，从而创立了本金 52 亿乌吉亚的毛里塔尼亚移动电话公司；2002 年 4 月，移动电话网已覆盖了努瓦克肖特、努瓦迪布、阿莱格、博盖、阿尤恩·埃尔·阿特鲁斯、内马等地，至 2002 年 10 月，全国移动电话超过 13 万部。每百人拥有移动电话 5 部，固定电话 1.2 部。①

20 世纪 90 年代末的私有化进程为毛里塔尼亚凋敝的经济注入了活力，本土企业家在这次私有化中发挥着重要作用，他们愿意在矿产、银行、通信、石化以及国际贸易方面进行投资（通常与外国人合作）。但这一私有化的进程是不均衡的，资本集中流向高利润行业，而对低利润行业则明显兴趣不足。而与民生相关的交通、电力和水资源恰恰属于高投入、低回报的行业，资本的偏好导致对这些行业的投资较少，毛里塔尼亚的基础设施建设并未出现明显改善。这也造成了毛里塔尼亚的贫富差距进一步加大。虽然毛里塔尼亚国内生产总值从 1995 年的 20.92 亿美元增长到 2005 年的 29.36 亿美元，年均增长率为 4%，但人均国内生产总值从 1995 年的 904 美元增长到 2005 年的 971 美元，

① 李广一编：《毛里塔尼亚　西撒哈拉》，第 86—87 页。

年均增长率仅为 0.7%，远低于同时期的国内生产总值增长。[①]

国际贸易

自 2000 年起，国际石油价格的不断攀升和毛里塔尼亚货币乌吉亚的连续大幅度贬值增加了毛里塔尼亚进口商品的成本，促使国内物价不断上涨。

出口方面，毛里塔尼亚铁矿业和渔业是国家经济的支柱产业，也是外汇收入的主要来源。2001 年，毛里塔尼亚进出口贸易总额为 7.09 亿美元，其中进口 3.67 亿美元，出口 3.42 亿美元，自 1999 年以来首次出现逆差。2001 年，矿石和渔产品的出口额占毛里塔尼亚出口商品总额的 99.7%，其中铁矿石占 58.8%，渔产品占 40.9%，其余 0.3% 为牛、羊皮和阿拉伯树胶。20 世纪 80 年代以前，毛里塔尼亚渔产品为毛里塔尼亚出口的第一大产品，但随着毛里塔尼亚海洋渔业资源的减少和渔产品价格的下降，毛里塔尼亚渔产品出口额退居铁矿石之后。毛里塔尼亚铁矿石通过国家工业矿业公司经营出口，渔产品通过毛里塔尼亚渔货销售公司（SMCP）垄断经营出口。[②]

进口方面，毛里塔尼亚除了铁矿开采和渔业加工外，另有少量食品加工厂、面粉厂、矿泉水以及水泥等工厂，因此毛里塔尼亚需要的生活消费品及生产资料基本上来自进口。进口产品主要是机械设备、石油产品、车辆、建材产品以及粮油食品等。2001 年，毛里塔尼亚进口石油天然气加上汽车及其配件的数额占总额的 34.6%，机械进口额占 26%，粮油食品占 16.6%。由于毛里塔尼亚气候炎热干燥，耕作技术落后，其粮食产量远不能满足国内需求，毛里塔尼亚每年须拿出相当多的外汇进口粮油食品和水果、蔬菜。由于毛里塔尼亚境内粮食价格较高，导致毛里塔尼亚与塞内加尔边界地区粮食走私活动猖獗，实际上毛里塔尼亚每年的粮食进口额要远远超过

① 数据来源：世界银行，https://data.worldbank.org.cn/indicator/NY.GDP.PCAP.CD?locations=MR。

② 李广一编：《毛里塔尼亚 西撒哈拉》，第 89 页。

官方的统计数字。毛里塔尼亚对进口商品无国别限制，只要求价格合适，商人随意自定。由于地缘和进口传统商品的习惯，欧盟国家商品在毛里塔尼亚占据了三分之二左右的市场。2001 年，欧盟对毛里塔尼亚进出口额分别占毛里塔尼亚市场份额的 70.5% 和 64%，其次是美国、日本、马格里布国家和南撒哈拉国家。毛里塔尼亚铁矿石出口，欧盟五国（法国、比利时、意大利、德国、西班牙）占 89.3%，其次为英国、巴基斯坦、芬兰、阿尔及利亚和瑞典，占 1%—3%。毛里塔尼亚渔产品出口，西班牙、日本和意大利三国分别占 31%、21.9% 和 14.2%，其次是尼日利亚、俄罗斯、加纳及亚洲等国。

1995 年 4 月毛里塔尼亚成为世贸组织成员国，2002 年 6 月，毛里塔尼亚与世贸组织签署关税协议，用以提高进口报关商品发票金额的透明度。毛里塔尼亚实行市场经济各贸易自由化政策，根据毛里塔尼亚贸易法规定，凡年满 18 岁的毛里塔尼亚人或在毛里塔尼亚居住的外国人，经过商业注册登记都可以开办公司商店和经营进出口贸易。毛里塔尼亚原属于外汇管制国家，自 1995 年起，除影响社会安全和国民健康的违禁品（包括酒类）外，商人可任意经营进出口贸易并通过银行对外付汇，毛里塔尼亚中央银行仅负责毛里塔尼亚政府与外国政府及国际组织间的外汇管理和调配。1998 年，毛里塔尼亚中央银行规定，取消由中央银行签署的进口许可证管理制度，转而采取向监督总公司预先申报的制度。①

毛里塔尼亚进口关税包括进口国库税、增值税、统计税和最小值税。毛里塔尼亚平均关税率约为 20%，进口商品最高关税为 45.14%，最低关税为 0，如农产品、信息产品及书类。此外部分商品如食用油、糖、茶、饮料、香烟、汽油等还要征收消费税。

毛里塔尼亚商品进口基本上通过努瓦克肖特港口入境。北部城市努瓦迪布是全国经济中心，毛里塔尼亚铁矿石和渔产品均经过努瓦迪布港出口。南部罗索是水稻生产基地，也是毛里塔尼亚农产品

① 李广一编：《毛里塔尼亚　西撒哈拉》，第 90—91 页。

和其他产品对塞内加尔进出口的重要货栈。2002 年，毛里塔尼亚与摩洛哥达成协议，双方在边界设立边贸关口，毛里塔尼亚与摩洛哥之间的边境贸易遂开始活跃起来。连接毛里塔尼亚与马里的公路已经建成，从而大大促进了毛马两国贸易的发展。[①]

四、第二共和国的对外交往及冲突

亲西方的外交政策

海湾危机期间，毛里塔尼亚支持伊拉克，导致其与法国、美国等西方国家关系紧张。伊拉克战争后，毛里塔尼亚调整外交政策，逐渐疏远了与伊拉克的关系，与西方国家的关系缓和。在西方国家支持下，毛里塔尼亚于 1999 年 7 月与以色列建立了完全的外交关系，极大地推动了毛里塔尼亚与西方的关系。

第二共和国初期，由于塔亚政府对外政策的调整，毛里塔尼亚与法国的关系逐渐升温。1997 年 9 月，法国总统希拉克访问毛里塔尼亚。1998 年 6 月，毛、法签署了合作伙伴框架协议。但 1999 年，两国关系因乌尔德·达哈事件（Ould Dah affair）[②] 骤然降温，2000 年 4 月，乌尔德·达哈潜回毛里塔尼亚，直至 2001 年，两国关系未有改善。在此期间法国不断释放善意，并保持对毛里塔尼亚的经济援助。2001 年，毛里塔尼亚主动与法国改善关系。4 月，毛里塔尼亚外长访法，6 月法国外长回访毛里塔尼亚，两国关系随即升温。“9·11”事件后，两国总统两次互通电话表明一致立场。2002 年 1 月，毛、法签署了一系列法对毛里塔尼亚提供援助的协议。2004 年，毛里塔尼亚总理穆巴拉克代表总统塔亚赴法国出席在土伦举行的诺

① 李广一编：《毛里塔尼亚　西撒哈拉》，第 91 页。

② 1999 年 7 月 3 日，毛里塔尼亚军官伊莱·乌尔德·达哈在法国蒙彼利埃参加军事交流训练时被地方法官以侵犯人权罪逮捕，毛里塔尼亚对法国的行为进行谴责，并呼吁法国政府放人，但遭到拒绝。毛里塔尼亚遂召回正在法国进行军事训练的其余军官，两国关系因此降温。

曼底盟军登陆60周年纪念活动。12月，毛里塔尼亚国防部长赴法出席欧洲－地中海论坛国防部长会议。

毛里塔尼亚在1961年与美国建交，美国每年向毛里塔尼亚提供小额援助。1990年海湾危机期间，由于毛里塔尼亚政府支持伊拉克，美国一度停止了援助。1995年后开始逐步恢复，每年给予毛里塔尼亚人道主义的援助约为500—600万美元。随着毛美关系不断改善，美国逐渐加大了对毛里塔尼亚的人道主义援助。美虽未恢复对毛里塔尼亚政府的贷款，但积极推动双边或多边金融机构向毛里塔尼亚提供经济援助，并支持减免毛里塔尼亚债务。“9·11”事件发生数小时后，毛里塔尼亚总统塔亚即致电美国总统布什并接见美国代办表示慰问。此后，毛里塔尼亚按美国要求冻结恐怖分子资产，逮捕嫌犯，美对此表示赞赏。2002年1月，美宣布将毛里塔尼亚列入《美－非经济合作法案》所规定的以优惠税率对美国出口的国家名单中。毛里塔尼亚积极配合美国在反恐方面的行动。2004年1月，美国务院行政事务助理国务卿、助理国防部长先后访毛。6月，毛外交合作部长贝拉勒访美。9月，贝拉勒赴纽约出席第59届联合国大会并发言。

加强与马格里布国家的关系

20世纪80—90年代，毛里塔尼亚国内族群关系紧张，并导致与黑非洲国家的关系降温，甚至与塞内加尔发生严重冲突。为了扩大外部空间，毛里塔尼亚将外交的重点放在了马格里布国家。1989年2月17日，摩洛哥、突尼斯、阿尔及利亚、利比亚和毛里塔尼亚等五个国家组成了阿拉伯马格里布联盟（Union of the Arab Maghreb, UMA），简称“马盟”。在北非五国首脑峰会期间，五国发表声明表示，他们将建立阿拉伯马格里布联盟以寻求更大范围的合作，其中包括经济、国防和社会文化事务方面。为了实现这一目标，马盟建立了几个超国家机构，其中包括总统理事会和联合外交委员会等协调机构，工业和商业合作的框架也逐渐形成，以期消除马盟国家间的贸易壁垒。由于20世纪80年代末期毛里塔尼亚紧张的种族关系，毛里塔尼亚加入马盟的行为引起了黑人的强烈不满，因为他们将此视为毛里塔尼亚阿拉伯化的一部分。然而由于外交现实，乌尔德·塔亚总统决定签署马盟条约。但不久之后马盟便陷入困境。

1990—1994年，马盟共举行了六次元首峰会，但经济合作进程缓慢，政治分歧仍旧尖锐，防御、社会、文化合作几乎不存在。1995年2月，利比亚因洛克比危机而无法接替阿尔及利亚担任马盟轮值主席国。马盟主席国继续由阿尔及利亚担任。12月22日，摩洛哥指责阿尔及利亚直接插手西撒哈拉问题，要求暂时终止马盟活动，并拒绝担任下轮主席国，马盟主席国遂由阿尔及利亚继续担任。

2000年4月，首届欧非首脑会议期间，阿尔及利亚、摩洛哥、利比亚、突尼斯四国元首实现多年来首次集体会晤，重申区域一体化是其战略选择。2002年1月16—17日，马盟外长理事会第19次会议在阿尔及尔召开，会议对马盟进程进行总结和展望，制定了一些行动计划，决定于2002年上半年召开第七次马盟首脑会议，以全面恢复马盟进程。但由于阿尔及利亚与摩洛哥在西撒问题上分歧突出，摩洛哥托词不出席，导致原定于6月20—21日在阿尔及尔举行的第七次马盟首脑会议被迫推迟，马盟重启的努力再次受挫。

2003年1月3—4日，第20次马盟外长理事会在阿尔及尔举行，会议就新形势下深化马盟机构改革、重启马盟进程进行广泛的探讨，并就年内召开第七次马盟首脑会议达成协议，具体日期将由成员国元首们通过协商确定。2004年下半年，因毛里塔尼亚指责利比亚支持毛里塔尼亚反政府人士，两国关系开始恶化。2004年2月，塔亚总统致电摩洛哥国王穆罕默德六世，对摩洛哥发生的强烈地震表示慰问，毛里塔尼亚政府向灾区提供了人道主义援助。5月，塔亚总统赴突尼斯出席阿拉伯国家联盟第16次首脑会议，这也是多年来首次出席此类会议。

毛里塔尼亚与塞内加尔冲突再起

1989 年 8 月，由于毛里塔尼亚与塞内加尔的边境冲突，两国断绝外交关系。1992 年 4 月，毛、塞双方签署恢复外交关系的联合公报，并恢复航空、邮电和陆界联系。1993 年，两国实现关系正常化，双边合作发展顺利，影响两国关系的难民问题[①]逐步得到解决。

但好景不长，毛里塔尼亚和塞内加尔在水资源问题上再次爆发冲突。2000 年 4 月，阿卜杜拉耶·韦德（Abdoulaye Wade）[②]在塞内加尔掌权，他严厉批评毛里塔尼亚的政策。6 月 5 日，乌尔德·塔亚总统指控塞内加尔政府秘密将塞内加尔河水供其国内灌溉使用。毛里塔尼亚政府指出，韦德政府在未经允许的情况下重启化石谷（Vallées Fossiles）项目[③]，宣布将在两周内驱逐数以万计居住在毛里塔尼亚的塞内加尔人。2000 年 6 月 7 日，毛里塔尼亚信息部部长拉希德·乌尔德·萨利赫（Rachid Ould Saleh）声称塞内加尔正在寻求“地区霸权”,继续从塞内加尔河转移水资源,以及向反政府的“非洲人解放军”提供援助。

拉希德·乌尔德·萨利赫的声明使毛里塔尼亚和塞内加尔的关系降至冰点。2000 年 6 月 7—10 日，约 2.5 万名塞内加尔人被驱离了毛里塔尼亚，同时也有 5500 名毛里塔尼亚人被驱离塞内加尔。冈比亚、马里和摩洛哥共同在毛塞两国间进行调解，力图使两国避免

---

① 长久以来，难民问题在毛里塔尼亚并不严重，且难民主要是因气候干旱和沙漠化造成的。第一次难民危机出现在西撒哈拉冲突期间，当地居民逃离该地区以躲避战乱，但此次危机难民数量相对较小，也很快得到控制。1989—1990 年毛－塞危机期间，毛里塔尼亚遇到了最严重的难民危机，近 20 万居住在塞内加尔的毛里塔尼亚人被达喀尔政府驱逐。这些人被迫返回毛里塔尼亚，这对毛里塔尼亚本就不充足的住房和不太完善的社会服务造成巨大压力。1991—1992 年，马里内乱导致了又一次难民危机。近 4.6 万名图阿雷格人逃离马里前往毛里塔尼亚东部省霍德·埃赫－查吉。联合国难民署迅速作出回应，并对难民进行安置。但随后在遣返难民问题上遇到一系列障碍，该地区的难民问题日益严重。

② 阿卜杜拉耶·韦德，塞内加尔独立以来的第三任总统。他出生于圣路易斯，并在塞内加尔和法国接受教育。2000 年 2 月 27 日在塞内加尔总统大选中获胜，4 月 1 日就职。

③ 化石谷项目是由塞内加尔总统阿卜杜·迪乌夫发起的土地再生项目，旨在通过修建运河将塞内加尔河水引入农业发展潜力较大的地区。然而毛里塔尼亚与塞内加尔在塞内加尔河水的分配上一直存在分歧。

发生更进一步的冲突。2000 年 6 月 10 日，毛里塔尼亚内政部长达乌尔德·德尔贝尔·杰利尔（Dah Ould Abdel Jelil）[①] 宣布驱逐令已经终止，并宣称被驱离的塞内加尔人可以返回。2000 年 6 月 12 日，为了缓解两国间的紧张氛围，双方领导人进行会晤。韦德总统重申将绝对放弃化石谷项目，并且双方承诺制定联合发展与合作计划，两国的关系还有回旋的余地。[②]

① 杰利尔在 1978—1982 年的军政府统治时期和随后的第二共和国时期均在毛里塔尼亚政府任职。20 世纪 90 年代初期，杰利尔作为一名名声在外的泛阿拉伯主义者，开始担任达赫莱特－努瓦迪布大区的长官。1996 年 5 月 7 日，杰利尔首次加入部长委员会，并担任内政部长。但是仅仅五个月后，他的职位便被别人代替。1998 年 7 月 12 日，杰利尔再次担任内政部长并一直任职到 2001 年。2001 年 10 月，杰利尔被任命担任农村发展与环境部部长，2002 年初，杰利尔辞去部长职务。

② Anthony G. Pazzanita, *Historical Dictionary of Mauritania*, Third Edition, pp. 462-464.

第十章　新世纪以来毛里塔尼亚的动荡时局

塔亚执政时期，毛里塔尼亚局势相对稳定，但政治上仍处于高压状态，经济发展乏力。同时，塔亚追随美国积极参与“反恐战争”，国内伊斯兰主义者深感愤懑。2005 年 8 月，毛里塔尼亚军方乘塔亚总统前往沙特参加法赫德国王葬礼之机发动政变，塔亚政府垮台。在经历了两年军政府统治后，2007 年毛里塔尼亚在国际社会的监督下举行总统大选，谢赫·阿卜杜拉希当选，建立第三共和国。然而，阿卜杜拉希政府非但没有解决国内的经济发展问题，而且延续着前政府的弊端，打压反对派乃至军方异己力量。2008 年，军队领导人阿卜杜勒·阿齐兹发动政变，推翻阿卜杜拉希的统治。2009 年，阿卜杜勒·阿齐兹退役，并以平民身份当选总统。毛里塔尼亚进入相对稳定的历史时期。2019 年，阿卜杜勒·阿齐兹支持加祖阿尼当选总统，毛里塔尼亚第一次实现独立后最高权力的和平移交，为其政治发展注入了新动力。

一、政治衰朽与第二共和国的覆灭

2003 年政变

在塔亚统治毛里塔尼亚的 20 年间，塔亚加强对言论、出版和媒体的控制，打击反对派和在野党，毛里塔尼亚政治逐渐陷于僵化。此外，塔亚政府力主毛里塔尼亚与以色列建交，并实施亲西方的外交政策，积极配合美国的“反恐战争”，按照西方意愿抓捕伊斯兰主义者，引起国内外伊斯兰主义者的强烈不满。此外，国家经济发展乏力，农业生产严重受挫，许多毛里塔尼亚人营养不良，忍受饥饿的痛苦。另一方面，塔亚将经济和政治资源投向其家乡阿德拉尔的摩尔塞马赛德部落（Moorish Semasside tribe），给予他们各种便利和特权。民众对于塔亚政府怨声载道。

2003年初夏，毛里塔尼亚国内对于塔亚政府的不满近乎到达顶峰。国家经济虚弱，政府腐败盛行，同时压制国内反对的声音，这些因素使得第二共和国的多党民主和分权制衡的制度已名不副实。但塔亚总统多次暗示，他打算一直统治毛里塔尼亚，并且牢牢掌控着国家安全部门。显然，通过和平与宪政的方式已无法促使乌尔德·塔亚下台。塔亚执政时期，他忽视军队建设和军人的待遇，一些底层官兵生活环境恶劣。因此，军人成为反对塔亚政权的主力。

2003年6月8日，前军队中校萨利赫·乌尔德·哈内纳（Captain Saleh Ould Hanena）[①] 领导近30名军官发动军事政变，成功占领位于首都的总统府、国家广播电视台和军队总部。乌尔德·哈内纳及其追随者打开首都的监狱释放囚犯，尤其是政治犯。

面对突如其来的政变，塔亚总统于6月8日早上便在效忠他的卫队护送下逃离官邸。当日中午，各种迹象显示塔亚政府似乎已被颠覆，国家广播电视台停止播报，内阁成员也都不知所踪。但塔亚仍然掌控着主要的安全部门，并开始实施反扑和镇压。总统安全营

① 萨利赫·乌尔德·哈内纳，1965年出生于霍德的阿尤恩·埃尔·阿鲁斯附近的摩尔哈桑部落。早年就加入毛里塔尼亚军队，并官至中校和坦克营指挥官。但在2001年由于反对塔亚政府的政策而被解职。2003年6月，哈内纳发动政变失败，随后开始逃亡生活。2004年10月，哈内纳在毛－塞边境地区罗索被毛里塔尼亚政府逮捕并被判入狱。2005年8月，穆罕默德·瓦尔发动政变推翻了塔亚政府，新政府对塔亚时期的政治犯进行大赦，哈内纳被释放。2007年3月，哈内纳参加了毛里塔尼亚总统大选，但仅获得7.65%的支持率。

（Bataillon de la Sécurité Présidentielle, BASEP）[①]、国民警卫队（National Guard）和国家宪兵（Gendarmarie Nationale）[②]发起猛烈回击，逐步夺回了总统府、政府办公室、广播电台和军营。6月9日晨，虽然在努瓦克肖特还能听到枪声，但政变基本已被挫败。政变的军人作鸟兽散，许多人设法逃往邻国避难。这场政变造成15人死亡。乌尔德·塔亚政权有惊无险。

这次政变之所以未能成功，并遭到镇压，除了塔亚对于安全部门的控制，以及政变者力量本身十分弱小外，也与大多数毛里塔尼亚人持观望、不支持的态度密切相关。他们担心政变可能导致政局更加动荡不定。因此，大多数毛里塔尼亚人甚至庆幸这次政变的失败。

政府内部的清洗

塔亚总统成功镇压军事政变后，开始对政府进行大清洗。2003年6月9日下午，面带倦容的塔亚总统出现在国家电视台，宣布成功镇压叛乱。塔亚说道："爱国的军人击败了旨在终结国家发展与解放进程的阴谋"[③]。他将政变归咎于伊斯兰主义者，并以此为借口对政府进行清洗。但遭到来自国内外的不满。塔亚总统改组了内阁，总理谢赫·阿维亚·乌尔德·穆罕默德·胡纳（Cheikh el-Avia Ould Mohamed Khouna）因支持政变者而被拘捕。赫迪·乌尔德·萨迪上校（Col. Hedi Ould Sadigh）代替在反政变中遇难的乌尔德·恩迪亚耶上校（Col.Ould N'Diayane），被任命为新的陆军参谋长；

---

① 总统安全营于20世纪90年代末—21世纪初组建，其成员至少有几百人，是国民卫队中的精锐部分。在塔亚执政期间，安全营负责国家首脑及其家人、总统办公室及总统府邸的保护工作。塔亚执政时期，安全营的成员主要是由塔亚的亲信构成。安全营配备毛里塔尼亚军队中最优良的装备，并与法国、美国和伊拉克军事合作。虽然安全营在2003年8月政变中发挥了重要作用，但未能阻止2005年穆罕默德·瓦尔和平推翻塔亚政权。

② 国家宪兵作为毛里塔尼亚主要的准军事警察部队，负责城市和农村地区的执法任务。国家宪兵由3000人组成，这些人被分成6个连队，遍及全国各地。在国家宪兵建立之初，它被视为常规武装部队的一部分，但之后从武装部队中分离，并拥有独立的指挥官和总部。国家宪兵受内政部长指挥，并配备有轻型武器和非武装车辆。

③ Anthony G. Pazzanita, *Historical Dictionary of Mauritania*, Third Edition, p. 150.

国家安全总局（Direction Générale de la Sûreté Nationale, DGSN）局长、海军最高将领、对外情报部门负责人皆被解雇。此外，多名与乌尔德·哈内纳所属部落有关的军官和政府官员被捕。2004 年 10 月，乌尔德·哈内纳、乌尔德·明尼被逮捕。塔亚镇压政变之后，并未改变其政治主张。2003 年 9 月，塔亚再次高票当选总统，仍奉行亲西方的政策。军队遭到清洗后，大量军官改由塔亚的亲信担任，底层军人士气低落，对塔亚存在不满的情绪。塔亚政府面临的危机并未解除。[①]

2005 年政变与第二共和国终结

在毛里塔尼亚内忧外患的局面下，国家安全局局长伊利·乌尔德·穆罕默德·瓦尔上校（Col. Ely Ould Mohamed Vall）与总统安全营的长官穆罕默德·乌尔德·阿卜杜勒·阿齐兹上校[②]（Col. Mohamed Ould Abdelaziz）开始策划反对塔亚总统的政变。陆军参谋长助理阿卜杜拉赫曼·乌尔德·布巴卡尔上校（Col. Abderrahmane Ould Boubacar），穆罕默德·乌尔德·穆罕默德·兹纳吉上校（Col. Mohamed Ould Mohamed Znagui）和军事情报部门主管穆罕默德·乌尔德·加祖阿尼上校（Col. Mohamed Ould el-Gazouani）都表示支持罢免塔亚总统。但国民警卫队和其他高级军官都没有参与乌尔德·瓦尔的计划。

策划政变的军官曾计划在东部城镇内马逮捕塔亚总统。2005 年 8 月 1 日，乌尔德·塔亚总统乘坐私人飞机前往沙特参加法赫德国王的葬礼，为政变提供了良机。8 月 3 日凌晨 3 点，乌尔德·瓦尔上校和乌尔德·阿卜杜勒·阿齐兹上校发动政变，控制了陆

---

① Anthony G. Pazzanita, *Historical Dictionary of Mauritania*, Third Edition, pp. 147–151.

② 阿卜杜勒·阿齐兹，1956 年出生于阿克茹特的著名摩尔哈桑（Moorish hassan）部落群——乌尔德·布斯巴（Ould Bousbaa）。在接受小学和中学教育之后，阿卜杜勒·阿齐兹于 21 岁时选择加入毛里塔尼亚军队并从 1977 年开始在位于梅克内斯的摩洛哥皇家军事学院接受训练。之后在毛里塔尼亚武装部队中担任陆军上校。2008 年 8 月，阿卜杜勒·阿齐兹发动军事政变，推翻了阿卜杜拉希政府，随后成为毛里塔尼亚领导人。

军参谋长埃尔－阿比·乌尔德·杰德丁上校（Col. El-Arby Ould Jeddein）和国民警卫队的领导人艾尼纳·乌尔德·埃尔瓦伊达上校（Col. Ainina Ould Elvaida）。与此同时，总统安全营的部队也于凌晨5点左右和平占领了陆军司令部、总统官邸和广播电视台。但陆军空降部队指挥官西迪·穆罕默德·乌尔德·埃尔瓦伊达上校（Col. Sidi Mohamed Ould Elvaida）和宪兵总部的指挥官西迪·乌尔德·里哈上校（Col. Sidi Ould Riha）并不支持政变，并予以反击，但很快被击退。8月3日11点，宪兵队投降，乌尔德·里哈被捕。[①] 至此，毛里塔尼亚第二共和国终结。

二、毛里塔尼亚第三共和国的建构

修改宪法

2005年8月政变成功后，政变的军官成立了正义与民主军事委员会（Conseil Militaire pour la Justice et la Démocratie，CMJD）作为“过渡性”政府。美国等西方国家对新政权充满敌意，支持塔亚；非洲一些国家也不承认新政权。乌尔德·瓦尔承诺将于2007年初进行新的议会和总统选举。乌尔德·瓦尔表示，他本人和正义与民主军事委员会的任何一名成员都不会参与2007年的总统选举。正义与民主军事委员会努力消除毛里塔尼亚人民和国际社会关于新政府的忧虑，在政变后几天便任命了新的文官内阁，总理由亲西方的经济学家西迪·穆罕默德·乌尔德·布巴卡尔担任。西方国家和非洲一些国家也陆续转变了对新政权的态度，予以承认。

为了推进毛里塔尼亚的民主化和多元化，新政府修改宪法。2006年6月25日举行修宪公投，新宪法以96.96%的支持率获得通

① Anthony G. Pazzanita, *Historical Dictionary of Mauritania*, Third Edition, pp. 152-154.

过。[①]新宪法以1948年12月的《世界人权宣言》和1981年6月的《非洲人权宪章》确立的民主原则为基础，声称尊重伊斯兰教信仰，保护毛里塔尼亚人民在各方面的权利。2006年宪法对1991年宪法进行了如下修改。

首先，对总统的选举和任期做了修改：共和国总统由直接普选产生，任期由原来的六年改为五年。总统选举采取绝对多数当选制。如果候选人在第一轮投票中没有获得绝对多数选票，得票最多的两名候选人在两周后进行第二轮选举。宪法还规定，所有出生在毛里塔尼亚、享有公民和政治权利且年龄在40—75周岁的毛里塔尼亚人都具有参选的权利。

总统选举在前任总统届满前30—45天内进行。宪法委员会确保选票登记的合法性，并公布选举结果。总统不能兼任任何公共或私人的职位，也不能兼任政党的职位；总统只可连任一次；新当选的总统在前任任期届满时就任总统；在就职前，共和国总统向宪法宣誓：确保毛里塔尼亚人民的利益，维护独立和主权，维护祖国统一和国家领土的完整。宣誓必须在国民议会办公室、参议院办公室、最高法院院长和伊斯兰高级理事会主席在场的情况下进行。[②]

其次，对于修宪的条件也进行了修改：总统和议员具有修宪的倡议权；至少三分之一的国民议会议员联名才有权提出修宪案；宪法条款的修订都必须同时得到三分之二的国民议会代表和三分之二参议员的赞成，并由参议院提交全民公决。任何危害国家的主权或领土完整的修宪提案都不予通过。[③]

---

① “Mauritania’s constitution gets 96.96% yes vote”, Middle East Online, June 28 2006, https://web.archive.org/web/20061020021055/http://www.middle-east-online.com/english/mauritania/?id=16850，引用时间：2020年7月20日。

② CONSTITUTION OF THE REPUBLIC MAURITANIA ISLAMIC (With the draft amendments submitted to referendum 25 June 2006), Article 26–29(new), https://www.wipo.int/edocs/lexdocs/laws/en/mr/mr019en.pdf，引用时间：2020年7月12日。

③ CONSTITUTION OF THE REPUBLIC MAURITANIA ISLAMIC (With the draft amendments submitted to referendum 25 June 2006), Article 99 (new), https://www.wipo.int/edocs/lexdocs/laws/en/mr/mr019en.pdf，引用时间：2020年7月12日。

议会选举

在进行修宪之前，选举新的议会的计划已经被提上日程。在塔亚政府时期，内政部长负责组织投票工作。政变后，由超脱于特定政党和领导人的国家独立选举委员会（National Independent Electoral Commission）取而代之，负责监督选举。该委员会成员由正义与军事委员会直接任命，但也欢迎外国观察团在选举期间监督选举，以示公正。2006 年 11 月 19 日举行第一轮国民议会选举投票，12 月 3 日举行了第二轮 。

国民议会的选举顺利进行，至少有 28 个政党在国民议会选举中竞争，投票率达到了 73.4%[①]，投票过程在国内和欧洲与北美国家的观察员的监督下进行。此次国民议会选举共有约 600 名独立参选人，他们中部分人组成了全国独立参选人大会。全国独立参选人大会的许多成员是前执政党民主社会共和党的成员。最终，代表社会民主共和党、保守农村地区与温和伊斯兰派别利益的独立候选人获得 95 个国会席位中的 41 席；艾哈迈德・乌尔德・达达赫所领导的民主力量大会（Rally of Democratic Forces, RFD）[②] 获得 15 席；进步力量联盟获得 8 个席位；争取民主与革新共和党获得 7 个席位；人民进步联盟获得 5 个席位；民主团结联盟和民主进步联盟各获得 3 个席位；毛里塔尼亚团结和变革党（Mauritanian Party of Union and Change, HATEM）获得 2 个席位；人民阵线（Front Populaire, FP）获得 1 个席位；还有 10 个席位被新成立的团体获得。[③] 毛里塔尼亚的市议

---

① 数据来源：参见非洲选举数据库（African Election Database），“Election in Mauritania”, https://africanelections.tripod.com/mr.html，引用时间：2020 年 11 月 30 日。

② 民主力量大会的前身是艾哈迈德・乌尔德・达达赫所领导的民主力量同盟。民主力量同盟被禁之后，在其领导人的申请下，2001 年 6 月民主力量大会获批成为毛里塔尼亚合法政党。出于政治顾忌，达达赫并未担任党主席，而是由其密友穆罕默德・马哈茂德・乌尔德・埃玛特（Mohamed Mahmoud Ould Ematt）担任。虽然埃玛特对外宣称民主力量大会是一个全新的政党，但普遍认为民主力量大会其实代表着乌尔德・达达赫的利益。

③ “MAURITANIA/Al Jamiya-Al-Wataniya (National Assembly) ELECTION IN 2006”, INTER-PARLIAMENTARY UNION, http://archive.ipu.org/parline-e/reports/arc/2207_06.htm，引用时间：2021 年 1 月 27 日。

会选举与国民议会选举同期举行。

参议院于 2007 年 1 月 21 日举行第一轮选举，2 月 4 日举行第二轮。参议院的选举与国会选举稍有不同，由市长、镇长和市议会成员投票选举产生。同样，在参议院选举中，独立候选人表现出色，赢得了 53 个席位[①]中的 34 席；民主力量大会获得 5 席；争取民主与革新共和党和民主变革力量（Forces of Change for Democracy, CFCD）各获得了 3 席；毛里塔尼亚团结和变革党获得 2 席；其余政党均获得 1 席。[②]可以说，国民议会和参议院选举的顺利举行印证了乌尔德·瓦尔政变成功后对于毛里塔尼亚人民的承诺，也拉开了毛里塔尼亚总统选举的序幕。

竞争激烈的总统选举

2006 年 11 月 19 日和 12 月 3 日，议会两院选举结束后，新总统的选举成为乌尔德·瓦尔领导的军政府实现还政于民的最后一步。同议会选举一样，总统选举投票也由内政部负责，但是受到国家独立选举委员会和外国观察员的监督。总统选举分为两轮，如果第一轮中没人获得绝对多数票，选举将进入第二轮，由第一轮得票最高的两位参选人进行最终角逐，得票多者获胜。因为乌尔德·瓦尔明确地反对自己和正义与民主军事委员会其他成员竞选总统，此次选举也成为毛里塔尼亚历史上第一次现任领导人不参与竞选的选举。

在政治自由化和开放的背景下，大量的政治人物向毛里塔尼亚宪法法庭提出竞选申请也就不足为奇了。2007 年 2 月 2 日，公布最终候选名单，许多著名的政治家榜上有名。最值得注意的是著名反对派领导人，艾哈迈德·乌尔德·达达赫和塔亚政府的内阁部长西迪·穆罕默德·乌尔德·谢赫·阿卜杜拉希（Sidi Mohamed

---

① 2007 年参议院选举共有 56 个席位，各党派竞争其中 53 席，随后由当选的 53 名参议员指定剩余 3 名参议员，这 3 名参议员代表海外的毛里塔尼亚人。

② “MAURITANIA/Majlis Al-Chouyoukh (Senate) ELECTION HELD IN 2007”，INTER-PARLIAMENTARY UNION，http://archive.ipu.org/parline-e/reports/arc/2208_07.htm，访问时间：2021 年 1 月 27 日。

Ould Cheikh Abdellahi）[①]。据报道，阿卜杜拉希与农村、保守派和温和的伊斯兰主义势力有着密切联系，而且和正义与民主军事委员会成员兼总统安全营指挥官的穆罕默德·乌尔德·阿卜杜勒·阿齐兹具有姻亲关系。进步民众联盟（Alliance Populaire Progressiste, APP）的马苏德·乌尔德·布尔凯尔和毛里塔尼亚前央行行长泽因·乌尔德·泽丹（Zeine Ould Zeidane）[②]也参加了竞选。毫无疑问，乌尔德·泽丹提出的竞选口号是要打破国家的保守状态，承诺将保持毛里塔尼亚与以色列高度备受争议的外交关系，并坚持自由市场导向型的经济。

2007 年 3 月，毛里塔尼亚举行总统选举，投票率为 70.2%，没有一名候选人获得绝对多数票。[③]其中，乌尔德·阿卜杜拉希得票率最高，获得 24.8% 的支持率；乌尔德·达达赫获得 20.69% 的支持率位于第二位。

在第二轮选举中，阿卜杜拉希和达达赫需要拉拢第一轮的竞选者以获得更多的选票。例如，泽因·乌尔德·泽丹从一开始就选择支持阿卜杜拉希，而达达赫则希望得到布尔凯尔的支持。由于布尔凯尔在第一轮得票率较高，支持者甚多。他的立场对于选举的走向至关重要。布尔凯尔最终选择支持阿卜杜拉希。最后的决选于 2007 年 3 月 25 日顺利举行，乌尔德·阿卜杜拉希获得 373520 票（52.85% 的得票率）击败乌尔德·达达赫的 333185 票。3 月末，由正义与民主军事委员会所任命的部长委员会全体辞职，乌尔德·瓦尔从军队

---

① 谢赫·阿卜杜拉希，1938 年出生于布拉克纳省的阿莱格的一个著名的宗教家庭。阿卜杜拉希在塞内加尔接受小学和中学教育，并在达喀尔大学完成大学教育，获得经济学学位。阿卜杜拉希是毛里塔尼亚第一任自由选举的总统，其任期开始于 2007 年 4 月，2008 年 8 月被政变推翻。

② 乌尔德·泽丹是毛里塔尼亚第三共和国的第一任总理。泽丹 1966 年出生在霍德·埃赫－查吉的一个名叫坦切克特（Tamchekket）的偏远地区。他在毛里塔尼亚接受小学和中学教育之后前往法国尼斯大学深造，并于 1995 年获得了应用数学博士学位，随后留校任教。一年后回到毛里塔尼亚，并在努瓦克肖特大学教授经济学和数学。1997 年辞去学校职务进入政府部门，从此开启了其政治生涯。

③ Anthony G. Pazzanita, *Historical Dictionary of Mauritania*, Third Edition, p. 419.

退休，但大多数正义与民主军事委员会成员仍保留其在军队中的职位。军政权执政不到2年就还政于民，这在毛里塔尼亚还尚属首次。2007年4月19日阿卜杜拉希宣布就职，成为毛里塔尼亚第三共和国的第一位总统。①

三、阿布杜拉希总统面临的严峻挑战

难民问题

阿布杜拉希总统上台后，面临诸多严峻的挑战，首当其冲的就是难民问题。由于地区冲突和国内贫困，以及干旱等原因，造成毛里塔尼亚许多贫民流离失所，形成数次难民潮。第一次难民危机出现在西撒哈拉冲突期间，当地居民逃离西撒哈拉以躲避战乱，但规模相对较小。1989—1990年爆发的毛－塞危机造成近20万居住在塞内加尔的毛里塔尼亚人被驱逐，形成新的难民潮，并且严重冲击了毛里塔尼亚本就匮乏的经济资源和公共服务。1991—1992年，马里内乱导致了第三次难民危机，近4.6万图阿雷格人逃离马里前往毛里塔尼亚东部省霍德·埃赫－查吉。虽然联合国难民署迅速作出回应，并对难民进行安置，但随后在遣返难民问题上遇到一系列问题，该地区的难民问题日益严重。②

2007年6月29日，阿卜杜拉希发表其就职以来的第一次全国演说。他指出，1989—1991年毛－塞危机期间是毛里塔尼亚历史上的“黑暗年”。他谴责了那段时间的暴力行为，表达了对于受害者的同情，并强调宽容与和解的重要性。阿卜杜拉希表示，国家将完全承担保证毛里塔尼亚难民回国的责任，并承诺在本国政府和联合国及国际社会的帮助下，难民回归他们当地的家园。2007年11月，毛里塔尼亚政府、塞内加尔政府以及联合国难民署在努瓦克肖特签

---

① Anthony G. Pazzanita, *Historical Dictionary of Mauritania*, Third Edition, pp. 417-421.

② Ibid., pp. 431-434.

署了三方协议，这一协议的签订使 2.4 万余名毛里塔尼亚难民的回归成为了可能。[①]

废除奴隶制

海德拉政府于 1980 年在形式上废除了奴隶制，但毛里塔尼亚黑人地位仍然十分低下，并由此造成国内失稳、族群冲突加剧。同时直接影响毛里塔尼亚与塞内加尔的关系。阿卜杜拉希在竞选中得到了哈拉廷即黑人政治家布尔凯尔的鼎力支持，而布尔凯尔提出的前提条件就是通过立法彻底废除奴隶制。阿卜杜拉希上任伊始，便着手通过立法来解决奴隶制问题。2007 年 8 月 9 日，国民议会一致通过法案。法案规定，蓄奴将受到 10 年监禁的惩处，并且不允许奴隶制在毛里塔尼亚存在。政府官员或警察如对蓄奴者纵容和默许，也将受到法律的惩处。同时，法案还宣布以奴役为目的的强迫婚姻、债务奴役和任何形式的受契约约束的劳动均不合法。

2007 年末，阿卜杜拉希政府开始重点在奴隶制度盛行的偏远地区推广反奴隶制法。阿卜杜拉希政府的废奴活动为他赢得了良好的政治声誉。[②] 2007 年 9 月 26 日，阿卜杜拉希在纽约参加联合国大会时，会见了毛里塔尼亚非洲人解放军的领袖。这是毛里塔尼亚领导人自该组织在 1986 年被禁后第一次与其对话。毛里塔尼亚政府还鼓励在毛－塞冲突时期遭驱逐的近 3000 名黑人回到毛里塔尼亚，并对于前政府践踏人权的行为作出了官方道歉。

但是，对于反奴隶制法能够持续多久并产生多大影响，毛里塔尼亚普遍存在疑虑。奴隶制度在毛里塔尼亚长期存在，并具有深厚的土壤。从颁布法令到真正完全废除奴隶制仍然有很长的路要走。

---

① “Tripartite agreement on return of Mauritanian refugees”, UNHCR, 13 November 2007, https://www.unhcr.org/news/briefing/2007/11/47397ea115/tripartite-agreement-return-mauritanian-refugees.html，引用时间：2021 年 1 月 25 日。

② Anthony G. Pazzanita, *Historical Dictionary of Mauritania*, Third Edition, pp. 484–485.

阿布杜拉希政权的垮台

尽管军队仍然保持着强大的影响力，但毛里塔尼亚内部和外部都普遍认为第三共和国将会长久存续。阿卜杜拉希上任初期在废奴和解决难民问题等方面取得了一定的成效。

但是，毛里塔尼亚经济情况糟糕，与阿拉伯国家间的关系也未得到改善。阿卜杜拉希总统面临的挑战不断增加。首先，阿卜杜拉希总统在社会治理和经济发展上乏善可陈。当时，国际食品价格上升伴随着毛里塔尼亚国内农业生产低下，全国上下遭遇粮食危机，农村地区尤甚。2007 年 11 月 13 日，政府突然宣布食品价格上涨，全国多地爆发大规模暴动，民众对于总统阿卜杜拉希和总理乌尔德·泽因忽视民生问题备感愤怒。对于腐败问题、食品供应问题和其他相关问题的谴责声随之频繁出现。阿卜杜拉希政府对此予以镇压，从而引发了暴乱。生活的困苦使公众对现政府日益不满。其次，阿卜杜拉希总统试图强化自身的权威，加大对国家的控制。2008 年初，总统创建民主与发展全国同盟，以便为总统选举中的支持者提供便利，加强总统与其支持者的联系。由于 1991 年修宪后禁止总统担任任何政党的领袖，因此阿卜杜拉希推选自己的密友叶海亚·乌尔德·艾哈迈德·瓦格夫作为民主与发展全国同盟的名义领导人。毛里塔尼亚民众十分担忧阿卜杜拉希总统重蹈覆辙。

2008 年 5 月 6 日，为了消除民众因食品价格上涨和对腐败等问题的不满，阿卜杜拉希免除乌尔德·泽因的总理之职，并对内阁进行重组，任命民主与发展全国同盟的党首叶海亚·乌尔德·艾哈迈德·瓦格夫为总理。但此举已是杯水车薪。与此同时，粮食、腐败问题以及总统的任人唯亲等问题，在议会中激起强烈不满。一场变革正在酝酿中。更为严重的是，阿卜杜拉希依靠的民主与发展全国同盟也反戈一击。2008 年 6 月末，国民议会的 39 名代表联合投票启动不信任议案，其中大多数议员属于民主与发展全国同盟。7 月初，虽然瓦格夫总理反对重组内阁，但内阁还是被解散了。此时，军方也对阿卜杜拉希总统的施政十分不满。而阿卜杜拉希的幕僚则公开指责军队干预政治，并且主要针对控制着总统卫队的穆罕默德·乌尔德·阿卜杜勒·阿齐兹上校。

2008年7月末，阿卜杜拉希总统的统治即将走向终结。他拒绝议会两院召开关于食品供给和反腐的特别会议，这使他进一步陷入孤立状态。议会甚至以怀疑公共资金可能被挪为私用为由，监督阿卜杜拉希的妻子哈图·敏特·布卡里（Khattou Mint Boukhary）领导的慈善组织。为了挽救政权的垮台，阿卜杜拉希总统及其支持者开始指责军人干预政治。8月5—6日，阿卜杜拉希总统仍在为挽救其政权做最后努力，但这一切努力成为政权覆灭的催化剂。8月6日早晨7点，国家广播电台播报总统签署的免职令，宣布解除包括阿卜杜勒·阿齐兹和其他三名军方领导人的职务。阿卜杜拉希的任人唯亲、对社会经济治理的失败以及对军方的打压彻底激怒了军人。[①]军队在短短几分钟内就发动了政变，逮捕了总统阿卜杜拉希和总理瓦格夫，派重兵把守毛里塔尼亚广播中心和其他关键政府机构，进出毛里塔尼亚的航线全部停运，边境线也被关闭。[②]在两个小时内，以阿卜杜勒·阿齐兹为领导，成功发动了一场不流血的政变，阿布杜拉希政权就此垮台。[③]

四、阿卜杜勒·阿齐兹治下的毛里塔尼亚

2009年总统选举

2007年穆罕默德·瓦尔上校退休后，穆罕默德·乌尔德·阿卜杜勒·阿齐兹上校成为军队中级别最高的将领。2008年8月6日，阿卜杜勒·阿齐兹发动政变，推翻了阿布杜拉希的统治之后，其领

① Anthony G. Pazzanita, *Historical Dictionary of Mauritania*, Third Edition, p. 19.
② Ibid., pp. 157–160.
③ Ibid., pp. 475–477.

导的“最高国家委员会”控制了毛里塔尼亚，随即面临着政权如何重建的问题。国际社会对于此次政变的看法较为消极，毛里塔尼亚国内民众的态度则极为复杂。亲阿布杜拉希、伊斯兰主义者对此坚决反对。但也有一些人认为，相比争吵不休的文官政府而言，军人政权可能会更好地应对国家面临的迫切问题。[①]当时，政变的军人并不打算长期执政，仍然主张还政于民，在第三共和国宪法的框架下重建民选政府。

2008 年 9 月 15 日，国民议会通过了在 12—14 个月内举行“自由和公正选举”的计划，最终决定在 2009 年 6 月 6 日进行总统大选。[②]当时，阿卜杜勒·阿齐兹是最具影响力的政治人物。他曾表示，90% 的毛里塔尼亚人希望举行选举，应该允许退役军官参选。因此人们猜测他可能会从军队退役，以平民身份参选。2009 年 3 月 29 日，阿卜杜勒·阿齐兹宣布，他将参加总统大选，并宣布他将辞去国家元首职务，暂时由参议院议长接替。[③]在 2007 年选举中得票排在第二位的民主力量大会领导人艾哈迈德·乌尔德·达达赫也支持总统选举，但他坚持，政变时在军队服役的任何人都不能参选。与此同时，支持阿布杜拉希的政府反对派则举行抗议活动，抵制选举。其中，阿布杜拉希的支持者，也是黑人政治家布尔凯尔谴责此次选举是“反叛者的单边选举”，并警告说：“坦克、枪和子弹都无法阻止我们反对武力篡夺权力的斗争”。[④]4 月 8 日，由谢赫·萨阿德布赫·卡马拉所领导的新的选举委员会宣布成立。

2009 年 4 月 15 日，阿卜杜勒·阿齐兹辞职，并由议长巴·马

① Anthony G. Pazzanita, *Historical Dictionary of Mauritania*, Third Edition, p. 20.

② “Mauritanian junta plans elections on June 6”, France 24, 23 January 2009, https://www.google.com/amp/s/amp.france24.com/en/20090123-coup-leaders-plan-elections-june-6-, 引用时间：2021 年 1 月 26 日。

③ Scott Stearns, “Mauritania’s Military Ruler Running for President”, VOA News, 29 March 2009, https://www.voanews.com/archive/mauritanias-military-ruler-running-president，引用时间：2020 年 9 月 5 日。

④ “Mauritania junta leader flags presidential bid”, AFP, 8 April 2009, https://web.archive.org/web/20090412164254/http://www.google.com/hostednews/afp/article/ALeqM5hXumSjtW4Re-IpWVC0CgIgsr95Xw，引用时间：2021 年 1 月 20 日。

马杜·姆巴雷担任代总统。总统候选人的登记截止日期为4月22日，由于反对派抵制选举，因此没有一名主要反对派的领导人登记，这在客观上有利于阿卜杜勒·阿齐兹的竞选。4月27日，宪法法院公布了四名候选人，他们分别是：阿卜杜勒·阿齐兹、正义与民主联盟（The Alliance for Justice and Democracy）的领袖易卜拉欣·萨尔（Ibrahima Sarr），国民议会副议长凯恩·哈米杜·巴巴（Kane Hamidou Baba）和前总理斯格海尔·乌尔德·穆巴拉克（Sghair Ould M'Bareck）。[①]这些候选人都支持政变。

2009年5月5日，争取共和联盟推举阿卜杜勒·阿齐兹为该党的主席。14日，阿卜杜勒·阿齐兹会见塞内加尔总统阿卜杜拉耶·韦德和来自非盟的代表。他明确表示，希望反对派参加选举，以便增强选举的公信力。26日，艾哈迈德·乌尔德·达达赫强调，反对党不会与军政府谈判，除非军政府同意释放政治犯并推迟选举时间。6月4日，军政府与反对党之间签署最终协议，协议规定阿卜杜拉希正式辞去总统职位，选举日期定在7月18日。在协议签署之后，所有主要政党都可以参加选举。选举由超过200名观察员监督，其中包括来自非盟和阿盟的观察员。投票于2009年6月18日早晨7点开始，持续了12个小时。

阿卜杜勒·阿齐兹在努瓦克肖特投票，并表达了他对赢得第一轮选举的信心。他还表示，如果他赢得选举，将是毛里塔尼亚走向繁荣的开始，是独立的表现。但许多观察员认为选举将进入第二轮。布尔凯尔在投票时强调，毛里塔尼亚永远不会回到独裁政府的道路上。[②]

6月19日投票结果公布，61.53%的票为有效投票，阿卜杜勒·阿齐兹得票率为52.54%，获得了绝对多数选票，赢得选举；其主要竞争对手布尔凯尔和达达赫的得票率分别为16.25%和13.61%；曼苏

---

① Vincent Fertey, "Boycott could see Aziz triumph at the polls", IOL, April 23, 2009, https://www.iol.co.za/news/africa/boycott-could-see-aziz-triumph-at-the-polls-441145, 引用时间：2021年1月20日。

② Todd, Pitman, " Post-coup Mauitania holds presidential vote", Hartford Courant, 18 July 2009, https://www.google.com/amp/s/www.courant.com/sdut-af-mauritania-election-071809-2009jul18-story.html%3FoutputType%3Damp，引用时间：2021年1月25日。

尔的得票率为 4.74%；瓦尔的得票率为 3.84%。[①] 选举结果公布后，布尔凯尔、达达赫和瓦尔谴责投票结果不实。在新闻发布会上，阿卜杜勒·阿齐兹否认这样的说法，并表示反对派的谴责乃无稽之谈。当天，内政部长穆罕默德·乌尔德·热齐姆（Mohamed Ould Rzeizim）宣布阿卜杜勒·阿齐兹赢得选举。2009 年 8 月 5 日，在国内外多方的见证下,阿卜杜勒·阿齐兹在努瓦克肖特进行就职宣誓，正式成为毛里塔尼亚总统。

阿齐兹对国家的治理及其连任

2009 年，阿卜杜勒·阿齐兹当选总统后，提出“建设性变革”的主张。他在全国范围内展开反腐运动，加强首都基础设施建设，对贫困阶层实施救济和补贴政策，获得了民众的普遍支持，也为其连任打下了坚定的群众基础。因此，他的第一个任期较为稳定。

2014 年 6 月，阿卜杜勒·阿齐兹任期即将结束，毛里塔尼亚将举行新一届总统选举。参加此次总统选举的候选人共有五名，他们分别是：现总统穆罕默德·乌尔德·阿卜杜勒·阿齐兹、温和反对派组织领导人博伊迪尔·乌尔德·胡迈特（Boidiel Ould Houmcit）、黑人中广受欢迎的易卜拉欣·莫克塔尔·萨尔（Ibrahima Moctar Sarr）、反奴隶制领导人比拉姆·达·阿贝德（Biram Dah Abeid）和唯一的女性候选人拉拉·梅里姆·明特·穆拉耶·伊德里斯（Lalla Meryem Mint Moulaye Idriss）。

现年 58 岁的现任总统阿卜杜勒·阿齐兹是第二次参加总统竞选。2009 年以来，他一直控制着毛里塔尼亚的政局。支持他的争取共和联盟在 2013 年的国民议会选举中获得 147 个席位中的 76 个席位。[②]2009 年阿卜杜勒·阿齐兹的竞选口号是减少贫穷。而他在此

① “Election in Mauritania”, African Election Database, https://africanelections.tripod.com/mr.html，引用时间：2020 年 11 月 30 日。

② 数据来源：CENI（毛里塔尼亚独立选举委员会），https://web.archive.org/web/20131208064045/http://www.ceni.mr/spip.php?page=article&id_article=79，引用时间：2021 年 1 月 25 日。

次选举中的关注点是年轻人，其竞选口号为“毛里塔尼亚的新动力”。

易卜拉欣·莫克塔尔·萨尔是正义与民主联盟的主席，他本人也是一位专业记者，这是他第三次作为候选人参加总统选举。第一次是在 2007 年总统选举，他获得了 7.95% 的支持率；第二次是 2009 年总统选举，获得了 4.57% 的支持率。此次竞选他的核心主张是：重建毛里塔尼亚黑人的平等与公正权力。他代表黑人的利益，谴责黑人社区被边缘化。他也是唯一一位属于毛里塔尼亚南部黑人社区的候选人。

博伊迪尔·乌尔德·胡迈特是埃尔·维姆（El Wiam）党的党主席，他竞选关注的重点是，促进工业发展、居住环境的改善和批判种族主义，反对政变。胡迈特出生于特拉扎（Trarza）①，之前是一名公务员。在他的领导下，埃尔·维姆与执政党关系密切。比拉姆·达·阿贝德是毛里塔尼亚最著名的反奴隶制的政治家，2013 年被授予联合国人权奖。他竞选的核心主张是反对种族主义、反腐败和反对糟糕的政府。拉拉·梅里姆·明特·穆拉耶·伊德里斯是塔亚政府时期的内阁成员，也是毛里塔尼亚历史上第二位参加总统选举的女性，承诺将致力于缓和毛里塔尼亚日益严重的贫困和物价上涨。②

2014 年 6 月 6 日新一届总统大选拉开帷幕，全国共设有 2957 个投票站，其中 55 个分设在武装和安全部队驻地，23 个设在国外。③来自非盟、阿盟、摩洛哥、阿尔及利亚和尼日尔的观察员进行监督。

---

① 特拉扎，毛里塔尼亚最重要的 12 个行政大区之一，其面积约为 6.8 万平方公里，北部靠近首都努瓦克肖特，南部接近塞内加尔。根据 2000 年的人口普查，该省人口为 268220 人。特拉扎地区长期以来受干旱、沙漠化和过度放牧影响，但是其农业生产仍然在全国范围内处于较高水平，特别是靠近塞内加尔河谷的南部地区。同时，该地区种族众多，其中摩尔人的数量与黑人的数量非常接近。特拉扎的省会是罗索，重要的宗教中心布提里米特也位于此地。

② Luis A. Aparicio-Ordás Glez-Ga, MAURITANIA: PRESIDENTIAL ELECTIONS 2014: LEGITIMACY, PROMISES AND BOYCOTT, Opinion Document, 80/2014, pp. 2—5.

③ Ibid., p. 7.

非盟派出46名观察员监督13个地区[①]的选举。[②]欧盟派遣了3名专家对选举进行评估。

阿卜杜勒·阿齐兹在第一轮选举中以81.89%的高票获胜；其次是比拉姆·达·阿贝德，得票率为8.67%；博伊迪尔·乌尔德·胡迈特得票率为4.5%；易卜拉欣·莫克塔尔·萨尔得票率为4.44%；拉拉·梅里姆得票率为0.49%。[③]

非洲联盟和阿拉伯联盟的观察员指出，选举一切正常，符合规范，但反对派再次谴责存在选举舞弊。[④]2014年6月25日，欧洲联盟强调包容性选举进程的重要性，不同政治派别确保取得可信和民主的选举结果，同时祝贺阿卜杜勒·阿齐兹当选总统。[⑤]根据毛里塔尼亚的选举制度，共和国总统任期为五年，可连任一次，最高年龄为75岁。

阿卜杜勒·阿齐兹统治的结束

2014年8月，阿卜杜勒·阿齐兹开始第二个总统任期。但他领导的争取共和联盟对国民议会的控制早已引起其他反对派的不满，2014年选举期间，反对派发起抵制活动。阿卜杜勒·阿齐兹政府通过修改宪法来维持政权的稳定。

但毛里塔尼亚国内关于如何修宪产生严重分歧。国民议会的147名成员中有141人支持修宪。然而，参议院拒绝修宪，56名参

---

① 努瓦克肖特、特拉扎、因希里、努瓦迪布、布拉克纳、戈尔戈尔、阿萨巴、吉迪马卡、霍德·加尔比、霍德·埃赫－查吉、塔甘特、阿德拉尔和提里斯－泽穆尔。

② 提里斯－泽穆尔是毛里塔尼亚最大的行政区，位于毛里塔尼亚北部，面积约为25.3万平方公里。泽穆尔地区地广人稀，是毛里塔尼亚重要经济区之一。该地区的弗雷德里克市和祖耶特市（Zouerate）都蕴藏着大量的铁矿石。泽穆尔区的交通很不方便，其内部仅有一条从祖耶特通往努瓦迪布的铁路。

③ "Islamic Republic of Mauritania/ELECTION FOR PRESIDENT", Election Guide, https://www.electionguide.org/elections/id/2794/，引用时间：2021年1月25日。

④ 参见 http://pasaporteelectoral.wordpress.com/2014/06/24/elecciones-en-mauritania-aziz-logra-una-facil-reeleccion/。

⑤ Luis A. Aparicio-Ordás Glez-Ga, MAURITANIA: PRESIDENTIAL ELECTIONS 2014: LEGITIMACY, PROMISES AND BOYCOTT, Opinion Document, 80/2014, p. 10.

议院议员中33人反对，其中包括24名争取共和联盟成员，因为他们认为取消参议院会使“毛里塔尼亚的民主失衡”。[①]前总统谢赫·阿卜杜拉希号召群众反对修宪，声称修宪将会是一场“宪法政变”。[②]反对派联盟、民主与统一国家论坛（National Forum for Democracy and Unity）同样拒绝修宪。

由于宪法修正案没有得到三分之二的参议员通过，因此总统阿卜杜勒·阿齐兹将修正案提交全民公投。2017年8月5日，毛里塔尼亚修宪公投正式举行。此次修宪公投主要针对两方面：一是取消参议院，[③]以地区委员会取而代之，并且将伊斯兰高级委员会和国家监察员（National Ombudsman）合并为法特瓦最高委员会（Supreme Council of the Fatwa）；二是关于国旗和国歌的修改，包括给国旗的顶部和底部各添加一条红线，象征着毛里塔尼亚人以鲜血为代价保卫自己领土的努力和牺牲。值得一提的是，关于总统阿卜杜勒·阿齐兹试图延续其第三任期的提议，由于努瓦迪布地区的抗议活动而被迫放弃。[④]

8月7日，毛里塔尼亚公投结果公布：支持修改宪法，取消参议院并更改国旗。独立国家选举委员会主席艾哈迈德表示，参加公投的选民中，85%的人支持对宪法进行修改。[⑤]选举委员会将公投

---

① “Mauritania vows referendum to abolish Senate, change flag”, NEWS 24, 23 March 2017, https://www.google.com/amp/s/www.news24.com/amp/news24/africa/news/mauritania-vows-referendum-to-abolish-senate-change-flag-20170323，引用时间：2021年1月20日。

② Former Mauritania president slams “constitutional coup” AA, 27 March 2017, https://www.aa.com.tr/en/africa/former-mauritania-president-slams-constitutional-coup-/780831，引用时间：2020年9月5日。

③ 阿卜杜勒·阿齐兹认为参议院是“无用且高支出的”，并表示取消参议院将提高政府效能。参见“Mauritania votes to abolish senate by referendum”，ALJAZEERA, 7 August 2017, https://www.google.com/amp/s/www.aljazeera.com/amp/news/2017/8/7/mauritania-votes-to-abolish-senate-by-referendum，引用时间：2021年1月15日。

④ Robert Cusack, “Mauritania votes to change constitution despite widespread protests”, The Arab News, 9 March 2017, https://english.alaraby.co.uk/english/news/2017/3/9/mauritania-votes-to-change-constitution-despite-widespread-protests，引用时间：2021年1月20日。

⑤ “Islamic Republic of Mauritania/REFERENDUM”, Election Guide, https://www.electionguide.org/elections/id/3037/，引用时间：2021年1月20日。

结果提交宪法委员会。英国广播公司称，毛里塔尼亚反对派对此次公投持反对立场，认为宪法修正案通过后，政府的权力将更加集中。[①]

修宪未能成功阻止国内反对的声音，当局在没有指控或审讯的情况下逮捕了一些反对派人士和记者。2017 年 8 月 10 日，当局逮捕反对党参议员，也是参议院反腐败委员会的主席穆罕默德·乌尔德·加达（Mohamed Ould Ghadda）。他参加了抗议修改宪法的集会，当局指控他接受境外势力的贿赂。8 月 25 日，当局逮捕了 3 名记者和 1 名出版商，他们分别是：努瓦克肖特日报（Le Quotidien de Nouakchott）主编穆萨·桑巴（Mousa Samba）、毛里塔尼亚网站（Mauriweb）编辑杰德纳·乌尔德·迪达（Jedna Ould Deida）、克里德姆网（Cridem website）的主编巴巴卡尔·巴耶·恩迪亚耶（Babacar Baye Ndiaye）和出版商阿米纳塔·胡杜（Aminata Houdou），但于当日又将他们释放；当局还试图逮捕卡尔马梅周报的主编艾哈迈德·乌尔德·谢赫（Ahmed Ould Cheikh），但由于当事人未在毛里塔尼亚境内而失败。[②]

2018 年 9 月 1 日，毛里塔尼亚举行议会、地方和区域选举，9 月 8 日，全国独立选举委员会（CENI）宣布选举结果。执政的争取共和联盟赢得议会多数席位，在 157 个席位中占 97 席；其次是反对党伊斯兰党，获得 14 个席位。

阿卜杜勒·阿齐兹提出，如果执政党和大多数民众呼吁他再次参选，他将有可能被动地寻求第三个任期。一些政党领导人表示，他们希望阿卜杜勒·阿齐兹任职更长。但是，早在 8 月 25 日，毛里塔尼亚主要反对党联盟全国民主与团结论坛（FNDU）就指责乌尔德·阿卜杜勒·阿齐兹寻求第三个总统任期。8 月 30 日，穆罕默德·乌尔德·阿卜杜勒·阿齐兹反驳有关他试图通过修改宪法谋求竞选第

① “毛里塔尼亚公投结果支持修改宪法取消参议院”，人民网－国际频道，2017 年 8 月 7 日，http://world.people.com.cn/n1/2017/0807/c1002-29454893.html，引用时间：2020 年 9 月 5 日。

② “Mauritania cracks down on critical press after referendum”, CPJ, https://www.google.com/amp/s/cpj.org/2017/10/mauritania-cracks-down-on-critical-press-after-ref/amp/, 引用时间：2021 年 1 月 20 日。

三个总统任期的指控。他在接受记者采访时说："关于第三任期的问题我已经说过很多次了"，随后他又补充道："我已不止一次说过，我不会改变宪法来谋求第三任期。"他接着强调他的"个人信念"，即"为了一个人而改变宪法是不体面的"。[①]

毛里塔尼亚宪法委员会于2019年5月9日公布了6月22日总统选举的6名候选人名单。阿卜杜勒·阿齐兹总统表示他不准备谋求连任，以便使选民们为变革注入新的活力。阿齐兹所在的执政党任命该党前国防部长穆罕默德·乌尔德·加祖阿尼为该党的领导人，并支持其竞选。加祖阿尼承诺要改造民族工业，为该国在自然资源方面创造更多的就业机会。他还承诺，如果当选总统，他将定期会见议会中反对党代表。加祖阿尼得到现政府的支持，其竞选的资源明显超过其他候选人。印有加祖阿尼肖像的海报和广告牌比任何其他候选人都多，在首都各地都可以看到。同时，州政府也在为执政党提名的候选人服务。

其他反对党竞选人有：全国改革与发展联盟候选人西迪·穆罕默德·乌尔德·布巴卡尔，他曾于2005—2007年担任总理；独立政治家比拉姆·达·阿贝德，他以反对奴隶制和改善农村的贫困状况为竞选主张；另外三名竞选人影响相对较小，分别为：穆罕默德·乌尔德·穆卢德（Mohamed Ould Mouloud）、凯恩·哈米杜·巴巴和穆罕默德·莱明·穆尔塔吉·瓦菲（Mohamed Lemine al-Mourtaji al-Wafi）

2019年6月23日，根据毛里塔尼亚选举委员会公布的结果显示，在3861个投票站中，有3729个投票站完成了计票工作，加祖阿尼在第一轮投票中赢得绝对多数。根据全国独立选举委员会网站上公布的数据，这位62岁的前国防部长赢得了51.5%的选票，加祖阿尼获胜当选总统。全国独立选举委员会的数据显示，阿贝德以

① "Mauritania leader rejects accusations he seeks 3rd term", AA, 30 August 2018, https://www.aa.com.tr/en/africa/mauritania-leader-rejects-accusations-he-seeks-3rd-term/1242447, 引用时间：2021年1月20日。

18.58% 的得票率排在第二位，布巴卡尔以 17.82% 的得票率排在第三位。[①]

2019 年 8 月 1 日，毛里塔尼亚首次见证了两位总统之间的和平的权力交接，加祖阿尼宣誓就职，接替他的朋友阿齐兹。从外部来看，阿拉伯国家的领导人并未出席毛里塔尼亚总统就职典礼，而是派出了级别较低的官员或王室成员参加，毛里塔尼亚人对此表示不满，他们认为这是对毛里塔尼亚的蔑视，毛里塔尼亚素有“阿拉伯南大门”之称。欧洲国家的代表级别也不高。从内部来看，4 名反对当选总统的反对派候选人不承认选举结果。主持就职典礼的委员会的消息人士说，他们邀请了反对派，但后者出于政治原因决定抵制毛里塔尼亚第三位文职总统的就职仪式。

加祖阿尼在就职演说中承诺促进正义，实现国家的全面发展和复兴。他表示，选举结果表现出毛里塔尼亚政治的成熟，有利于民主的巩固。加祖阿尼指出，他决心加强与所有政党的沟通，无论是通过执政党还是民主反对派，他将向所有政治派别敞开大门；努力加强民族凝聚力将是他的优先任务。他将果断地致力于实现归属和命运的统一，以及共同的价值。他还赞扬前任总统阿齐兹，尊重“禁止竞选第三个任期”的宪法。[②] 自此，阿卜杜勒·阿齐兹统治下的毛里塔尼亚落下帷幕，国家迎来了新的领导人。

---

① Mauritania-2019 Election-President, Global Security, https://www.globalsecurity.org/military/world/africa/mr-politics-2019.htm，引用时间：2020 年 9 月 5 日。

② “阿拉伯领导人缺席，毛里塔尼亚新总统宣誓就职”，半岛电视台，2019 年 8 月 2 日，https://chinese.aljazeera.net/news/2019/8/2/arab-leaders-missed-mauritanias-new-president-appointed, 引用时间：2020 年 9 月 3 日。

附　录

毛里塔尼亚宪法
（2006、2012、2017 年修订）

目　录

序　言

毛里塔尼亚人民郑重宣告，他将依靠伟大万能的真主，坚决捍卫领土完整、民族独立和国家统一，并竭力保障政治、经济和社会进步之自由。基于崇高的价值观和灿烂的民族文化，毛里塔尼亚人民郑重宣告，他坚守正统伊斯兰教、恪守民主原则，即恪守在1948年12月10日发布的《世界人权宣言》和1981年6月28日发布的《非洲人权和民族权宪章》，以及毛里塔尼亚政府签署的国际协定中所规定的民主原则。

毛里塔尼亚人民相信，只有在法治社会，人的自由、平等和尊严才能得到保障。毛里塔尼亚人民珍惜并创造各种条件，促进本国社会的和谐发展——作为本《宪法》唯一来源的伊斯兰教律例受到尊重，现代社会发展的规律得到遵循。

因此，毛里塔尼亚人民特别宣告，充分保障以下权利和原则：

· 平等的权利；

· 人的自由和基本权利；

· 财产权；

· 政治自由和结社自由；

· 经济和社会权利；

· 与伊斯兰社会基本单位——家庭相关的各种权利。

长久以来，共同的道德规范、精神价值和共同命运将毛里塔尼亚人民团结在一起。因此，毛里塔尼亚人民承认和宣告民族文化的多样性——它是国家统一和社会和谐的基础，是差异化权利之表现。阿拉伯语是我国的官方语言，诸如普拉尔语、索宁克语和沃洛夫语等其他民族语言，皆是毛里塔尼亚人民的共同民族遗产，国家应以全体人民的名义对其加以保护和发展。

毛里塔尼亚人民对加强同胞兄弟关系的必要性有着清醒认识。作为穆斯林、阿拉伯人和非洲人，毛里塔尼亚人民宣告，将坚定地致力于大马格里布地区、阿拉伯民族和非洲的统一，坚定地致力于世界和平。

第一章　总纲和基本原则

第一条

毛里塔尼亚是一个不可分割的、民主的、社会的伊斯兰共和国。

共和国保障所有公民在法律面前一律平等，不论出身、种族、性别和社会地位。任何鼓吹种族主义的行为都要受到法律的惩处。

第二条（新）

人民是一切权力的来源。国家主权属于人民，人民通过选出的代表和全民投票来行使主权。任何部分人民或任何个人没有行使国家主权的权利。

政治权力取得、行使和交替都要依据本《宪法》的规定和平进行。政变和违反宪法的其他的权力变更均视为没有追诉时效期限的犯罪，其发起者或共犯、自然人或法人均要受到法律惩罚。

但在本《宪法》生效之日之前所犯下的上述行为不予追究。未经全体人民同意，不得决定放弃部分或全部主权。

第三条

依照法律规定的条件，选举可是直接选举或是间接选举，这是在正常情况的常态，选举也可是等额的或是秘密的。共和国的享有公民权利和政治权利的所有成年公民，不论男女，均视为选举人，

法律支持妇女和男子平等获得选举权和被选举的职位。

第四条

法律是人民意志的最高体现。所有人都必须服从它。

第五条

伊斯兰教是人民和国家的宗教。

第六条

民族语言有：阿拉伯语、普拉尔语、索宁克语和沃洛夫语。

官方语言是阿拉伯语。

第七条

国家首府是努瓦克肖特。

第八条（新）

国旗是由新月和一颗金星，两侧各有一条水平的红色长条组成的绿色旗帜。

国旗的样式应经法律批准。

国徽和国歌依法律规定确定。

第九条

共和国的口号是：荣誉、友爱、正义。

第十条

国家保障所有公民的公共和个人自由，特别是：

· 在共和国领土内流动和定居自由；

· 进出国家领土的自由；

· 思想自由；

· 言论自由；

· 集会自由；

· 结社自由和加入自己选择的任何政治与工会组织的自由；

· 商业和工业自由；

· 思想、艺术和科学创新的自由；

限制自由只能依据法律规定。

第十一条

各政党和团体参与政治意愿的形成和表达。各政党和团体可自由开展活动。其前提是尊重民主原则，不危害国家主权、领土完整和民族与共和国统一。

政党的创立、运作和解散条件依据法律规定。

第十二条

除法律规定的条件外，所有公民均有担任公职和工作的权利。

第十三条（新）

任何人不能有使他人沦为奴隶或任何形式的奴役人的行为，不能有迫害他人或其他残忍、不人道或威胁生命的行为。以上行为构成危害人类罪，会依此罪行受到法律惩罚。

所有人都是无罪的，除非由一个合法的司法机构确定其有罪。

除法律规定的特定情况外，不得调查、拘留、逮捕、惩罚任何人。

国家保护公民的荣誉、私生活、人身、住所和通信不受侵犯。

第十四条

在相关法律框架内行使罢工的权利得到承认。法律可以禁止在涉及民族公共利益或公共设施领域举行罢工。在国防和安全领域禁止罢工。

第十五条

财产权得到保障。继承权得到保障。宗教基金资产和慈善基金资产是受承认的，其分配受法律保护。若有经济和社会发展需要的需求，法律可以就私有财产的支配和期限做出限制。

征用只能因公共利益要求且事先进行公正的赔偿后进行。

征用制度由法律来确定。

第十六条

国家和社会保护家庭。

第十七条

不懂法不是任何人犯罪的借口。

第十八条

每个公民都有保护和维护国家独立、主权和领土完整的义务。

法律严惩叛国罪、间谍罪、通敌罪以及危害国家安全的一切犯罪行为。

第十九条

每个公民必须忠诚地履行国家集体义务，尊重公共财产和私人财产。公民享有同样的民族权利和承担同样的民族义务。公民平等地参与祖国的建设，并有在同等条件下获得可持续发展权利和在生态平衡和尊重健康的环境中发展的权利。

第二十条

公民平等地纳税。每个公民都必须根据自己的能力来承担公共费用。若无法律允许，不得征收任何税。

第二十一条

合法居住在国家领土内的外国人,其人身和财产受到法律保护。

第二十二条

若无引渡法律和条约,不得将任何人引渡至本国领土之外。

第二章　关于行政权

第二十三条

共和国的总统是国家元首,伊斯兰教是其信仰。

第二十四条

共和国的总统是宪法的守护者,是国家的体现。他作为仲裁者保证公共权力的正常有序运作。他是国家独立和领土完整的保障者。

第二十五条

共和国的总统行使行政权并主持部长会议。

第二十六条(新)

共和国的总统由普选产生,任期五年。总统以绝对多数票数当选。如果其中一位候选人在第一轮投票中没有获得绝对多数票数,则在两周后进行第二轮投票。只有在第一轮投票中获得票数最多的两名候选人可以参加第二轮竞选。

凡在毛里塔尼亚出生,享有公民权利和政治权利的公民,且在第一轮选举之日时至少年满 40 岁、不超过 75 岁,均有资格竞选共和国总统。

由现任共和国总统宣布大选开始。共和国新总统的选举至少在现任总统任期届满前至少 30 天和至多 45 天内进行。

《组织法》确定候选人条件和程序,以及有关其死亡和禁止竞选总统的规则。宪法委员会接受候选人提供的相关资料,并就其真实性做出判断。该委员会宣布投票结果。

第二十七条(新)

担任共和国总统职务者不得担任其他公职或私有企业职务,也不得担任任何政治党派的党魁。

第二十八条（新）

共和国总统可连任一次。

第二十九条（新）

新当选的共和国总统在其前任任期届满之时开始履行职责。在履行职责之前，共和国总统以以下誓词宣誓：

“我以清高伟大的真主的名义宣誓，我忠实、尽善尽美地履行我的职责，尊重宪法和法律；我竭力为毛里塔尼亚人民谋福利；我维护国家独立、国家主权、国家统一和领土完整。

我以清高伟大的真主的名义宣誓，我不直接或间接采取或支持可能导致修改宪法所规定的总统任职年限（宪法第二十六条）和总统连任条件（宪法第二十八条）的任何倡议”。

总统宣誓在宪法委员会和国民议会主席团、最高法院院长和最高费塔瓦与检察理事会主席的见证下进行。

第三十条

共和国总统制定民族的外交、国防和安全政策，并尽力执行。总统任命总理和终止总理职务。总统任命由总理提名的其他部长，在征询总理的意见后，总统可以通过总统令终止部长的职务，委托某些权力。总理和各部委部长要对共和国总统负责。共和国总统以咨文向议会陈述自己的意见，但其咨文不容讨论。

第三十一条（新）

共和国总统在征询总理和议会议长意见后可宣布解散国民议会。议会选举应在其后的最少 30 天、最多 60 天内举行。议会选举结束 15 天后应召开会议。如会议是在例会期以外举行，会期当为 15 日。在新议会选举后 12 个月内总统不得再次解散议会。

第三十二条

共和国总统在本《宪法》第七十一条规定的期限内颁布各项法律。总统享有人事权，总统可将部分权力或全部权力委托给总理。总统任命文职官员和军事官员。

第三十三条

总理和负责实施的部长在必要时可签署总统法令。

第三十四条

共和国总统是武装部队的最高首领，最高国防会议和委员会主席。

第三十五条

共和国总统任命驻外大使和特使，接受他国大使和特使的国书。

第三十六条

共和国总统通过和批准条约。

第三十七条

共和国总统可行使赦免、减刑或替换刑事处罚措施的权力。

第三十八条

共和国总统可通过公投的方式对重要的国家事务征询人民的意见。

第三十九条（新）

若共和国的机构或国家安全、国家独立、领土完整受到严重威胁，或宪法赋予的公共权力的正常运行受到干扰，总统有权在与总理、国民议会主席和宪法委员会正式协商后采取相应措施。总统通过发表讲话告知全国。

相应措施旨在保证公共权力在最短时间内重新正常运行，一旦相应措施产生的原因消失，应以同样的形式终止相应措施的实施。

议会必须召开会议。

在行使特别权力期间不得解散国民议会。

第四十条（新）

在宪法委员会最终认为存在职位空缺或存在障碍的情况下，国民议会主席担任共和国代理总统一职，处理日常公务。如果国民议会主席担任代理共和国总统一职存在障碍则由宪法委员会主席担任代理共和国总统一职。

确保政府总理和政府成员继续日常公务。代理总统不可终止管理政府成员的职能，不可通过公投形式向人民征询意见，不可解散国民议会。

如无宪法委员会所认定的不可抗拒的情况，在认定总统职位空缺或存在障碍后三个月内选举新的共和国总统。

根据上述条件代理共和国总统职务的国民议会主席不能参加总统竞选，除非他辞去议长职务或放弃共和国代理总统职务。

代理共和国总统职务的宪法委员会主席不能参加总统竞选。在代理总统时期，宪法委员会主席不得通过公投形式或议会修改宪法。

第四十一条（新）

宪法委员会根据共和国总统或总理的要求核实总统职位空缺和最终障碍。被要求核实总统职位空缺或代理总统存在最终阻碍的宪法委员会要召开会议，并由其年纪最大的成员担任会议主席。

第四十二条（新）

总理在共和国总统的领导下制定政府政策。

总理最迟在任命政府后一个月向国民议会提交施政计划，并保证政府将依据本《宪法》第七十四条和第七十五条规定的条件对该施政计划承担责任。

总理把任务分配给各部委部长。

总理领导和协调政府工作。

第四十三条

政府根据共和国总统的指示和有限的选择方案尽力完成国家总体方针的各项工作。政府负责行政和武装部队。政府确保法律法规的公布和执行。依据本《宪法》第七十四条和第七十五条规定，政府向议会负责。

第四十四条

政府成员的职务排斥议会议员职务，排斥具有官方性质的行业代表职务，政府成员不得进行行业活动。总而言之，政府成员的职务排斥所有符合《组织法》所规定的人员更换条件的其他公职或私营机构职务。议会议员的更换要符合本宪法第四十八条的规定。

第三章 关于立法权

第四十五条

立法权属于议会。

第四十六条（新）

议会由名为国民议会的唯一的议员会议组成。

国民议会的成员具有议员称号。

第四十七条（新）

国民议会的议员由直接选举产生，任期五年。

定居国外的毛里塔尼亚人可参选议员。

任何享有公民权和政治权利的且年龄不小于25岁的毛里塔尼亚人皆可竞选议员。

第四十八条（新）

《组织法》规定选举议会议员的条件、人数、津贴和选举条件。同时也规定不接受和排斥制度。在席位出现空缺时，由《组织法》规定候补议员的条件，直到议会重新完成选举。

第四十九条

宪法委员会就议员选举的正确性和有效性做出决定。

第五十条（新）

在议会议员行使职务时所发表的意见或投票不受追究，不允许因此而受到侦查、追捕、拘留、逮捕和审判。

未经国民议会许可，不得因犯罪或违法的理由追捕或逮捕议会任期内的议员。公然违法者除外。

未经议员所属国民议会办公室的许可，不得拘留卸任的议会议员。公然违法者、被允许侦察者和明确定罪者除外。

国民议会可要求暂停对议会议员的拘留或侦查。

第五十一条

凡被迫而产生的议员表决均为无效。

投票表决权是国会议员的个人权利。

《组织法》允许议员在紧急情况下委托投票。此种情况下，一个人只能就一个事项委托投票一人一次。

在会议时间以外或会议地点以外的任何讨论均为无效。共和国总统可以要求宪法委员会宣布其无效。

国民议会的会议都是公开的。会议简讯报由官方报纸予以刊发。

国民议会可在政府或四分之一与会成员的要求下举行闭门会议。

第五十二条（新）

议会每年举行两次例行会议，第一次会议在十月的第一个工作日召开。第二次会议在四月的第一个工作日召开。每次会期不得超过四个月。

第五十三条

议会可在共和国总统或国民议会多数成员的要求下就确定的会议日程召开特别会议。

特别会议的时间不得超过一个月。特别会议的开幕和闭幕均需依据共和国总统令。

第五十四条

各部委部长有出席议会会议和发言的权利，有请求驻议会政府专员协助的权利。

第五十五条

国民议会议长的任期与其在立法机构任职期相等。

第四章　关于立法权与行政权的关系

第五十六条

批准法律是议会的职权。

第五十七条

以下属于法律范畴：

·个人的基本权利和义务，特别是公共自由制度、个人自由的保障，以及国防要求公民应尽的义务；

·国籍、个人身份和能力、结婚、离婚和继承；

· 个人定居的条件和外国人的身份；
· 犯罪与违法的裁定、刑事责任、大赦；
· 成立审判机构，建立法官基本制度；
· 民事诉讼程序和执行方式；
· 海关制度、货币发行制度、银行、信贷和保险制度；
· 选举制度和行政区域划分；
· 财产、物权、民事和商业制度；
· 水、矿、燃料、渔业、海上贸易、畜牧、农业和环境的基本制度；
· 文化和历史遗产维护与保护；
· 有关教育卫生的一般规则；
· 有关工会法，劳动法和社会保障的一般规则；
· 行政部门的基本组织；
· 地方组织的组织形式、组织权限和组织资源；
· 税基、税率和各类税种的征收方式；
· 建立各类公共机构；
· 文职和军事官员的基本保障以及公共职位的基本制度；
· 私有企业国有化和国家财产私有化；
· 国防组织一般规则；

根据《组织法》规定的条件，《财政法》确定国家收入和支出；

《财政预算法》确定国家经济和社会活动目标；

《组织法》可对本条规定做进一步说明。

第五十八条

宣布战争由议会批准。

第五十九条

法律领域以外的条款属于监管机构的职权范围。总统法令可以修改就此类问题已通过的具有立法性质的文本，其前提是宪法委员会宣布此文本具有符合上述条款要求的组织性质。

第六十条

经共和国总统同意，为了执行相关计划，政府要取得国会的授权，以在规定的时间内发布涉及法律领域措施的法律命令。该法律命令由部长会议决定，但需经共和国总统签字同意。

该法律命令自公布之日起生效。但如果议会在《资格法》规定的日期之前未收到拟批准法案，则该法律命令无效。在本条第一款所述的期限届满之时，除非法律对与立法领域有关的事项做出规定，否则不得对该法律命令进行修改。如果国民议会解散，《资格法》则失效。

第六十一条（新）

法律议案权归政府和国会议员。法律法案由部长会议审议，并提交国民议会。

第六十二条

政府和国会议员有修改权利。

如果批准议员的提案和修正案可能导致政府资源短缺或产生公共支出，或增加公共支出，则不予接受，除非附有另外的提案，其中说明可以保障弥补额外支出的额外收入或储备。如果议员的提案和修正案涉及根据第（59）条在监管机构权限范围内的某一问题或与本《宪法》第（60）条规定的委托相抵触时，也可能被拒绝。如果议会根据上述两个条款之一的规定与政府的拒绝相违背，现任共和国总统则有权诉诸宪法委员会，由宪法委员会在八天内对此做出决定。

第六十三条

（废除）。

第六十四条（新）

政府或国民议会要求的法律草案和法律议案要提交至为此目的设立的专门委员会。非政府或国民议会要求的法律草案和法律议案，提交国民议会五个常设委员会之一。

第六十五条

审议开始后，政府可反对审议之前未提交委员会的任何修正案。应政府要求，国民议会以一票表决的方式批准提交审议的全部或部分条文，仅保留其提出或接受的修正案。

第六十六条

（废除）。

第六十七条（新）

宪法是赋予成文法地位的法律，应根据以下条件对其进行表决和修正：提出时间不足十五天的草案或提案不得提交国民议会审议或表决。在宪法委员会宣布符合宪法之前，不得颁布成文法律。

第六十八条（新）

财政法案由国民议会批准。财政法案应最迟于11月的第一个星期一提交国民议会。

如果国民议会未在六十天内对预算进行表决，或如果国民议会未对其进行预算表决，政府则应在十五天内将预算草案提交国民议会，大会必须在八天内做出决定。如果在此期限到期前未对预算进行表决，共和国总统则根据上一年度的收入，通过法律命令批准该预算。议会监督国家预算和其他预算的执行情况。

每六个月末，政府向议会提交一份有关过去六个月支出的报表。在下一年度的预算周期内，向议会提交会计年度决算报告，由议会依法予以批准。会计法庭是负责监督公共资金的最高独立机构。《组织法》确定其组织和职能以及与其成员相关的基本制度。

第六十九条（新）

国民议会议程的第一项是根据政府确定的优先顺序，审议政府提交的法律草案和已获批准的法律议案。国民议会每周召开一次会议，按照政府确定的优先顺序，讨论其已接受的法律草案和法律议案，优先讨论国民议会议员的质询和政府的答复。

第七十条

共和国总统最早在八天最迟在三十天内颁布由议会移交的法律。在此期间，共和国总统可以退回法案或法律议案，并要求再斟酌。经国民议会多数议员通过的法律，要在以上规定期限内予以颁布与公布。

第七十一条

戒严法令和紧急状态由共和国总统批准，最长期限为 30 天。该期限的延长由议会决定，并必须就此召开会议，即使议会正在休会。

法律确定共和国总统因戒严法令和紧急状态而享有的特别权力。

第七十二条

政府必须根据法律规定的形式，向议会提交其有关其管理和活动的所有解释。

第七十三条

总理在每年十一月份的会议上向国民议会作关于过去一年政府的活动和次年施政纲领的报告。

第七十四条

总理与部长共同向国民议会负责。国民议会可以通过不信任案追究政府政治责任。经内阁审议，总理在必要时使用政府权力，要求国民议会同意政府的施政纲领。

国民议会可通过对不信任案进行表决来质疑政府的责任。不信任动议由一名议员明确提交并签署姓名。此项动议至少有国民议会议员三分之一的人数签署才能被受理。不信任案提出 48 小时之后才可就其进行表决。

第七十五条（新）

不信任案的通过导致政府立即辞职。获国民议会议员过半数票则算通过，只统计对不信任案的赞成票。辞职政府继续履行日常公务直至总统任命新总理和新政府。如果不信任案被否决，这些签署人在同一会期中不得再提出不信任案。以下情况除外：

经内阁讨论，总理可动用政府权力要求国民议会对不信任案文本进行表决。如果议会未根据本条第一节所规定的条件，在 24 小时内就提交的不信任动议进行再次表决，该文本视为已获批准。

第七十六条

为了能够执行本《宪法》第 75 条的规定，必要时可延迟议会合法的例行会议和特别会议的闭幕。

第七十七条

如果在不利投票或不信任动议后的不足 36 个月内发生两次政府更替，共和国总统则可在咨询国民议会主席后解散国民议会，并在 40 天内举行新的议会选举。新的国民议会必须在当选后三周内举行会议。

第五章 关于条约和国际协定

第七十八条

和平与联盟条约、贸易条约、与国际组织有关条约和协议、需要国家财政支出的条约、具有立法性质但相关规定被废除的条约以及与国家边界有关的条约，以上条约和协议的批准均需依据相关法律。该条约和协定得到议会同意或批准后才生效。未经以全民投票形式表达同意意见，任何割让、交换和吞并领土的决定均视为无效。至于本《宪法》第二条最后一段所规定的情况，所要求的多数票应为所投票数的五分之四。

第七十九条（新）

宪法委员会应共和国总统或国民议会主席或三分之一的代表的要求宣布的某项国际承诺，如果该项承诺中有违反本《宪法》的条款，则不予批准或同意，除非先修订本《宪法》。

第八十条

只要缔约第二方批准执行，被议会同意或被批准的条约或协定颁布后立即具有高于其他法律的权力。

第六章 关于宪法委员会

第八十一条（新）

宪法委员会由九名成员组成，任期九年，不得延期。每三年更新一次宪法委员会成员的三分之一。共和国总统任命五名成员，其中一名根据反对派领导人的提名；总理任命一名成员；国民议会主席任命三名成员，其中一名可提名占议会席位数排名第二的反对党议员，被提名者可提名占议会席位数排名第三的反对党议员。

宪法委员会的成员年龄不得小于 35 岁。

宪法委员会成员不得加入政党的领导机构。宪法委员会成员享有议会豁免权。

宪法委员会主席由共和国总统任命，宪法委员会委员由宪法委员会主席任命。宪法委员会投票出现票数相等时，宪法委员会主席的一票具有决定性。

第八十二条

宪法委员会成员的职位排斥政府或议会议员职位。由《组织法》界定其他排斥情况。

第八十三条

宪法委员会监督共和国总统选举的有效性，审查投诉并宣布投票结果。

第八十四条（新）

如有争议，宪法委员会决定议员的选举是否有效。

第八十五条

宪法委员会监督全民投票的有效性，并宣布其结果。

第八十六条（新）

颁布《组织法》和执行国民议会的条例前必须将其提交宪法委员会，由宪法委员会决定其是否符合宪法。

共和国总统、国民议会主席或三分之一的国民议会议员有权将未颁布的法律提交宪法委员会。

若有前两款所述情况，宪法委员会须在一个月内做出决定。若有共和国总统的要求，或紧急情况，可以缩短到八天。在类似情况下，向宪法委员提出争议将导致法律公布期暂停。

当宪法委员会认为某部法律因其损害宪法所保障的权利和自由需终止时，宪法委员会要在裁决时保障自己的裁定本身不违反宪法。

第八十七条

不得发布或执行宪法委员会宣布为违宪的裁决。宪法委员会的决定对被裁决事务具有强制权力。不得对宪法委员会的决定提出质疑，其决定对公共当局以及所有行政和司法当局均具有约束力。

第八十八条

《组织法》规定宪法委员会的组织、运作规则和相关程序，特别是允许向宪法委员会提交争议的时间期限。

第七章　关于司法权

第八十九条（新）

司法权独立于立法权和行政权。

共和国总统是司法独立的保障者。由共和国总统担任主席的最高司法委员会协助。

最高司法委员会由两个机构组成，一个专门负责司法部门，另一个专门负责公诉法官。

鉴于司法独立原则，《组织法》确定法官的基本制度和最高司法委员会的组织和运作规则。

第九十条

法官仅服从法律，法官在其职责范围内受保护，保护其免遭受可能影响其判决公正的各种施压。

第九十一条

不得任意逮捕任何人。保护个人自由是司法当局的责任，它要在法律规定的范围内保证尊重这一原则。

第八章　关于高等法院

第九十二条（新）

设立高等法院。该法院成员由国会换届后的国民议会议员中选出的议员组成，从其成员中选举产生院长。《组织法》确定高等法院的组成、运作规则和相关程序。

第九十三条（新）

除叛国外，共和国总统对其行使职权时的行为不承担任何责任。

只有国民议会可以对共和国总统提出弹劾，弹劾要以公开投票的方式进行，并以国民议会成员绝对多数赞成通过。通过后，高等法院对其进行判决。

总理和政府成员对其履行职责时的刑事或违法行为承担相关责任。上述程序适用于总理和政府成员以及同谋者的危害国家安全的行为。

在本款所述的案件中，高级法院仅限于界定犯罪或违法，并确定发生这些行为时现行刑法中规定的刑罚。

第九章　关于咨询机构

第九十四条（新）

共和国总统成立最高费塔瓦和检察理事会，以取代伊斯兰最高理事会、共和国调解人和法塔瓦和检察最高委员会，其内容由相关条文确定。

共和国总统任命最高费塔瓦和检察理事会主席和其他成员，任期四年，可连任一次。

最高费塔瓦和检察理事会根据马立克法学派教导发布费塔瓦——法学见解。

最高费塔瓦和检察理事会可接收与未决诉讼相关的公民请求，但该请求需在最高费塔瓦和检察理事会与国家机关、地区公共团体、公共机构或执行机构的关系框架内。

最高费塔瓦和检察理事会不得干预法院已受理的争端，不得质疑法院裁决，但可以向有关机构提出建议。

共和国总统和政府可要求最高费塔瓦和检察理事会就公民与政府之间的争端发表意见。上述意见要在 15 天内提交。

《组织法》规定最高费塔瓦和检察理事会的组织和职能。

第九十五条（新）

经济社会环境委员会可以就共和国总统提交的法律草案、法律命令或总统法令，以及有关经济、社会和环境性质的法律议案表达意见。

经济社会环境委员会可任命其一名成员，代表经济社会及环境委员会在国民议会就被移交的相关法律草案或法律议案表达意见。

第九十六条（新）

共和国总统可以就国家关心的经济、社会或环境性质的问题征询经济社会环境委员会的意见。具有经济和社会性质的计划和纲要性法案，均交由经济社会环境委员会发表相关意见。

《组织法》规定经济社会环境理事会的组成及其运作规则。

第九十七条（新）

全国人权委员会是促进和保护人权的独立协商机构。

《组织法》规定全国人权委员会的组成、组织和运作。

第十章　关于区域团体

第九十八条（新）

共和国的区域团体是市和地区。其他的区域团体均依法设立。

区域团体由民选委员会根据法律规定的条件自由管理。

第十一章　关于修改宪法

第九十九条（新）

共和国总统和国会议员拥有修改宪法的动议权。

议员提交的修宪议案，若其签名议员人数不足议会议员人数的三分之一，则不予讨论。任何宪法修订议案，只有获得国民议会三分之二议员投票表决同意，方可就其举行全民投票。

如果修改宪法危及国家实体或侵犯领土完整，或侵犯共和体制，或侵犯毛里塔尼亚的民主多样性或民主权力交替原则，或涉及“共和国总统任期五年，可连任一次”的原则，如本《宪法》的第二十六条和第二十八条所述，则不得启动旨在修改宪法的任何程序。

第一百条

获得全民投票中的简单多数票的同意，是修宪的最终结果。

第一百〇一条（新）

如果共和国总统决定将宪法修订议案提交国会，则不得就其举行全民投票。宪法修订案只有获得议会五分之三多数赞成票，方可获得批准。

第十二章　结尾规定

第一百〇二条（新）

毛里塔尼亚伊斯兰共和国的现行法律和法规应继续适用，除非根据宪法规定的形式对其进行修改。自本《宪法》颁布之日起，在三年内，对不符合本《宪法》赋予的权利和自由的旧法律进行必要修正。如果在规定的期限内未进行对以上条款予以肯定的修正，任何人均可向宪法委员会就旧法律违宪提出质疑。

被裁定违反宪法的所有安排均不予执行。

（源自毛里塔尼亚新闻网：https://alakhbar.info/?q=node/15680）

参考文献

一、中文文献

艾周昌、郑家馨编：《非洲通史·近代卷》，华东师范大学出版社 1995 年版。

〔美〕布赖恩·迪安·柯伦、乔安·施罗克：《毛里塔尼亚》，兰州大学地质地理系外国地理翻译组译，甘肃人民出版社 1976 年版。

〔美〕戴维·C. 康拉德：《中世纪西非诸帝国》，李安山译，商务印书馆 2015 年版。

国际科学委员会：《非洲通史》（八卷本），中国对外翻译出版有限公司 2013 年版。

〔摩洛哥〕哈桑二世：《挑战——哈桑二世回忆录》，季仲华译，新华出版社 1983 年版。

何芳川、宁骚编：《非洲通史·古代卷》，华东师范大学出版社 1995 年版。

〔法〕亨利·康崩：《摩洛哥史》（上下册），上海外国语学院法语系翻译组译，上海人民出版社 1975 年版。

李广一编：《毛里塔尼亚 西撒哈拉》，社会科学文献出版社 2008 年版。

陆庭恩、彭坤元编：《非洲通史·现代卷》，华东师范大学出版社 1995 年版。

〔法〕热纳维埃夫·德西雷－维耶曼：《毛里塔尼亚史，1900—1934 年》（上下册），上海外国语学院德法语系法语组译，上海人民出版社 1977 年版。

〔法〕夏尔－安德烈·朱利安：《北非史·突尼斯、阿尔及利亚、摩洛哥 第一卷 从上古时代至阿拉伯人征服（公元647年）》，上海新闻出版系统“五·七”干校翻译组译，上海人民出版社 1973 年版；《北非史·突尼斯、阿尔及利亚、摩洛哥 第二卷 从阿拉伯人征服至1830年》，上海新闻出版系统“五·七”干校翻译组译，上海人民出版社 1974 年版。

杨人楩：《非洲通史简编：从远古至一九一八年》，人民出版社 1984 年版。

二、英文文献

Africa in History, New York: Macmillan, 1968.

Africa: History of a Continent, New York: Macmillan, 1966.

African Civilization Revisited: From Antiquity to Modern Times, Trenton: Africa World Press, 1990.

African Kingdoms, New York: Time-Life Books, 1966.

African Slave Trade: Precolonial History 1450–1850, Boston: Little Brown, 1961.

Ajayi, J. F. A. and Crowder, Michael eds., *History of West Africa Volume 1*, London: Longman Group, 1971.

Ajayi, J. F. A. and Crowder, Michael eds., *History of West Africa Volume 2*, London: Longman Group, 1974.

Ajayi, J. F. Ade ed., *General History of Africa · VI: Africa in the Nineteenth Century until the 1880s*, California: University of California Press, 1989.

Alvin, Emmanuel, *Mauritania Art and Culture: Environment, Tourism, Tribes and their status, Tradition*, Scotts Valley, C. A.: CreateSpace Independent Publishing Platform, 2016.

Black Mother: The Years of the African Slave Trade, Boston: Little, Brown and Company, 1961.

Blauer, Ettagale and Laure, Jason, *Mauritania (Cultures of the World)*, First edition, Salt Lake City, U. T.: Benchmark Books, 2008.

Boahen, A. Adu ed., *General History of Africa · VII: Africa under Colonial Domination 1880–1935*, California: University of California Press, 1985.

Callaway, Barbara and Creevey, Lucy, *The Heritage of Islam: Women, Religion and Politics in West Africa*, Boulder & London: Lynne Rienner Publishers, 1994.

Clark, J. Desmond ed., *The Cambridge History of Africa, Volume 1: From the Earliest Times to c. 500 BC*, Cambridge: Cambridge University Press, 1982.

Conrad, David C., *Empires of Medieval West Africa: Ghana, Mali, and Songhay*, New York: Facts On Files, Inc., 2005.

Crowder, Michael ed., *The Cambridge History of Africa, Volume 8: From 1940 to the 1975*, Cambridge: Cambridge University Press, 1984.

Curran, Brian Dean and Schrock, Joann L., *Area Handbook for Mauritania*, Washington D.C. U.S. Government Printing Office, 1972.

Davidson, Basil, with Buah, F.K., *A History of West Africa to the Nineteenth Century*, Garden City, N.Y.: Anchor Books, 1966.

Department of Islamic Art, "The Art of the Almoravid and Almohad Periods (ca. 1062–1269)", *Heilbrunn Timeline of Art History*. New York: The Metropolitan Museum of Art, 2000. http://www.metmuseum.org/toah/hd/almo/hd_almo.htm, 引用时间：2011 年 10 月 6 日。

Elfasi, M. ed., *General History of Africa · III: Africa from the Seventh to the Eleventh Century*, California: University of California Press, 1988.

Fage, J. D. ed., *The Cambridge History of Africa, Volume 2: From c. 500 BC. to AD. 1050*, Cambridge: Cambridge University Press, 1978.

Fage, J. D., *An Introduction to the History of West Africa*, Third edition, Cambridge: Cambridge University Press, 1962.

Fierro, Maribel, *The Almohad Revolution: Politics and Religion in the Islamic West during the Twelfth-Thirteenth Centuries*, Farnham, Surrey, UK, and Burlington, VT: Ashgate Variorum, 2012.

Fishwick, Duncan, "The Annexation of Mauretania", *Historia: Zeitschrift für Alte Geschichte*, Bd. 20, H. 4 (3rd Qtr.), Franz Steiner Verlag, 1971, pp. 467–487. Stable URL: http://www.jstor.org/stable/4435213，引用时间：2016 年 10 月 16 日。

Flint, John ed., *The Cambridge History of Africa, Volume 5: From c. 1790 to c. 1870*, Cambridge: Cambridge University Press, 1977.

Goitein, S. D., *A Mediterranean Society. Vol. I: Economic Foundations*, Berkeley and Los Angeles: University of California Press, 1967.

Gray, Richard ed., *The Cambridge History of Africa, Volume 4: From c. 1600 to c. 1790*, Cambridge: Cambridge University Press, 1975.

Handloff, Robert E. ed., *Mauritania: A Country Study*, Washington: GPO for the Library of Congress, 1988, http://countrystudies.us/mauritania/, 引用时间：2019 年 3 月 30 日。

Jerry, Sampson and Jones, Anderson, *History and Tourist Guide of Mauritania: Discover Mauritania Culture and People, Tourism Sector*, Scotts Valley, C.A.: CreateSpace Independent Publishing Platform, 2015.

Jerry, Sampson, *Mauritania History, Early History, Sudanic Empires: Arab*

Invasions, Government, Economy, People, Scotts Valley, C.A.: CreateSpace Independent Publishing Platform, 2016.

Ki-Zerbo, J. ed., *General History of Africa · I: Methodology and African Prehistory*, California: University of California Press, 1981.

Lázaro, Fabio López, "The Rise and Global Significance of the First 'West': The Medieval Islamic Maghrib", *Journal of World History*, Vol. 24, No. 2, 2013, pp. 259-307.

Le Tourneau, Roger, *Almohad Movement in North Africa in the 12th and 13th Centuries*, Princeton, N.J.: Princeton University Press, 1969.

Mazrul, Ali A. ed., *General History of Africa · VIII: Africa since 1935*, California: University of California Press, 1993.

Mendonsa, Eugene L., *West Africa: An Introduction to its History, Civilization and Contemporary Situation*, Durham: Carolina Academic Press, 2002.

Messier, Ronald. A. K., "The Almoravids: West African gold and the gold currency of the Mediterranean world", *Journal of the Economic and Social History of the Orient*, Vol. 17, No. 1, pp. 31-47.

Messier, Ronald. A., "Quantitative analysis of Almoravid dinars", *Journal of the Economic and Social History of the Orient*, Vol. 23, No. 1-2, pp. 102-118.

Mokhtar, G. ed., *General History of Africa · II: Ancient Civilization of Africa*, California: University of California Press, 1981.

N'Diaye, Boubacar, *Mauritania's Colonels: Political Leadership, Civil-Military Relations and Democratization*, First Edition, New York: Routledge, 2017.

Niane, D. T. ed., *General History of Africa · IV: Africa from the Twelfth to the Sixteenth Century*, California: University of California Press, 1984.

Ogot, B. A. ed., *General History of Africa · V: Africa from the Sixteenth to the Eighteenth Century*, California: University of California Press, 1992.

Old Africa Rediscovered, London: Victor gollancz, Ltd., 1959.

Oliver, Roland and Sanderson, G. N. ed., *The Cambridge History of Africa, Volume 6: From 1870 to 1905*, Cambridge: Cambridge University Press, 1985.

Oliver, Roland ed., *The Cambridge History of Africa, Volume 3: From c. 1050 to c. 1600*, Cambridge: Cambridge University Press, 1977.

Pazzanita, Anthony G., *Historical Dictionary of Mauritania*, Third Edition, Lanham, Maryland · Toronto · Plymouth: The Scarecrow Press, Inc., 2008.

Roberts, A. D. ed., *The Cambridge History of Africa, Volume 7: From 1905 to*

1940, Cambridge: Cambridge University Press, 1986.

Robinson, David, *Paths of Accommodation: Muslim Societies and French Colonial Authorities in Senegal and Mauritania, 1880–1920*, First Edition, Athens, Ohio: Ohio University Press, 2000.

The African Awakening, London: Cape, 1955.

The African Genius, Boston: Little, Brown and Company, 1970.

The African Past: Chronicles from Antiquity to Modern Times, Boston: Little, Brown and Company, 1964.

The Africans: An Entry to Cultural History, Harlow: Longmans, 1969.

The Black Man's Burden: Africa and the Curse of the Nation-State, New York: Three Rivers Press, 1992.

The Growth of African Civilization: A History of West Africa 1000–1800, London: Longman, 1967.

The Lost Cities of Africa, Boston: Little, Brown and Company, 1959.

West Africa Before the Colonial Era: A History to 1850, London: Longman, 1998.

Wiley, Katherine Ann, *Work, Social Status, and Gender in Post-Slavery Mauritania*, Bloomington: Indiana University Press, 2018.

Zartman, I. William ed., *Governance as Conflict Management: Politics and Violence in West Africa*, Washington D.C.: Brookings Institution Press, 1997.

三、法文文献

Centre de Recherche et d'Etudes sur les Sociétés méditeranéennes, Centre d'Etudes d'Afrique Noire, *Introduction à la Mauritanie*, Paris: Editions du Centre National de la Recherche Scientifique, 1979.

Geneviève Désiré-Vuillemin, *Histoire de la Mauritanie: Des origines à l'indépendance*, Paris: Edition Karthala, 1997.

Hadj-Sadok, M., *Al-Idrīsī: le Magrib au XIIe siècle après J.C. (Vie siècle de l'Hégire)*, Paris: Published, 1983.

Ismaël Hamet, *Chroniques de la Mauritanie sénégalaise. Nacer-Eddine*. Texte arabe, traduction et notes Reliure inconnue, 1911.

Merad, A., "Origine et voies du réformisme en Islam" , *AIEOA*, 17–19, 1960–1961, pp. 359–402.

Meunié, J. and Terrasse, H., *Recherches archéologiques à Marrakech*, Paris:

Arts et Métiers graphiques, 1952.

Rosenberger, B., “Autour d’une grande mine d’argent du Moyen Age marocain: le Jebel Aouam” , *H-T*, 5, 1964, pp. 15-78.

“Les Vieilles Exploitations minières et les centres métallurgiques du Maroc: essai de carte historique” , *RGM*, 1970, 17, pp. 71-107; 18, pp. 59-102.

Terrasse, H. Meunié, J. and Deverdun, G., *Nouvelles recherches archéologiques à Marrakech*, Paris: Arts et métiers graphiques (Impr. S.R.I.P.), 1957.

四、阿拉伯文文献

حماه الله ولد السالم :تاريخ موريتانيا قبل الاحتلال الفرنسي،دار الكتب العلمية – بيروت،نشر سنة 2017.

تاريخ موريتانيا وجوارها)، تقديم وتحقيق،د. سيدي أحمد بن أحمد سالم،المتوفى 1 محرم 1414هـ – 22 يونيو 1993م.

المختار بن حامد:حـوادث السنيـن(أربعة قرون من

المختار بن حامد، التاريخ السياسي، دار الغرب الإسلامي، بيروت، سنة 2000.

حماد الله ولد السالم:تاريخ موريتانيا(العناصر الأساسية)، منشورات الزمن, 2007.

حماد الله ولد السالم:تاريخ بلاد شنكيطي(موريتانيا)، دار الكتب العلمية – بيروت،نشر سنة 2010.

محمد عبد الله عبد الفتاح:العنصرية في موريتانيا، القسم العام، تاريخ الإنشاء : 29 يونيو2020.

译名对照表

Abbad, Al-Mu'tamid ibn, 穆塔米德·伊本·阿巴德

Abd al-Azīz, Abū Marwān 'Abd al-Malik b.', 阿布·马尔万·阿布德·马利克·本·阿布德·阿齐兹

Abdallah, 阿布杜拉

Abdellahi, Sidi Mohamed Ould Cheikh, 西迪·穆罕默德·乌尔德·谢赫·阿卜杜拉希

Abdukar, 阿布都卡尔

Abdullah, al-Mukhtar Agd, 穆合塔尔·阿格·阿布都拉

Abeid, Biram Dah, 比拉姆·达·阿贝德

Abidine, Bouyagui O., 布亚吉·欧·阿比丁

Abiod, 艾卜耶德

Acheuléen, 阿舍利文化

a cul-de-sac at the end of the Saharan Desert, 撒哈拉沙漠尽头的一条死胡同

Adamawa, 阿达马瓦

ad-Din, Nasir, 纳赛尔·丁

Adherbal, 阿德赫巴

Adrar Plateau, 阿德拉尔高原

Adrar, 阿德拉尔

Adrar Tmar, 阿德拉尔－特马尔

Aedemon, 埃德蒙

Afalou, 阿法罗

Africa Byzacium, 拜扎奇乌姆－阿非利加

Africa Nova, 新阿非利加行省

Africa Proconsularis, 阿非利加总督区

Africa Zeugitana, 泽乌吉塔那－阿非利加

Afro-Asiatic speakers, 非洲其他非亚语系民族

Aftout, 阿夫图特

Agawej, 毛里塔尼亚

Aghmāt, 阿格马特城

Aghmāt-Warīka, 阿格马特－瓦里卡

Aglu, 阿格鲁村

Agonisticis, 阿哥尼斯特

aguellid, 国王

Ahaggar, 阿哈加尔

Ahenobarbus, Gnaeus Domitius, 格奈乌斯·多米第乌斯·阿赫诺巴尔比

Ahlal, 阿拉尔

Ahmad, Qidi Uthman Abhum ben, 卡迪·奥斯曼·阿贝霍姆·本·艾哈

迈德
Ahmadou, Sarr, 萨尔・阿赫迈杜
Ahmed, Mohammed Ould Soueïd, 穆罕默德・乌尔德・苏埃伊德・艾哈迈德
Ahmed, Smael Ould Cheikh, 斯梅尔・乌尔德・谢赫・艾哈迈德
Ahmedou, Hamoud O., 哈穆德・欧・艾哈迈杜
Ahmedou, 艾哈迈都
Aich, 阿伊士
Aïnin, Ahel Ma El, 阿海勒・马・埃勒・埃南
Air Afrique, 非洲航空公司
A'isha, Muhammad ibn', 穆罕默德・伊本・阿以沙
Ajjer, 阿吉尔
Akchar, 阿克沙尔
Akjoujt, 阿克茹特
Al Aç, Amr ibn, 阿姆鲁・伊本・阿尔阿萨
al- Aynin, Cheikh Ma, 谢赫・马・埃宁
al -Kouri, al-Fadel ben, 法德尔・本・库里
al-Aftas, al-Mutawakkil ibn, 穆塔瓦基勒・伊本・阿夫塔斯
al-Andalus, 安达卢斯王国
Alaouite, 阿拉维
al-Athīr, Ibn, 伊本・阿西尔
al-Baydhaan, 白人
Alcira, 阿尔西拉
al-Din, Munir, 穆尼尔・丁
Aleg, 阿莱格
al-Fāsī, Abū 'Imrān, 阿布・伊姆兰・法西
Alfonso I, 阿方索一世
Algeciras, 阿尔黑西拉斯
al-Ghazālī, Abū Hāmid, 阿布・哈米德・加扎利
al-Hadramî, Imâm, 伊玛目・哈德拉米
al-Hamra, Sakia, 萨基亚哈姆拉
al-Hasham, 哈沙姆
Ali, Ishaq ibn, 伊沙克・伊本・阿里
al-Lamtuni, Yahya ibn Umar, 累姆图纳部落酋长叶海亚・伊本・欧麦尔
Ali, Tashfin ibn, 塔士芬・伊本・阿里
al-Idrīsī, 伊德里西
Al-Ittifaq, 《同意报》
Aljaferia, 阿尔加费里亚
al-Klanah, 克拉纳
al-Lamtī, Waggāg b. Zalwī, 瓦卡格・本・扎尔维・莱姆提
al-Lamtunī, Limtâd, 利姆塔德・拉姆图尼
al-Lamtūniyyūn al-murābitūn, 穆拉比特累姆图纳人
Alliance for Democratic Mauritania, AMD, 民主毛里塔尼亚联盟
al-Makrīrī, 马克里齐
al-Malik, Hisham b. 'Abd, 哈希姆・本・阿布杜勒・马利克
Almeria, 阿尔梅利亚
Almohad movement, 穆瓦希德运动
Almoravid movement, 穆拉比特运动
Almoravid, 阿尔莫拉维德
al-Wafi al-Mourtaji, Mohamed Lemine, 穆罕默德・莱明・穆尔塔吉・瓦菲
al-Mubarakn, Nur al-Din, 努尔・丁・穆

巴拉克
al-Muhallabi, 穆哈拉比
al-Murabit, 穆拉比特
al-Muwaḥḥidūn, 穆瓦希德
al-Naser, Awlad, 阿瓦拉德 · 纳赛尔
al-Nu'Mān, Hassān ibn, 哈桑·伊本·努尔曼
al-Nuwayrī, 努瓦利
a proto-Berber people, 早期柏柏尔人的一支
al-Qadi, Sidi Hasan b, 西迪 · 哈桑 · 本 · 卡迪
al-Ruburtayr, 鲁布泰尔
Al-Wāḥid, 瓦希德
al-Wansharis, al-Bashir, 巴希尔 · 万沙里西
al-Warraq, Muhammad b. Yusuf, 穆罕默德 · 本 · 尤素夫 · 瓦拉克
al-Ya'qūbī, 亚古比
al-Ya'kūbī, 雅库比
al-Zallāka, 萨拉卡
al-Zuhri, 祖赫尔
Amadir, 阿玛多
Amazigh, 阿马齐克
Amazighen, 柏柏尔
Amazmaz, 阿马兹马
Amir al-muslimin, 穆斯林的埃米尔
Amojar, 阿莫加尔
Amourj, 阿穆日
Amr Ibn al-As, 阿慕尔 · 伊本 · 阿斯
Anas, Mālik b., 马立克 · 本 · 艾奈斯
Anbiya, 安比亚人
ancient Ghana, 古加纳
Andalusia, 安达卢西亚
Aoudaghast, 奥达格斯特
Aouineght, 阿维尼戈特
Aoussert, 阿苏特
APP, 人民进步联盟，进步民众联盟
Arab Baath Socialist Party, 阿拉伯复兴社会党
Arabio, 阿拉比奥
Arafat, 阿拉法特
Aragon, 阿拉贡
Araouane, 阿拉万
Ardia, Tiski el, 提斯基 - 埃尔 - 阿尔迪亚
Argoub, 阿尔古布
Arguin, 阿尔甘
Army of Liberation, 独立党解放军
Arnaud, G., 阿诺
Arrondissement, 区
asafu, “火炬”
Asil, 阿西尔
Askalis, 阿斯卡利斯
Assaba, 阿萨巴
Assiout, 亚西乌特
Association de la Jeunesse Mauritanienne, AJM, 毛里塔尼亚青年协会
Atar, 阿塔尔
Atlas, 阿特拉斯
Aures, 奥雷斯
Auto-da-fé, 公开宣判
Auxilia, 辅助部队
Awghām, 奥加姆
Awkār, 奥卡尔
Aynin, Ould Cheikh Ma el, 乌尔德 · 谢赫 · 马 · 埃勒 · 埃宁
Ayoun el Atrous, 阿尤恩 · 埃尔 · 阿特

鲁斯
Aysa, Dawud ibn, 达伍德·伊本·艾萨
Ayyadi, Qadi, 卡迪·阿亚德
Azalai, 阿扎莱
Azben, 阿兹本
Azefal, 阿泽法勒
Azeffal, 阿宰法勒沙漠
Azer, 阿扎尔语
Azukī, 阿祖基

B.I.R.D., 国际重建与发展银行
Ba Seydi, 巴·塞迪
Ba, Abdurahmane, 阿布杜拉赫曼·巴
Baba, Ahmed Ould Sidi, 艾哈迈德·乌尔德·西迪·巴巴
Baba, Cheikh Sidiya, 谢赫·西迪亚·巴巴
Baba, Kane Hamidou, 凯恩·哈米杜·巴巴
Bababe, 巴巴贝
Babaly, Anne Ahmadou, 安尼·阿赫马杜·巴巴利
Babana, Horma Ould, 霍马·乌尔德·巴巴纳
Baccalaureate degree, 学士学位
Badajoz, 巴达霍斯
Badīs, al-Mu'izz b., 埃米尔穆耶兹·本·巴迪斯
Bafour or Bafur, 巴富尔人
Baga, Bagas, 巴嘎
Bagradas Valley, 巴格拉达斯河谷
Bakel, Fort, 巴克尔
Bakr, Abū, 阿布·白克尔
BALLOUHEY, 巴卢埃
Bambara, 班巴拉人
Bani Hassan, 哈桑人
Banque Internationale pour la reconstruction et le développeent, 国际重建与发展银行
Banū Ifran, 伊夫兰人
Banu Warith, 瓦利斯人
Barbarus, 巴巴里
βάρβαρος, 巴巴卢
Barca, 巴尔卡
Barghawata, 柏尔加瓦塔人
Barka, 巴卡
Barteil, 巴尔特伊人
BASEP, 总统安全营
Basileus, 国王
Bassikounou, 巴西库努
bassin Taodéni, 陶登尼盆地
Bataillon de la Sécurité Présidentielle, BASEP, 总统安全营
Battle of Aledo, 阿莱道战役
Battle of Meskiana, 梅斯基亚纳战役
Battle of Sufetula, 苏费图拉之战
Battle of Thapsus, 萨普苏斯战役
Battūtā, Ibn, 伊本·白图泰
Bay of Arguin, 阿尔金湾
bayt al-māl, 公共财政
Béchir, Mohamed Salem Ould, 穆罕默德·萨利姆·乌尔德·巴希尔
Bédrine, 贝德里纳
Beidanes, 贝丹人
Benyea, 本尼亚
Berber Arabs, 柏柏尔阿拉伯人
Berber, 柏柏尔
Berghouata, 柏尔加瓦塔人

Bestia, Lucius Calpurnius, 卢基乌斯·卡尔普尔尼乌斯·贝斯蒂亚
Beyyed, d'El, 埃尔贝耶
Bidjāya, 贝贾亚
Bilād al-Sūdān, 黑人地区
bilād al-sūdān, 苏丹
Bir Moghrein, 比尔莫格兰
Biri, Ould, 乌尔德·比利
Bizerte, 比泽特
Blanchot, A., 布朗肖
Bloc Democratique du Gorgol, 戈尔戈尔民主阵营
Bneijara, Ahmed Ould, 艾哈迈德·乌尔德·布内贾拉
Bocchus I, 波库斯一世
Bocchus II, 波库斯二世
Bocchus, 波库斯
Boen, 贝恩
Boghé, 鲍埃城
Boghe, 博格
Bogud, 博古德
Bogué, 博盖
Bojador, 博哈多尔角
Bordeaux, 波尔多
Borku, 博尔库
Bou Garn, 布·伽赫纳
Bou, Cheikh Saad, 谢赫·萨阿德·布
Bouba, 布巴
Boubacar, Sidi Mohamed Ould, 西迪·穆罕默德·乌尔德·布巴卡尔
Boukhary, Khattou Mint, 哈图·敏特·布卡里
Boulkheir, Messaoud Ould, 马苏德·乌尔德·布尔凯尔
Boumdeid, 布姆代德
Bourguiba, 哈比卜·布尔吉巴
Bousbaa, Ould, 乌尔德·布斯巴
Boutilimit, 布提里米特
Bovidiens, 波维第安人
Brakna, 布拉克纳
Brakna-Gorgol, 布拉克纳－戈尔戈尔
Brazzaville Conférence, 布拉柴维尔会议
Brazzaville Declaration, 《布拉柴维尔宣言》
Breideleil, Mohammed Yehdih Ould, 穆罕默德·耶迪·乌尔德·布雷德莱尔
British Iron and Steel Corporation, 英国钢铁公司
Bu, Cheikh Sad, 谢赫·萨阿德·布
Bubba, Sharr, 沙尔·布巴
Bugia, 布吉亚
Byrsa, 柏撒
Byzacium, 拜萨西恩

Cadiz, 加的斯
Caesarea, 恺撒利亚
Caligula, Caius, 盖乌斯·卡里古拉
Caliphate of Córdoba, 后倭马亚王朝
Cameroun, 喀麦隆
canton, 行政区
Cap Blanc, 布朗角
Cape Timiris, 迪米里斯角
capitalization, 资本化
Capsian culture, 卡普萨文化
Capsian man, 卡普萨人
Captain Saleh Ould Hanena, 中校萨利

赫·乌尔德·哈内纳
Capussa, 卡普萨
Cap Vert, 佛得角半岛
Carthage, 迦太基
Carthago, 迦太基
Castile, 卡斯蒂尔
Castulo, 卡斯图罗
CENI, 全国独立选举委员会
central Sudan, 中苏丹
cercle, 区
Cerné, 塞尔内
Ceuta, 休达
CFA, 非洲金融共同体法郎
Cham, 夏穆
Chamla, Mme, 埃迈米·查姆拉
Char, 夏尔
Cheikh el-Avia Ould Mohamed Khouna, 谢赫·阿维亚·乌尔德·穆罕默德·胡纳
Cheikh Saad Bouh Kamara, 谢赫·萨阿德·布·卡马拉
Cheikh, Ahmed Ould, 艾哈迈德·乌尔德·谢赫
Cheikh, Baba Ould , 巴巴·乌尔德·谢赫
Cheikh, Mohammed Taqui Allah Ould Ely, 穆罕默德·塔奇·阿拉·乌尔德·埃里·谢赫
Cheikh, Sidiya, Suleymane O., 苏雷曼·欧·谢赫·西迪亚
Cheirik, 切利克
Chemchane, 申善
Cherchel, 舍尔沙勒
Cherg, 谢尔杰
Cherier, 谢列尔
Chérou, 谢胡
Chichāwa, 希沙沃
chief, 酋长
Chiens rouges, 红猎狗
Chinguetti, 欣盖提
Choum, 契伍姆山
Cice, Bou Bakar, 布·巴卡尔·西塞
Circumcellions, 阿哥尼斯特
Cirta, 塞尔塔
civil territory, 民事领地
civilizing mission, 开明使命
Cleopatra Selene II, 克莉奥佩特拉·希莲二世
Cleopatra VII, 克莉奥佩特拉七世
CMJD, 正义与民主军事委员会
CMSN, 救国军事委员会
Coastal Zone, 沿海地区
Col. Abderrahmane Ould Boubacar, 阿卜杜拉赫曼·乌尔德·布巴卡尔上校
Col. Ahmed Ould Minnih, 艾哈迈德·乌尔德·明尼上校
Col. Ainina Ould Elvaida, 艾尼纳·乌尔德·埃尔瓦伊达上校
Col. Djibril Ould Abdellahi, 吉布里尔·乌尔德·阿卜杜拉希上校
Col. El-Arby Ould Jeddein, 埃尔－阿比·乌尔德·杰德丁上校
Col. Ely Ould Mohamed Vall, 伊利·乌尔德·穆罕默德·瓦尔上校
Col. Hedi Ould Sadigh, 赫迪·乌尔德·萨迪上校
Col. Mohamed Ould Abdelaziz, 穆罕

默德·乌尔德·阿卜杜勒·阿齐兹上校
Col. Mohamed Ould el-Gazouani, 穆罕默德·乌尔德·加祖阿尼上校
Col. Mohamed Ould Mohamed Znagui, 穆罕默德·乌尔德·穆罕默德·兹纳吉上校
Col. Sidi Mohamed Ould Elvaida, 西迪·穆罕默德·乌尔德·埃尔瓦伊达上校
Col. Sidi Ould Riha, 西迪·乌尔德·里哈上校
Col.Ould N'Diayane, 乌尔德·恩迪亚耶上校
Colbert, Jean-Baptiste, 让－巴普蒂斯塔·柯尔培尔
Comite Militaire de Salut National, 救国军事委员会
Commissioner of French Civil Territory of Mauritania, 毛里塔尼亚法属民事领地的专员
Commode, 康茂德
Commune, 市镇
confessors, 忏悔者
Conseil des Ministres, 部长委员会
Conseil Militaire pour la Justice et la Démocratie, CMJD, 正义与民主军事委员会
Constitutio Antonina, 《安东尼努斯敕令》
Coppolani, Xavier, 泽维尔·科波拉尼
Coppolani, 科波拉尼
Coq, 雄鸡
Cordoba, 科尔多瓦
Count Gregory, 格雷戈里伯爵
Count Julian, 胡里安伯爵
Cridem website, 克里德姆网
Crispus, C. Sallustius, 盖乌斯·撒路斯提乌斯·克里斯普斯
cry-wolf diplomacy, "狼来了"外交
Cuoq, J. M., J.M. 库奥克
Cyrenaica, 昔兰尼加

d'Akreijit, 阿克赖吉特
d'Atérien, 阿梯尔文明
d'Er Raoui, 拉维沙漠
Daddah, Ahmed Ould, 艾哈迈德·乌尔德·达达赫
Daddah, Mokhtar Ould, 穆克塔尔·乌尔德·达达赫
Daddah, Moktar Ould, 莫克塔尔·乌尔德·达达赫
Dagana, 达加纳
Dakar, 达喀尔
Dakhla, 达克拉
Dakhlet Nouadhibou, 努瓦迪布湾
Dâman, Haddi ben Ahmed ben, 哈迪·本·阿梅德·本·达曼
Daman, Ould Ahmed ben, 乌尔德·艾哈迈德·本·达蒙
Dâman, Ould, 乌尔德·达蒙
Damane, 德玛尼
damel, 首领
Dār al-Hadjar, 石宫
Dār al-Murābitīn, 穆拉比特之家
Dar'a, 德拉
Dar-Naim, 达尔－纳伊姆
Decius, 德希乌斯

de I'Akchar, 阿卡尔
de I'Azefall, 阿泽弗
Deida, Jedna Ould, 杰德纳·乌尔德·迪达
Delafosse, Maurice, 莫里斯·德拉福斯
Delim, Ould, 乌尔德·得利姆
Dhar Oualata, 塔尔瓦拉塔
dhar Tichitt, 达尔提希特
Dhār Tishīt, 达尔－提希特
Diafunu, 迪亚富努
Diama, 迪亚马
Diawara, 迪亚瓦拉
Diaz, Bartolomé, 巴尔托洛梅乌－迪亚士
Dido, 狄多
Dieba, Mohand ben, 默罕德·本·迪巴
Dieidiba, 迪耶迪巴人
diffusionist standpoint, 传播论观点
Dikous, 迪库斯
Dinar, Abu'l-Ala Yazid ibn Abi Muslim, 亚齐德·伊本·阿比穆斯林
dinar, 第纳尔
Diocletianus, Gaius Aurelius Valerius, 戴克里先
Diolof, 迪奥洛夫
Diombogo, 琼博戈
Diouf, Abdou, 阿卜杜·迪乌夫
Direction Générale de la Sûreté Nationale, DGSN, 国家安全总局
Djado, 加多
Djazūla, 贾祖拉人
Djebel Amour, 阿穆尔山
Djebel, 迪吉贝尔
Djigueni, 吉盖尼
Djioua, Hassi, 哈希·杰瓦
Djodala, 杰达拉人
Draa River, 德拉河
Drab el-Arbain, 四十天路
1980 draft constitution, 宪法草案
Droit de Tramsfate, 留宿权
du Ferlo, 菲尔罗沙漠群
Durand, Jean-Baptiste-Leonard, 让－巴蒂斯特－莱昂纳德·杜兰
Dyābi, Wār, 沃尔·戴阿比
Dynastes, 酋长
dynasty of Banū Hūd, 胡德王朝
eastern Sudan, 东苏丹
Ebre, 埃布罗河
ech-Chargui, Hodh, 霍德·埃赫－查吉
Economic Social Council, 经济和社会委员会
economically powerful currency, 经济实力强大的货币
ed-Dahab, Oued, 韦德·埃德－达哈布
el Beyyed, 埃尔贝耶
El Cid, 熙德
El Djem, 埃尔杰姆
El Djouf, 朱夫沙漠
El Had, 艾尔哈德
El Hiba, 埃勒·伊巴
Elissa, 狄多
El Mina, 埃尔－米纳
El Wiam, 埃尔·维姆
el-Aynin Ma, Cheikh, 谢赫·马·埃宁
el-Gharbia, Tiris, 提里斯·埃尔－加

尔比亚
el-Hamra, Saguia, 萨吉耶哈姆拉
Waghef, Yahya Ould Ahmed, 叶海亚·乌尔德·艾哈迈德·瓦格夫
Ematt, Mohamed Mahmoud Ould, 穆罕默德·马哈茂德·乌尔德·埃玛特
Emporia, 恩波利亚
Enizak, 恩尼基克
Entente Mauritanienne, EM, 毛里塔尼亚协和党
ergs, 沙丘
Eumenes, 欧迈尼斯

Fadil, Achfagha al Amin ben Sidi al, 阿奇法加·艾敏·本·西迪·法迪尔
Fage, J.D, 费奇
Faidherbe, Louis Léon César, 路易斯·莱昂·塞萨尔·费德尔布
Fall, Y., Y. 法尔
Fañez, Alvar, 阿尔瓦·法涅兹
Farrer, Ould Sidi Mohamed, 乌尔德·西迪·穆罕默德·法勒
Fassi, Alall el, 阿拉·埃尔·法西
fatwā, 裁决
Fdéric, 弗德里克
Fellata, 费拉塔人
Ferdinand I, 斐迪南一世
Ferlo, 费尔洛
Fezzan, 费赞
Fifinagh, 提非纳文
Finsider, 意大利钢铁公司
fiqh, 教法
First Taifa Period, 第一次割据时代
FLU, 解放与统一阵线
FNDU, 全国民主与团结论坛
Forces de Libération Africaine de Mauritanie, FLAM, 毛里塔尼亚非洲人解放军
Forces of Change for Democracy, CFCD, 民主变革力量
Fostat, 福斯塔特
Fournier, Auguste, 奥古斯特·弗勒尼埃
French Committee of National Liberation, 法兰西民族解放委员会
Frèrejean, 弗莱尔让
Front National Démocratique, FND, 民主民族阵线
Front Polisario, 波利萨里奥阵线
Front Populaire, FP, 人民阵线
Fula, 富拉人
Fulani, 富拉尼人，富拉尼语
Fulbe, 富尔贝人
Fustāt, 福斯塔特
Futa Toro, 富塔托罗

Gabes, 加贝斯
Gaden, Henri, 亨利·伽登
Gaetuli, 盖图里
Gaetulians, 盖图里人
Gafsa, 加夫萨
Gaia, 盖亚
Gangara, 甘加拉
Gao, 加奥
Garamantes, 加拉曼特人
Garnein, Dhoul, 杜尔·加宁

Gauda, 高达
Gazzla, 卡祖拉
Gazzula, 卡祖拉人
Gehzoul, 吉祖尔
Gendarmarie Nationale, 国家宪兵
General History of Africa,《非洲通史》
Ghadames, 古达梅斯
Ghadda, Mohamed Ould, 穆罕默德·乌尔德·加达
Ghazouani, Mohamed Ould, 穆罕默德·乌尔德·加祖瓦尼
Gheilan, Ould, 乌尔德·盖伊兰
Gisco, Hasdrubal, 哈斯德鲁巴·吉斯戈
Gorgol, 戈尔戈勒
Goundam, 贡达姆
Gouraud, Henri, 亨利·古罗
Granada, 格拉纳达
Grand Council, 大委员会
Great Oasis of Khargah, 大哈里杰绿洲
Great Persecution, 大迫害
Green March, “绿色行军”
griot, 杰里乌特，乐师和诗人
grotte aux chauves-souris, “蝙蝠洞”
Group-C people, C 组人
Gudala, Judala, 杰达拉人
Guebla, 朱埃卜拉
Guedala, 戈达拉
Guelb Moghrein, 莫格兰山
Guerou, 格鲁
Gueye, Tene Youssouf, 特内·尤素夫·盖耶
Guidimaka, 吉迪马卡
Guignard, Michel, 米歇尔·吉尼亚德
Gulussa, 古卢萨
Gurāra, 古拉拉

Haddi, 哈迪
Hadrumète, 哈德鲁米图姆
Haile, Mariam, Mengistu, 门格斯图·海尔·马里亚姆
halfway house, 中途之家
Halpulaaren, 哈尔布拉尔
Halpulaars, 哈尔布拉尔部落
Hal-pularen, 哈尔－富拉伦人
Hamada de Tindouf, 哈马达德·廷杜夫
Hamdoun, 哈姆敦
Hamilcar, 哈米尔卡
Hamites, 含米特人
Hamitic hyphothesis, 含米特假设
Hammadids, 哈马德王朝
Hamra, Seguiet al, 塞古耶特哈姆拉
Hamra, 哈姆拉
Hanno, 汉诺
Haratine, 哈拉廷人
Hargha kabīla, 哈尔加部落
harmattan, 哈麦丹
Hassana, Cheikh, 谢赫·哈撒纳
Hassaniya Arabic, 哈桑阿拉伯语
Hassānīya, 哈桑
Hassaniya, 哈桑语
Hausaland, 豪萨兰
Hawd, 霍德
Hawqal, Ibn, 伊本·霍卡尔
Hawwāra, 豪瓦拉族
Hazm, Ibn, 伊本·哈兹姆
Heskoura, 赫斯库拉

Hiarbas, 希尔巴斯
Hiempsal I, 西耶普萨一世
Hiempsal II, 西耶普萨二世
High Plateaux, 大高原
highly organized economies, 高度组织化的经济
Himera, 希墨腊
Hippo Acra, 希波阿克拉
Histroire des Berbères,《柏柏尔历史》
Hittites, 希泰人
Hodaig, Moawyia ibn, 穆阿维叶·伊本·霍代格
Hodh Ech Chargui, 东霍德
Hodh El Gharbi, 西霍德
Hodh, 奥德，胡德
Hōdh, 霍德
Hoggar, 阿哈加尔高原，霍格尔
holiness, 神灵
Holy Law, 神圣法
homogeneous groups, 单一族群
Hopkins, J. F. P., J. F. P. 霍普金斯
hostile policy, 敌视性政策
Houdou, Aminata, 阿米纳塔·胡杜
Houmeit, Boidiel Ould, 博伊迪尔·乌尔德·胡迈特
Hudid dynasty, 胡德王朝
hudūd, 惩罚

I'Adrar, 阿德拉尔山
I'Aïr, 阿伊尔，阿伊尔山
I'Amatlich, 阿马特利什地区
I'Amsaga, 安萨加
I'Aouker, 奥卡尔
I'azrag, 阿兹拉克
Inchiri, 因希里
Ibadite traders, 伊巴迪商人
Ibādiyya, 伊巴迪亚教派
Ibero-Maurusian culture, 伊比尔－毛鲁西亚文化
Ibrāhim, Yahyā b., 叶海亚·本·易卜拉欣
Id Atifgha, 伊德·阿提法格哈部
Ida, 伊达
Idagh Zimbo, 伊达格·兹波人
Idaouali, 伊达乌阿里部落
Ideichelli, 伊代舍里人
Idjalliz, 伊贾利兹
Idouaich, 伊杜瓦伊什部落
Idriss, Lalla Meryem Mint Moulaye, 拉拉·梅里姆·明特·穆拉耶·伊德里斯
I'Erg Chech, 舍什沙漠
I'Erg Iguide, 伊圭迪沙漠
Iforas, 伊弗拉斯
Igīllīz-n-Hargha, 伊吉利兹村
Ihyā ūlūm al-dīn,《宗教学的复兴》
Ijill, 伊吉尔
Ilorca, 伊洛尔卡
Imaziɣen, 伊马齐恒
Imesmuden, 马斯穆达
IMF, 国际货币基金组织
Imraguen, 伊姆拉冈语，伊姆拉冈
indigenat, 就地惩戒法
Institute for Higher Islamic Studie, 伊斯兰高等研究机构
Intuji, 因图吉
I'Ogolien, 奥古林大旱期
Iol, 约尔

Iphtha, 伊夫萨
Isidore, Mouret, Charles Paul, 查尔斯·保罗·伊西多尔·穆雷
Islamic Republic of Mauritania, 毛里塔尼亚伊斯兰共和国
Island of Gorée, 戈雷岛
Island of Mogador, 摩加多尔岛
Island of Tidra, 提德拉岛
Isouaich, 伊苏亚伊赫
Iwo Eleru, 埃沃埃勒留
Iznaten, 扎纳塔

Jahankas, 贾汉卡人
Jallon, Futa, 富塔贾隆
jamaa, 社区
Jarinié, 雅瑞尼耶
Jean I, 若奥一世
Jelil, Dah Ould Abdel, 达乌尔德·德尔贝尔·杰利尔
Jimena, 希门娜
Juba I, 朱巴一世
Juby, 朱比
Juddāla, 杰达拉人

Kaarta, 卡尔塔
kabilas, 卡比拉人
Kabyles, 卡比尔人
Kabylia, 卡比利亚
Kader, Mohamed Abdel, 穆罕默德·阿卜杜勒·卡德尔
Kaedi, 卡埃迪
Kahina, 卡希娜
Kairouan, 凯鲁万
Kanem, 加涅姆
Kankossa, 康科萨
Kano Chronicle, 《卡诺编年史》
Kanuri, 卡努里人
Kaouar, 卡瓦尔
Kart Hadasht, 迦太基
kasbah, 卡斯巴古堡
Kayes, 卡耶斯
Kayhidi, 凯希迪
Kedama, 科达马
Keur Massene, 科尔马塞
Khadra, 卡德拉
Khaldoun, Ibn, 伊本·赫勒敦
Khalifa, 哈利法
Khalil, Mohammed O., 穆罕默德·欧·卡里勒
Khawāridj, 哈瓦利吉派
Khattri, Hadrami O., 哈德拉米·欧·卡特里
Khayroum, 卡伊鲁姆
Khiar, Taleb, 塔莱布·齐阿勒
khoum, 胡姆
Khoury, Ali, 阿里·库里
Khroufa, 赫鲁发
khutba, 呼图白
Kiffa, 基法
Kik, 基克
kilowatt medium wave transmitter, 千瓦中波发射机
King Alfonso VI, 阿方索六世
King Atlas, 阿特拉斯国王
King Scorpio, 法老蝎王
king, 国王
Kingdom of Castile, 卡斯蒂利亚王国
Kingdom of Mauretania, 毛里塔尼亚

王国
Kobenni, 科本尼
Koceila, 柯塞拉
Kolombiné, 科隆宾河
Kondofān, 科尔多凡
Koulikoro, 库利科罗
Koumbi Saleh, 昆比萨累
Kounta, 昆塔人
Ksar, 克萨尔
Kufifalat, 库里法拉特
Kugha, 库格哈
Kutâma, 库塔玛人

La Guera, 拉盖拉
La guerre de Jugurta,《朱古达战争》
la Reine Tin Hinan, 廷希南女王
Labi, 拉比
lac de I'Aouker, 奥克尔湖
Lacumazes, 拉库马泽斯
Laelius, Gaius, 盖乌斯 · 莱利乌斯
Lagardère, V., V. 拉加代尔
Laghdaf, Mohammed, 穆罕默德 · 拉格达夫
Lambert, N., 朗贝尔
Lamine, Mohamed Ould Mohamed, 穆罕默德 · 乌尔德 · 穆罕默德 · 拉明
Lamt, 拉姆特
Lamta, Nūl, 努尔 - 拉姆塔
Lamta, 拉姆塔人
Lamtuna, 累姆图纳人
Langue de Barbarie, 巴尔巴里半岛
Latouma, 拉图马
Laude, Jean, 让 · 洛德
Le Concorde,《和谐报》
le lac de Chemchane, 申善湖
Le Quotidien de Nouakchott, 努瓦克肖特日报
Leclerc, 勒克莱尔
legati, 特使
Legio III Augusta, 奥古斯都第三军团
Lemdena, 勒姆德那
lemdenat, 莱姆迪纳特
Lemtuna, 累姆图纳
Leontios, 莱昂蒂奥斯
Leptis Magna, 大莱波蒂斯
Lérida, 莱里达
Les Maures, 拉斯努瓦迪布
Lévrier peninsula, 莱夫里埃半岛
Levtzion, Nehemia., N. 莱维奇恩
Lezalces, 欧扎尔西斯
Lgouacen, 勒古昂森
Libby, Willard Frank, 威拉得 · 利比
Libou, 利博人
Lieutenant Governor, 副总督
Lieutenants Sy Saidou, 西 · 萨伊乌中尉
limes, 防线
Lisle, Briere de, 布里埃尔 · 戴 · 利斯莱
Litham, 纱巾
Lixus, 利克苏斯
Loi-cadre Defferre,《改革法案》
Louly, Ould, 乌尔德 · 鲁利
Lower Nubia, 下努比亚
Lt-Col. Mohammed Khouna Ould Heydallah, 穆罕默德 · 库纳 · 乌尔德 · 海德拉中校
Lt-Col. Ahmed Ould Bouceif, 艾哈迈

德·乌尔德·布塞夫上校
Lybyans, 利比亚人
Mafākhir al-Barbar,《柏柏尔人的骄傲》
Maghama, 马加马
Maghfar, Banu, 巴努·马格法
Maghis, Zahhik ibn, 扎伊克·伊本·玛吉斯
maghram, 罚金
Maghrāwa, 马格拉瓦人
Maghrib al-Aqsā, 马格里布的边际
magister militum, 督军
Magnus, Aulus Postumius Albinus, 奥卢斯·波斯图米乌斯·阿尔比努斯·马格努斯
Mago, 马戈
Magtar Lahjar, 马格塔拉赫贾尔
Magumi, 马古米人
mahdī, 马赫迪
Majbat al Koubra, 麦加巴特库伯拉地区
Majbat, 麦加巴特
Makteir, 马克泰尔沙漠
Málaga, 马拉加
Malal, Dia Moktar, 迪亚·穆克塔尔·马拉勒
Malik, Abd el, 阿布·埃尔·马利克
Mallāla, 马拉拉村
Mamoun, Mohamed el, 穆罕默德·埃尔·马姆讷
Manatali, 马纳塔尼
Mande speaking family, 曼德语族
Mandingo, 曼丁哥人
Mandinka, 曼丁卡人
Manifesto du Negro-Mauritanien Opprime,《毛里塔尼亚被压迫黑人宣言》
Maqil, 马其尔
Marabout, 马拉布特
Marakas, 马拉卡斯人
Maringouins, 马林古恩斯洼地
Marka, 马尔卡人
Maroc Telecom, 摩洛哥电信公司
Marrakesh, 马拉喀什
Martin, 马丁
Marwan, Abd al-Aziz ibn, 阿布杜勒·阿齐兹·伊本·马尔万
Masaesyli, 马塞西尔
Māsin, 马辛
Masina, 马西纳
Masinissa II, 马西尼萨二世
Masinissa, 马西尼萨
Masmuda, 马斯穆达人，马斯穆达
Massiva, 马西瓦
Massūfa, 迈苏法
Massylii, 马西尔
Matho, 马托
MATTEL, 毛－突电信公司
Μαῦροι, 毛卢西
Mauretania Caesariensis, 恺撒毛里塔尼亚
Mauretania Sitifensis，斯提芬毛里塔尼亚
Mauretania Tingitana, 廷吉塔纳毛里塔尼亚
Mauri, 毛里人
Parti du Peuple Mauritanien, 毛里塔尼亚人民党

Mauritanian Mayor's Association, 毛里塔尼亚市长协会
Mauritanian Party of Union and Change, HATEM, 毛里塔尼亚团结和变革党
Mauriweb, 毛里塔尼亚网站
Mazaetullus, 马扎克图卢斯
M'Bagne, 姆巴涅
Mbaré, Ba Mamadou, 巴・马马杜・姆巴雷
M'Bareck, Sghair Ould, 斯格海尔・乌尔德・穆巴拉克
Mboj, Amar Faatim Mborso, 阿马尔・法蒂玛・姆博尔索・博伊
M'Bout, 姆布特
Mechta el-Arbi, 米契塔・阿尔比人
Mederdra, 梅德尔德拉
Medinet Sbat, 梅迪涅特沙巴特
Medjerda, 迈杰尔达
Medlich, 美德里奇人
Méharées au grand large de Tijikja,《提吉克札地区》
mejbour, 梅杰布尔
Melilla, 梅利利亚
Meshwesh, 梅什维什人
Messier, Ronald. A., 罗纳德・A. 梅西耶
Messoufa, 墨苏发
Messufa, 迈苏法人
Metellus, Numidicus, Quintus Caecilius, 昆图斯・卡埃基利乌斯・梅特鲁斯・努米底库斯
Methone, 墨托涅
MI.FER.MA, Mines de Fer de Mauritanie, 毛里塔尼亚铁矿股份有限公司
Micipsa, 密西普萨
Midlish, 米得利斯部落
Mikêla, 米凯拉
Misagenes, 密萨奇涅斯
Misraîm, 米斯哈伊
Modibo Keita, 莫迪博・凯塔
Molethemin, 莫勒特曼人
monarchy, 君主制
Monguel, 蒙盖勒
Montereau, Louis-Jean-Baptiste Le Coupé de, 路易斯－让－巴普蒂斯塔・勒库佩・德蒙特罗
Moorish hassan, 摩尔哈桑
Moorish Semasside tribe, 摩尔塞马赛德部落
Moorish tribes, 柏柏尔游牧部落
Moors, 摩尔人
Mopti, 莫普提
Morehob, 蓝人抵抗运动
Moudjeria, 穆杰利亚
Moughataa, 县
Moulan, 穆朗
Mouloud, Mohamed Ould, 穆罕默德・乌尔德・穆卢德
Moulouiya, 穆鲁伊亚王国
Moulouya, 穆鲁耶
Moures, 摩尔人
Moustérien, 莫斯特技术
Movimiento revolucionario de los Hombres Azules, 蓝人抵抗运动
Msila, 姆西拉
mtDNA, 线粒体基因
Muhammad, Abd al-Mu'min b. 'Alī b.' Alwī b. Ya'lā al-Kūmī Abū, 阿布

德·穆明
Mulucca, 穆鲁耶
Mulucha, 穆卢耶河
murābitūn, 穆拉比特人
Murcia, 穆尔西亚
Muritanya, 毛里塔尼亚
Musulamii, 穆苏拉米人
Muwatta',《穆瓦塔圣训集》
Mwalimu, Charles, 查尔斯·穆瓦利姆

NADHA, 毛里塔尼亚民族复兴党
Nafi, Uqba ibn, 欧格白·伊本·纳菲
Naga, Ouad, 瓦德纳卡
Naravas, 纳拉瓦斯
Narmer, 那尔迈
National Forum for Demoncracy and Unity, 民主与统一国家论坛
National Guard, 国民警卫队
National Independent Electoral Commission, 国家独立选举委员会
National Ombudsman, 国家监察员
National Rally of Independents, 全国独立参选人大会
Ndiaye, Babacar Baye, 巴巴卡尔·巴耶·恩迪亚耶
N'Diaye, Sidi el Moktar, 西迪·埃尔·穆克塔尔·恩迪亚耶
Ndramcha, 恩德拉马盐水湖
Negroes, 尼格罗人
Negroland, 尼格罗人之地
Nema, 内马
Neo Destour, 新宪政党
Néron, 尼禄
Nigrites, 尼格里特人
Nikiprowetzky, Tolia, 托利亚·尼基普洛维茨基
niqâb, 眼罩
Nizar, Ti-n-Yarutan b. Wisanu b., 廷·雅鲁坦·本·维萨努·本·尼扎尔
nobles Touareg, 图阿雷格贵族
northern Sudan, 北苏丹
Nouadhibou, 努瓦迪布
Nouakchott Raids, 努瓦克肖特突袭
Nouakchott, 努瓦克肖特
Nouakchott-Nord, 北努瓦克肖特
Nouakchott-Ouest, 西努瓦克肖特
Nouakchott-Sud, 南努瓦克肖特
Nouakil, 努瓦克
NRI, 全国独参选人大会
N'Techayett, 恩特查耶特
Nuba, 努巴人
Numidia, 努米底亚
Numidians, 努米底亚人
Nūr, 努尔
Nusayr, Musa bin, 穆萨·伊本·努塞尔
Nzaran, Bir, 比尔·纳赞

OCRS, 撒哈拉地区共同组织
Octavia, 奥克塔维娅
Oea, 欧亚城
Oezalces, 欧扎尔西斯
Operation Hurrican, 飓风行动
Oran, 奥兰
Organisation Commune des Régions Sahariennes, 撒哈拉地区共同组织
Ouadane, 瓦丹，乌阿达讷
Ouadjaha, 乌阿加哈

Oualata, 瓦拉塔
Oualo, 瓦罗
Ouaran, 瓦赫兰
Ouargla, 瓦格拉
Ouarsenis, 瓦尔塞尼斯山
Oubangui-Chari, 乌班吉·夏里
Ouest Mauritanie, 西毛里塔尼亚
Ouguiya, 乌吉亚
Oujeft, 乌杰夫特
Ould Ahmed tribe, 乌尔德·艾哈迈德部落
Ould Dah affair, 乌尔德·达哈事件
Oum Arouaba, 阿努巴地区
Outzîla, 乌特泽拉

Pacte National pour la Démocratie et le Développement, PNDD, 民主与发展全国同盟
Parti du Regroupement Mauritanien, PRM, 毛里塔尼亚复兴党
Pazzanita, Anthony, 安东尼·帕扎尼塔
Pelasgians, 佩拉斯吉人
Aliance Populaire Progressiste, 人民进步联盟
Pergamum, 帕加马王国
Permanent Committee, 常设委员会
Peul, 颇耳，颇耳人
Pharusians, 法鲁西人
Pleven, René, 勒内·普利文
Polisario, 西撒哈拉人民解放阵线
Ponty, William Merlaud, 威廉·梅劳·蓬缇
Port Etienne, 埃提安港
Portendick, 波腾迪克
Port-Étienne, 埃提安港
PPM, 毛里塔尼亚人民党
PRA, 非洲复兴党
praefectus, 长官
Préfet du prétoire, 近卫军长官
Pronincia Africa, 阿非利加行省
Prophethood, 先知的教导
Protet, Auguste Léopold, 奥古斯特·莱奥波·普罗太
province, 省
Puigaudeau, O. du, 皮戈多
Pulaar or Poular, 布拉尔语
Pular, 富拉语
Pullo, 普洛人
Pygmalion, 皮格马利昂

Qadiriyya, 卡迪尔教派
qadis, 卡迪
Qanqāra, 坎卡拉
Qaṣtiliya, 卡斯蒂利亚

Rachid Ould Saleh, 拉希德·乌尔德·萨利赫
Radiocarbon Dating, 放射性碳定年法
Rally of Democratic Forces, RDF, 民主力量大会
Ramses II, 拉美西斯二世
Ramses III, 拉美西斯三世
Randau, Robert, 罗伯特·兰多
Rassemblement National Pour La Réforme et le Développement, RNRD, 全国改革与发展联盟
Rassemblement Pour la Démocratie et

L'UNI, RDU, 民主团结联盟
Razac, Yvon, 伊文·拉扎克
RDA, 非洲民主联盟
Rebbo, Merrebbi, 麦赫比·赫博
regiones, 政区
régions, 首都特区
regs, 粘土平原
Regueibat Lgouacem, 雷盖巴特·勒古阿塞姆
Regueibat, 雷盖巴特人，雷盖巴特部落
Regulus, 列古鲁斯
Parti Républicain Pour la Démocratie et Renouveau, PRDR, 争取民主与革新共和党
Reverter, 雷维特
rex, 国王
reyes de taifas, 酋长国林立
Rezzou, 赫祖
Rguibi, Sidi Ahmed, 西迪·艾哈迈德·雷吉比
Rhalla-Ouya, 赫拉－乌雅
ribāṭ, 里巴特
Rif d'Abyssinie, 里夫－阿比西尼亚
Rio de Oro, 里奥德奥多
Rissani, 里萨尼
river Ampsaga, 阿姆普萨加河
River Ziz, 济滋河
Riyad, 利亚德
Rkiz, 瑞克兹
Roger, Jacques-François, 雅克－弗朗索瓦·罗歇
Romano-Berbers, 罗马－柏柏尔人
Rosso, 罗索
Rassemblement du Peuple Français, RPF, 法国人民同盟
Rumayla, Abu-l-Abbas Ahmad ibn, 阿布尔·阿巴斯·艾哈迈德·伊本·鲁梅拉
Rzeizim, Mohamed Ould, 穆罕默德·乌尔德·热齐姆

Saburra, 萨布拉
Safi, 萨非
Sag, 萨格
Sagrajas, 萨拉卡
Saharan Arab Democratic Republic, SADR, 阿拉伯撒哈拉民主共和国
Saharan Zone, 撒哈拉地区
Sahel, 萨赫勒
Sahnūn, 萨赫农
Sahouré, 萨胡雷
Said, Abdallah ibn, 阿卜杜拉·伊本·赛义德
Saint Louis, 圣路易斯
Sakkam, Djawhar ibn, 贾瓦尔·伊本·萨卡姆
Sakkum, Jawhar b., 朱哈尔·本·萨库姆
Sala, 萨拉
Saldae, 塞勒达
Salé, 萨累
Sālih, 萨利赫
Salobrena, 萨洛布雷纳
Saloum, Ahmed, 艾哈迈德·萨卢姆
Samba, Mousa, 穆萨·桑巴
Sanas, 萨纳斯
Sancho I, 桑乔一世

Sanhadja Confederation, 桑哈贾联盟
Sanhaja-Berber, 桑哈贾－柏柏尔
Saoura, 撒乌拉
Saqiyat al-Hamra, 萨基亚－阿姆拉
Sarakholés, 萨拉霍列人
Sarakole, 萨拉科莱语
Sarr, Ibrahima Moctar, 易卜拉欣·莫克塔尔·萨尔
Sarr, Ibrahima, 易卜拉欣·萨尔
Saturninus, Vigellius, 维基利乌斯·萨图宁乌斯
Saura valley, 萨乌拉河谷
Sba, Ould Bou, 乌尔德·布·斯巴
Schmaltz, Julien, 朱利安·施马尔茨
Sebkha, 塞布哈
Section Française de l'Internationale Ouvrière, 国际工人联盟法国分部
Sedder, 赛德尔
Ségou, 塞古
Seguiet, 塞古耶特
Sélibaby, 塞利巴比
Senegal River Valley Zone, 塞内加尔河谷地区
Senegambia, 塞内冈比亚
Senones, M., 森诺
Serakhulle, 谢拉胡列
Serer, 谢列尔人，谢列尔语
Serr, 塞尔
Sertorius, 塞多留
Seti I, 法老塞提一世
Setif, 塞提夫
Severus, Septimius, 塞普蒂米乌斯·塞维鲁
Seville, 塞维利亚
SFIO, 国际工人联盟法国分部
Sharia, 沙里亚
Shinqit, 欣契特
Siba, Bled es, 布莱德·艾斯·西巴
Sicca, 西卡
Sidiya, Ahel Cheikh, 阿赫尔·谢赫·西迪亚
Sidiya, Cheikh, 谢赫·西迪亚
Sidiya, Shaykh, 沙伊赫·西迪亚
Sijilmasa, 萨杰拉马萨
Sikasso, 锡卡索
Sillā Rindaw, 锡拉－林道
Silla, 锡拉
site Monod, 莫诺遗迹
Sittius, Publius, 普布里乌斯·西提乌斯
slippery ground, “湿滑的战场”
Smara, 斯马拉
SMCP, 毛里塔尼亚渔货销售公司
Société Nationale Industrielle et Minière, SNIM, 国家工业矿业公司
SOMATEL, 毛里塔尼亚电信公司
SOMIMA, 毛里塔尼亚矿业公司
Songhai, 桑海人，桑海
Soninke, 索宁克语，索宁克人
Sonko, Andre, 安德烈·松科
Sonrai, 桑海帝国
Sophonisba, 索芬尼斯芭
Souaker, 苏阿科尔
Sous, 苏斯
southern Orania, 南奥拉尼亚
Southern Sudan, 南苏丹
spectacles of Islam, “伊斯兰眼镜”
Spendios, 斯本迪奥斯

Speratus, 斯普拉图斯
Spruytte, Selon J., 斯普惠特
Saint-Louis, 圣路易
St. Vincent, 圣维森特角
Strabo, 斯特拉波
subdivision, 分区
Sudan, 苏丹
Sudanese Sahara, 苏丹撒哈拉
Sunko, 桑科镇
Supreme Council of the Fatwa, 法特瓦最高委员会
Sus al-Aqsā, 远苏斯
Syphax, 西法克斯

Tabalbala, 塔巴尔巴拉
Tabfārīllā, 塔布法里拉
Tacfarinas, 塔克法里那斯
Tachedbit, 塔彻比特
Tadla, 塔德拉
Tadmekka, 塔德梅卡
Tāfīlālet oases, 塔菲拉勒特绿洲
Tafilalet, 塔菲拉勒特
Taforalt, 塔夫罗特
Tafsirou, Djigo, 吉戈・塔菲罗
Tagant plateau, 塔甘特高原
Tagant, 塔甘特
Taghaza, 塔加扎
Tahouda, 塔苏达
Tajakant, 塔加康特
Takrūr, 塔克鲁尔
Tamchekket, 塔姆舍盖特，坦切克特
Tāmdūlt, 坦杜尔特
Tamim, 塔敏
tanaise, 塔尼斯特里
Tangier, 丹吉尔
Taoudeni, 塔乌德尼
Taouz, 塔乌斯
Tārashnā, Muhammad, 穆罕默德・塔拉什纳
Tarfaya, 塔尔法亚
Targa, 塔尔加
Tashfin, Ibrahim ibn, 易卜拉欣・伊本・塔士芬
Tāshfīn, Yūsuf ibn, 尤素夫・伊本・塔士芬
Tassili n-Ajjer, 阿吉尔的塔西里
Tatantal, 塔加扎
Tawāt, 塔瓦特
Tawḥīd, 图希德
tawhīd, 唯一神论
Taya, Maaouiya Ould Sid Ahmed Ould, 马乌亚・乌尔德・西德・艾哈迈德・乌尔德・塔亚
Tāzā area, 塔扎地区
Tchad, 乍得
Tebessa, 特贝萨
Teda-Daza, 特达－达扎
Tegdaoust, 泰戈达乌斯特
Tehenou, 特赫努
Teledo, 托莱多
Tell, 特尔平原
Temehou, 特梅胡
Tendgha, 特恩格哈人
Tendhah, 唐德哈
Ténès, 提奈斯
Tenguella, 登戈拉
Tensès, 特恩赛斯
Termit, 特尔米特

Tétouan, 得土安
Tevragh-Zeina, 提韦拉格－泽纳
Teyarett, 提亚里特
Tharir, Djich, 迪奇·塔瑞
the aghazasir, 盐工
The Alliance for Justice and Democracy, 正义与民主联盟
Almoravid Empire, 穆拉比特王朝
Battle of Buhayra, 布海拉战役
The Cambridge History of Africa,《剑桥非洲史》
The Center Mamadou Toure, 玛玛杜·杜尔中心
the Kānem state, 加奈姆
the namadi, 游牧猎人
the Sudans, 两个苏丹
Théodore Monod, 西奥多来·蒙诺德
Thome, 托莫
Thyssen, 德国钢铁公司
Tibesti, 提贝斯提山区，提贝斯提
Ticchitt, 缇基特
Tichit, 提希特
Tichit-Walata escarpment, 提希特－瓦拉特地区的悬崖峭壁
Tichla, 蒂赫拉
Tidjaniya religious brotherhood, 蒂德贾亚宗教兄弟会
Tidjikdja, 提季克贾
Tifāt, Abū' Abd Allah Muhammad b., 埃米尔阿布·阿布杜拉·穆罕默德·本·提法特
Tijaniyah, 提加尼教团
Tilankan, Mazdali ibn, 马兹达里·伊本·提兰坎
Tîma, 提玛
Timbedra, 廷贝德拉
Timbuktu, 廷巴克图
Tinchmart, 廷马特
Tindouf basin, 廷杜夫盆地
Tingis, 丁吉斯
Tīnmāl, 廷马尔
Tīnmallal, 廷迈勒
Tintane, 廷坦
Tipasa, 提帕萨
Tiris Zemmour, 提里斯－宰穆尔
Tiris, 提里斯
Tirtillas, 提尔提拉斯
Tlemcen, 特雷姆森
Tondia, 敦迪亚
Tortosa, 托尔托萨
Touareg, 图拉雷格人
Toucouleur, 图库洛尔人
Touizikt, 图兹科特
Toujouonine, 图懦尼耶
Toure, Samory, 萨摩利·图雷
trade Mecca, “贸易麦加”
traditores, 叛教者
Trarza, 特拉扎
Treaty of Nijmegen,《奈梅亨条约》
Trentinian, Edgard de, 埃德加·德特朗提尼昂
tribal kingdom, 部落王国
Trub el Hajra, 特鲁卜哈杰拉
Tuareg, 图阿雷格人
Tullianum, 图利亚努姆
Tūmart, Ibn, 伊本·图梅尔特
Tumert, Amghar ibn, 伊本·图梅尔特
Tunisie Telecom, 突尼斯电信公司

Tunnel de Choum, 契伍姆隧道
Tziganes, 茨冈人

Uclès, 乌克累斯
Umar, Abū Bakr ibn', 阿布·白克尔·伊本·欧麦尔
Umar, Yintān b., 因坦·本·欧麦尔
Union Démocratique et Sociale de la Résistance, UDSR, 民主社会反抗同盟
Union des Forces du Progrès, UFP, 进步力量联盟
Union of the Arab Maghreb, UMA, 阿拉伯马格里布联盟
Union pour la Démocratie et le Progrès, UDP, 民主进步联盟
Union Pour la République, UPR, 争取共和联盟
Union Progressiste Mauritanienne, UPM, 毛里塔尼亚进步联盟
Unitary Semi-presidential Republic, 半总统制的单一制共和国
Usfayshar, Ti-n-Barutan b., 廷·巴鲁坦·本·约斯弗沙尔
Uthman, al Qadi, 卡迪·奥斯曼
Utica, 乌提卡

Vaga, 瓦加
Valencia, 瓦伦西亚
Vall, Sidi Mohamed Ould Mohamed, 西迪·穆罕默德·乌尔德·穆罕默德·瓦尔
Vallées Fossiles, 化石谷
valley cultivators, 谷地农民
Villa Cisneros, 西斯内罗斯城
village of ouadane, 乌阿丹村
vizier, 维齐尔
Volubilis, 沃鲁比利斯

Wade, Abdoulaye, 阿卜杜拉耶·韦德
Wādī Dar'a, 瓦迪－达拉
Wagadu, 瓦加杜
Waghf, Yahya Ould Ahmed, 叶海亚·乌尔德·艾哈迈德·瓦格夫
Wakoré, 瓦科列人
Walo Republic, 瓦洛共和国
Wangara, 万加腊人
Wānūdīn, Mas'ūd b., 马苏德·本·瓦努丁
Wār-Dyābī, Labī ibn, 拉比·伊本·瓦尔－迪亚比
Warqlan, 瓦尔克兰人
Waterlot, 瓦特罗
western Sudan, 西苏丹
Wilaya, 州
Wolof, 沃洛夫人，沃洛夫语
Wuhayb, Mālik Ibn, 马利克·伊本·瓦哈布

Xanthippus, 桑西巴斯
Xerxès, 薛西斯一世

Yahyā, 叶海亚
Yāssīn, Abdallah ibn, 阿布杜拉·伊本·亚辛
Yazan, Sayf Ibn Dhi, 赛义夫·伊本·迪·亚赞
Yazīd, Abū, 阿布·亚齐德

Yenge, Ould, 乌尔德英吉
Yusuf, Ali ibn, 阿里・伊本・尤素夫
Yusuf, Tamim ibn, 塔敏・伊本・尤素夫

Zafun, 扎封人
Zāfun-u, 迪亚富努
zaghāwa, 扎加瓦人
Zagōra, 扎古拉
Zainab al-Nafzawiyya, 泽娜白
Zanata, 扎纳塔人
Zar', Ibn Abi, 伊本・阿比・扎尔厄
Zaragoza, 萨拉戈萨
Zawaya, 扎瓦雅
Zaynab, 泽娜白
Zéazâ, 泽扎
Zegoua, 泽戈瓦
Zeidane, Zeine Ould, 泽因·乌尔德·泽丹
Zemmour, 泽穆尔
Zirid dynasty, 齐里王朝
Ziyad, Tariq Ibn, 塔利克・伊本・齐亚德
zouaiya, 卓艾雅
Zouérat, 祖埃拉特
Zouerate, 祖耶特市
Zoug, 祖格
Zreigat, Bir, 比尔・兹赖加特
zuhd, 禁欲主义

后　记

本书是王铁铮教授作为首席专家主持的国家社科基金重大项目八卷本《非洲阿拉伯国家通史研究》之子项目《非洲阿拉伯国家通史·毛里塔尼亚史》的最终成果。本书由赵广成（西北大学中东研究所副教授）和杨洁（西安交通大学外国语学院法语系前主任、副教授）等人撰写。在写作过程中，西安交通大学外国语学院法语系硕士研究生梁陶、孙晴、马学慧、廖菁承担了法语文献资料的翻译工作；西北大学中东研究所硕士研究生程萌萌参与了部分阿拉伯语资料的翻译工作；书中的阿文版毛里塔尼亚国歌和毛里塔尼亚宪法由西安外国语大学亚非学院院长马福德教授翻译。闫伟（西北大学中东研究所教授）负责统稿和修订，本书最后由王铁铮教授审定。

具体撰稿分工：

绪论、第一、二、三、四章——赵广成、杨洁；

第五、六、七章——赵广成、柳青（西北大学中东研究所硕士研究生）；

第八、九、十章——柳青。